北京大学中国古文献研究中心集刊

第十五辑

编委会（以姓氏笔画为序）
王　岚　刘玉才　安平秋
杨　忠　杨海峥　吴国武
董洪利　漆永祥　廖可斌

图书在版编目(CIP)数据

北京大学中国古文献研究中心集刊.第十五辑 / 北京大学中国古文献研究中心编.—北京：北京大学出版社，2016.8
ISBN 978-7-301-27696-9

Ⅰ.①北… Ⅱ.①北… Ⅲ.①古文献学—研究—中国—丛刊 Ⅳ.① G256.1-55

中国版本图书馆 CIP 数据核字(2016)第 265878 号

书　　名	北京大学中国古文献研究中心集刊·第十五辑
	BEIJING DAXUE ZHONGGUO GUWENXIAN YANJIU ZHONGXIN JIKAN
著作责任者	北京大学中国古文献研究中心　编
责任编辑	王　应
标准书号	ISBN 978-7-301-27696-9
出版发行	北京大学出版社
地　　址	北京市海淀区成府路 205 号　100871
网　　址	http://www.pup.cn　新浪微博：@北京大学出版社
电子信箱	zpup@pup.cn
电　　话	邮购部 62752015　发行部 62750672　编辑部 62756449
印 刷 者	北京大學印刷厂
经 销 者	新华书店
	787 毫米 ×1092 毫米　16 开本　17.5 印张　320 千字
	2016 年 8 月第 1 版　2016 年 8 月第 1 次印刷
定　　价	45.00 元

未经许可，不得以任何方式复制或抄袭本书之部分或全部内容。
版权所有，侵权必究
举报电话：010-62752024　电子信箱：fd@pup.pku.edu.cn
图书如有印装质量问题，请与出版部联系，电话：010-62756370

目 录

从经学向文学
　　——一个中国文学研究者的《论语》阐释 …………… 刘　萍（1）
焦循手批《孟子注疏》考述 ………………………………… 王耐刚（14）
叶适《大学讲义》（外二种）辑考 …………………………… 桂　枭（28）
论梁益《诗传旁通》之体例及诠释特色 …………………… 付　佳（50）
北京大学李盛铎旧藏之和刻本《诗经》类文献叙录 ……… 赵　昱（58）

为六书辩护
　　——兼论"四体二用"之说不可信 ………………………… 徐　刚（68）
陈澧《切韵考》切上字校勘中的"同音"问题
　　——兼论陈澧关于切上字的校勘模式 ………………… 李林芳（82）
《燕行录》诸家释解汉语字词例析（50条）………………… 漆永祥（95）
古籍整理研究中所需注意的方言口语问题
　　——以许衡著作中"多咱""待见"两个词语的用法为例 …… 许红霞（115）

从清华简《系年》看卫国的初封与迁都 …………………… 刘　瑛（119）
以古言征古义
　　——浅谈日本古文辞派诠释汉籍的理论及方法 ……… 杨海峥（125）
武英殿本二十四史翻刻翻印考述 …………………………… 张学谦（136）
《类说》与南宋坊本类书
　　——兼议《类说》的工具性 ……………………………… 李　更（145）
《高似孙〈纬略〉校注》商兑 ………………………………… 胡双宝（174）

胡寅《斐然集》编纂与刊刻略考 …………………………… 陈晓兰（189）
中华书局本《五峰集》再商榷 ……………………………… 班龙门（198）
林之奇生平交游考 …………………………………………… 俞昕雯（214）
范成大《张公挽词》为张宗元作 …………………………… 任　群（226）

江湖派诗人小集的编刊(一) ……………………………… 王　岚(234)
《平妖传》二十回本与四十回本关系再探
　　——以俗字、语法与插图为中心 …………………… 林　莹(253)
论明刊《西厢记》文本体制的传奇化 …………………… 陈旭耀(270)

从经学向文学
——一个中国文学研究者的《论语》阐释

刘 萍*

【论文提要】 近代日本中国学大家吉川幸次郎以其在中国文学研究领域的卓越成就而著称于学界。然细致梳理其学术脉络则不难发现,对于经学典籍《论语》的研究,亦构成其学说著述的重要组成部分。尤为值得注意的是,吉川幸次郎的《论语》研究,一方面在方法论上秉承京都学派的治经传统,注重文献的考订,强调"诚实地理解中国",另一方面对《论语》的文学性的解读,凸显出其作为中国文学研究者的独特视角。本文尝试就吉川幸次郎穿行于经学与文学之间的《论语》解读作出若干分析。

【关键词】 吉川幸次郎 《论语》 经学 文学

吉川幸次郎(1904—1980)是日本著名的中国文学研究家,其代表性研究成果集中体现在元曲研究和中国古代诗文研究上。因其学养之深刻,著述之丰厚,吉川幸次郎获颁法国学士院为表彰世界性东洋学者而设立的儒莲奖[①],晚年更拥有被视为"吉川天皇"的学术地位[②]。因此可以确认,在日本中国学界,吉川幸次郎称得上是具有国际意义的中国文学研究第一人。这样一位中国文学研究领域独树一帜的大学问家,对于《论语》的整理研究,也成为其学术著述的重要组成部分。从对《论语》的文献整理,到对《论语》的文学性解读,吉川幸次郎的《论语》阐释,实践着从经学向文学的转换。

一、吉川《论语》学的古典解释学传统

吉川幸次郎青年时代就读于京都大学,师从狩野直喜、铃木虎雄,深受其

---

* 本文作者为北京大学中文系、北京大学中国古文献研究中心副教授。
① 获得此奖的日本学者多为东洋史专家,如羽田亨、藤枝晃、宫崎市定、神田喜一郎等,吉川幸次郎是其中唯一一位中国文学研究者。
② 高岛俊男《书与中国与日本人》,东京:筑摩书房2004年,第338页。

影响①。在近代日本中国学史上,以十分尊重清代考据学的狩野直喜为代表,为纠正江户汉学奉"朱子学"为圭臬之偏颇,倡言以"古典解释学"立场对待中国古典,也即主张应将训诂之学置于与义理之学并重的位置。在其后的半个多世纪,主张文献考订,推行原典研究,成为日本中国学"京都学派"的实证主义学术特征②。吉川幸次郎大学毕业后曾随狩野直喜到中国留学,学成归国后又作为狩野直喜主持的东方文化学院京都研究所"经学文学研究室"研究员,参与《尚书正义》定本的修订翻译,这项长达六年(1935—1941)的文献整理工作,被吉川本人视为"一项了不起的工程",而完成于1959年的《论语》译注,更可以当作吉川幸次郎在中国古典经学文献整理研究延长线上的劳作。吉川幸次郎明确提出要"诚实地理解中国"③,这一主张恰好体现了京都学派的古典解释学传统。

初版于1959年的《论语》(上、下),虽为朝日新闻社"中国古典选"中的一部,但与同时收入的其他选本不同的是,这部《论语》(译注)并非一般性通俗解读之作,而是具有相当高的学术水准,因而多次再版发行④。在广泛的受众群中,既有普通读书人,也有专业人士,其影响颇为卓著,被誉为是一部"可以令人体味到无以言表的阅读快感"⑤的读物。

这部上下两卷本的《论语》译注之作,是吉川幸次郎在对中国古典作品的系统性研究,特别是在对中国儒学思想也包括对日本儒学的深入比较中完成的。一方面他充分继承了前辈学者既有的阐释成果,另一方面也以长期不辍的热情,展开了堪称细致周密的文本解析与翻译,使之成为体现其扎实严谨的文献学方法论的具体实践。其具体成就可以概述为以下几个方面。

1. 博采众家之说,古注、新注并重

为了"诚实地理解中国",吉川幸次郎十分留意广泛吸纳中日两国历来的注释成果,兼采众家诸说。他明确表达了完成这部《论语》译注的"宗旨":

> 我此番要对《论语》进行的逐条解读,并无意以新说而超越历来诸家

---

① 1923年,吉川幸次郎毕业于第三高等学校,同年4月升入京都帝国大学文学部文学科,其时于文学科执掌教鞭的狩野直喜(1868—1947)、铃木虎雄(1878—1963),皆为近代日本中国学史上的中国文学研究大家,他们对吉川幸次郎日后从事中国文学研究给予了最初的学术启蒙。

② 日本学术界向以"京都学派"指称近代以来形成的以京都大学学人为核心的各学术研究体系,如哲学京都学派、考古学京都学派等等(参见竹田笃司《物语"京都学派"》,东京:中央公论新社,2001年)。中国学者则尝试就其学术内涵特征,对以京都大学为核心的"中国研究"加以分析把握,从而以"实证主义"相指称(参见严绍璗《日本中国学史稿》,北京:学苑出版社,2009年9月)。

③ 吉川幸次郎《尚书正义》"译者序",东京:岩波书店,1940年。

④ 1965年收入"新订中国古典选"再版刊行。后又屡次收入"朝日选书"、"朝日文库"等系列刊本中。从开本大小到装订样式,都不断有所变化。

⑤ 井波律子:"我喜爱的书",《朝日新闻》1999年3月7日。

之说。《论语》是我们的祖先,更广阔意义上说是东方各国的祖先们所广泛阅读过来的文献,正因如此,就要基于祖先们普遍接受下来的阐释来阅读此书。我们要以此为宗旨,至少要将之作为原则性的宗旨。①

在对《论语》进行日本语译注之前,作为行将展开的文献整理之先行研究,吉川幸次郎首先回顾和总结了中国经学史以及日本汉学史上中日两国历代学者有关《论语》的注释之作,对历来流行的各家注本,作出了恰如其分的评价,表明了其基本的取舍立场。如,在论及"古注"魏何晏《论语集解》时,吉川幸次郎充分肯定了该注释文本的重要价值。他说:

> 何晏对汉代以来既已盛行的各家注释加以选择取舍,汇集汉学者孔安国、包咸、周氏、马融、郑玄,魏学者陈群、王肃、周生烈之说,各记其姓名,列举引用。一般认为,作为思想家,何晏醉心于老庄之学,故在阐述自家之言时,不免有据老庄之说加以歪曲之嫌。但是,作为现存的注释,《集解》年代最古,中国至唐,日本经奈良、平安两朝至镰仓末期,读《论语》者皆以此为首要依据。②

《论语集解》之外,吉川幸次郎用相当的笔墨述及皇侃的《论语义疏》。这当然首先是因为《论语义疏》不出南宋即已亡佚,但在日本却一直得以保存、流传不废之故。1750 年,荻生徂徕弟子根本逊志据足利学校所藏旧钞本出版印本,"后传至中国,学界震惊"。乾隆开四库馆时,鲍廷博据此刻入《知不足斋丛书》,并收入《四库全书》,"中国学者才得以再睹真颜"。吉川幸次郎不无自豪地称此为"过去的日本贡献于中国文化的最大业绩之一"。③ 当然,吉川同时也分析指出了利用《论语义疏》时需加以留意之处。无论在征引何晏之后至梁诸说时,还是在阐述自家之言时,《论语义疏》都与何晏《集解》相类,即所谓援道释儒,亦以道家思想阐解《论语》,故吉川幸次郎指出"作为《论语》注释,(《论语义疏》)略呈奇矫之论"。④

对于邢昺的《论语注疏》,吉川幸次郎将其与《论语义疏》同样归类为"古注",视为"古注的再注释"。对于收入《十三经注疏》中的这部《论语注疏》,吉川幸次郎认为,作为科举考试的教科书,其注释可谓"稳健妥帖的再注释",虽"缺乏新意",但仍然"称得上是《论语》古注的权威详本"。⑤

在对《论语》的古注诸本予以充分肯定的同时,吉川幸次郎也对《论语》"新

---

① 吉川幸次郎:《论语 上》第Ⅳ页,朝日新闻社,1965 年 12 月。
② 吉川幸次郎:《论语 上》第Ⅴ页。
③ 同上。
④ 同上。
⑤ 吉川幸次郎:《论语 上》第Ⅵ页。

注",即南宋朱熹《论语章句集注》,给予了同样的关注,并作出了辩证的分析。

宋代理学的兴起,昭示着中国古代学术史进入了一个新的时期,儒家经典开始作为文本资料而被加以形而上的建构,这场重读经典、重新诠释古典的文化风潮无疑由朱熹而总其成。在朱子的学术话语体系中,显然是将"四书"置于"五经"之上的,而其中《论语》最为重要。因此,吉川幸次郎高度评价朱熹为"近千年间中国最伟大的学者",称其所撰著之《论语集注》是"极其优秀的注本","不仅在中国的元明清时代,甚至于日本的江户时代,都是作为国定教科书而获得极大普及的"。① 同时,吉川幸次郎也指出,由于朱熹的努力,实现了从之前"以孔子所规范之种种为圭臬"向着"以孔子其人为楷模"的转变。② 也正因如此,吉川分析了朱子《论语集注》的问题所在。他说:

尊奉《论语》而以之为人间规范,这种意识时而会造成逼仄死板的解释;因为拘泥于其所持有的形而上的体系,阅读时就不免产生出牵强附会的解读;又由于对古代语言学知识的欠缺,误读的现象也时有发生。凡此种种皆为其不足。③

在吉川幸次郎看来,其所指出的《论语集注》的上述缺陷,后来不仅为清代考据学家也为江户时代的日本汉学家所排斥并予以克服。

《论语集注》随禅僧的频繁往来,于镰仓末期传入日本,至室町时代(1390－1595),在以古传经的清原家后继学者的著作中,也折中地吸收了朱子的主张。进入江户时代以后,德川家康开始更进一步地起用以藤元惺窝弟子林罗山(1583－1658)为首的朱子派学人来振兴文教,朱子学遂一跃成为幕府时期的官方之学。其后,以倡导古学、排斥宋学而著称的伊藤仁斋、荻生徂徕的《论语》注释又日渐产生了相当的影响力。可以说,至江户时代后期,《论语》的读者群甚至延及一般的江户庶民,他们所面对的《论语》注释文本,既有长于训诂的"古注",亦有重在义理阐释的"新注"。

关于日本的《论语》古注,吉川幸次郎深深服膺于伊藤仁斋的《论语古义》和荻生徂徕的《论语徵》,在其《论语》译注中,对此二注本多有征引。此外,有关日本的训点本方面,吉川幸次郎参照最多的是江户后期的儒者后藤芝山(1721－1782)本于朱子《论语集注》所作的训点,对林道春(罗山)以及山崎闇斋(1618－1682)、佐藤一斋(1772－1859)等人的汉文训解,亦间有参考。至于本自何晏古注《论语集解》的日本训点本,则参照了依据江户末期北野宫寺学堂古写本翻刻的覆刻本之训点。总之,对于上述日本江户时代汉学家的《论

---

① 吉川幸次郎:《论语 上》第Ⅵ页。
② 吉川幸次郎:《中国人的古典及其生活》,岩波书店,1944年8月。
③ 吉川幸次郎:《论语 上》第Ⅵ页。

语》"古注"与"新注",吉川幸次郎亦皆采取兼收并蓄的态度,当然,也并不墨守成说,译注中兼下己意处亦多有之。

　　2. 尤为尊重清代考据学家注释成果

　　作为日本中国学史上承前启后的学者,吉川幸次郎对其前辈学者诸如狩野直喜、铃木虎雄等人的最直接的学术传承,莫过于对中国清代考据学家的尊重。

　　有清一代,随着乾嘉考据学蔚为大观,中国古典文献学的发展进入了一个新的历史时期,有关《论语》的文献整理也出现了许多新的成果,归纳起来大致三个方面:一是辑佚之作,二是校勘考异之作,三是综合治理之作。其中,第三种综合整理之作,多为以注释为主要内容,同时兼及考证、校勘。其展开的路向又根据所涉对象不同而大致分为两类。一方面,由于语言文字学和考据学获得的新发展,清代学者对唐宋时期的《论语》疏解感到不满,对所暴露的粗疏、失误乃至褊狭,开始相续补疏或作新疏。另一方面,出于汉学与宋学之争,作为宋学代表作的朱熹的《论语集注》,也成为汉学家抗拒与驳证的对象,刘宝楠(1791—1855)的《论语正义》即属此类。

　　吉川幸次郎非常注重清儒的《论语》注释,为此,他十分推重刘宝楠对清代乾嘉学者《论语》再注释的总结:

　　　　对朱子"新注"之不足加以检省并予以纠正,这种尝试在中国,自十七世纪中期明末清初之际即已开始,至十八世纪后半乾嘉时代达于高潮。对于久失关注的"古注",即何晏《集解》,也便开始了重新探讨。加之当时古代语言学知识获得了长足发展,因而可以不必囿于旧说而提出新解。刘宝楠的《论语正义》便是这一时期之末的一部集大成之作。①

　　吉川幸次郎还特别指出,《论语正义》在形式上虽然与皇侃的《论语义疏》、邢昺的《论语注疏》一样,都可视为何晏《论语集解》的再注释,但是刘宝楠对《论语》的注释,却并未局限于何晏,而是吸收了有清一代更新、更多的研究成果,其"文献整理之功相当卓著"。吉川幸次郎甚至利用访华之便,专程前往刘宝楠故居(江苏宝应县)访问,其对刘宝楠的敬重可见一斑。

　　此外,在《论语》(译注)中,吉川幸次郎还多处征引了刘宝楠之外的其他清代文献学家的注释《论语》之说,诸如王引之《经传释词》、钱大昕《潜研堂文集》、顾炎武《亭林诗文集》、阮元《揅经室集》等等,表现出对中国清代考据学家的充分尊重。

---

① 吉川幸次郎:《论语 上》第Ⅵ页。

3. 对日本汉学与近代日本中国学的继承与发展

吉川幸次郎特别注意到江户时代日本汉学家的《论语》研究业绩，对其中著名的古义学派（堀川学派）开创者伊藤仁斋（1627—1705）与古文辞学派（萱园学派）创始人荻生徂徕（1666—1728）的《论语》研究，备加推崇。如前所述，在对《论语》进行注释翻译时，吉川幸次郎对伊藤仁斋《论语古义》和荻生徂徕《论语徵》的注释成果多有征引，因为在吉川幸次郎看来，"这两部注释即便混入中国的注释书之中，也仍然可以称得上是优秀的注释"。可以说，吉川幸次郎的《论语》研究就是在吸收这些前辈学者研究成果的基础上展开的。

伊藤仁斋对《论语》上、下论的划分，被吉川幸次郎誉为"是一个了不起的见解"。因此在译注《论语》时，在篇章结构的形式上，吉川幸次郎选择了接受伊藤仁斋"上下论"的划分方法。他把《论语》分成上下两册，以"乡党篇"为界，之前的十篇收入上册，之后的十篇收入下册，这种划分显然是直接仿照《论语古义》而来，受伊藤仁斋影响的痕迹清晰可辨。在吉川幸次郎看来，"尽管伊藤仁斋的古代汉语知识，不似在他之后到来的清代乾嘉时期学者那么丰富、那么正确，但是仁斋往往是在以一个并非仅仅是哲学家，更是语言学家的敏锐直觉，把握着《论语》的原义"①。特别是考虑到伊藤仁斋的主要著述活动，处于与清康熙时代大致相同的时期，当时中国学者对于朱子《论语集注》的反思尚不充分，因此，吉川幸次郎认为，在排除朱子臆说，阐明《论语》古义这一点上，伊藤仁斋的《论语古义》走在了中国学者的前面。

对于荻生徂徕的《论语》研究，吉川幸次郎也给予了很高的评价。他认为，荻生徂徕在学问上的根本态度是"明古言而后定古义"，指出荻生徂徕"所谓之'古言'，即指古代语言的状态，特别在于其作为情绪表达的方面。只有透过这样的'古言'，所谓的'古义'也即古代的思想才能够得到清晰地把握"。因此荻生徂徕对于朱子的质疑比伊藤仁斋更甚。为此，吉川幸次郎对于《论语徵》的成书及影响，做出了进一步的分析：

> 这部书命名为《论语徵》，就是要全部徵之古言，即考察一个一个的语汇在古代的用例，特别是其表明情绪时的用例。如此徵之古言，以之作为证人。抛开其自负的一面不论，荻生徂徕的古汉语知识确实要比伊藤仁斋丰富。且徂徕所处时代正值清雍正年间，古典语言学的研究尚未正式开始，若与随后发展起来的乾嘉考据学家相比，徂徕的学问精密程度即使达不到那样的高度，但比之同时代的中国学者或许是所差不多的。②

---

① 《论语》，《吉川幸次郎全集》第四卷，第10页，东京：筑摩书房，1974年。
② 《论语》，《吉川幸次郎全集》第四卷，第11页。

当然,吉川幸次郎也注意到荻生徂徕在学术上的弱点,他指出,虽然与伊藤仁斋一样,荻生徂徕也有着相当敏锐的源于异文化背景的学术直觉,但是由于过度的反应机敏,其言说也不免时而陷入过分的奇矫、尖锐之中,这一点多少令人感到遗憾。

在对《论语》的日本语译注上,吉川幸次郎毫不讳言地坦承"受到伊藤仁斋、荻生徂徕影响的地方非常之多"。[①] 与此同时,作为新一代的日本中国学家,吉川幸次郎的学术见识及研究方法的科学性,不仅继承并超越了江户时代的汉学家,在推动近代日本中国学的发展上,吉川也以《论语》译注作为范例,做出了有益的尝试和贡献。

吉川幸次郎对《论语》的翻译注释,与之前参与译注《尚书正义》时一样,不是按照以往的对于中国古籍的"汉文训读"方式,而是完全采取现代日本语译,也即"汉文直读",这在方法论层面而言无疑也是对京都学派学术传统的一种继承和发展。

所谓"汉文直读"是相对于"汉文训读"而言的。从日本汉学发展的一般趋势看,始有"音读法",继而产生了"训读法",并自平安中期以后,长期以"训读法"为学界主流。至江户时代,这种局面开始有所松动。荻生徂徕就曾提出"读法革新论"的主张,认为"汉学教授法当以中国语为先",应"教之以汉语俗语,诵之以中国语音,译之以日本俗语",而绝不能采用"和训回环"即"训读"的读法。作为一代汉学名家,荻生徂徕提出的这一革新之论,无疑是具有时代见识的,但是在徒以文献认识中国的江户汉学时代,实现对中国文献的"汉音直读",几乎是不可想象的。因此,直到明治维新以后,日本的近代中国研究开始形成之际,当日本中国学家纷纷亲抵中国,置身与汉文化的直接体验中的时候,"训读法"的坚冰才开始呈现融化之兆。1921年,京都学派的年轻学人青木正儿(1887—1964)在《支那学》一卷五号上,率先发表了题为《我国支那学革新之第一步》的论文,后在收入其最早的中国文学研究专著《支那文艺论薮》时,改题为《汉文直读论》。这种以汉语读音朗读中国诗文的所谓"汉音直读"的方法,对于今日的中国学研究者而言实乃区区小事,不足挂齿。然而对于二十世纪初的近代日本中国学界来说,青木正儿的《汉文直读论》无疑是一种方法论上的创新[②]。

无论从个人私谊还是从学统渊源,吉川幸次郎都与青木正儿有很深的关系。二人先后毕业于京都大学文学部中文科,都曾师从狩野直喜、铃木虎雄、

---

① 《关于〈论语〉》,《吉川幸次郎全集》第五卷,第 105 页。
② 刘萍:《儒学文学观的破灭——青木正儿的儒学批判》,《金泽大学中国语学中国文学研究室纪要》第 7 辑,2003 年。

同为京都学派的重要学者。吉川幸次郎在高中求学期间,正值青木正儿发起"支那学社"、主持《支那学》编集工作之际,吉川决定投身京大正是受到青木的鼓励与支持。在治学方向、理念乃至方法上吉川都深受青木影响。在青木正儿的《汉文直读论》发表十五年以后,吉川两度对"汉文直读"法加以践行袭用。先是于 1935 年至 1941 年,连续六年集体以汉语阅读原文、讨论,最终写成定本的《尚书正义》;继而便是关于《论语》的日本语译注。在 1950 年至 1958 年间,连续九年,平均隔周一次,以共计 200 次的口述、记录方式,《论语》译注终获完稿。由是观之,吉川幸次郎所自称的"不是哲学家而是文献学者、语言学者"①当不为虚言。

二、吉川《论语》学的文学性解读

对于日后的中国文学研究者吉川幸次郎来说,《论语》首先是一部经学文献、一本伦理教诲的书籍,而非文学文本,因此,作为其"前半生最重要的工作"②,吉川首先是以一个文献学者的立场,从对中国古籍的整理翻译入手的。然而吉川幸次郎与《论语》最初的邂逅却又与文学不无关系。与上一辈以及同辈的许多人不同,吉川幸次郎初次接触《论语》是到了二十多岁考入大学,确定了选择以中国文学作为治学方向以后才开始的事。当时京都大学的学生对《论语》乃至孔子的看法,是有着过度批评的倾向的,在这种时代氛围影响之下,吉川幸次郎自然也对《论语》无太大兴趣。后来,还是出于学习上的"技术性"需要,吉川幸次郎才"勉为其难地读下来的"③。但是,读过若干章之后,吉川幸次郎心中,《论语》一改之前被他预设的种种阴郁沉滞的想象,而变得生动明朗起来,以至于到了令他"为之瞠目"的地步。那以后的数十年里,《论语》一直是他的掌中"爱读书"。吉川幸次郎曾经多次在不同场合说过,中国的古书中,"我打从心底喜欢的有两个,其一是杜甫的诗,另一个就是《论语》"。④

这场貌似偶然开始的阅读,其中却不乏必然。吉川幸次郎有关《论语》的研究工作,与其杜甫研究差不多是在同一时期进行的。可以说吉川对杜诗的体味与对《论语》的思索,二者是彼此交融、相互渗透的,因此我们有理由相信,对中国诗歌文学的感动,直接影响并刺激了吉川幸次郎对《论语》文学性的理解和解读。他认为学术与审美之间并不存在矛盾,因此,对《论语》的喜爱,不

---

① 《关于〈论语〉》,《吉川幸次郎全集》第五卷,第 294 页。
② 金文京:《六十年前的书信——〈吉川幸次郎全集〉未收之文》,《ちくみ》318,第 20 页,1997 年 9 月。
③ 《中国的智慧》,《吉川幸次郎全集》第五卷,第 19 页。
④ 《关于〈论语〉》,《吉川幸次郎全集》第五卷,第 295 页。

仅因为其思想上的积极开朗，更在于其显露的文学之美，尤其是后者，这一给他带来独特审美体验的辞章之魅惑，是一个不可忽视的要因。

1. 孔子诗教说与《论语》的文学功能

吉川幸次郎最初接触到《论语》，首先为之深深折服的，就是"《论语》文章表现力上的强悍"。因此在对《论语》的研究中，吉川幸次郎也一直在以文学鉴赏的目光，眺望孔子以及古代中国人的所思所想，感受其文学审美的洗礼。

与对仁者孔子的认识相关，吉川幸次郎认为，孔子在"文化主义"《论语》中表现出关心政治的同时，也把对文学、艺术的关心，同样当作人类的义务而予以了同等重要的对待。这种对文学、艺术的关心，最好的明证就是，在孔子教之于弟子的诗、书、礼、乐"四教"中，诗与乐占到一半的份额。吉川幸次郎从对文学的整体认知角度，对孔子的"诗教"予以评说：

> 《诗》三百并不都是感怀一类的作品。孔子对政治的强烈关心，时而也会把这些民谣从原本的意义上脱离出来，作为政治批评、社会批评的资料加以利用。但是，只要不读诗，人就会如同被蒙上眼睛一般，孔子就是这样教导他的儿子的。子谓伯鱼曰："女为《周南》《召南》矣乎？人而不为《周南》《召南》，其犹正墙面而立也与？"可以说，确认中国文学的功能，这始于孔子。①

吉川幸次郎进一步指出，孔子对《诗》的重视，实际上在孔子晚年编定《诗经》以前就开始了，如《论语》中有"子所雅言，《诗》《书》、执礼，皆雅言也"。此外，《论语》还记录了孔子对诗的社会作用的高度概括之语，"子曰：'小子，何莫学夫《诗》？《诗》可以兴，可以观，可以群，可以怨。'"孔子论诗之"兴观群怨"说，开创了中国文学批评史的源头。吉川幸次郎高度评价孔子第一次确立了文学在中国历史上的价值，指出这种对文学的重视，在孔子同时期的其他学术流派中都不曾见到，如"道家认为所有人为之事皆为不自然之伪，墨家视音乐为无用之奢侈，法家则以法律为无上之万能，唯有孔子所代表的儒家，独以文学为重"。② 这无疑使其判断兼具了广泛的学术史之比较视野。

吉川幸次郎从宏观的角度，揭示了孔子在《论语》中表达的对于文学的重视以及由此产生的学理层面的价值，这事实上也决定并启发了他对《论语》文学性的微观理解和把握。

2.《论语》的辞章之美

说到《论语》的文学价值，无外乎表现在语言价值与文章价值两个大方面，

---

① 《中国的智慧》，《吉川幸次郎全集》第五卷，第41页。
② 《孔子》，《吉川幸次郎全集》第五卷，第123页。

当然,这二者之间又是有交叉的。就语言价值而言,《论语》体裁为语录体,这就决定了它必然使用大量生动的口语,《论语》中的很多语汇和句式,不仅影响到其后的古代汉语,甚至很多流传至今。在语言的使用上,多种修辞手法的运用,不仅增添了《论语》的语言魅力,也在刻画人物、描写场景等方面极大地丰富了《论语》的文章表现力。《论语》作为一部文学文本所具有的辞章之美,无疑会令热爱中国文学的吉川幸次郎深受感染并为之倾倒。

对自己的中文水平一直引以为豪的吉川幸次郎,对《论语》的语言价值以及与此连带的文学价值具有格外敏锐的直觉判断,吉川认为,《论语》在表达手法上,堪称文章的典范,因此他尝试从语言的解析入手,做出属于他本人的对《论语》的文章品鉴。

初读《论语》不多时,吉川幸次郎就敏感地意识到,"尽管《论语》是在孔子身后编纂而成的,但从甚至很细微的地方都可以看出,编纂者是在努力尝试把孔子当时说话的语气也原封不动的保留下来"。他举《论语》开篇"子曰:'学而时习之,不亦说乎?有朋自远方来,不亦乐乎?人不知,而不愠,不亦君子乎'"为例,在解释了意义之后,对其中特殊的修辞作了如下分析:

> (此章)富于特色的地方是"不亦说乎""不亦乐乎""不亦君子乎"的反问句的用法。这三句话都是以"不"也即"是不是"这样表达较为强烈地催促对方同意的语气开始的,接着又以"亦"这个表现委婉意味的助词使语气和缓下来,于是整个句子的意思就成了"不是很高兴吗""不是很快乐吗""不是君子吗"这样的表达方式了,在感觉上,一方面有着较强的促使对方同意的意味,另一方面也给对方留下了可以自己做判断的余地,强势与宽容就这样挥洒自如地被融合到了一起。①

在这一章的训解中,诸家注本对"亦"字皆未作过多注释,今人多译作"不也",但吉川幸次郎认为这是沿袭了邢昺《论语注疏》的解读,并不确当②。前面曾提到,吉川非常尊重清代考据学家,在译注《论语》时,十分留意吸收清人的考据成果,此处对"亦"字的解释,就接受了王引之《经传释词》的解读:"凡言不亦者,皆以亦为语助。"据此,吉川幸次郎认为,此处的"亦"是为缓和语调而加上的一个极轻的语气助词。进而吉川指出,《论语》的编纂者采用了这种"坚定同时又是委婉的引导对方同意的表达方式"③,表现出他们是在努力试图再现孔子语言的原貌。"尽管当时的口语语气或许也并非如此,但是,如此巧妙地

---

① 《中国的智慧》,《吉川幸次郎全集》第五卷,第 102 页,筑摩书房。
② 《新订 中国古典选 2 论语》上,第 3 页,朝日新闻社,1965 年。
③ 《新订 中国古典选 2 论语》上,第 4 页。

描写,确实非《论语》莫属。"①

　　作为长期浸淫在中国古代诗文、戏曲作品中的大家,吉川幸次郎对于中国古典语言的声韵之美倾心已久。事实上,早在大学求学时期,他就对诸如《礼记》中的"将上堂,声必扬"的铿锵旋律颇为感怀,称这些充满美感的中国文献是"难以忘怀的读物"(《忘れえぬ書物》)。三十年后读到《论语》中的文字时,吉川幸次郎再次感受到了汉语言文字独特的韵律之美、节奏之美。吉川幸次郎列出了下面令他感动的章句:

　　　　诸如"子曰:'予欲无言。'子贡曰:'子如不言,则小子何述焉?'子曰:'天何言哉?四时行焉,百物生焉,天何言哉?'"又如"唯天为大,唯尧则之"。我认为都是非常美的文章。这在《论语》中算是结尾的部分。历史学家在讨论《论语》的成书时,对结尾的部分作为史实能否成立,表示了很大的疑问。但是无论如何,这些文章是非常美的。②

　　在这段文字里,吉川幸次郎连续用"非常美"来盛赞《论语》的行文韵味,足见其受到的感动。徜徉在《论语》的世界里,吉川幸次郎始终怀揣着一颗易感的诗人之心,他曾经说过,"我的《论语》读法有一种偏向,可以说,我是把《论语》当作诗歌来阅读的"。

　　感动吉川幸次郎的还有《论语》中关于人物的刻画描写。一般说到人物描写,总会被拿来评说的多为《论语》中对孔子弟子形象的塑造,但是最令吉川感动的人物刻画却是《述而篇》中一段关于孔子的对话:

　　　　叶公问孔子于子路,子路不对。子曰:"女奚不曰:其为人也,发愤忘食,乐以忘忧,不知老之将至云尔。"

　　"发愤忘食,乐以忘忧,不知老之将至",这是孔子执着于追求崇高人生理想和高尚人文情怀的真实自况。吉川幸次郎说:"这是我最喜爱的一章,它也是《论语》中描写孔子最栩栩如生的一章。"③《论语》以记言为主,兼及行事,通过对场景、语境的叙述描写,配合生动的人物语言乃至语调,使人如临其境、如谋其面,从而使人物形象得到鲜明生动的塑造。《论语》在人物刻画上的细腻传神,不仅深深打动了作为读者的吉川幸次郎,同时也让作为《论语》的注释者、传译者的吉川努力将《论语》所蕴含的文学感染力加以最大程度的外化。以本章为例,吉川对此章中"子曰"的内容,作了如下翻译:

　　　　孔子说:"子路啊,你为什么不说呢?你告诉他,这个人啊,担心着天

---

① 《中国的智慧》,《吉川幸次郎全集》第五卷,第102页,筑摩书房。
② 《关于〈论语〉》,《吉川幸次郎全集》第五卷,第314页,筑摩书房。
③ 《新订 中国古典选 2 论语 上》,第213页。

下的将来,内心激荡,为此连吃饭都忘了。还有啊,这个人他陶醉在自己认定快乐的事情里,乐而忘忧,连衰老就要降临也不挂在心上。你老师我这个人,有着如此理想主义的人格,为什么你没说啊?"①

很明显,译文中有一些超出原文字面的内容是吉川幸次郎的"再创作",如"担心天下的将来而内心激荡""理想主义人格"等等,但是这其中恰恰体现的是吉川本人对孔子其人的理解。在语汇的把握上,句尾的"云尔",今人译作现代汉语大致分为两类,一作"如此罢了",语气较为平淡,另一作"(何不)这样说(呢)",语气稍强。② 吉川幸次郎显然倾向后者,而且他特别强调"云尔"二字旨在"加重语调、加强语气",于是,特意加译为"你老师我这个人,有着如此理想主义的人格,为什么你没说啊"。

对于吉川幸次郎而言,在中国古代书籍中,《论语》与其说是最有名的文章,不如说是最美的文章。在吉川幸次郎看来,"作为文学,《论语》中值得赏鉴的要素十分丰富。它的语言绝不抽象寡淡,而是对应于各种现实生活的场景,非常生动鲜活,其文章手法也相当漂亮出彩,这些都是作为文学作品所必须具备的条件"。③ 吉川幸次郎以一个文学研究家的眼光,从文学鉴赏的角度,发掘出《论语》所具有的作为文学作品的丰富要素和条件,他甚至满怀深情地表示:"我所钟爱的正是《论语》所表现出的如此这般的辞章之美。"④

结　语

吉川幸次郎的《论语》研究进路,穿行于经学与文学之间,反映了研究者与文本、读者与作品间可能存在的关系状态,从而揭示出一种《论语》阐释的可能性——一方面,作为文献学研究者的吉川,在与文本的对视中,始终怀抱对典籍的尊重,同时亦不乏审视的自觉,他广泛吸纳中日、古今各家注释,追求训诂、义理兼重,以坚定的文献学者的立场,完成经典文本在异文化语境下的重塑。另一方面,作为读者的吉川幸次郎与《论语》的关系,与其说是阅读经典,不如说是玩味作品,带着深刻的情感关切,触摸作者,体察其内心,最终在文学的审美世界里获得感知和体认。吉川幸次郎对《论语》文学性的把握,虽然没有十足的透彻、全面,其中亦不乏感情色彩过于浓烈而分析论证稍嫌简约的缺欠,但是,他自称是一个"素人",虽然阅读《论语》开始得比较晚,但就像他自己

---

① 《新订 中国古典选 2　论语 上》,第 213 页。
② 见杨伯峻《论语译注》(中华书局)、钱穆《论语新解》(三联书店)等。
③ 《关于〈论语〉》,《吉川幸次郎全集》第五卷,第 103 页。
④ 《关于〈论语〉》,《吉川幸次郎全集》第五卷,第 314 页。

所言"非自幼开始浸润其中,也就少了一些既定的影响而多了一些任我解读的自由"①,恰好具备了较之他人更加独立且独特的"他者"立场,从这样一种近乎原生态的新鲜视角切入,也就有可能生发出一些"我之为我"的阅读感悟与审美体验。因此从某种意义上可以说,吉川的《论语》解读显示了一种独特的、难能可贵的研究范式。

此外,吉川幸次郎将《论语》置于中日场域的转换之中,事实上提供了一个考量近代日本中国学学术史面貌的坐标。

在近代日本中国学家中,吉川幸次郎可以称得上是一个对中国最具温情的典型代表。他能说流利的汉语,平素喜着汉服,甚至总是以"我们儒学者""我们这样的中国人"而自称。但同时他也从不讳言要回到日本传统汉学家那里寻找学养的支持。在《论语》阐释中,吉川幸次郎虽然很推重中国特别是清代古典训诂考据之学,也在很大程度上继承并发展了日本近代中国学"京都学派"的学风,但是最令其折服的恐怕还是日本江户时代的两位大儒——伊藤仁斋和荻生徂徕。不论是对《论语》的文本训诂还是对《论语》思想的解读,都表现出对这两位日本汉学家的相当程度的信服。这种在中日场域转换中读解《论语》的尝试,对于我们考量近代日本中国学学术史面貌,提示了一个颇具深意的坐标。或许"以中国为方法"在吉川幸次郎这里也是不同程度存在着的。吉川幸次郎一直自谦的说自己"专业领域非常狭窄,只知道中国文学"②。然而,在集中进行《论语》研究的前后十年间,吉川幸次郎还相继发表了诸如《外国研究的意义与方法》(筑摩书房《文化的将来》,1944年7月21日)、《面向世界的感觉》(《夕刊新大阪》1947年1月13日)、《芭蕉与杜甫》(《东京大学新闻》,1948年2月19日)、《中国研究的方向》(《世界人》1948年8月)、《日本人的精神构成(日本儒学)》(《文艺春秋1951年8月》)、《东洋的文学——致日本文学家》(《新潮》1951年10月)《中国的古典与日本人》(《妇人公论》1953年7月)等论著,从中可以看出,其研究范畴不仅限于中国,也关乎日本、东亚,乃至世界。吉川幸次郎的这一学术努力,启发了战后日本中国学的视野规模以及发展方向。

(本文系作者在2014年12月26日—28日北大、复旦、早大三校会议提交的会议论文基础上修改而成。)

---

① 《中国的智慧》,《吉川幸次郎全集》第五卷,第19页。
② 《关于〈论语〉》,《吉川幸次郎全集》第五卷,第295页。

焦循手批《孟子注疏》考述

王耐刚 *

【摘　要】 焦循手批《孟子注疏》为其所批校《十三经注疏》之一，本文旨在对其内容进行考述，通过分析针对不同内容的批语，并参考焦氏所著《孟子正义》，以明焦氏所据材料之来源和撰著思路。文中也论证了焦循手批《孟子注疏》与后来成书的《孟子正义》之间的关系。

【关键词】 焦循　《孟子注疏》　《孟子正义》　乾嘉汉学

焦循（1763—1820），字理堂，一字里堂，清扬州府甘泉县人，著有《雕菰楼易学》《易通释》《易章句》《易图略》《群经补疏》《孟子正义》《里堂算学记》《雕菰集》等，阮元许为"通儒"，是乾嘉汉学的代表学者。焦循治学主张"通核"，反对据守，这样一位学者手自批校的《十三经注疏》自当引起学者的关注。

一

焦循批校《十三经注疏》，为明毛晋汲古阁刊本，今藏台北史语所傅斯年图书馆。各册卷首钤有"焦氏藏书""恨不十年读书""傅斯年图书馆"等印，卷末钤"东方文化事业总委员会所藏图书""史语所收藏珍本图书记"等印。

傅增湘《藏园群书经眼录》亦曾著录此本，云："汲古阁刊本。焦理堂（循）手批，有'焦氏藏书''焦循私印''理堂''恨不十年读书'各印。"《经眼录》亦曾描述各书之情形：于《周易》言"批注极详，四周皆满"，于《尚书》言"阑上批数十条"，于《毛诗》言"全书圈点，批注甚细"，于《周礼》言"朱墨圈点，间有批注"，于《仪礼》言"评注约数十条"，于《礼记》言"竟体圈点，间有批注"，于《左传》言"竟体圈点，评注颇多"，于《公羊传》言"批注至多"，于《论语》《孟子》言"批校甚多"，于《尔雅》言"卷四以后批注至详"，于《穀梁传》《孝经》言"未动笔"。[①]

---

* 本文作者为华东师范大学古籍研究所讲师。

① 傅增湘《藏园群书经眼录》，北京：中华书局，2009年，第5至7页。又闵尔昌《焦里堂年谱》亦云："友人傅沅叔尝收得先生所藏汲古阁刻本《十三经注疏》，于《周易》《毛诗》《左传》《公羊》《论语》《孟子》《尔雅》批注甚多，《尚书》《周礼》《仪礼》《礼记》均有批注，惟《穀梁》《孝经》未动笔。"

较早注意到焦循批校并进行释文的是赖贵三先生。赖氏对此书中焦循的批语进行钞释,成《焦循手批十三经注疏研究》一书(台北:里仁书局,2000年)。并撰有数篇论文对焦循批语的内容和价值进行探讨,如《批判继承与创造发展——焦循手批〈十三经注疏〉的学术价值》[①]。

本文拟在赖氏研究基础之上,进行综合概括,并以《孟子注疏》为主,探讨一些相关问题。

焦循在《周易兼义》卷首交代了他购藏此套《十三经注疏》的经过:

> 余己亥、庚子间始学经,敬读《钦定诗经汇纂》,知汉唐经师之说,时时欲购《十三经注疏》竟观之。乾隆辛丑,买得此本,珍之不啻珠玉。时肄业安定书院中,宿学舍,夜秉烛阅之。每风雨夜,窗外枇杷树击门作弹纸声,时有句云:"惊人似鬼窗前树,诱我如痴几上书。"于今盖二十年矣。购此书时实无资,书肆索钱五千,仅得二千,谋诸妇,以珠十馀粒质三千。珠价实数倍,以易赎寡取之,然究未能赎也。为购此书者吴君至,言购之于书客吴叟,叟未几以游湖死于道,思之尚为悼叹。嗟乎,购一书艰难若此,子孙不知惜,或借人,甚或散失,真足痛恨,故书以告之。嘉庆庚申四月上弦江都焦循记。

此则识语所述购藏《十三经注疏》之经过、焦氏读书之经历及家中之景况,皆可与《雕菰集》中所载《修葺通志堂经解后序》参照,今录于下:

> 乾隆丙午,连岁大饥,余迭遭凶丧,负债日迫于门,有良田数十亩,为乡猾所勒买,得价银仅十数金。时米乏,食山薯者二日,持此银泣不忍去。适书贾以此书至问售,需值三十金,所有银未及半,谋诸妇,妇乃脱金簪,易银得十二金,合为二十七金,问书贾,贾曰可矣。盖歉岁寡购书者,而弃书之家急于得值也。余以田去而获书,虽受欺于猾,而尚有以对祖父,且喜妇贤,能成余之志。是夕,餐麦屑粥,相对殊自怿也。[②]

这些材料无疑为我们从生活史的角度了解焦循提供了一些材料,同时也为我们了解清代学者购藏图书之经过、藏书之观念等提供了鲜活的范本。此为此批校本价值之一端。

除前引卷首题识外,《周易正义序》末亦有焦循题记:

> 余初学《易》,有所得,则书于栏上,然一时偶会,非定说也。以今所撰《易释》《易注》校异同,枘凿十之五六,后人比而观之,可知余用力于此经

---

① 见祁龙威、林庆彰主编《清代扬州学术研究》,台北:台湾学生书局,2001年,第471至521页。此文又见赖贵三《台海两岸焦循文献与考察学术研究》,台北:文津出版社,2008年,第132至165页。

② 〔清〕焦循著,刘建臻点校《焦循诗文集》,扬州:广陵书社,2009年,第294至295页。

之勤,而不可遽以为臧否也。戊辰闰五月,里堂老人记。

又《毛诗注疏》卷五识语云:

> 省试被落,缘此可以潜居读书。《毛诗》久欲穷究之,因日间删订所撰《草木鸟兽虫鱼释》及《诗地理释》两书,晚间灯下衡写毛、郑、孔之义,偶抽得《齐风》,乃自此本起。时嘉庆三年九月十五日,灯下焦循记。

焦循于乾隆四十六年(1781)购得此书,至少到嘉庆(1808)的二十余年间都在阅读,并在书页的天头、地脚和字里行间撰写了大量的批语,可见其用力之勤。其中也有一些识语是由焦循之子焦廷琥撰写。虽然识语标明年月者最晚至嘉庆十三年,但是我们也不能排除有的识语是在嘉庆十三年后至焦循去世的嘉庆二十五年这十几年间撰写的。[①]

二

《孟子注疏》部分焦循识语共 128 条,长短不一,或是天头、地脚之批注,或是字里行间之旁注。除此之外,书中圈点、句读亦不在少数,此亦可见焦氏读此书之用心。

就内容而言,焦循的识语大致上以校勘为主,又有少量识语涉及句读,间有考证。从全书的整体情况来看,焦循批注的重点在于赵岐《孟子章句》(以下简称"赵注"),因此识语的内容多数与赵注相关,偶或涉及《孟子》本文及托名孙奭的疏文。

焦循识语的校勘部分以对校为主,涉及如下版本:"孔本""宋本""廖本""岳本""韩本""闽、监本"等。这些版本可以分为两类,一是"宋本""廖本""岳本""韩本""闽、监本"等。其中岳本、廖本、韩本皆一见,宋本及闽、监本两见。二是"孔本"。这是焦循校勘所使用的主要校本,因此出现最多。

孔本之外的这些版本都是阮元编纂的《孟子注疏校勘记》(以下简称"《校勘记》")所使用的版本,《校勘记》所使用的各版本的简称亦与焦循同。其中宋本为刘氏丹桂堂巾箱本,《校勘记》所据乃是何焯校本,非原本。岳本是元代义兴岳浚所刊,即是所谓相台岳氏本,《校勘记》亦据何焯校本过录。廖本,是元旴郡重刊廖莹中世彩堂刻本,据何煌校本,《校勘记》撰者亦未得见原本。韩本是韩岱云乾隆四十六年(1781)刻本。以上诸本皆是经注本。闽、监本则是注疏本,闽本乃是明嘉靖中李元阳所刻,监本则是万历时北京国子监所刻,亦称

[①] 按,焦循曾以此书中《孟子注疏》与乾隆间孔继涵所刊《微波榭丛书》本《孟子赵注》对勘,而《孟子赵注》中焦循识语写于嘉庆二十四年(1819),此可为焦循批注此《十三经注疏》之时间提供一旁证。

北监本,焦循所批校之汲古阁本即自北监本出。

焦循识语所引上述诸本文字,无出《校勘记》之外者:

卷一上页七 A,注"而泽好而已",焦循识语:宋本无"而已"二字为是。

《校勘记》云:"'则鹤鹤而泽好而已',闽、监、毛三本同,宋本、廖本、孔本、韩本、《考文》古本无'而已'二字。"

卷十四下页四 B,经"夫子之设科也",焦循识语:宋本作"予"。

焦循意谓,宋本"夫子"作"夫予"。按,《校勘记》云:"'夫子之设科也',闽、监、毛三本同。宋本、岳本、廖本、孔本、韩本'子'作'予'。案,注云'夫我设教授之科',伪疏亦云'夫我之设科以教人',则作'予'是也。予、子盖字形相涉而讹。"

卷五下页二 B,注"相曰,织纺害于耕",焦循识语:廖本作"妨"是也。

《校勘记》云:"'织纺害于耕',闽、监、毛三本,孔本、韩本同。廖本'纺'作'妨'。"

卷十一上页十一 A,注"譬若乎被疾不成之人",焦循识语:岳本无"乎"字。

《校勘记》云:"'譬若乎被疾不成之人',闽、监、毛三本同。岳本、廖本、韩本'若'作'如',无'乎'字。《考文》古本无'乎'字。"

卷二下页二 B,注"当诛亡我无以名之","我"字旁注"王","之"字旁注"也"。焦循于该页天头识语云:依闽、监本改,孔本"名"作"知"。①

《校勘记》云:"'王无以名也',闽、监本同,廖本、孔本、韩本、《考文》古本'名'作'知',毛本'王'作'我','也'作'之',毛本误也。"

卷四上页四 A,经"今以吊",焦循识语云:闽、监本,孔本、韩本俱作"今日吊"。

《校勘记》云:"'今日吊',闽、监本、孔本、韩本同,廖本、毛本'日'作'以',形近之讹,《考文》引作'今以吊',云'今'下古本有'日'字,足利本同,尤非。"

通过对比,不难发现,焦循识语涉及宋本、岳本、廖本、韩本、闽本、监本之处甚少,且没有超出《校勘记》的范围。况且《校勘记》集聚众多学者,又网罗众本,已经难以得见宋本、岳本、廖本等宋元旧椠,因此不得不借助何焯、何煌兄弟的校本。焦循凭借一己之力,搜得这些版本的可能性并不大。

---

① 此条赖贵三先生释文作:"依闽、监本改,孔本'名知知'。"上"知"字当作"作"。

焦循在其《读书三十二赞》中评价《十三经注疏校勘记》一书时说:"群经之刻,讹缺不明。校以众本,审订独精。于说经者,馈以法程。"①由此可见,焦循不仅读过《校勘记》,且深明此书价值之所在,因此在后来成书的《孟子正义》中也反复引用。

下面我们说一下焦循所使用的"孔本"。所谓"孔本",是孔继涵在乾隆三十七年所刊的《微波榭丛书》本《孟子章句》。之所以将孔本与上述诸本分开,是因为焦循所记孔本文字有一部分是自己校勘所得,并非因袭自《校勘记》。例如:

卷一下页五A,焦循识语:宜乎其罪我也,孔本作"宜乎其非我也"。〇上云"而不能自免为百姓所非",与"宜乎其非我"正是一贯,孔本是也。

卷十三下页十七B注"亦皆自安矣",焦循于"自"字上旁增"不"字,并书识语于天头:孔本有"不"字是。

按,以上两条,《校勘记》皆漏校。

卷一下页六B焦循识语:少者耻是役,孔本"是"作"见"。〇按,疏云"是耻见役使",知赵注本作"见"也。②

按,此条《校勘记》出校,云:"'少者耻见役',廖本、孔本、韩本、《考文》古本、足利本同,闽、监、毛三本改'见'为'是',非也。"与焦循的识语比较,二者结论相同,而焦循是据疏文进行本校,《校勘记》则未明言其所据。此亦可见焦循此条识语中所用孔本文字乃是自己对勘所得,非是由《校勘记》过录。

从以上列举诸条目显示,焦循识语中利用孔本进行校勘的部分,主要是其本人利用孔本与毛本进行对勘所得,并非简单袭自《校勘记》。之所以这样说,除了上述原因外,主要是因为焦循曾收藏过孔本《孟子章句》。此本今藏上海图书馆,有焦循之题记和批校,如卷三末题记云:"嘉庆己卯冬十二月廿一日立春雨窗讨论至此。"又卷四末题记云:"嘉庆二十四年十二月廿五日覆校至此。"卷八末题记云:"嘉庆己卯四月草《孟子正义》点校至此。"此亦可证焦循确实校勘过孔本《孟子章句》。③ 焦循所藏此孔本后又辗转归陈乃乾,今则藏于上图。其上有李璋煜、陈奂、陈乃乾题识跋语。李氏跋语云:"曲阜孔㠔谷先生刊本,益都尚有杨氏刊本为书岩先生峒手校,后附辨证,甚精核。先生深于小学也,硕甫先生深于古音古义,当必有所发明矣。丁亥莫春,东武李璋煜持赠并题

---

① 《焦循诗文集》,第117页。
② 赖贵三先生《焦循手批十三经注疏研究》此条释文作:"少者耻是役,孔本'是'作'见'。按:'疏云是耻见役使知,故注本作见也'。"释文误"赵"为"故",又断句有误,"是耻见役使"为疏中文句,其后则为焦循断语。又"按"字之前,焦循识语有"〇",赖氏释文亦脱。
③ 这些题记所署时间为嘉庆二十四年(乙卯),由此可见焦循批校《孟子注疏》之时间。

检。"陈氏识语云:"李公字方赤,以粤藩调任楚藩,告病免官。嘉道之际,称良有司者,时人推李公为首。此书其所持赠也。"又陈乃乾跋语云:"焦里堂先生批点本《孟子赵注》十四卷,《音义》二卷,壬午孟冬,得于广陵。翌年四月,养疴沪南西仓桥寓舍,依真定梁氏旧藏宋本勘读一过。海宁陈乃乾记。焦本原缺首五页,因取陈氏三百堂本配补,故卷首有硕甫先生及李方赤题字。乃乾附记。"①由陈氏跋语可知,李璋煜、陈奂二人之跋语原未在焦氏所藏孔本之上,而是另一个孔本,后来陈氏因焦循藏本有缺页,故以陈奂旧藏孔本配补,故李、陈二人均未提及焦循识语。

除了上述明确说明异文来源的情况之外,也有只说明异文而不言其源自何本的情况。如:

卷二上页七 B,注"身自官事吴",焦循识语:官,一作"臣"。

按,焦循未言出自何本。《校勘记》云:"'身自官事吴',闽、监、毛三本同,孔本、韩本、考文古本'官'作'臣'。"焦循所录异文与孔本、韩本及《七经孟子考文补遗》中的古本相同。

卷二下页十三 A,注"长上军师也",焦循识语:帅。

焦循之意谓注中"师"字一作"帅"。《校勘记》云:"'军帅也',《音义》本、廖本、孔本、韩本、闽本、《考文》古本、足利本'帅'作'率'。按,率、帅字通。监、毛二本作'师'则误矣。"焦循识语与《校勘记》出文同,而与其本人所藏孔本不同。②

三

校勘而外,焦循识语的重点在于赵岐《章句》,故而批注的内容多针对赵注而发,括而言之,有以下几点:

第一,指明赵注用事之出处。《四库全书总目》云赵岐"好用古事为比"③,焦循《孟子正义》云"为《孟子》作疏,其难有十",其第九为:"赵氏时据古书,今或不存,而所引旧事,如陈不瞻闻金鼓而死,陈质娶妇而长拜之,苟有可稽,不容失引。"④

卷八上页八 A,注"若礼而非礼,陈质娶妇而长拜之也。若义而非义,

---

① 今据上图藏孔本过录,又此跋亦见《陈乃乾文集》。
② 此条识语亦可能是焦循根据前后文义推测"师"当作"帅",未必是校勘异文。
③ 《四库全书总目》,北京:中华书局,1965年,第290页。
④ 〔清〕焦循撰,沈文倬点校《孟子正义》,北京:中华书局,1987年,第1050页。

藉交报仇是也"，焦循识语：娶妇而长拜之，见董子《繁露》；藉交报仇，见《史记》。

按，《正义》此注下疏云："董子《繁露·五行相胜》篇云：'营荡为齐司寇，太公问治国之要，曰：在仁义而已。仁者爱人，义者尊老。爱人者有子不食其力，尊老者妻长而夫拜之。太公曰：寡人欲以仁义治齐，今子以仁义乱齐，寡人立而诛之，以定齐国。'此拜妻之证也。……按，古事相传，名姓往往各异，如虞陵之为高阳魋，盍胥之为古乘。此营荡之为陈质，亦其类耳。"又云："周氏广业《孟子古注考》云：'《史记·货殖传》云：闾巷少年，借交报仇，篡逐幽隐，实皆为财用耳。《游侠传》云：郭解少时阴贼，以躯借交报仇。《汉书》：朱云少时，通轻侠，借交报仇。师古注：借，助也，音子夜切。'孙公《音义》：藉，慈夜切，义与借同。则藉交即借交也。"比较《正义》和识语，我们不难发现二者之关系。只是《正义》在材料上更为丰富。但从思路上讲，二者是一致的。

第二，训释赵注文句字义。

卷九上页八 A，注"攸然，迅走趣水深处也"，焦循识语云：攸，同悠，远也，与深义同。

按，焦循《正义》云："攸与悠同，《尔雅·释诂》云：'悠，远也。'舍人注云：'行之远也。'远与深同。逝如《论语》'逝者如斯夫'之'逝'。《阳货》篇'日月逝矣'，皇侃疏云：'逝，速也。'走水趣深处解攸然，迅字解逝字。闽、监、毛三本'水趣'二字倒。"《正义》大致与识语相同，但材料更加精详，且据《校勘记》补充了校勘的内容。

第三，辨析赵注句读。这里所说的"赵注句读"是赵岐句读《孟子》，而非赵注本身之句读。

卷二上页七 B，注"言天生下民，为作君，为作师，以助天光宠之。四方善恶皆在己……"焦循识语：赵读"宠之"为句，"四方"二字属下。

按，此处焦循谓据赵岐之说，经文之断句当作"惟曰其助上帝宠之，四方有罪无罪惟我在"。《孟子》此处引《尚书》，后世通常断句作"惟曰其助上帝，宠之四方，有罪无罪，惟我在"。故焦循此处言"赵读"。与此相关还涉及另外一条识语：

卷二上页十 A，疏"上帝宠安四方"，焦循识语：非赵读。

《注疏》以"宠之四方"为句，故焦循在前一识语后再次指出疏文与赵注不相合。而《孟子正义》在此处句读问题上，亦沿袭识语以来之观点："赵氏读'惟曰其助上帝宠之'八字句，'四方'二字连下'有罪无罪惟我在'九字句。"

第四，补正赵注缺失。

卷三上页十六B,经文"智足以知圣人,污不至阿其所好",注"污,下也。言三人虽小污不平,亦不至阿其所好以非其事,阿私所爱而空誉之",焦循识语:污,丁音蛙,不平貌。污,本作洿,孟子盖用为"夸"字之借,言虽大而不至于阿曲。赵氏徒依"污"字为说,非孟子本意。

焦循《正义》云:"《说文》水部云:'洼,窊也。'穴部云:'窊,污衺下也。'《音义》云:'丁音蛙,不平貌。'赵氏读污为洼也。按,污本作'洿',孟子盖用为'夸'字之假借。夸者,大也,谓言虽大而不至于阿曲。成公绥《啸赋》云:'大而不洿。'苏洵有《三子知圣人污论》以'污'属上读,则'智足以知圣人污',亦是智足以知圣人之大也。"

《正义》基本上沿袭了识语的意见,而此种内容亦体现了焦循并不墨守赵注的疏证特色。自《五经正义》而下诸唐宋义疏,乃至宋元以降学者为宋人五经四书所作之疏,皆守"疏不破注"之规。焦循在修撰《孟子正义》的过程中有意破除唐宋旧疏"疏不破注"的传统,黄承吉《孟子正义序》说:"忆一日在汪晋藩文学斋中与里堂论及各经疏正义,仅宗守传注一家之说,未能兼宗博采,领是而非无以正,举一而众蔑以明,例虽如是,实则未通。"①可见焦循对旧来所谓"疏不破注"之例深至不满。焦循《正义》亦云:"于赵氏之说,或有所疑,不惜驳破以相规正。至诸家或申赵义,或与赵殊,或专翼孟,或杂他经,兼存备录,以待参考。"不难发现,在不墨守赵注这一点上,从焦循的识语到《正义》,这一思路不断完善。正因如此,焦循《孟子正义》一书被视作新疏之范例。黄承吉《孟子正义序》云:"近时邵二云太史著《尔雅正义》,过于邢疏远甚,然犹墨守郭义,未能厘补漏缺,此书一出,实可为义疏、正义之准则。"②黄承吉认为焦循《孟子正义》不墨守赵注这一点是其典范意义之所在。通过焦循此条识语,我们可以发现,突破旧疏"疏不破注"的常例是焦循一贯的思路,并不是在编撰《孟子正义》时才形成的。

第五,阐明赵注解《孟》思路。

卷七下页十三A注"政教不足复非说,独得大人为辅臣,乃能正君之非法度也",焦循改"说"为"訧",又有识语云:訧,《音义》音尤,赵氏以"訧"字解"非"字,以"非"字解"间"字。

此条识语兼及校勘,以毛本误"訧"为"说",故引《音义》以校改。之后再说明赵岐以"非訧"二字释经文中"政不足间也"之"间"字,赵注中又有"间,非"一语。《正义》云:"《文选》卢子谅《赠刘琨诗》注引《韩诗章句》云:'尤,非也。'訧

---

① 〔清〕黄承吉《梦陔堂文集》卷五,页一,清道光中刻《梦陔堂全书》本。
② 〔清〕黄承吉《梦陔堂文集》卷五,页二。

与尤通,故赵氏以'非'释'间',又以'訛'释'非'。或作'非说',误也。"对比二者,亦可考见焦循识语与后来成书之《孟子正义》之间的承继关系。

由上述五点可知,从批注到后来的《正义》,焦循的思路一以贯之,逐步完善。我们可以认为焦循一直是以赵注为中心,并在此基础上重为《孟子》作疏。

从批注到《正义》,焦循都格外重视赵注,希望阐明赵注之本义,故或明其用事之出处,或训释其字句,或辨析其句读,或正其讹误,或阐其思路。焦循在阐述为《孟子》作疏之难时说:"赵氏书名《章句》,一章一句,俱详为分析,陆九渊谓'古注唯赵岐解《孟子》文义多略',真谬说也。其注或倒或顺,雅有条理,即或不得本文之义,而赵氏之意焉可诬也。"①这说明焦循注意区分赵岐之义与孟子之义,即使赵注之义不合孟子本义,也要弄明白赵岐之义,正因如此,所以焦循批校才会对赵注进行种种考证。这一点正是焦循治学主张的具体化,焦循《里堂家训》中谈及治经之法时曾说:

> 学经之法不可以注为经,不可以疏为注。孔颖达、贾公彦之流,所疏释毛、郑、孔安国、王弼、杜预之注,未必得其本意,执疏以说注,岂遂得乎?必细推注者之本意,不啻入其肺腑而探其神液。……要之,既求得注者之本意,又求得经文之本意,则注之是非可了然呈出,而后吾从注非漫从,吾之驳注非漫驳。不知注者之本意,驳之非也,从之亦非也。②

这与焦循批校之实践和《孟子正义》中所说正相符合。后世有学者批评焦循《孟子正义》详于疏注而略于解经,是于焦循之经学主张并未深加考察。③

四

除了校勘和考证赵注而外,焦循识语中其他部分的考证对象主要涉及以下三者,一是疏释《孟子》经文,一是补正疏文,一是针对时人之说而发。

第一,疏释经文,补赵注所未言。例如:

> 卷二下页十一A,经文"迁其重器",焦循识语:按,《战国策》望诸君报燕书云:"奉令击齐,大胜之,轻卒锐兵长驱至国,齐王逃遁走莒,仅以身

---

① 《孟子正义》,第1050页。
② 〔清〕焦循《里堂家训》,《续修四库全书》第951册影印上海图书馆藏稿本,上海:上海古籍出版社,2002年,第529页。
③ 民国学者胡毓寰《孟子七篇源流及其注释》说:"夫赵氏《章句》,汉人释《孟子》之言耳,于哲学、文学各方面,其重要均远不及《孟子》本书也。然焦氏于《孟子》本义,多不求详;于赵氏之言,则虽谬误处以繁征博引以疏解之。……此焦氏书之弊二也。"(《学术世界》第一卷,第12期,第61页)此说于焦循之治学主张不甚了了,于《孟子正义》一书也并未深读。焦循详于解注,往往将申发《孟子》之言亦置于阐明赵注的文字中,故从形式上看详于释注而略于解经,但实际并非如此。

免,珠玉财宝,车甲珍器尽收入燕,大吕陈于元英,故鼎反乎历室。"高诱注云:"子哙乱,齐伐燕杀哙得鼎。"鲍彪注云:"故鼎,齐所得燕鼎。"玩此则重器指历室之鼎也。又《相贝经》云:"文王得大秦贝,径半寻。穆王得其壳,悬于观。秦穆公以遗燕。"《左传》昭七年:"齐侯次于虢。燕人行成,曰:'敝邑知罪,敢不听命,先君之敝器请以谢罪。'二月戊午,盟于濡上,燕人归燕姬,赂以瑶瓮、玉椟、斝耳。不克而还。"此亦其重器之一端也。

焦循《正义》中对于"迁其重器"一句的疏释基本与此相同,唯《相贝经》云云,不见于《正义》。由此条可知,从批注识语到《孟子正义》成书,其中多数材料有所补充,但亦有所剪裁。

第二,补正旧疏。焦循对旧疏是不满的,《孟子正义》曾指出旧疏"踳驳乖谬,文义鄙俚,未能发明其万一"。焦循有鉴于此,故重为《孟子》作疏以成《孟子正义》。识语中针对疏文的识语多较为简略,例如:

> 卷一下页十六 A,疏"《荀子》云:'仲尼之门人,五尺之竖子,言羞称乎五霸。'是仲尼之徒无道桓文之事者之证也",焦循识语:见董子对胶西王语。①

焦循意谓《荀子》之语亦见董子对胶西王语,即在《荀子》之外又补充一条材料,以证《孟子》所云"仲尼之徒无道桓文之事者"。《正义》正是如此,在《荀子·仲尼》篇之外,补充了董子对胶西王语。

> 卷二下页七 B,疏"《礼》云'朝一镒朱②',注亦谓二十四两,今注误为二十两",焦循识语:二十两不误,廿四两乃误。

《正义》则广征前人之说以明一镒乃二十两,非二十四两。《正义》和此识语在侧重上有些许不同,识语在明疏之误,而《正义》则是以讲明赵注为目的。

第三,驳正时人之说。例如:

> 卷一下页十四 B,焦循识语:齐宣王为大室,大盈百亩,堂上三百户,以齐之大而具之三年而未能成。〇在《吕氏春秋·骄恣篇》,不在《恃君》。廿四。

按,识语中"廿四"二字,赖贵三先生识为"篇"字。但此与"骄恣篇"之"篇"不同,当是"廿四"二字。而从识语的内容来推测,当与《梁惠王下》"为巨室"章,即《注疏》之卷二下,不当在此。《梁惠王下》"为巨室章",赵注及疏皆未提

---

① 此条赖贵三先生释文作:"宣子对胶西王语见",又云:"不知何解"。"宣"当作"董",董子对胶西王语见《春秋繁露》。
② 朱,当作"米",毛本《孟子注疏》误。

及《吕氏春秋》,若焦循只是单纯补充材料,那么"不在恃君廿四"一语似转多余。因此,焦循此语当是为纠误而发。考翟灏《四书考异》"为巨室"条下云:"《吕氏·恃君览》:'齐宣王为太室,大益百亩,堂上三百户,以齐之大而具之三年而未能成。'"而焦循之意则是言"齐宣王为太室"云云,当在《吕氏春秋·骄恣》篇,而不在《恃君》篇。那么焦循此条识语当是针对翟灏《四书考异》而发,"廿四"二字指翟灏说在《四书考异》卷二十四。又,此条识语写于便条上,据赖贵三先生《焦循手批十三经注疏研究》在页十五A,而我们所见则在页十四B,可见此便条已经后人移动。

五

焦循批校之《孟子注疏》与其所撰《孟子正义》有着紧密的关系,这主要表现为以下两点:

第一,二者在思路上一脉相承。

我们在上文已经指出,无论是批校《孟子注疏》,或者是编撰《孟子正义》,焦循都以赵注为阐释的重点,注意区分《孟子》本义和赵注之义,因此在形式上,焦循花在赵注上的笔墨明显较多。中国古代经典阐释传统,具有层递性,以经、注、疏这一体系最为典型。经为原典,是一切解释的出发点,形式上最为固定。注承担了解释经的任务,而疏在解经的同时,也要承担释注的任务。因此,注的形态和内容对疏的特色具有更直接的影响力。如以赵注为中心的《孟子正义》和以朱注为阐释重点的《四书纂疏》在内容上具有很大的差别,而这种差别产生的直接原因在于所用注的差异。钱谦益《新刻十三经注疏序》云:"十三经之有传注、笺解、义疏也,肇于汉、晋,粹于唐,而是正于宋。欧阳子以谓诸儒章句之学,转相讲述,而圣道粗明者也。熙宁中,王介甫凭借一家之学,创为新义,而经学一变;淳熙中,朱元晦折衷诸儒之学,集为传注,而经学再变。介甫之学,未百年而燔,而朱氏遂孤行于世。"①钱氏总结自汉以来经学凡三:汉唐章句之学,王安石新学,程朱理学,而区别这三种不同的经学潮流者,从经典解释的传统上讲,正是以注之不同。因此,焦循以赵注作为批校和解释的重点,是一种合理的选择。

以赵注为重点,明确区分孟子本义与赵注之义,焦循的这一基本态度也决定了其在批校《孟子注疏》和日后编纂《孟子正义》过程中对赵注的一系列处理方式。如我们在上文所涉及的破除"疏不破注"的传统,对赵注加以补充和驳

---

① 〔清〕钱谦益著,〔清〕钱曾笺注,钱仲联标校《牧斋初学集》,上海:上海古籍出版社,2009年,第850页。

正。正因注意区分孟子本义和赵注之义,所以对于赵注解释《孟子》不足之处就自然会加以补充,而赵注之误解《孟子》之处就有必要进行驳正。

第二,对比批校本《孟子注疏》和《孟子正义》,我们发现从零散的批校到体例严整的《孟子正义》,焦循对材料不断的进行剪裁和扩充。

例如,我们在上文提及的卷八上页八Ａ"若礼而非礼"条,焦循之识语与《孟子正义》相比,《正义》之内容更加丰富(见本文第三部分"第一"下)。卷二下页十一Ａ"迁其重器"条,焦循识语较《孟子正义》内容丰富(见本文第四部分"第一"下)。从识语与《孟子正义》相关内容的差别来看,焦循在编撰《正义》时,并不是简单地承袭先前已有的识语,而是有所调整。

从批校本《孟子注疏》到《孟子正义》,焦循在材料的使用上也有所差别。在涉及考证的识语中,焦循所使用的原始材料较多,清人的成果主要是《孟子注疏校勘记》,同时纠正的是翟灏《四书考异》的疏误,其他材料不多。但到了《孟子正义》,焦循所使用的材料具有鲜明的特色。焦循说:

> 为《孟子》作疏,其难有十。……本朝文治昌明,通儒遍出,性道义理之旨,既已阐明;六书九数之微,尤为独造。推步上超乎一行,水道远迈于平当。通乐律者判弦管之殊,详礼制者贯古今之变。训诂则统括有书,版本则参稽罔漏,或专一经以极其原流,或举一物以穷其窔奥。前所列之十难,诸君子已得其八九,故处邵武士人时,为疏实艰,而当今日,集腋成裘,会鲭为馔,为事半而为功倍也。①

正是基于对清代学术的自信,所以焦循在《孟子正义》中多引清代学者之说,有意表彰清代学术。清初之顾炎武、毛奇龄、阎若璩、梅文鼎,至乾嘉时钱大昕、段玉裁、王念孙、王引之父子,以及阮元等凡六十余家。且其中并不局限于清儒所擅长的典章制度、名物训诂之学,也兼引清儒尤其是考据学家的义理方面的论述,如戴震《孟子字义疏证》与程瑶田《通艺录·论学小记》。在大量引用清儒尤其是长于考据学的学者论著的同时,焦循几乎不引宋明理学学者的著作,并且有时还会批评空疏不实之学,例如《离娄上》标题下正义云:

> 明人讲学,至徒以心觉为宗,尽屏闻见,以四教六艺为桎梏,是不以规矩便可用其明,不以六律便可用其聪。于是强者持其理以与世竞,不复顾尊卑上下之分,以全至诚恻怛之情;弱者恃其心以为道存,不复求《诗》、《书》、《礼》、《乐》之术以为修齐治平之本,以不屈于君父为能,以屏弃文艺为学;真邪说诬民,孟子所距者也。②

---

① 《孟子正义》,第1050—1051页。
② 《孟子正义》,第474页。

《孟子正义》出于对清代学术的自信而广泛徵引清代学者之著述与对宋明理学尤其是心学的批判在批校本《孟子注疏》的识语中则没有体现。

与批校本的识语相比,《孟子正义》作为一部义疏,体例更为严整,这一点最为明显的体现在对赵注义例的归纳上。以例解经是乾嘉学术的重要特色,对后来的学术研究也产生了深远的影响。焦循在《孟子正义》中总结赵注之义例有三:一是迭字为训例,一是转注为训例,一是经文中"曰"字往往无主语,赵注必为补全例。例如:

焦循在《正义》中说的较为明确的是叠字为训例。《告子下》"五霸桓公为盛,葵丘之会诸侯,束牲载书而不歃血",赵注云:"与诸侯会于葵丘,束缚其牲,但加载书,不复歃血,言畏桓公,不敢负也。"于注中"加载书"一语,学者有所说解,如毛奇龄《经问》认为以载字为事义,与"加"字义不同,而赵岐"加载书"一语,正是区别加、载二字之义。阎若璩《四书释地又续》则认为载书乃是盟书,以纠正时人以加、载二字同义之解。但是焦循并不同意毛奇龄、阎若璩二人之说,并云:

> 毛氏、阎氏二说略同,盖以赵氏'但加载书'解为但加盟书也。按,赵氏解经之例,每以叠字为训。《说文》车部云:"载,乘也。"《淮南子·氾论训》云"强弱相乘",高诱注云:"乘,加也。"是载之训为加,赵氏叠加、载二字,即以加释载,犹叠束、缚二字,即以缚释束。"但加载书",谓但加载此书,非谓但加此载书也。若载不训加,第是盟书,则经称"束牲盟书"为不辞。赵氏加字为无涉于经文矣。《秋官·司盟》"掌盟载之法",注云:"载,盟辞也。"四字为句,谓经言盟载,是载此盟辞也,非是以盟辞解载字。下云"盟者书其辞于策",此解盟字。则盟字即《孟子》此文之书字。下云"杀牲取血,坎其牲,加书于上而埋之,谓之载书",此解载字。书辞于策为盟,即为书。加载于牲上为载书,即为盟载。郑注甚明。贾氏疏云:"载者,正谓以牲载此盟书于上,故谓之载也。"赵氏此注,与《穀梁传》同,与郑氏注亦同。毛氏、阎氏未识赵氏叠字为训之例,亦未识郑氏注《司盟》之义,而谓赵氏不以载为加,失之甚矣。

焦循在此明确提出了赵岐在训诂上有"叠字为训之例",所谓叠字为训之例,就是同义词叠加相训,如此注中"束缚其牲,但加载书",中"束缚""加载"皆是同义词叠加以解经文中"束牲载书"中"束""载"二字之义。焦循在《正义》中所说"赵氏训诂,每叠于句中"恐怕就是这种情形。

焦循借助这三个义例,以明晰赵注本义。尤其是前两个义例,对于焦循解释赵注发挥了相当重要的作用。当然,焦循总结是否合理,赵注是否存在这样的义例,这是需要深入研究的问题,本文暂不涉及。①

以上所论是从批校到《正义》之发展,二者这种差别,固然是焦循撰著思路不断发展之原因,但也不能忽略二者在形式上的差别:批校随文而行,具有较大的随意性,故或详或简,繁难程度不一,而《正义》则严整得多。

焦循批校《十三经注疏》是出自其治学之需要,也是一时学风使然。自惠栋以来,学者以汉代经说为中心,讲明师法,批评魏晋以降之经说,故乾嘉学者大多阅读并重视《十三经注疏》,这主要表现在以下三个方面②:

首先,《十三经注疏》为汉唐经说之渊薮,是采辑先儒学说与古代佚籍的重要材料。这是很多乾嘉学者阅读《十三经注疏》的重要目的,也是他们进行考证的重要依凭。如卢文弨《书公羊注疏后》所云:"何氏文笔未善,故其言多有晦僿难晓者,疏独能通之,其所引《春秋说》及诸纬书俱已不传,后世亦赖是见其一二。"③

其次,评论注疏之优劣得失,或进行补正,进而发展为重为新疏,成为清代汉学的重要特色。如惠栋不满于杜预《春秋左氏经传集解》而为《左传补注》,不满于王弼、韩康伯之《周易注》而作《周易述》。

再次,广求众本,对《十三经注疏》进行校勘。清代很多学者都在从事这一工作。很多学者的校本我们今天还可得见。如武亿曾致书孙星衍:"《十三经疏》若得研心细校,重为善本,后学承益,真无涯量,祈速成之。某得预校一二部为幸多矣。"④由武亿此函可以推知,孙星衍曾拟校勘《十三经注疏》,武亿欲参与其中。至于孙氏校勘之体例与细则则不得而知。以校勘成果表现出来的则有浦镗《十三经注疏正字》,当然,最有名且具有集成性质的当属阮元主持编纂的《十三经注疏校勘记》。

焦循正是在这种风气影响下成长起来的学者,因而其治学进路颇受乾嘉汉学之影响,批校《孟子注疏》,进而修撰《孟子正义》正是这种学风的具体体现和现实延续。

---

① 关于焦循所总结赵注义例之详细情况以及此种总结是否合理,详参王耐刚《孟子赵注流衍研究》,北京大学 2014 年博士学位论文。

② 这里有几点需要说明:第一,本文的总结主要是从考据学的角度出发,至于乾嘉学者、《十三经注疏》及义理之学的关系,本文暂不涉及。第二,我们强调乾嘉学者重视《十三经注疏》,并不是说重视《十三经注疏》是从乾嘉学者才开始的。自明代中叶起,已有学者开始重视旧时经说,故而嘉靖时李元阳刊刻《十三经注疏》于闽中,此本对后世影响深远。其后之北京国子监、毛晋汲古阁和乾隆初年武英殿所刻《十三经注疏》皆与此本有源流关系。崇祯间金藩等人所刻十三经古注也是出自李元阳刻本。

③ 〔清〕卢文弨撰,王文锦点校《抱经堂文集》,北京:中华书局,1990 年,第 115 页。

④ 〔清〕武亿《授堂文钞续集》,《授堂遗书》第四册,北京:北京图书馆出版社,2007 年,第 227 页。

叶适《大学讲义》（外二种）辑考

桂　枭[*]

【论文摘要】　叶适是南宋时期的重要学者，身后文集散佚，后世多有辑补。笔者从南宋卫湜所编《礼记集说》中辑出叶适《大学讲义》（外二种），是叶适经学佚著的首次发现。本文在校勘、公布这批佚说的基础上，对其文献来源进行了考辨，并对所佚文间的关系做出了初步推测。

【关键词】　叶适　《大学讲义》　卫湜　《礼记集说》

　　叶适（1150－1223）字正则，号水心居士，是南宋永嘉事功之学的代表人物，在中国学术史上影响深远。《宋元学案》说："乾淳诸老既殁，学术之会，总为朱、陆二派；而水心断断其间，遂称鼎足。"[①]叶适之学呈现出与以朱、陆为代表的性理之学截然不同的面貌，叶适本人也被后世学者视为朱熹之学的激烈批评者。

　　朱熹一生著述丰富，经、史、子、集四部皆有成体系论著，语录又为门弟子编类整理、广为流布。相比之下，叶适所存留的文献不免显得有些单薄，且存在两个显著的缺陷：其一、现存叶适文献并非叶适作品全貌。据文献记载可知，叶适文章大量散佚。宋季元初学者黄震《黄氏日抄·读水心文集》中所见的很多文章都不存于世，有待搜辑。近年来学者搜辑甚勤，仍然成果有限。[②]其二、朱熹多专门著作，对很多具体学术问题有精深且成系统的论述。朱熹的学术见解表达得较为显豁，也更易为学者把握。而叶适所存作品则或为《文集》中较为零散的论述，或为《习学记言序目》中不成系统的学术札记；《别集》中的作品又多为叶适早年应举、奏对之作。前者拘于体例，不成系统，后者则是叶适早年作品，思想并未成熟，也难以准确反映其学术之全貌。

　　笔者在梳理《礼记集说》的引人引书情况时，发现其中保存着一部叶适的《大学讲义》及一些其他经说。这一批经说的发现至少有两个方面的重要意

---

[*]　本作者为北京大学古典文献学专业2013级博士研究生。
[①]　〔清〕黄宗羲、全祖望等：《宋元学案》卷五十四，北京：中华书局1986年版，1738页。
[②]　束景南：《叶适佚文辑补》，《文献》1992年1期；周梦江：《叶适著作版本及佚文佚诗》，《温州师范学院学报》1995年1期；《全宋文》，新辑叶适文二十篇。

义:一、从《大学》阐释史上看,自唐代以后,《大学》地位开始不断提升,直至南宋朱熹将其与《中庸》《论语》《孟子》合称为四书,进入儒家最重要的思想典籍之列。叶适《大学讲义》(外二种)的发现将为我们理解朱熹《四书》学解释体系成为主流话语前的南宋学术思想提供资料。二、从宋代思想史、经学史研究的角度看,《大学讲义》(外二种)的发现也将为我们理解叶适以及南宋学术思想提供极有价值的助益。

本文写作旨在公布这批经说,厘清文献来源,并加以初步的校勘、疏释,为进一步的学术研究奠定文献基础。

一、材料来源与基本情况

《礼记集说》引叶适经说共计34次。其中6次引自《习学记言序目》卷八,《曲礼上》篇(卷一)、《檀弓上》篇(卷十六)、《王制》篇(卷二十四)、《大学》篇(卷一百五十二)各1次,《中庸》篇(卷一百二十四)2次。另外28次征引皆不见于今传本《叶适集》《习学记言》等著作,就笔者所见,亦未见他书引及。这28条佚文分布情况如下:《礼运》篇6次,其中卷五十六1次,卷五十七3次,卷五十八2次;《礼器》篇4次,皆见于卷五十九;《坊记》篇1次,见于卷一百二十一;其余17次皆出于《大学》篇。每条经说前均冠以"龙泉叶氏曰"五字。

《礼记集说》系南宋卫湜编纂,是现存最早的"集说"体经解。全书一百六十卷,收入历代《礼记》经说一百三十家,其中多属宋人经说,今日泰半散佚不存。四库馆臣称其书"采摭群言,最为赅博,去取最为精审。……亦可云礼家之渊海矣"。① 由此可略窥此书对宋代《礼记》学研究之价值。卫湜,字正叔,号栎斋,平江人,生卒年今不可考。卫湜所出身的平江卫氏,有"世善为《礼》"② 之名。其兄卫泾习《礼记》,③ 淳熙十四年(1184)中状元,历官至参知政事,为一代名臣。不仅如此,卫氏一家与永嘉学者交往颇深,卫湜本人就与叶适交往密切,今本《叶适集》中存有一篇《栎斋藏书记》,该文作于嘉定十五年(1222)二月,系叶适晚年所作,文中称卫湜为"吾友",记述了卫湜丰富的藏书,还对历代著述直言不讳地提出了自己的质疑:"凡此皆出孔氏后,节目最大,余所甚疑",并鼓励卫湜治学要"读虽广,不眩也;记虽博,不杂也。日融月释,心形俱化,声

---

① 《四库全书总目》,北京:中华书局,1964年,第169页。
② 〔宋〕魏了翁撰,张京华校点《渠阳集》卷九,《卫正叔〈礼记集说〉序》,长沙:岳麓书社,2012年,第124页。
③ "(蒋继周)十一年正月同知贡举,有《礼记义》,绝出流辈,已见黜。公力主之,拔置高第,及启封,则吴人卫泾。"〔宋〕陆游:《渭南文集》卷三五,《中丞蒋公墓志铭》,《四部丛刊初编》本。

色玩好,如委灰焉,然后退于栎而进于道矣"。① 该文是现存不多的有关卫湜生平的资料,为我们了解《礼记集说》的成书提供了重要线索,也透露了叶适晚年的一些学术观点。此外,卫泾之妹卫琮、卫瑧分别嫁给了绍熙元年(1190)同年进士周南、朱晞颜,而周南的女儿又嫁给卫泾之子卫朴。② 周南是叶适钟爱的弟子,叶适曾为其做墓志铭、祭文,并为其文集作序。③ 由此可知,卫湜应与周南为同辈,为叶适弟子行,在叶适晚年二人有较多学术交往。

《礼记集说》所引用的叶适经说当出自南宋本《水心先生文集》。《水心先生文集》在南宋时有两种,其一为门人赵汝镗(《宋史》作"钀")所刻,其一为所谓淮东本,今皆不存。陈振孙《直斋书录解题》对二本有著录,称:

  《水心集》二十八卷、《拾遗》一卷、《别集》十六卷。吏部侍郎永嘉叶适正则撰。淮东本无拾遗,编次亦不同。④

据赵汝镗序可知,赵氏编刻本《水心先生文集》编次"一用编年"⑤,宋末吴子良所见《水心先生文集》亦为此本,"水心文本用编年法,自淳熙后,道学兴废,立君用兵始末,国势汙隆,君子小人离合消长,历历可见,后之为史者当资焉"。⑥ 淮东本既编次不同,故当非编年体。宋元之际学者黄震《黄氏日抄》中所录叶适文篇目依文体编次,且有《水心先生文集》《别集》两类,而无《拾遗》。故清代学者孙诒让认为黄氏所见叶适文集当为淮东本。⑦ 今所通行《水心先生文集》系明人黎谅收辑叶适遗书"成篇章者,得八百余篇,编集汇次,分为二十九卷"⑧,编订而成。明清二代诸本悉从此出。晚清学者孙衣言、孙诒让父子又在此基础上增补佚文编成三十卷本。《水心别集》十六卷,系叶适弟子门人收集其作品所编,约为《进卷》《廷对》《外稿》《后总》四部分。当代学者根据上述《文集》与《别集》,删定复重,编成《叶适集》,1959年由中华书局出版。此后学者仍陆续有所辑补。

卫湜所引《大学讲义》文本与赵汝镗本《水心先生文集》关系应当较为密切。赵氏序称"集起淳熙壬寅(1182),更三朝四十余年",故此序最早当作于嘉

---

  ① 〔宋〕叶适撰,刘公纯、王孝鱼、李哲夫点校《叶适集·水心文集》卷十一,北京:中华书局,2010年,第199—200页。
  ② 详参邓小南《宋代士人家族中的妇女:以苏州为中心》,收入《朗润学史丛稿》,北京:中华书局,2010年,第312—314页。原载《国学研究》第五辑。
  ③ 详参《叶适集》。
  ④ 〔宋〕陈振孙:《直斋书录解题》卷十八,上海:上海古籍出版社1987年,第547页。
  ⑤ 《赵序》,《叶适集》卷首,第1页。
  ⑥ 〔宋〕吴子良:《林下偶谈》卷二,《丛书集成初编》本,第22页。
  ⑦ 详参〔清〕孙诒让撰,潘猛补点校《温州经籍志》卷二一,北京:中华书局,2011年,第1038页。
  ⑧ 《叶适集》卷首,《赵序》,第1页。

定十五年(1222)。又,嘉定十六年正月叶适去世,据《咸淳临安志》,赵氏亦卒于同年夏天,故赵氏编刻《水心先生文集》至迟不能晚于嘉定十六年。① 此本《水心先生文集》当编成于嘉定十五十六年之间。我们可以推测在此一两年间,围绕在叶适与赵汝鐩身边应该有一个收集叶适生平著述并将之编纂成书的过程。考虑到叶适为卫湜所做《栎斋藏书记》成于嘉定十五年二月,可知此一二年间,叶适与卫湜交往甚密。身为藏书家的卫湜很有可能也参与到叶适著述的收集整理中。笔者认为《礼记集说》中所引《大学讲义》等叶适佚文文本当与赵汝鐩本的《水心先生文集》有很深的渊源关系,即或不能就此遽断卫湜所引即赵汝鐩本,二者间当亦有较为接近的文本来源。

宋元之际学者黄震的《黄氏日抄·读水心文集》中保存了关于大量叶适佚文的信息。其中有"《大学讲义》"一条,曰:

> 《大学讲义》,前后接续皆讲《礼器》,公盖欲以礼为治者,所讲率明白。而"释回增美"一语,讲之尤粹,若曰:"私欲颇僻所谓回也。礼与之周旋,而同其作止,使之阴自消弭,如冰之于水,春风之被物,所谓释回也。礼之所加犹玉之山,龙其文犹素之藻缋其章也,岂不焕乎其愈明哉?所谓增美质也。"辞虽不免于文,而理则善矣。至讲下文,如"如竹箭之有筠也,如松柏之有心也",则谓礼之于人可学而至,非如竹箭松柏之本有而无待乎人。愚谓此公自由所见,而经意未必然也。松竹之有筠有心,正以比君子之有礼,岂顾二之而反谓其非如也哉?然公之所以通连其讲者,实归宿于末章,欲称财而为礼,不杂于人欲之流放。以从天下而帝王之统绪接也。呜呼!后世之取财于民视古百十倍,而用益不足,民穷到骨,朘削愈甚,此礼之不立,而财愈多愈乏使然也。公尚礼学,而尤精究财赋本末,欲起而救之至切也。《讲义》其微意所在乎?第恐讲道天子之学犹有本领在,而此又其节焉尔。②

孙诒让也曾见到《黄氏日抄》中的有关"《大学讲义》"的记录,他认为:

> 《大学讲义》。黎本佚。案黎氏《自序》云其所著经、史、子、集,编为后集,总名曰《水心文集》。今所行二十九卷本,每卷首行《水心先生文集》卷若干,下皆有"前集"二字,而后集则未之见,疑当时未付刊矣。所云"经史子集",当即《别集》:《易》《书》《诗》《春秋》《管子》《老子》《孔子家语》《庄子》、扬雄《太玄》《左氏春秋》《战国策》《史记》《三国志》《五代史》诸篇。

---

① 《咸淳临安志》卷六七,《宋元方志丛刊》本,北京:中华书局,1990年,第3973页。
② 〔元〕黄震:《黄氏日抄·读文集》,王水照主编:《历代文话》第一册,上海:复旦大学出版社,2007年,第852页。引文标点有异同。

《大学》亦经也。

现在看来,孙诒让关于《后集》即《别集》的看法是正确的,但是其关于《大学讲义》即《水心别集》卷七中《大学进卷》的看法,则是错误的。"讲义"与"进卷"体例并不相同,叶适不可能混淆;其次,《大学进卷》并没有提及《礼器》等篇目,《黄氏日抄》所引文字也与今本《水心别集》中《大学进卷》截然不同,而与《礼记集说》所见叶适佚说大体相近,其中小有异同,当是黄震节引改写所致。《黄氏日抄》中亦专有篇目论及《水心别集》,黄震不应自乱体例如是。故而,《大学讲义》绝非孙诒让所言的《大学进卷》,而《礼记集说》中所见叶适佚说则为《大学讲义》佚文无疑。如上所述,《礼记集说》中所发现的叶适佚文分布于《大学》《礼器》《礼运》与《坊记》四篇中,除《坊记》外,其余三篇所见佚文均为对经文的逐条解说,正属宋人"讲义"体经解。据黄震说,《大学讲义》"前后接续皆讲《礼器》",故《礼器》篇中所见佚文亦应出于《大学讲义》。黄震的记录,或有另一理解,即黄震所见《大学讲义》一文前后各有一篇文章,讲解《礼器》,而非与对《大学》的讲解连成一文。然而这种可能性并不大,因为黄震在《黄氏日抄·读水心文集》"《大学讲义》"目下,所徵引文字皆是对《礼器》篇的注解,可见黄震所见到的有关《礼器》篇的解说应在《大学讲义》题下,而非另外成文。故仍宜将佚文中有关《礼器》篇的解说视作《大学讲义》的佚文。

此外,《礼记集说》《礼运》篇中所见佚文当与《大学讲义》有较接近的来源。理由如下:

首先,《礼器》《礼运》二篇在《礼记》中是相邻的两篇,《礼运》为全书第九篇,《礼器》为第十篇。历代解释传统中,两篇文字也密不可分。虽然在《目录》中将二篇经文分属"制度"与"别录",郑玄也认为它们间有某种顺承关系。《礼器》篇开篇即云:"礼器,是故大备。""是故"二字明显上有所承。郑玄注"是",即认为是解释《礼运》中"人情以为田""修礼以耕之"之语。张载认为:"《礼运》云者,语其达也,《礼器》云者,语其成也。达与成,体与用之道也。合体与用,大人之事备矣。"宋人方悫也认为:"形而上者谓之道,形而下者谓之器。道运而无名,器运而有迹。《礼运》言道之运,《礼器》言道之用。"① 张载与方悫都从体用两方面,梳理了《礼运》《礼器》两篇的关系。张载是宋代著名理学家,关学之代表人物,方悫是王安石弟子,所著《礼记解》为宋人《礼记》学的重要著作,其学术在南宋初期亦有一定影响。可见虽然学派有别,但宋人对于《礼运》《礼器》二篇关系密切,有所共识。固不能说叶适学术必然受此二人影响,但从叶适所继承的学术传统与宋人经学的总体取向看,《礼运》《礼器》两篇关系都密

---

① 《礼记集说》卷五九。

不可分,很有可能一起加以论述。

其次,从所辑出佚文之体例看,《坊记》篇中所见佚文,围绕《坊记》一篇大义落笔,首尾呼应、结构完整,是一篇完整的论述文章。《礼记集说》征引此文时,直接将其置于"《坊记》"篇题之下,而非如其他三篇,散入各条经文之下。该篇佚文与今本《水心别集》中所收录"进卷"相类,而与《礼运》《礼器》《大学》三篇中所辑出佚文体例完全不同。其他三篇中辑出之佚文均是对《礼记》原文的逐段讲解,属于宋人经说中常见的讲义体。所以从文章体例上看,叶适有关《礼运》《礼器》《大学》三篇之间也有密切关系。

此次所辑出的佚文对于理解南宋《大学》学与叶适本人的学术思想有重要价值。叶适对《大学》一篇极为重视,他曾说:"道不可见,而唐、虞、三代之世者,上之治谓之皇极,下之教谓之大学,行之天下谓之中庸,此道之合而可名者也。其散在事物,而无不合于此,缘其名以考其实,即其名以达其义,岂有一不当哉!"①从佚文看,叶适与程朱一系的理学学者学术取径上差异较大:首先,《大学讲义》"前后接续皆讲《礼器》",这一点说明,在叶适看来《大学》是《礼记》的一篇,这与道学学者将《大学》从《礼记》中独立出来,视作"孔氏之遗书,而初学入德之门"②的看法迥然不同。不仅如此,叶适还认为《礼器》篇与《大学》篇关系密切,并特别强调"故莫重于礼者,谓其达于器而已矣。议道失先后之论,不知夫礼者,固所以达于器也"。在叶适的学术体系中,《大学》并非是虚谈道体之作,而与礼、器物制度等不可分割。圣人制礼作乐更多即是"合礼于器""联比合器,贯穿万物",而非虚谈道体。沿着这一逻辑,叶适提出了礼与财货之间的关系,并提出"称财以为礼"。在黄震看来,这也是叶适之所以将《礼器》与《大学》两篇连为一章的原因所在:"公之所以通连其讲者,实归宿于末章,欲称财而为礼,不杂于人欲之流放。"从学术史上看,二程以来,道学学者将《大学》分为"经、传""纲、目"两部分,朱熹进一步确定首章为"孔氏之遗经",以下为曾子所作传记,故而对全篇首章特别关注。而叶适则对《大学》谈财货一章特别重视,这种取舍上的异趣,充分体现了作为永嘉学者的叶适"务实而不虚"的论学主张。其次,在很多具体字句的解释上,叶适也与程朱一脉道学学者意见相左。例如,《大学》首句:"大学之道,在明明德,在亲民,在止于至善。"自程颐以来,改"亲"字为"新"字,朱熹《四书章句集注》亦承此为说,并据此改移后文。对此,叶适也不满意,他坚持从《礼记》本文出发理解《大学》,认为"在亲民"不当改为"新"字,《大学讲义》中即依"亲民",解释经文。后文中,叶适也不认为"《康诰》曰……君子无所不用其极"一段为"新民"之传记,而认为此章要

---

① 《水心别集》卷之七,《叶适集》第726页。
② 〔宋〕朱熹:《四书章句集注》,北京:中华书局,1983年,第3页。

义为"日新"而非"新民",并对二程以来宋代学者改易《大学》文本的作风有所不满,认为经文"一段说成德就贤之功效,一段说明德是自明,一段前辈所以移易在前,谓是解新民。然细看却只是自说'日新'意思"。

由此可见,本次所辑出之叶适经学佚说,对于我们了解南宋时期的思想动态与叶适本人的思想具有重要意义,有待学者进一步就此展开研究。

二、叶适《大学讲义》(外二种)辑校

由于卫湜引书并未详细注明其引文来源,且因集说体经解体例,卫湜对所引经说也有所剪裁。这为我们今天由此恢复叶适《大学讲义》与其他经说之原貌,造成了困难。下文先依《礼记集说》之章句方式,列出经文,"龙泉叶氏曰"以下为叶适经说。若同篇中称"龙泉叶氏说见"前,则将有关经文总为一处,其后列出叶适经说。为表示体例有别,《大学》《礼器》二篇所引叶适经说,依《黄氏日抄》中所记篇名定为《大学讲义》;《礼运》篇所见经说,因与《大学讲义》体例近似,笔者拟其名为《礼运讲义》;《坊记》篇所辑得叶适经说,则称为《坊记说》用示区别。黄震称"《大学讲义》,前后接续皆讲《礼器》",但因卫湜将《讲义》散入《礼记集说》之中,今已无法恢复《大学讲义》"前后接续皆讲"之原貌,故辑稿仍依《礼记集说》原卷数目次排列。同时,自二程改《大学》以来,《大学》的文本问题就成为学术史上的重要问题,叶适对此问题也应有自己的认识,但因《礼记集说》中《大学》文本取《礼记》古本,故辑稿亦因此排序,不采他说。佚文文字以嘉熙四年(1240)本《礼记集说》为底本,校以《通志堂经解》本《礼记集说》。因二本间有异文,故句读亦有不同,辑稿标点从底本。

(一)《礼运讲义》

1. 故天秉阳,垂日星;地秉阴,窍于山川。播五行于四时,和而后月生也。是以三五而盈,三五而阙。(卷五十六)

五行之动,迭相竭也。五行、四时、十二月,还相为本也;五声、六律、十二管还相为宫也;五味、六和、十二食还相为质也;五色、六章、十二衣还相为质也。(卷五十六)

故人者,天地之心也,五行之端也,食味、别声、被色而生者也。(卷五十七)

龙泉叶氏曰:天,阳也,天必能秉阳,而后日星垂于下,以效其经纬;地,阴也,地必能秉阴,而后山川窍于上以效其流止。天地阴阳交为贯通,而播五行之气运于四时,五行不忒,四时不差,而后月能望日,昼夜相代,以成岁功。生死不怨,而盈阙不紊,其勤劳至矣!天地之道至诚而不息,五行之气至和而不

乖。此王则彼衰,彼息则此生,迭相为竭而未尝竭也。五行、岁月,始此终彼,相为本末,不可穷尽。此天地所以久存而不废也。其在物①也,发于声音,则律吕之变不可穷;发于饮食,则滋味之变不可穷;发于衣服,则色章之变不可穷。凡天地、五行、阴阳运动之勤劳,皆发于万物而资于人以与之并为长久也。天地之情性,非人则不能体而参之;天地之功用,非人则不能察而法之。天地之所以不息者,由人道而后见之。此人所以为天地之心、五行之端,食味、别声、被色以生养于覆载之内,而独有厚于万物焉。盖研括天地、阴阳、五行之运动,而聚见于人,则人之为可贵也大矣!及其累于形、偏于气、专己而忘物、卑志而尊欲,故虽为天地之心,而其心非天地也;虽为五行之端,而其端非五行也。虽食味、别声、被色,而味、声、色之所自出者不知也。冥然于日用饮食之间,私吝②之念形,夸夺之事起,其所以感伤天地、陵犯阴阳、毁败五行者,人固为之而万物不与也。是必有先知先觉者焉,察其本原,要其性命而流通其③故。举物睹情,艺事劝功,端本于天地阴阳,纪法于日月星辰。沦幽出明,历粗入微,一皆顺其常理,非出私智,任私意而自为也。皇极则建,常性则若,设官则有治焉,立师则有教焉。此人之所以能不失其贵,而卒于参天地以立,天地万物卒赖于人以长且久也。虽然,昔之言治者,兢兢于天道,业业于人事,谨小而畏独,未尝敢极其论也。故以人情合人理,则《诗》是也;以人事永天命,则《书》是也;著天地阴阳五行之失常,以考人理之否当,而耸惧之以善恶,则《春秋》是也;惟《易》则深远矣!然而吉凶祸福必验之以事,观爻赜象而人身之变动举积此焉。未有擅天地、阴阳、五行之理于一身以为贵,范天地、阴阳、五行之理于天下以出治,其意若此之大,其用若此之妙,其论若此之尽者也!岂尧、舜、周、孔固有遗言,而后之得者,遂从而推广极论之欤?虽然,使人能知其所以自贵,而通于天地、阴阳、五行之故,则必④去其滞吝、消其鄙诈,而无一举动之非礼也。使人君能知人之所以贵,而还以天地阴阳五行之所赖者治之、教之。则必惩劝不以赏罚,制驭不以权势,本仁、立义,而无一政事之非礼也则庶几可也。

2. 以天地为本,故物可举也。以阴阳为端,故情可睹也。以四时为柄,故事可劝也。以日星为纪,故事可列也。月以为量,故功有艺也。鬼神以为徒,故事有守也。五行以为质,故事可复也。礼义以为器,故事行有考也,人情以为田,故人以为奥也。四灵以为畜,故饮食有由也。(卷五十七)

龙泉叶氏曰:人性非所治,所治者其情也。圣人之治,以天地、阴阳、四时、

---

① "物",《通志堂》本作"人"。
② "私吝",《通志堂》本作"并吞"。
③ "其",《通志堂》本作"焉"。则"故"字当下属。
④ 《通志堂》本阙"必"字。

五行为之纲目,立之至公,周尽物则,故能深通人情之变。平而治之,凡人发于好恶利欲之私心,激于事势逆顺之偏重,著①发为邪德,隐为诐行,皆其情之所宜有也。虽其所以治之,要不越乎理义。而情之委曲,圣人不一施焉,有当直从者,有当曲遂者,有当明禁者,有当预防者,畅其不及,裁其过甚,扶其缓弱,通其壅蔽。其治之有时,其教之有机。膏润成孰②,而善道备,美俗一。是故,圣人发正于天理,收功于人情,如良农之善稼也,五谷之报必厚矣。听而弗治,长稂莠也;治而弗达,杂稊稗也;不本其情而责其成,废田者也。如是则人岂能心服于圣人而恃之以为奥主哉?

3. 何谓四灵?麟凤龟龙,谓之四灵。故龙以为畜,故鱼鲔不淰。凤以为畜,故鸟不獝。麟以为畜,故兽不狘。龟以为畜,故人情不失。(卷五十七)

龙泉叶氏曰:四灵为畜,上世载之详矣。圣人尽人道之正,则彼动物之杰不得翻然自遂其雄狡,而一将听命于人。于是虫鱼鸟兽无不顺若,而人之饮食生养亦未有苟为温饱而不自知其所由来者。故夔言:"凤凰来仪",周公言:"遗我大宝龟",孔子曰:"凤鸟不至,河不出图,吾已矣夫。"此言物之听命于人也,后世先王之治不可复见。其所以为治之说,儒者亦失其传,反以异物之来为善祥嘉瑞之应。不度其德之厚薄,而取必于异物之有无,故怪论③日兴,治象日隐。如汉所称神爵、五凤、黄龙,其君臣歆艳皆以为天之报贶而已。嗟夫,是人反听命于物也!

4. 故先王患礼之不达于下也,故祭帝于郊,所以定天位也,祀社于国,所以列地利也,祖庙所以本仁也,山川所以傧鬼神也,五祀所以本事也。故宗祝在庙,三公在朝,三老在学。王、前巫而后史,卜、筮、瞽、侑皆在左右,王中心无为也,以守至正。(卷五十七)

龙泉叶氏曰:礼之理显而事隐,礼之理可极而事难名。故先王非以礼之不备于其身为忧,而以礼之不达于其下为患也。夫礼者,圣人以为因我之所设而后明耳。故天位未尝不定也,必祭帝而后定;地利未尝不列也,必祀社而后列。庙吾之所为祖,而曰:"此仁之本也。"山川效地之俯仰而已,严而奉之,以傧于鬼神也。居处、器服切于人而已,本其事之所由起,尊而先之,曰:"有神之所为也。"庙有宗祝,朝有三公,学有三老,巫前、史后,卜、筮、瞽、侑皆在左右。济济然,秩秩然,森然凛然,有观有听,有效有法,而王不自见其所为也。凡其为此者,皆以达夫礼也。故百神受职,百货可极,孝慈服正,法则而礼诚。达矣!义之修,礼之藏,其器数名物,反复委曲不可穷尽也。不然则夫薄礼者之论,以为

---

① "著",《通志堂》本作"者"。则当属上。
② "孰",《通志堂》本作"熟"。
③ "论",《通志堂》本作"异"。

天本高,地本厚,日月本明,万物与人未尝不自然,而圣人者乌用是区区其间哉？况夫俗靡事弊,而拯救①于敲扑趋走之不给。则先王之所以达礼于天下之具,是诚有所不能识者矣。然则礼之所以本,所以分,所以转变者,何从知之？徇②今而忘礼,不可也。徒诵古之言礼者,乐而味之而不考于今之何以合,何以不合,不可也。

5. 是故夫礼,必本于大一,分而为天地,转而为阴阳,变而为四时,列而为鬼神。其降曰命,其官于天也。(卷五十八)

夫礼必本于天,动而之地,列而之事,变而从时,协于分艺,其居人也曰养,其行之以货力、辞让、饮食、冠昏、丧祭、射御、朝聘。(卷五十八)

龙泉叶氏曰：古人究极礼之本末,贯彻上下而著于功用,故大一其本也,天地其分也,阴阳其转也,四时其变也,鬼神其列也,命其降也。其理微而难见,其说大而难该。是岂六③君子之于礼也,遂欲举天地万物而强纳之哉？彼盖诚有以见之矣。天之所本,地之所动,事之所列,时之所变分,艺之所协如。自黍累而至斛斗,自毫忽而至寻丈,其散者皆可分,其总者皆可会也。天生人之常,知有养人而已。货力、辞让、饮食、冠昏④、丧祭、射御、朝聘,此其养之昭然见于日用者也。彼亦恶知其汗漫无统,而犹以为之品节,为之等序,以自附于礼,虽夷狄不废焉。唯其操纵有所徇,予夺有所偏,不以情由礼,而以礼饬情,至于情之所已⑤安,与情之所不能禁,则决坏而杂施之。是以纷然而不合耳。圣人知礼之所由本,随而察其转变、分列之际,而贯彻于阴阳上下之交,得其所以居斯人者,而后货力、辞让、饮食、冠昏⑥、丧祭、射御、朝聘、品节之序,以行乎其间,人情⑦既正,人伦⑧既顺,人义既明,使人知其所以讲信,所以修睦,而肌肤之会,筋骸之束,不至于涣焉而不相从也。则岂不仰无愧,俯无怍而怡然有以⑨见天人之通,幽显之辨,事理之融,内外之合也哉？论至于此,则三王之极盛,不以私智人力而服制天下也明矣。后世受礼之地狭,用礼之时少,任礼教拘以为礼者一事而已。大一、天地、阴阳、四时,而无非礼也,则远而诞；肌肤之会、筋骸之束,而无非礼也,则切而烦。远而诞者易离,切而烦者难行。则其所为,举是礼者,不过止于货力、辞让、饮食、冠昏、丧祭、射御、朝聘之间之事,而又古今

---

① "拯救",《通志堂》本作"极究"。
② "徇",《通志堂》本作"狥"。
③ 《通志堂》本阙"六"字。
④ "昏",《通志堂》本作"婚"。
⑤ "已",《通志堂》本作"以"。
⑥ "昏",《通志堂》本作"婚"。
⑦ "情",《通志堂》本作"伦"。
⑧ "伦",《通志堂》本作"情"。
⑨ "以",《通志堂》本作"一"。

不相沿，奢俭不相均，朝廷闾巷不相通，驳义异说不胜其多，宿儒老师交相非诋而不能一也。是其于礼几何哉？故昔之于礼也以厚，后之于礼也以薄。昔之于礼也，合天地鬼神而无间；后之于礼也，薄德①首乱而可以尽去之矣。呜呼！不见其窦而通之，不明其端而举之，唯圣人而后知礼之不可以已乎？

6. 故圣王修义之柄，礼之序，以治人情。故人情者，圣王之田也。修礼以耕之，陈义以种之，讲学以耨之，本仁以聚之，播乐以安之。（卷五十八）

龙泉叶氏曰：得礼义之本要，而后能通人情，能通人情而后能治人情。人情可治，则其性德全而道化成矣②。儒者之言义道也，严于性而略于情，请因是论之。夫利欲羞恶充满殽乱，而趋向高下，万汇殊错，一人之情，一情③之变，反复无穷。彼盖自有不能知其所从来者，人情之共安，众心之同愿，异国俗、殊时世而好恶之指④若出于一，虽圣人有不能易其所好，而进其所不欲者。天下之纷纭，事几⑤之繁多，彼唯朝令夕改，皆是情而已矣。自尧舜以及文武，其治道所以大被于天下者，盖其修仁义礼乐之实，而播诸事为之间，必有中于人情之会，相与俯仰出入，动荡流通其情之异趋与群心同向者，皆得以旁皇周浃于其中。一人之放僻不专行，而天下之取舍得公是焉。是以不待刑罚禁约而固已自治。故论礼者，以人情为圣王之田，而治田者有良农之功，非如后世之论，以情为不美，以礼为强制，筑千丈之防，遏奔放之流，使其噤默不得逞，而后从我而为礼义也。情之所有，而礼或未之有，则起礼；情之所安，而义或未之安，则辨义。然后知舍⑥礼义而用刑罚，不如一置刑罚而尽入礼义也。故古者仁、义、礼、乐以官治之，而人得以自陶于善。后世仁、义、礼、乐以师教之，而秀民杰士或不能成才。岂非古道通其情而合其趋，后世蔽⑦其情而失其归；古者得礼义之要，而人情可知，后世守礼义之说，而不能通乎？

（二）《大学讲义》

1. 礼器是故大备。大备盛德也。礼释回，增美质。措则正，施则行。其在人也，如竹箭之有筠也，如松柏之有心也。二者居天下之大端矣。故贯四时而不改柯易叶。故君子有礼，则外谐而内无怨，故物无不怀仁，鬼神飨德。（卷五十九）

---

① "薄德"，《通志堂》本作"渎听"。
② "矣"，《通志堂》本作"以"。
③ "情"，《通志堂》本作"人"。
④ "指"，《通志堂》本作"情"。
⑤ "几"，《通志堂》本作"机"。
⑥ "捨"，《通志堂》本作"舍"。
⑦ "蔽"，《通志堂》本作"弊"。

龙泉叶氏曰：故莫重于礼者，谓其达于器而已矣。议道失先后之伦，不知夫礼者固所①以达于器也。故或离礼于器而独立，或合礼于器而大备。自周衰而其论②始，然夫上庙朝而下闾井，尊君父而卑臣仆，其间局于器数之差，切于人生之用至多而不可算矣。是虽道德、仁义、信知有不能达也，唯礼能达之。故天下之治散于众器，而器之总要聚见于礼。昔之圣人，所以操为多寡，而人莫敢测；制为丰杀，而人莫敢校者，以其礼之存也。人之所以睹其物，而能名之；由其涂，而能安之。徒以其③车旗器服采章之异，嫌疑近似有若毫厘之微，而能出死力以奉之者，亦以其礼之存也。礼毕达于器，而人皆入于礼。此尧舜三代之所以行实治，施实德，民实可以化，俗实可以成，而号为极盛太平者也。圣王不作，诸侯放恣，众器涣然，失本统矣。孔氏深考其故，悲其将遂至于沦陷溺没而不可救止也。故凡当世之记于遗老，执于掌故，藏于有司，逸而在于夷狄者，拳拳焉无不讲求而辨正之。质其遗制，追其旧法，然后信周公之典，文武成康之道，彬彬如也。盖于是时，师心而遗物，学焉而不尽者，固已有离礼于器而可以独立之论④矣。及见夫子以眇然一⑤士，而其身之所履，心之所通，议论之所及，乃如亲在文武周公制作之时，登下揖逊⑥之容，哀乐之次，器物之委曲，品节等衰⑦，无所不当。而其徒又颇相与推明，究悉其说。于是论者又以为，当合礼于器，而后大备，大备而后为盛德。盖其意曰：器之离，不如其合云尔。凡今记礼之所传，是也。是非器无以安人，非礼无以达器，非圣人无以明礼。不若是，则无以为尧舜三代之治。岂论其合不合哉？

又曰：私欲颇僻发⑧于流佚不制之情，其与事⑨物相遇⑩，则绸缪胶⑪辀，自为城府，各成穴根，险奥迤逦⑫而不可寻诘。此所谓回也。其于道也，仁⑬之所含容，则或覆藏而矫肆；义之所裁正，则或摧折而倾败；智之所照烛，则或逆见而陵斗；信之所因成，则或终遂而不化。礼则不然，高与之为尊，下与之为卑，

---

① "所"，《通志堂》本作"无"。
② "论"，《通志堂》本作"伦"。
③ "其"，《通志堂》本作"重"。
④ "之论"，《通志堂》本作"于世"。
⑤ "一"，《通志堂》本作"之"。
⑥ "逊"，《通志堂》本作"让"。
⑦ "衰"，《通志堂》本作"差"。
⑧ 《通志堂》本阙"发"字。
⑨ "事"，《通志堂》本作"是"。
⑩ "遇"，《通志堂》本作"合"。
⑪ "胶"，《通志堂》本作"轇"。
⑫ "迤逦"，《通志堂》本作"透遗"。
⑬ "仁"，《通志堂》本作"人"。

宗庙与之为严,燕私与之为和,与之周旋而同其作止伸①舒也,有挽而卷缩之,脱易也;有强而藩饰之,使之阴自消弭而后止。如冰之于水,春风之被物,所谓释回也。如其本愿,愿也。本好直也,本安雅而不陋也,本庄敬而不傲也,则是礼之所加,犹玉之山龙其文,犹素之藻缋其章也,岂不焕乎其愈明哉?所谓增美质也,有器于此,左倾而右侧,高轩而下轾,车不輗,舟不楫,户不枢,矢不机,弛然而莫之用也。人之于事物有甚焉,所以措则正,施则行者,斯礼也欤?夫竹箭之有筠也,松柏之有心也,与生并生者也。若夫礼之于人也,可学而至也,可勉而校也。其所以能联比众器、贯穿万物而不乱伦失纪者,非固若竹箭松柏之本有而自成,而待乎人之为也。外谐内无怨,物怀仁,鬼神飨德,在学者不息之功尔。

2. 故必举其定国之数,以为礼之大经,礼之大伦。以地广狭,礼之薄厚,与年之上下。是故年虽大杀,众不匡惧。则上之制礼也节矣。(卷五十九)

龙泉叶氏曰:礼与财非相恶也,而相害者何也?礼以缛为隆,财以啬为裕,礼之文难极,财之实有尽,而制礼之节与用财之数常不能相知,是礼之所由备者,固财之所为阙也。今夫孝于死丧,而棺椁丘垄之事崇矣;敬于祭祀,而玉帛牺牲之用严矣;谨于朝聘,而宴②飨好货之费繁矣;峻于等威,而宫室侍御之仪多矣。夫俭则不及礼,不及礼则朴固野陋而无所观,及礼则财不足以称之,此所以能为财之害也。故知礼之论③者不然,曰礼无定经也,以举国之数为经也;无常伦也,以地之广狭为伦也;不自为薄厚也,以年之上下为薄厚也。制礼之节、用财之数,常相继而不相离,不独于其隆也,盛礼以自尊;而又于其杀也,贬礼以自卑。盖称财以为礼,而不以空文言礼也如此。夫计其有而不虞其无,喜其备而不忧其阙,昔圣人之于礼也必不然矣。而求富以备礼,其说常出于后之儒者,至于灭弃先王经常之政,而袭用小人一切之法,规取民财,封夺民利,而其祸蔓延于天下,起于财不足而礼有未至也。

3. 礼,时为大,顺次之,体次之,宜次之,称次之。尧授舜,舜授禹。汤放桀,武王伐纣,时也。《诗》云:"匪革其犹,聿追来孝。"天地之祭,宗庙之事,父子之道,君臣之义,伦也。社稷山川之事,鬼神之祭,体也。丧祭之用,宾客之交,义也。羔豚而祭,百官皆足;大牢而祭,不必有余,此之谓称也。(卷五十九)

龙泉叶氏曰:凡此五者,时措其宜以顺天下事物之礼而治之也。所顺在先,而以天下事物从礼,则礼行焉;所顺在后,而以礼从天下事物,则礼废焉。

---

① "伸",《通志堂》本作"神"。
② "宴",《通志堂》本作"燕"。
③ "论",《通志堂》本作"伦"。

虽圣人复生，苟无其位，未易救也。何也？昔者天下之未尝有此礼也，草略偪肆而已矣。圣人于天下之所未尝有者，而独以身先之，或授受，或诛伐，而皆能措斯人于安治，所谓时也；天未明，地未察，宗庙未严，父子未亲，君臣未从，待礼而定，所谓伦也；其于社稷山川鬼神也，有所则象而报事焉，专为门溜，广为蜡腊，无不在矣，所谓体也；丧祭用焉，宾客交焉，所谓义也；寡不必不足，多不必有余，诸侯大夫各守其分，所谓称也。始天下之未尝有此礼也，岂非无时、无义、无伦、无称而莫之安也？故礼举而义斯①立，礼行而物斯从，广大遍覆于天下，而礼弥纶之。盖以天下从礼，而非以礼从天下也。不幸已行之礼，失其次序，事远而莫追，时异而难遵。既间杂于人欲之流放矣，虽不时不义不伦不称而亦莫之恤也。自叔向、子产、晏子号为知礼之大意，曾不足以辅其君，而反损益之以徇人欲。孔子知之，而不能救也。逮于后世，统绪不接又大异矣。从其所谓便利者，去其所谓迂阔者，儒者方追述帝王时措之宜，于时变世迁人欲放流之后，思举而措之，以礼从天下而冀望古人万一之功。呜呼！礼之卒难行也！

4. 大学之道，在明明德，在亲民，在止于至善。知止而后有定，定而后能静，静而后能安，安而后能虑，虑而后能得。物有本末，事有终始。知所先后，则近道矣。（卷一百四十九）

龙泉叶氏曰：明德者，人之本也。治己待人，遇事接物以至于死生变故之际，皆有至明而不可乱者。自众人而视圣贤，疑其所独至者，出于寻常知虑之外，以为不可及，而不知圣贤由乎天人之常理而无所加损焉。理无不明，而学者必蒙，自蒙以发明，如云雾之除，膏火之光，昏夜之旦，日月之出，光辉洞达，表里无间。此大学之所以为明也，利欲蔽之则不明，私意乱之则不明。可喜者诱之，可畏者挫之，与之为敌者障之，先有所入者执之。此其所以不明也。明明德者，去其所以不明而已。在亲民者，天地虽大，万物虽多，其体同也，况于人乎？无不得乎吾之所同然者。然而人之常情，私己而异人，其外特为同耳，而好恶向背交际往来之间，盖有丘②山之崇、江河之深，不啻若胡越之扞拒者，况欲其体万物为一身，天地为一性乎？夫是以相戕相杀，海内横流③三纲九畴隳坏亡灭之祸，皆起于此。故学莫大于亲④民，反而合之，默⑤而验之，推而通之，扩而同之，人之与我不相近者几何？知此则能⑥亲民矣。亲民则天地万物

---

① "斯"，《通志堂》本作"始"。
② "丘"，《通志堂》本作"邱"，盖避孔子讳。
③ "流"，《通志堂》本作"於"。
④ "亲"，《通志堂》本作"新"。
⑤ "默"，《通志堂》本作"黙"。
⑥ "能"，《通志堂》本作"然"。

之体可见矣,然必至其所止而后可以行,必知其所止而后可以学。《诗》曰:"终南何有,有纪有堂。君子至止,黻衣绣裳。"圣贤所止之地平易正直,广大坚实,满足于其间而无憾,所以能终身由之而不息者。其地至善,而不可易故也,过此则荡,不及此则野。观尧、舜、禹、汤、文、武、孔子之所止,则可以见至善之所在矣。学者最患于私止而意行之,故虽有所止而非善也。三者皆大学之要道也,而以知止为先。鸟止于巢,兽止于丘,鱼止于渊,物未有无所止者也,未有非其所止而可以强止者也。行路者必先定其所止,所止既定,虽百舍重趼而不敢息焉。学不先求其所止,则终身之所行者为何事?日夜之所讲明者为何说?是故莫先于知止,知止而后有定,则向之驰骛者息矣,向之嗜玩者亡矣,向之往来上下,欲进而不能,欲退而不决,今皆隐然得其所定矣。定而后能静,则非对动之静;静而后能安,则非求息之安;安而后能虑,则非役物之虑;虑而后能得,则非妄意之得。夫是以物见其本末,事识其终始,辨内外之分,审先后之序,则德可明,民可亲①,穷理尽性以至于命,而行于万物之所同然,故曰莫先于知止也。

5. 古之欲明明德于天下者,先治其国;欲治其国者,先齐其家;欲齐其家者,先修其身;欲修其身者,先正其心;欲正其心者,先诚其意;欲诚其意者,先致其知;致知在格物。物格而后知至,知至而后意诚,意诚而后心正,心正而后身修,身修而后家齐,家齐而后国治,国治而后天下平。自天子以至于庶人,壹是皆以修身为本。其本乱,而末治者否矣。其所厚者薄,而其所薄者厚,未之有也。此谓知本,此谓知之至也。(是段经文在卷一四九,注文在卷一五〇)

龙泉叶氏曰:此章极体用而言之也。天下一本也,尧、舜、文、武一人也。人之生也,固有位天地、育万物之功。天未尝私其道于一人也,其充之有小大,学之有至不至而已。是故明明德于天下,而要之以尧、舜、文、武之功,此学者之所当然也。然而天下之人悦其外而忘其内,安其末而不思其本,莫知其所以致知者,何也?故敛其用以反其本,收其远而归于近,则明明德于天下者,必先治其国,治其国者必先齐其家,以至于正心诚意。敛之无余用,学之无余功②,举天地之大、万物之众而反之于吾一念之顷,未有不厌然充足者也。学至此则尧、舜、禹、汤、文、武固不得以独私其道。而孔子、孟子亦未尝自异于人,盖必有推一念之功见大道之本,循序而不躐,体物而不遗者,而后古人一贯之理可得而识矣。欲诚其意者,先致其知,致知在格物,物格而后知至者。均是人也,其流品之殊,贤否之异,其间等级不啻千万,而卒不能以相一者,何也?所知之不同也。师旷之聪不能为离娄之明,造父之辔不能为羿之弓,所知之异,而人与

---

① "亲",《通志堂》本作"新"。
② "敛之无余用,学之无余功",《通志堂》本作"敛之无余力,用之无余功"。

物判焉不能以相通也久矣。圣人兼致天下之知,而无所不尽于万物之理,其远至于不可历而止,其深至于不可测而识。是知之用大矣哉! 今夫人朝夕从事于物也,目之所视,耳之所听,是物未尝不在也。意之所向,心之所思,是物未尝不具也。由之而不著焉,习矣而不察焉,而人与物盖不相通矣。其甚者,乱天理,恣人欲,执一物以害万物,而卒至于忘物,是故物不格,则知不至,所谓正心诚意推而行之,皆莫得其要矣。

6. 所谓诚其意者:毋自欺也。如恶恶臭,如好好色,此之谓自谦。故君子必慎其独也!小人闲居为不善,无所不至,见君子而后厌然,揜其不善,而著其善。人之视己,如见其肺肝然,则何益矣。此谓诚于中,形于外,故君子必慎其独也。曾子曰:"十目所视,十手所指,其严乎!"富润屋,德润身,心广体胖。故君子必诚其意。(卷一五〇)

龙泉叶氏曰:意者始发而未形,去心之全体尚未远矣。然而有爱恶之别,有公私之异,端绪之差,源流之分,皆起①于此。尧舜之为尧舜,桀纣之为桀纣,天下之人终日安焉而不悟,皆兆于此。故诚其意者,所以实是理于将发之初也。彼其本无不善,而异日之成有君子小人之分焉。盖始发之际所以自欺而掩抑之者众矣,如恶恶臭,如好好色,中心诚然,其坚实而不破,纯一而无所疑者,君子与小人同也。唯其善、恶、邪、正之念,泛然往来于其间,二而不一,杂而不纯,然后外物乘之,夺其至微者而为之主,此不可以不察也。自慊②者所谓毋自欺也,见君子而厌然,谁谓之无其意哉?私意乱于其先,用事既久,戕贼已成,虽有善意之发,不足以救其祸,而徒足以形其恶。人之所以兢兢然,畏屋漏如畏宫庭,出门阈如严宾师,高其闱阁,设其干橹,学者不可以毫厘犯者,惧私意之贼,而一日之厌然者著于外也。此君子之所独致,人安得而共之?故人莫不有此独也,溺于所同,流荡委靡,而其所谓独者败矣。十目所视,十手所指,人伦之内,常见此理,而人不自觉,唯君子畏之为甚严也。丘山积于微尘,江海聚于涓流,此知者之所深察。富润屋,德润身,由毫末之微,积而至于不可掩之效。润字当细玩。

7.《诗》云:"瞻彼淇澳,菉竹猗猗。有斐君子,如切如磋,如琢如磨。瑟兮僴兮,赫兮喧兮。有斐君子终不可諠兮!"如切如磋者,道学也;如琢如磨者,自修也;瑟兮僴兮者,恂栗也;赫兮喧兮者,威仪也;有斐君子终不可諠兮者,道盛德至善,民之不能忘也。《诗》云:"于戏!前王不忘。"君子贤其贤而亲其亲,小人乐其乐而利其利,此以没世不忘也。(卷一五一)

龙泉叶氏曰:学者以密察之功,微细以验之,积渐以充之,诚意所贯,本末

---

① "起",《通志堂》本作"见"。
② "慊",《通志堂》本作"谦"。

光明。其或文或质,或浅或深,疾徐反复之际,式有可观之义。盖君子察之于内,众人察之于外,唯其中无可愧,外无可憾,所以诗人之形容若此之盛也。学者强为善而已,非以求之于人也。及其为善之至,纯实著见而不可掩,则斯民记之矣。

8.《康诰》曰:"克明德。"《太甲》曰:"顾諟天之明命。"《帝典》曰:"克明峻德。"皆自明也。汤之《盘铭》曰:"苟日新,日日新,又日新。"《康诰》曰:"作新民。"《诗》曰:"周虽旧邦,其命维新。"是故君子无所不用其极。

龙泉叶氏曰:人之于德,皆自明也。岂有明之者哉?火有不息之光,泉有不竭之流,人之欲自明也,穷天下之欲不能蔽,其达而行之也,合天下之力不能遏。如水火焉,益深、益热而不可御也。圣贤亲身行之,则知自明之为功矣。徒口耳记问而已者,若之何哉?新与明皆学者功用之要也。新则明,明则新,《太甲》曰:"终始惟一,时乃日新。"人无日新之效,苟惟一善以自恕,记其旧而忘其新,得于昔而遗于今。颓惰委靡,日就耗散,而其本然者忘矣。有新有故者,物也,物已故而不复新者也,此汤之所以铭也。国之已故者不复新,周故国也,而文王能新之,此诗之所以颂也。一性之诚,无故无新,持之不倦,存之若一人之于身,鲜有不以新旧为别者,自欺其身者也。不二不息,有始有卒,则日新之功见矣。一段说成德就贤之功效,一段说明德是自明,一段前辈所以移易在前,谓是解新民。然细看却只是自说日新意思。(卷一五一)

9.《诗》云:"邦畿千里,惟民所止。"《诗》云:"缗蛮黄鸟,止于丘隅。"子曰:"于止,知其所止,可以人而不如鸟乎!"《诗》云:"穆穆文王,于缉熙敬止!"为人君,止于仁;为人臣,止于敬;为人子,止于孝;为人父,止于慈;与国人交,止于信。(卷一五一)

龙泉叶氏曰:学者之于道,非有可止之法,其所为力行而不息者,将以成就其所止也。故君力行以成就其所止之仁,臣力行以成就其所止之敬,子力行以成就其所止之孝,父力行以成就其所止之慈。人之行于世也,苟知其所止,虽行千里之远,而可以无厌。其不知也,则左足未举而右足踬矣。故动则入陷穽,行则入网罗,以至于死,而不得其止也。(卷一五一)

10. 所谓修身在正其心者:身有所忿懥,则不得其正;有所恐惧,则不得其正;有所好乐,则不得其正;有所忧患,则不得其正。心不在焉,视而不见,听而不闻,食而不知其味。此谓修身在正其心。(卷一五一)

龙泉叶氏曰:忿懥恐惧,好乐忧患皆物也,非心也。是物交于其心,不出于此,必入于彼,物为之制则心之所存者寡矣。无私主者心也,物物而不物于物者心也。举喜怒哀乐无以见之而非无者,心也。正心之至,至于不以一物累其心,则视而必见,听而必闻,食而必知其味。推之于身,皆一心之用也。意,言其所发;心,言其所存。

11. 所谓齐其家在修其身者：人之其所亲爱而辟焉，之其所贱恶而辟焉，之其所畏敬而辟焉，之其所哀矜而辟焉，之其所敖惰而辟焉。故好而知其恶，恶而知其美者，天下鲜矣！故谚有之曰："人莫知其子之恶，莫知其苗之硕。"此谓身不修不可以齐其家。（卷一五二）

龙泉叶氏曰：所同所与者，必亲爱之；所异所非者，必贱恶之。贤能者必敬畏之，陷溺者必哀矜之。是心之出，因物而迁，然未尝反之以自喻也。使其能反己以自喻，则因人之是非贤否而可以自修其身，好恶自公，取舍自正，又安有专好独恶而失于偏胜者哉？子不知其恶，苗不知其硕，徇①己太重，而失其中。是故善修身者无他道焉，好恶取舍日交于吾前而莫若反之以自喻而已矣！此言修身至处，其事愈明白可验，只就人情物理见之，今所日用常行者便是，不必精微要妙，穷益深测益远也。

12. 所谓治国必先齐其家者，其家不可教而能教人者，无之。故君子不出家而成教于国：孝者，所以事君也；弟者，所以事长也；慈者，所以使众也。《康诰》曰："如保赤子"，心诚求之，虽不中不远矣。未有学养子而后嫁者也！一家仁，一国兴仁；一家让，一国兴让；一人贪戾，一国作乱；其机如此。此谓一言偾事，一人定国。尧舜帅天下以仁，而民从之；桀纣帅天下以暴，而民从之；其所令反其所好，而民不从。是故君子有诸己而后求诸人，无诸己而后非诸人。所藏乎身不恕，而能喻诸人者，未之有也。故治国在齐其家。《诗》云："桃之夭夭，其叶蓁蓁；之子于归，宜其家人。"宜其家人，而后可以教国人。《诗》云："宜兄宜弟。"宜兄宜弟，而后可以教国人。《诗》云："其仪不忒，正是四国。"其为父子兄弟足法，而后民法之也。此谓治国在齐其家。（卷一五二）

龙泉叶氏曰：君子不出家而成教于国，不知足而为屦，我知其不为蒉也，患不为屦耳。岂有为蒉者哉？古人有慈孝之实，推而行之，则事其父者，所以为事君；事其兄者，所以为事长，使天下容受群众皆由此见之。若徒即其名而不尽其实，则虽行于一家，而格于其人者，乃其势也。不自知其不至，而托孝慈之空言，与徒即其名而望天下之自化，二者皆失之矣。

13. 所谓平天下在治其国者：上老老而民兴孝，上长长而民兴弟，上恤孤而民不倍，是以君子有絜矩之道也。所恶于上，毋以使下；所恶于下，毋以事上；所恶于前，毋以先后；所恶于后，毋以从前；所恶于右，毋以交于左；所恶于左，毋以交于右：此之谓絜矩之道。《诗》云："乐只君子，民之父母。"民之所好好之，民之所恶恶之，此之谓民之父母。《诗》云："节彼南山，维石岩岩，赫赫师尹，民具尔瞻。"有国者不可以不慎，辟则为天下僇矣。《诗》云："殷之未丧师，克配上帝；仪监于殷，峻命不易。"道得众则得国，失众则失国。（卷一五二）

---

① "徇"，《通志堂》本作"狥"。

龙泉叶氏曰：絜是矩者，非难也。天下之方至于矩而止，天下之圆至于规而止，天下之长短至尺度而止，天下之曲直至绳墨而止，天下之轻重至权量而止，是物之在我也，絜以示之，而何患焉？虽然，其所以为矩则难矣，使其毫厘之不尽，斯须之或亏，自内至外，由本及末，而或有不足焉，则矩不成，则虽欲絜之以示人不可得矣。圣贤之学自其内心之发，推之于外，修身、齐家，搏节端序各有伦等而不可乱者，皆为矩之地也。尧、舜、禹、汤、文、武絜成矩以示天下而天下从之，故凡天下之有未安者，必求于我，而我不以其所未至者病天下也。孟子曰：舜为法于天下，可传于后世。则舜之矩也大矣！究极絜矩之道，不过于恕而已。上下、左右、前后物未有不具四隅而能独立者也。然而天下之人所藏于身者不恕，则见于前者必忘其后，得于上者必失于下。以其所恶者尽力施之，而不知彼之不能受也。夫是以患莫大于自利，而害常生于有所偏。君子尽己而及人，因人而通己，交取互见，仰观俯察，在我欲其无憾，在彼欲其无怨。知天下之一理，彼我之一心，则规矩在我，而物之方圆者莫能踰；权量自我，而其自为轻重者无所感。自致知、格物，以至于平天下，其必有出于是。道不出于是，则意有诚而非其意，心有正而非其心，施于天下国家者，且有不合矣。

14. 是故君子先慎乎德。有德此有人，有人此有土，有土此有财，有财此有用。德者本也，财者末也，外本内末，争民施夺。是故财聚则民散，财散则民聚。是故言悖而出者，亦悖而入；货悖而入者，亦悖而出。（卷一五三）

龙泉叶氏曰：甚矣，利之可畏也！聚天下不可以无利，而利聚则民必携。圣人知其然也，散天下之财使之疏通流演而无壅遏偏聚之患。若此，则民聚矣。以民聚为财之本，而以财聚为民之病。故以道权之，以法御之，天下本无可聚之财也。其聚之者，非义也，悖也。言当顺以出，货当顺以入。出入各得其当，而天下治。小人则不然，言以悖出，货以悖入。至其报应之来，速于影响，验于符节。拱手视之，而莫能救也。

15. 《康诰》曰："惟命不于常！"道善则得之，不善则失之矣。《楚书》曰："楚国无以为宝，惟善以为宝。"舅犯曰："亡人无以为宝，仁亲以为宝。"（卷一五三）

龙泉叶氏曰：得失观其善恶而已矣。世固有得天下之大如舜禹，而行道之人乞一箪食豆羹之微或不可而辄丧之者焉。学者考其得失之际，则善恶自我，而物莫能违。耳目之常者不可恃，而一身之德不敢忽。盖晋楚之富，未有可以因循而长①守者也。山高忽摧，河深忽竭，岂可几乎？《楚书》曰："楚国无以为宝，惟善以为宝。"舅犯曰："亡人无以为宝，仁亲以为宝。"楚国虽大，亡人虽微，然所宝者，非外假也。亡人以仁亲而后反，楚国以为善而永存，当重耳逋亡奔

---

① "长"，《通志堂》本作"常"。

困于忧患险陁之余,追念父母之所以遇己者深矣。唯其克责咎悔之意,足以消怨尤喟叹之心,仁亲爱笃之诚,足以弭疏薄谗间之祸。则桑落之下,固所以为晋室隆昌之符也。

16.《秦誓》曰:"若有一介①臣,断断兮无它技,其心休休焉,其如有容焉。人之有技,若已有之,人之彦圣,其心好之,不啻若自其口出,寔能容之,以能保我子孙黎民,尚亦有利哉。人之有技,媢疾以恶之,人之彦圣,而违之俾不通,寔不能容,以不能保我子孙黎民,亦曰殆哉。"惟仁人放流之,迸诸四夷,不与同中国。此谓唯仁人为能爱人,能恶人。(卷一五三)

龙泉叶氏曰:此固其国家之所宝,而一介臣者亦所恃以自宝也。夫善不可以有形,德不可以有心。山岳之所藏,江河之所受,诚有长养润泽之功也。天下之人好为有形之善,而各务自为。其始本出于善意,而其终遂至于媢嫉②,其祸遂至于丧邦者众矣。仁人其好善也笃,则其去恶也果。盖非仁人之至善不足以知不仁之为害也。

17. 见贤而不能举,举而不能先,命也;见不善而不能退,退而不能远,过也。好人之所恶,恶人之所好,是谓拂人之性,菑必逮夫身。是故君子有大道,必忠信以得之,骄泰以失之。(卷一五三)

龙泉叶氏曰:人之所好恶者,天下之心也。故其好之也非以为己利,其恶之也非以为己怨。凡以为人而已,君子岂有私意于其间哉?夫唯③好恶因物而无心,旷然率性以合于大道。远祸求福,无大于此矣。是故君子有大道,必忠信以得之,骄泰以失之。此最紧要,是彻头彻尾事。此得失之常理也。忠信有必得之理,而无求得之心。不志于得而不废其道,此所以为忠信也。至于骄泰之失则亡矣。非敬无守也,非礼无行也,平居之用力于忠信者,所以求免乎此也。

18. 生财有大道,生之者众,食之者寡,为之者疾,用之者舒。则财恒足矣。仁者以财发身,不仁者以身发财。未有上好仁而下不好义者也,未有好义其事不终者也,未有府库财非其财者也。(卷一五三)

龙泉叶氏曰:一人之所生,过于一人之所食。先王之法,使天下之人皆足以生财,则其职分之所当为者,汲汲为之,唯恐不及,而不暇于用也。夫是以天下无可理之财,无可聚之利,菽粟如水火而仁义存焉。此其所以俭而能勤,既富而教也。后世人伦不明,始有食而不生,用而不为,非特众寡疾徐之间也。然后其上焦然日以生财为务,而以聚敛为当然。盖舜禹周公之法,其谓之难明

---

① "介",《通志堂》本作"个",嘉熙本盖据《尚书》改。
② "嫉",《通志堂》本作"疾"。
③ "唯",《通志堂》本作"惟"。

也久矣,未易以一二言也。仁者以身发财,不仁者以财发身,此一道也。存乎其人之仁不仁而已。巨桥之粟,鹿台之财,前日之所积,今日之所散,岂有异术哉？虽然,于陵仲子之操非天下之所能安也。舜与跖之分,王与霸之异,全在义利之间。唯其好义也则聚天下之人,聚天下之人则致天下之财,均其有无,约其贫富。成顺致利,以安天下,所谓室家之道,君臣父子之节,养生送死之礼,皆由此而成。故曰,未有好义而其事不终者也,天下之事至于终极而不倦,本末相应,先后相为,其极至于无一夫之不获者,此好义之心所发也。若夫利则止于是而已,岂复能终其事哉？（卷一五三）

19. 孟献子曰:"畜马乘不察于鸡豚,伐冰之家不畜牛羊,百乘之家不畜聚敛之臣,与其有聚敛之臣,宁有盗臣。"此谓国不以利为利,以义为利也。（卷一五三）

龙泉叶氏曰:孟献子衰世之大夫也,未足以知大义之所在焉。然其所存,则固若此矣。天下之恶,无过于盗,而谓聚敛为甚者,非恶之而然也。计其利害之所终,然后知其甚于盗也。

20. 长国家而务财用者,必自小人矣。彼为善之,小人之使为国家,菑害并至。虽有善者,亦无如之何矣！此谓国不以利为利,以义为利也。（卷一五三）

龙泉叶氏曰:"长国家而务财用",此小人之所从入也,非其国之好利则小人无自而进。小人进,则利门启而百患起。善为国者,明善敦化,以示好恶,使小人无间可入。濡沫摩抚,左右媚悦,阴导利源,使天下不知其取之有方,其致之有故,有以自结于人,众皆悦之,而非先王之大道。此所谓为善之小人也。天下之人知其攘臂而为不义也,则其君亦何遽用之？唯其自名于善而不察也,及其为之,上不当于天心,下不合于民志,其召祸之由,陷民而亡其国者,是小人之为也。（卷一五三）

(三)《坊记》说

坊记（卷一百二十一）

龙泉叶氏曰:先王所以坊民者大矣！夫道散而难名,民聚而无所定。方当教化未明之初,天下之人无有君臣、上下、尊卑、长幼之节。圣人制礼以先民,立坊以示之。凡所以使民安行于坊范之中,得以遂其所欲,然后饮食男女、养生送死之具皆得安其所当然。由是言之,君子之为礼,非以禁其欲而行之,乃是为之坊以遂其欲也。譬如人之一身,自顶至踵,皆有以自卫,寒则有寒之坊,暑则有暑之坊,方其见所尊、对所敬在外,而有其坊；方其燕居袭服在内,而有其坊。若使此身无坊,岂能一日赡养？又即是而推之,人之居室将以安其身也,上栋下宇,垣墙障设,无所不至,然后可安。若其有一隙一穴之不备,则一家为之不宁,圣人以天下之民病于无坊而不能以自立,是以朝廷之上相与为之制作,有损有益,有纪有序,世变相从,先后相继,使大坊既立,君臣、上下、尊卑、长幼之序秩然而不可乱,孰能自越于斯礼之外者?当周之衰,圣王不作,所以坊之之道浸以废坏,始有悖先王之大坊自为之规模者。故国异政,家殊俗,权谋诈伪之俗成,攘夺戕杀之祸起。凡天下之民,出私意,任小智,纷然出于制度坊闲之外。孔子之徒,号为儒者之学,深考古昔,见后世风俗之变,思先王之大坊,以为皆必有深意,原其至微至眇,制作于百世之前,以为百世之后,苟废而不治则大弊极乱,将不可救。然当世之人,自越于法度之中,而先王所谓坊者,亦荡然而不复有。先王之坊既失,自秦以后,由汉及唐数百年之间,其上之为君者,各自制作,以为吾之大坊,足以安利天下,休养生息,此其弊虽不至如暴秦之已甚,而率皆苟简无复美意。或以智力,或以诈谋,或以术数,或以刑名。又复有疏阔朴陋,将使奸雄之人见其坊之不足恃,始跌荡于规矩准绳之外,而为干君犯上之事;豪杰超越之士以为其坊之不足由,而率意妄行,无复轨辙,至于自弃其身于异端邪说者有之矣。古之圣贤所用以坊天下,其为纤悉不可以一端尽,自夫率意自用,而出于坊制之外者,每每操切以坊天下。先王之道常每病于难明,学者能由是道而推之。严于自坊而宽于坊民,于天下之事深察曲尽,以之处朋友,以之处家庭,以之处乡党,以之事君而治天下。其间事变之难易,人情之逆顺,要能坊①天下于法度之中而无失于先王之大端而已。读《坊记》一篇又知儒者见其本根,考其源流,其意甚善,而其所操犹有未尽,后之学者得其所谓本始者究心焉,则古人录是篇之意见矣。

---

① "坊",《通志堂》本作"引"。

论梁益《诗传旁通》之体例及诠释特色*

付 佳**

【摘　要】　梁益《诗传旁通》是元代后期宗朱类《诗经》著述中的重要著作。该书采用"旁通"之体例,不同于一般注本的随文出注,而是将《诗集传》注文列成条目,引他书中的相关内容注解条目,通达其义。内容上以考证名物制度、史实典故为主,旁及文字、音韵多方面,材料丰富,引据精当。梁益学识广博、视野开阔,不囿于《诗集传》而兼辑众说,故该书不仅辅翼《诗集传》有功,在诠释理路、方法上亦颇具旁征广引、博通该贯的特色,对《诗序》的讨论也体现出折中调和的倾向。

【关键词】　梁益　旁通　宗朱　《诗序》

《诗传旁通》是元代学者梁益编撰的一部《诗经》学专著。梁益,字友直,号庸斋,祖籍福建三山。至元间因其父出任常州路教授,徙家于江阴,生平活动主要在今苏南一带。于至正辛巳(1341)中乡试,卒时年五十六。梁益博通经史,娴于文辞,且安贫自守,终生未仕,以教授乡里为业,在当地深富名望。《元史》本传曰:"自(陆)文圭既卒,浙以西称学术醇正、为世师表者,唯益而已"①,对其学问、人品评价甚高。著作除《诗传旁通》外,还有《三山稿》《诗绪余》《史传姓氏纂》等,惜皆散佚。

《诗经》学史上,元代一般被视为朱熹《诗》学一统天下的时代。元代《诗经》著述以疏解、补正《诗集传》为主,带有普遍的"宗朱"色彩。但若将元代《诗经》学作全面、细致的观察与划分,则应以延祐初年(1314)重开科举为界分作前后两个时期。元代前期《诗经》学的发展在一定程度上仍延续了宋末诸派林立、众说并存的多元化格局,朱熹《诗》学只是诸多学说中逐渐崛起的一支,并未取得独尊的地位。由于朱门后学的大力弘扬和官方的积极提倡,延祐以后《诗集传》才成为了《诗经》阐释的权威。围绕朱熹《诗集传》而展开各种疏解之作(以下简称"宗朱类《诗经》著述"),在前后两期中亦呈现出明显的差异。梁

---

*　本文为中国博士后科学基金资助项目成果之一,项目编号:2016T90078。
**　本文作者为清华大学人文学院博士后。
①　《元史》,北京:中华书局,1976年,第4345页。

益所著《诗传旁通》15卷,成书于至正四年(1346),是元代后期宗朱类《诗经》著述中一部颇具分量的著作,在体例、阐释理路及方法上皆具特色①。由于元代经学历来鲜受关注,《诗传旁通》亦罕被论及。明清以来公私目录虽有所著录,多仅录书名,或就原书卷首翟思忠所作之序简单为说。只有《四库全书总目提要》评述稍详,指出此书既于补苴、纠正《诗集传》有功,又能坚持是非判定,不拘于门户。今人有关《诗传旁通》的研究成果亦为数甚少,目前仅有崔志博、李金善《论〈诗传旁通〉的〈诗经〉学成就》、刘晓燕《梁益〈诗传旁通〉研究》二文对此书有专门论述,尚有待进一步深入探析。本文着眼于此书所具有的"旁通"的特质,从体例、方法等角度对其进行剖析,并对梁益有关《诗序》的论说加以评论,从而揭示此书有别于其他众多宗朱类《诗经》著述的个性特征及其价值。

一、旁通之体

古籍中采用"旁通"为名者时有所见,现可考最早的是宋代一些图谱之作如刘道元《度人上品妙经旁通图》、路仁恕《五刑旁通图》等。经部文献中最早冠以"旁通"之名者是南宋杨复所作《仪礼旁通图》,宋代以后逐渐增多,如元代除了梁益之书,还有杜瑛《语孟旁通》、陈师凯《书传旁通》、程直方《春秋旁通》等,明代有黄瑜《书经旁通》、罗伦《书义旁通》、王彦文《诗传旁通》等,清代有陈宝泉《礼书旁通》、朱骏声《左传旁通》等。从今存的《仪礼旁通图》《诗传旁通》《书传旁通》《礼书旁通》等著作来看,诸部"旁通"之作在注解格式、内容选择上基本相同,有明显的承袭模仿关系,梁益即自言其著《诗传旁通》是"仿缑山杜文玉瑛《语孟旁通》之例"②,可见"旁通"是宋元以来经籍注解中一种较常使用的体例,有其内在的一些规范,可作为一单独的小类目"旁通体"加以分析。

"旁通"一词,原出《易传》,《文言》曰:"六爻发挥,旁通情也。"东汉陆续注云:"乾六爻发挥变动,旁通于坤,坤来入乾,以成六十四卦,故曰旁通情也。"③本指卦爻的阴阳对转,互为通达,可引申为融会贯通之义。"旁通体"经注即有取于互为融通之义,正如翟思忠《〈诗传旁通〉序》:"旁通者,引用群书,兼辑诸

---

① 关于《诗传旁通》的版本,元人王逢《挽梁先生》一文提及《诗传旁通》已行于世,则说明益生前应已将此书付梓,但今不见元刊本存世。今见最早版本为《四库全书》本,有文澜阁《四库全书》和文渊阁《四库全书》两个系统。清末藏书家丁立诚曾据文澜阁本钞出副本,后盛宣怀又据此副本刊印,即今《常州先哲丛书》所收思惠斋刻本。两个系统最大的差别在于文澜阁卷首多《类目》和梁益《识语》两项,更为完备,文字上也存在一些差异。今已有两个版本互参的点校本出版,本文采用此点校本。

② 〔元〕梁益《诗传旁通》,北京:北京师范大学出版集团,2012年,第283页。

③ 见〔唐〕李鼎祚《周易集解》卷一,影印文渊阁《四库全书》本。

说,不泥不僻,如《易》之六爻,发挥旁通,周流该贯也。"①具体而言,"旁通体"形式上不同于一般注本随文出注,而是拈取注释对象中的词句列成条目,逐一解释。方式上一般不作直接的阐释、论说,而是旁引他书中相关内容来注解条目,通达其义。梁益《诗传旁通》即以《诗集传》注文中的词句为条目,引众说而进行疏解。不过,部分"旁通体"著述中亦偶尔夹杂著者个人之见,如梁益《诗集旁通》即有少量按语,朱骏声《左传旁通》亦间有作者论断。

此外,《广雅·释诂》云:"旁,广也。""旁通"亦有广通之义。如朱熹《周易本义》解释"旁通其情"云"旁通,犹言曲尽"②,即广泛无遗之义。"旁通体"诸书在内容上也体现出丰富、广博甚至细琐的特点,将名物、制度、典故、史实考证作为重点,旁及文字、音韵、语法等各个方面。这在陈师凯《〈书传旁通〉自序》中有清楚的说明:"传文之中,片言之喷,只字之隐,呻其佔毕之际,嚘嚅而龃龉者,不为无也。况有所为天文地理、律历礼乐、兵刑龟策、河图洛书、道德性命、官职封建之属,未可一言尽也,是以旁通之笔,不厌琐碎,专务释传,故不能效正义之具举,但值片言只字之所当寻绎、所当考训者,必旁搜而备录之,期至于通而后止。"③这种几乎将经传之片言只字一一纳入疏解范围的做法,反映出一种对经典精细化、透彻化的解读倾向。同时也透露出"旁通体"经注所针对的读者主要应是知识储备不足、阅读能力不够的初学者,即如梁益自评其书曰:"初学如益者,或可资检阅。"④

就《诗传旁通》一书来看,除了上述"旁通体"的共性特征,梁益的"旁通"概念中应还包含触类旁通这一层,由疏解《诗集传》而通晓相关的知识,即有些内容虽与《诗集传》无直接关涉,只因内容相近而一并加以说明。如于《旱麓》"燔燎"条曰:

> 许氏《说文》曰:"芟草烧之曰燔,放火曰燎。"燔,许气切,音饐。《南史》:"宋孝武帝大明初,扬州刺史西阳王子尚言:'上山湖之禁,虽有旧科,民俗相因,替而不奉。燔山封水,保为家利。'"《宋史》又云:"凡是山泽,先恒燔燧,种竹木薪果为林。"燧,刀居切,皆燔燎之气,因旁通。⑤

"燔""燎"二字是《诗集传》注文所有,梁益在疏解此二字过程中发现了意思相近的"燧"字,亦加以解释,且专门说明其目的是为"旁通",即让读者能触类旁通,增长知识。又如卷十五《叙说》中《秦风》部分补充了秦国始封建国的内容,

---

① 〔元〕翟思忠《〈诗传旁通〉序》,见《诗传旁通》卷前所录,第17页。
② 〔宋〕朱熹《周易本义》,北京:北京大学出版社,1992年,第165页。
③ 〔元〕陈师凯《书蔡传旁通》卷首序,影印文渊阁《四库全书》本。
④ 《诗传旁通》,第283页。
⑤ 《诗传旁通》,第205页。

因论及秦造父封赵而附录了罗泌《路史》中关于"赵氏国姓起源"的内容,并有按语曰:"此于《集传》虽无所系,宋氏有国,其姓亦当知,故通之。"①赵氏是前朝国姓,梁益认为关于赵姓起源是应该知晓的,故亦作为旁通的内容。《四库总目》曾对梁益这种做法提出了批评,认为是"冗赘之文,汗漫无理,可已而不已者"②。从疏解《诗集传》的角度看,这些因内容相关而附入的部分确是不必要的,《四库总目》的批评不无道理。但作为一部以补充材料和考证名物字词为主要目标的著述,一部供初学者检阅的工具书,附入部分相关的内容,可以扩大信息量,使读者在阅读其他古籍时遇到相似问题可以触类旁通,也具有一定积极作用。

二、旁通之理路、方法

不仅是在体例上,《诗传旁通》一书的解《诗》理路、方法皆具旁通的特质。虽然书中对各词条的解释以引文为主,表达作者己见的按语为数不多,但若对条目内容细加分析,则会发现此书在疏解方式、引文择取以及条目安排等方面体现出旁征广引、博通该贯的特色。

其一,引据出处,辨析原委。此书既以引用他书材料"旁通"《诗集传》,则所引材料自以《诗集传》注文的原始依据为主,即《诗传旁通》以考证《诗集传》注文的出处为主要诠释方法。朱熹主张注释应力求简明扼要,提出"不可令注脚成文","须只似汉儒毛、孔之流,略释名物训诂及文义尤难明者"。③故《诗集传》中虽多采汉唐注疏及宋代先儒的成果,但多径直出注而不明所本,或语焉不详,《诗传旁通》则"凡《诗集传》所引,一一引据出处,辨析原委"。④这样既证明了《诗集传》注文有所本,又以更为详细的引文内容对《诗集传》进行了疏解。如《诗集传》中《七月》第七章注文云:"古者用民之力,岁不过三日。"⑤《诗传旁通》"用民岁三日"条中则云:"《礼记·王制》:'用民之力,岁不过三日。'郑氏注云:'治宫室、城郭、道途。'"⑥指出朱熹所据为《礼记·王制》,并引郑注具体说明民力的用途。之所以采取这样的疏解方式,应跟梁益阅读《诗集传》的经验有关。因朱熹追求简练的注释风格,加上他学富五车,《诗集传》行文中往往有

---

① 《诗传旁通》,第291页。
② 《四库全书总目》,北京:中华书局,1997年,第200页。
③ 〔宋〕朱熹《晦庵先生朱文公集》,《朱子全书》第24册,上海:上海古籍出版社,2002年,第3581页。
④ 《诗传旁通》,第200页。
⑤ 〔宋〕朱熹《诗集传》,上海:上海古籍出版社,1980年,第92页。
⑥ 《诗传旁通》,第109页。

令后人尤其是初学者费解的内容,梁益对此有切身体会,云:"末学梁益伏读朱传,昧焉多所未解,如'见尧于羹''见尧于墙''犹曰圣人之耦'之类,罔知攸出。问之老师宿儒,间有补助。得之耳闻目见,辄自笔录,久之浸繁,用纂成帙。"①正是由于不明《诗集传》所含典故成说的出处,造成了阅读障碍,成为他撰写《诗传旁通》的初衷,因而他在搜集材料过程中才会对《诗集传》注文的出处原委格外关注。也是由于这个原因,《诗传旁通》在诠释对象的选择上有向《诗集传》所含的史实原委、典故出处侧重的趋势。如《诗集传》中《祈父》末章的注文有"使吾不免薪水之劳也"一句,《诗传旁通》专设一条释"薪水之劳",云:"陶潜为彭泽令,不以家累自随,送一力与其子,与书曰:'汝旦夕之费,自给为难,今遣此力,助汝薪水之劳,此亦人子,可善遇之。'"②"薪水之劳",指砍柴挑水等日常劳动,本身并不难解,梁益特为说明此典之出处,足见其诠释的旨趣,同时也突显了他"旁通"相关知识,让读者由此增加见闻的意图。

其二,取材丰富,旁征博引,并能不囿于朱说,引入了部分与《诗集传》相左的材料。梁益学识广博,时人称其"明毛、郑《诗》,通《春秋》百氏书,纵学无不观"。③治《诗》非常重视古注疏,明确提出:"去古未远,有古书可考,莫若汉儒之毛氏传,郑氏笺;制度述作,物性名件,莫若唐孔氏之疏义。读此经者当遍知,而不可偏观也。"④在朱学一统的时代,梁益能旗帜鲜明地提出"遍知"的观点,明显有倡导时人不要仅局限于朱熹经说之意,是十分难得的,因而颇受今人称道。如戴维《诗经研究史》指出:"他(梁益)提出这种遍知的读经方法,在理论上是极端可贵的。"⑤这反映到《诗传旁通》的编纂上,则体现为引用材料的丰富多样、不拘一格。书中许多条目都不止引用一家之说。如《诗集传》中《生民》首章注文提及先儒对所谓后妃履帝脚趾而有孕颇有怀疑,云:"然巨迹之说,先儒或颇疑之。"⑥《诗传旁通》中设"先儒或颇疑之"一条,于注解首句即言明"今姑摭王充、欧阳公一二说,而黄东发语终之"。⑦然后具体引入三家不尽相同又互相补充发明的观点,从不同角度来具体疏解论证这个问题,起到了综览遍知、旁通互注之效。且又兼存异说,不少条目都引入了异于朱说的材料。如释《小宛》"螟蛉有子,蜾蠃负之",朱熹取陆玑《草木鸟兽虫鱼疏》之说,以为蜾蠃取螟蛉之子,七日后化为其子。而梁益则引严粲《诗缉》之说,认为是蜾蠃

---

① 《诗传旁通》,第283页。
② 《诗传旁通》,第151页。
③ 〔元〕俞远《梁益墓志》,见李修生主编《全元文》第51册,南京:凤凰出版社,2004年,第354页。
④ 《诗传旁通》,第284页。
⑤ 戴维《诗经研究史》,长沙:湖南教育出版社,2001年,第413页。
⑥ 《诗集传》,第190页。
⑦ 《诗传旁通》,第215页。

借螟蛉躯体孵化其子,又引《黄氏日钞》生发《诗缉》之论。又如《柏舟》"姜自誓"条引严粲之说,《小戎》"镂膺"条引范处义《诗补传》之说,《南有嘉鱼》条引陆佃《埤雅》之说,《旱麓》"郁邑"条引孙毓、刘向、陆佃释"邑"之说等,均与《诗集传》之解不同。足见梁益具有较为开阔的视野,稽考群书,出入百家,对各类不同的训解加以考辨,对不同于《诗集传》的训释能择善而取,使得此书颇具博通之特质。

其三,整合对比,融会贯通,将相关的训诂材料进行归纳,统一阐释。首先表现为将《诗经》中同名称或同类型的名物并入同一条目中进行总结。如多篇诗文反复出现的"荼"字,其指涉并不相同,梁益于《邶·谷风》中单列"荼"条,曰:

> 荼,一曰苦菜,一曰萎叶,一曰英荼,一曰雈苕,四名而为三物。此诗之"谁谓荼苦",《传》(指《诗集传》)曰:"荼,苦菜也。"《大雅·緜》之"堇荼如饴"、《唐·采苓》之"采苦采苦",皆苦菜也。《郑》"出其东门,有女如荼",《传》曰:"荼,英荼也。"《豳·鸱鸮》"予所捋荼",《传》曰:"荼,雈苕也。"《周颂·良耜》:"以薅荼蓼",孔氏疏曰:"萎叶也。"①

他先将前代对《诗经》中"荼"的解释加以汇总并分类,后文还引用孔疏说明了英荼与雈苕皆为"茅草秀出之穗",如此就让读者一目了然,全面清楚地把握"荼"字的多重含义。又如《诗集传》中《蓼莪》篇的注文涉及"莪""蔚""莪"等草名,皆为蒿的一种,因而梁益专设"蒿"字一条,将《诗经》中所有可释为蒿类的名词列入其中,计有蔌、莪、蔚、蘩、萧、苹六种,并引用材料详细区分这几种蒿在称谓、性状等方面的差异,从而有利于读者将这类相似的名物清楚分辨,达到触类旁通之效。其次,他将《诗集传》中对同一字词的不同训解加以对比,并分析说明其立论根据。如《十月之交》"楀维师氏"与《云汉》"趣马师氏"皆有"师氏"一词,朱熹将前者释为"中大夫,掌司朝得失之事者也",后者释为"掌以兵守王门者"②。对此梁益于《云汉》篇设"师氏"一条,辨析云:

> 《地官司徒·师氏》:"凡祭祀、宾客、会同、丧纪、军旅,王举则从,听治亦如之。使其属帅四夷之隶,各以其兵服守王门之外,且跸。朝在野外,则守内列。朱子于《小雅·十月之交》传云"师氏掌司朝之得失",于此传云"师氏掌以兵守王门",各因其职而分言之,读者互观可也。③

通过引证《仪礼》之说,指明朱熹是根据诗文而各选取师氏职分的一方面出注,使《诗集传》中看似抵牾的注文得到了合理的解释,既支持了朱熹的观点,亦可

---

① 《诗传旁通》,第52页。
② 《诗集传》,第133、211页。
③ 《诗传旁通》,第235页。

释读者之惑。

三、梁益之《诗序》观

《诗传旁通》偏重字词、名物考证等较为琐细的问题,博通、细致有余而开创不足,在经学思想上基本遵循朱熹《诗》说而鲜有突破,这也是元代尤其是元代中后期《诗经》学发展的整体态势。不过,梁益并非对《诗经》学上的基本问题全无关怀。他认为"朱子传《诗》之旨,大节目、大议论多于《序说》见之"①,故于末卷设《叙说》一项,专为疏解朱熹《诗序辨说》而作,其中也透露出梁益对《诗经》学上的焦点问题——《诗序》的看法,颇值得关注。《诗序》云:"《野有蔓草》,思遇时也。君之泽不下流,民穷于兵革,男女失时,思不期而会焉。"朱熹《辨说》云:"吕氏东莱曰:'君之泽不下流',乃讲师见'零露'之语从而附之。"②梁益就此设"讲师"一条,先就《辨说》所引吕祖谦之论分析道:

> 汉儒尚专门之学,各讲授其师之说,故有讲师之名。人各异师,师各异说,经之本旨反因之而亡。吕氏伯恭所谓"从而附益之",此讲《诗》讲经之弊也。然亦有互相发明者,不可一概而论。③

宋代自苏辙起多将各篇诗前小序分为两部分,认为首句的年代较早可信度高,而首句之后的内容为汉代讲《诗》之人所增附,其可靠性、合理性都值得怀疑,对所谓"讲师之说"多有驳斥。朱熹则云:"近世诸儒多以序之首句为毛公所分,而其下推说云云者为后人所益,理或有之。但仅考其首句则已有不得诗人之本意而肆为妄说者矣,况沿袭云云之误哉?"④对《诗序》的批评较前人更甚,尤其否定讲师沿袭之说。虽然《诗集传》中对《诗序》之说仍有所采用,但就整体《诗》学理论而言,朱熹的"反《序》态度"是十分明确的。而梁益能从理论上提出一分为二地看待讲师之说,不可因其有失而偏废,这跟朱熹的观念已有明显的出入。而后他又举出元代李淦《诗统》一书提出了"继序"之说,"大序、小序之下,以讲师所述者为'继序'",并评论道:"《诗统》每篇之首各有小序,盖雪山王氏、夹漈郑氏、子朱子之外,言《诗》者率以《序》言,非愚所敢妄议也。"⑤言下之意,朱熹反《序》之说并非绝对权威,而只是有别于传统的小众意见,似乎更趋于接受传统。对朱熹最为反对的"以序言《诗》"之法,也表现出一定的认

---

① 《诗传旁通》,第283页。
② 〔宋〕朱熹《诗序辨说》,《朱子全书》第1册,第373页。
③ 《诗传旁通》,第290页。
④ 《诗序辨说》,第353页。
⑤ 《诗传旁通》,第290页。

可与接受,在"宗朱"的基本立场上已有所动摇。

若对整个宋元时期的宗朱类《诗经》著述中关于《诗序》的讨论稍加梳理,还可发现,宋末及元初的学者如辅广、王柏、胡一桂等人的《诗经》著作中,均对朱熹的"反《序》观"予以坚定的认同,甚至表现出更激进的反《序》态度。如辅广《诗童子问》每每掊击《诗序》不遗余力,胡一桂《诗集传附录纂疏》多言《诗集传》去序未尽。这是由于宋末元初之际,朱熹《诗集传》还未得到普遍认可,取得一尊地位,尚面临诸多非议和挑战,如马端临便曾就《诗序》问题对朱熹《诗》说大加驳斥,故而朱学后人需要就朱熹《诗》学中具有争议的问题进行发明、推进,以为其赢得更广泛的认同,争取更多的接受者。而到了梁益生活的元代后期,朱学的权威形成已久,诸多宗朱类《诗经》著述从各方面将《诗集传》进行了日趋完善的疏解、发挥,统摄在朱熹《诗》说下的《诗经》学已逐渐呈现出凝滞不前的状态,一些学者又开始对朱熹《诗》学观点进行检讨与反思。梁益就是开启这股反思风气的先行者,他在旁采博通的解《诗》理路基础上,对各家的观点兼收并用,进而出现了折中诸说的倾向。尽管明代初期官方编订《五经大全》,将《诗集传》的权威地位推向了顶点,但就学术发展而言,元代后期萌芽的反思风气却在潜行暗长,至明代中期,论争《诗序》存废,兼采汉宋《诗》说成为了《诗经》学发展的主流。正如刘毓庆指出:"(明代中期)申朱子《诗》说者仍不乏其人,但已生气全消,不复昔日景观。而较多的学者择善杂采汉宋,折衷毛朱。"①尽管《诗传旁通》中有关诗序的讨论是十分有限的,但由这些零星的材料,亦可反映出元代《诗经》学虽然基本笼罩在朱熹《诗》学的影响中,却亦有复杂性、个性化的一面,梁益等元代学者的观点仍然在推动着《诗经》学的流变、发展。

总的来说,《诗传旁通》类似一部解释《诗集传》的专科词典,逐条出注,清楚明朗,且引据恰当、材料丰富,对理解《诗集传》颇为实用。其功用正如陈师凯《〈书蔡传旁通〉序》所云:"俾初学之士对本传于前,置《旁通》于侧,或有所未了者,即转瞩而取之左右,庶几微疑易释、大义易畅,乘迎刃之势,求执掌之归。"②且梁益学识广博,视野开阔,不囿于《诗集传》而兼存众说,并能整合材料,归纳对比,融会该贯。相较元代其他几部重要的宗朱类《诗经》学著作,胡一桂《诗集传附录纂疏》、刘瑾《诗传通释》,以材料搜罗之丰富完备见长,多为后世著作援引而更具影响;许谦《诗集传名物钞》详于名物、典故,内容上与《诗传旁通》接近,但采用逐章疏解之体,且内容庞杂、考据繁复,不适于初学者。故《诗传旁通》所采用的旁通的体例、思路与方法之于经传诠释的作用,以及对《诗序》的讨论在《诗经》学史上的意义,都值得重视。

---

① 刘毓庆《从经学到文学——明代〈诗经〉学史论》,北京:商务印书馆,2001年,第84页。
② 《书蔡传旁通》卷首。

北京大学李盛铎旧藏之和刻本《诗经》类文献叙录

赵 昱*

【内容提要】 北京大学图书馆是中国大陆范围内收藏和刻本汉籍数量最多的单位,并且其中半数以上源自李盛铎旧藏。它们既是中国古代典籍在日本的版本衍生产物,又是中日书籍双向交流的见证。本文专就李氏旧藏和刻本中的《诗经》类文献,考论其版本及学术特点,以期为学术界提供有益的信息。

【关键词】 和刻本 《诗经》文献 李盛铎 叙录

北京大学图书馆是中国大陆范围内收藏和刻本汉籍数量最多的单位。在馆藏和刻本汉籍中,近代藏书家李盛铎的旧藏又居半数以上,珍本尤众。以李氏旧藏和刻《诗经》类文献为例,即有《诗经》白文本、《毛诗正文》《毛诗故训传笺》《韩诗外传》《诗童子问》《诗集传名物钞》《诗集传通释》《诗经正解》等八种。其中,白文本《诗经》二卷,日本宽永五年(1628)容膝亭刻本,"半叶七行,行十七字。前有朱传序,后有'时宽永五历岁次著雍执徐之林钟[明崇祯元年·1628]新刊于容膝亭'二行"①。今检"日本所藏中文古籍数据库",东京大学图书馆亦有宽永五年容膝亭田安昌刊本《诗经》,与《周易》《书经》《春秋经》《礼记》合为"五经正文",由日本近世儒学史上朱子学开山人物之一的藤原惺窝(1561—1615,名肃,以号行)训点。又据《日藏汉籍善本书录》梳理,日本现存和刻白文本"五经"众多,时代最早者当推此宽永五年本②,足以见其珍贵。只可惜该本正在修复当中,未能寓目。因此,本文主要围绕其他七种,就其版本特点,爬梳考辨,撰为叙录,以呈方家③。

---

* 本文作者为北京大学中文系古典文献专业2013级博士研究生。
① 李盛铎《木樨轩藏书题记及书录》,张玉范整理,北京:北京大学出版社,1985年,第64页。
② 严绍璗《日藏汉籍善本书录》,北京:中华书局,2007年,第176页。
③ 李氏旧藏和刻本《诗经》类文献之中,尚有四部日本汉学家的解《诗》之作——中村之钦《笔记诗集传》、冈元凤《毛诗品物图考》、冢田虎《毛诗注》、龟井昱《古序翼》,拙文《北京大学图书馆藏江户时代日本人〈诗经〉类古籍叙录》已有介绍,见《国际汉学研究通讯》(第十辑),北京:北京大学出版社,2015年,第165—184页。

一、《毛诗正文》三卷

《毛诗正文》三卷,文政二年(1819)刻本,一函三册,索书号:LX/8006。

各册书签题"毛诗正文 上/中/下"。半叶十行,行十七字;四周双边,单鱼尾,版心刻书名、卷次、页码。书前有文政二年秋九月樱山恭《重刻诗书正文序》,书后有同月久保谦跋,皆言及片山兼山(1730—1782,名世璠,以号行)为便于童蒙诵读,从孔、毛二传中离析《尚书》《诗经》经文,加以训点,流行于世,如今书板磨灭,文字讹脱严重,因此才有重刻之举。各卷首行题"毛诗正文上/中/下",二、三行上题"山子国读",下题"若山田弸、笠间松伸胤同校,东都久保谦重订",卷上首页钤"麐嘉馆印"朱方。全书只录经文,顶格书,章与章之间以○分隔;大序、小序皆低一格书;各诗之后有章数而无句数,与风、雅、颂各部分之后的篇数,低二格书。尾页开列"发行书肆",凡江户日本桥南壹丁目须原屋茂兵卫等十一家。

是书最早由集思堂于安永六年(1777)刊刻,天明四年(1784)重印。文政二年久保谦重订(久保谦跋"山子国读行四十余年",指的就是自1777年至1819年),四年,又有京都胜村治右卫门等刊行之本。此后翻印不断,流传较广[①]。今日中国大陆范围内存藏的《毛诗正文》,只有北京大学图书馆李氏旧藏的这一部[②]。

二、《毛诗诂训传笺》二十卷

《毛诗诂训传笺》二十卷,庆长年间(1596—1615)活字本,一函三册,索书号:LSB/3602。

半叶八行,行十七字,双行小字同;四周双边,细黑口,双鱼尾,版心刻"毛诗×"及页码。卷一首行大题"毛诗卷第一",次行题"周南关雎诂训传第一",三行上题"毛诗国风"、下题"郑氏笺",其余各卷体例仿此。经文大字书,传、笺小字书,没有郑玄《诗谱》的内容。二十卷之后,有小字"经凡四万六百一十二言,注凡一十万五千二百一十六言"一行,说明经文、注文的各自字数。全书钤"良辅""荻俊之印""待贾堂""新井氏图书记""木犀轩藏书""木斋""麐嘉馆印"诸印。

---

① 〔日〕长泽规矩也《和刻本汉籍分类目录》,东京:汲古书院,1976年,第8页。
② 王宝平《中国馆藏和刻本汉籍书目》,杭州:杭州大学出版社,1995年,第24页。另据《中国古籍总目·经部》著录,南京图书馆还有日本天明八年(1788)刻本一种,检索未见,尚待考实。

宋代以前，经书的文本类型主要是经注本，经文大字、注文小字，五代国子监最早雕版印行。南宋初年，注疏合刻本出现；中期开始，附入陆德明释文，是为"附释文注疏合刻本"，渐成宋代以后经书版本的主流。而在日本，平安时代（794—1192）以降，自中国传入的经书文本借由博士家世袭传抄而流通，其中相当一部分一直保存至今，并且多为经注本或单疏本的形态。具体就《诗经》言之，《日藏汉籍善本书录》著录《毛诗郑笺》的古写本、和刊本十余种，近半数都与清原家本关系密切；另外还有两种写本，原为中世时代足利学校所有，现藏足利学校遗迹图书馆①。

足利学校于 15 世纪上半叶由将军上杉宪实重建，是日本近世最负盛名的汉学学校。这里汉籍丰富，特别是经书古本。江户时代，山井鼎曾"赐告三年，校书其中"（《七经孟子考文补遗·凡例》），列出大量古本异文，后来物观又有补遗，共成《七经孟子考文补遗》，令乾嘉学者大为惊叹②。如今李氏旧藏的这一部，据李盛铎本人所记，"相传为足利学校活字本"③，其中保留了数量可观的异文，多能在《七经孟子考文补遗》（以下简称"《考文补遗》"）里找到对应的印证，足见其与足利学校《诗经》古写本之间的渊源关系。兹取卷一诗大序和《关雎》的文字内容与《十三经注疏·毛诗正义》中的这一部分对校，列举如下：

1."所以风化天下"，《毛诗正义》作"所以风天下"。按：《考文补遗》引"古本"："'所以风天下'，'风'下有'化'字。《毛诗正义校勘记》："唐石经、小字本、相台本同。案：《正义》云：定本'所以风天下'，俗本'风'下有'化'字，误也。《考文》'古本'有，采《正义》。"④

2."故不知手之舞之足之蹈之"，《毛诗正义》作"不知手之舞之足之蹈之"。

3."移风易俗"，《毛诗正义》作"移风俗"。按：《考文补遗》引"古本"："'移风俗'，'风'下有'易'字。"

4."四始者王道兴衰之所由"，《毛诗正义》作"始者王道兴衰之所由"。按：《考文补遗》引"古本"："'始者正道兴衰之所由'，'始'上有'四'字，'由'下有'也'字。"

5."忧在进贤"，《毛诗正义》作"爱在进贤"。按：《毛诗正义校勘记》：

---

① 《日藏汉籍善本书录》，第 60—61 页。
② 清儒翟灏、卢文弨、王鸣盛、吴骞、阮元、洪颐煊等人对《七经孟子考文补遗》的学术价值皆有论断，文繁不录，详见顾永新《经学文献的衍生和通俗化——以近古时代的传刻为中心》第四章第四节《〈七经孟子考文补遗〉考述》的"价值认定"部分，北京：北京大学出版社，2014 年，第 781—786 页。
③ 《木樨轩藏书题记及书录》，第 64 页。
④ 〔日〕山井鼎撰，物观等补遗《七经孟子考文补遗》，《丛书集成新编》本，台北：台湾新文丰出版公司，1985 年，第 59—60 页。〔清〕阮元《十三经注疏》，北京：中华书局，1980 年，第 275—276 页。以下各例同，不再一一注明。

"[补]毛本'爱'作'忧'。案:'忧'字是也。"

6. "哀当为衷",《毛诗正义》作"当为衷"。按:《考文补遗》引"古本":"'当作衷'上有'哀'字。"

7. "夫妇有别夫妇有别则父子亲",《毛诗正义》作"夫妇有别则父子亲"。按:《考文补遗》引"古本":"'夫妇有别'下复有'夫妇有别'四字。"

8. "言后妃之德无不和谐",《毛诗正义》作"言后妃之德和谐"。按:《考文补遗》引"古本":"'言后妃之德和谐','和谐'上有'无不'二字。"

9. "能宜为君子",《毛诗正义》作"能为君子"。按:《考文补遗》引"古本":"'能为君子','能'下有'宜'字。"

10. "荇菜接余也",《毛诗正义》作"荇接余也"。按:《考文补遗》引"古本":"'荇接余也','荇'下有'菜也'二字。"

11. "言后妃觉寐",《毛诗正义》作"言后妃觉寤"。

12. "共己职事也",《毛诗正义》作"共己职也"。按:《考文补遗》引"古本":"'共己职也','也'上有'事'字。"

13. "乐必皆作",《毛诗正义》作"乐必作"。按:《考文补遗》引"古本":"'乐必作'作'乐必皆作'也。"

14. "一章四句",《毛诗正义》作"一章章四句"。按:《毛诗正义校勘记》:"[补]案:'一章'下,例不重'章'字,次'章'字误衍。"

上述14例异文,除例2、例11外,其他或有古本依据①(例1、3、4、6、7、8、9、10、12、13),或有校勘证据(例5、14),个别行文稍异(例4、10)。不过例2"故"字,盖从"言之不足,故嗟叹之;嗟叹之不足,故永歌之"的句式结构;例11前文是毛传"寤,觉也;寐,寝也",因而郑笺"觉寐"当为二训合言。由此观之,这两处异文同样有迹可循。

三、《韩诗外传》十卷

《韩诗外传》十卷,日本刻本,一函五册,索书号:LX/1118。

各册书签题"韩诗外传"及卷次。半叶九行,行十九字;四周双边,无鱼尾,版心刻书名"诗外传"、卷次、页码,天头有异文校语。卷一首行题"韩诗外传卷之一",次行题"汉燕人韩婴著",其余各卷只有首行大题。卷首为杨祐序,称"历下薛子汝修嗜古而文,于《韩诗外传》独倾心焉,爰刻以传同好";卷九之后

---

① 晚清杨守敬赴日访书时,亲见"日本古写本《毛诗郑笺》二十卷"一部,称其"与山井鼎《考文》所载合","古本作'后妃之德,无不和谐'","'乐必作也'云'作'上有'皆'字"等,可证。见王重民辑《日本访书志补》,《日本藏汉籍善本书志书目集成》(第十册)北京:北京图书馆出版社,2003年,第387—390页。

又有薛来后序①,署"嘉靖己亥秋八月望月泉薛来书于芙蓉泉之秋月亭"。

《韩诗外传》在中国古代的版本流传情况,据屈守元先生考证,北宋庆历(1041—1048)中始有刻版,现存最早者则为元至正十五年(1355)嘉兴路儒学刻本。至明嘉靖年间(1522—1566),先后有苏献可通津草堂本、沈辨之野竹斋本、薛来芙蓉泉书屋本(以下简称"薛本"),后来程荣《汉魏丛书》本、胡文焕《格致丛书》本、唐琳《快阁藏书》本悉出薛本;崇祯年间(1628—1644),又有毛晋《津逮秘书》本(以下简称"毛本"),颇受清人珍视②。

而和刻本《韩诗外传》,历来介绍都较为笼统。长泽规矩也先生的《和刻本汉籍分类目录》著录：

> 《韩诗外传》一〇卷,汉韩婴撰,明程荣校,宝永元年刊(木活),大五。
> 同,同,汉韩婴,宝历九年刊(江、前川庄兵卫等),句声,大五。
> 同,同(后印),大五。
> 同,同(后印、京、胜村治右卫门),大五。
> 同,同,同,岛[山]宗成点,宝历九年刊(大、星文堂浅野弥兵卫等),大五。
> 同,同(明治一八修、大、森本专助),大五。
> 同,同(后印、大、嵩山堂),大五。③

严绍璗先生的《日藏汉籍善本书录》亦称："日本桃园天皇宝历九年(1759年)摄阳浅野弥兵卫刊印《韩诗外传》十卷。此本由日本岛山宗成(字内)校点。木活字本。后有胜村治右卫门覆印本。"④确实,由于所有和刻本《韩诗外传》的卷首、卷末都保留了杨祐、陈明、薛来等人序跋,并且薛氏芙蓉泉书屋本今日又见藏日本国立公文书馆(原内阁文库)、静嘉堂文库、京都大学人文科学研究所东洋学文献中心等处⑤,因而极易让人认为和刻各本均应属于薛本系统。

对于这一问题,日本大学高桥良政先生结合《和刻本汉籍分类目录》所录版本,更通过考察私人所藏"宝历九年(1759)以前据明常熟毛晋汲古阁刻《津逮秘书》本重刻"本及东京大学图书馆藏"宝历初年星文堂浅野弥兵卫刻本"等长泽先生未及之本,揭示出了前者所在的胜村本系统之于毛本、后者所在的星文堂本系统之于薛本的具体关联,从而使《韩诗外传》和刻各本的源流关系得

---

① 笔者按,薛来《韩诗外传后序》应在全书最末,此则置于卷九、卷十之间,盖装订之误。
② 屈守元《韩诗外传笺疏》附录一"参校诸本题记",成都:巴蜀书社,1996年,第933—958页。
③ 《和刻本汉籍分类目录》,第11页。
④ 《日藏汉籍善本书录》,第86页。
⑤ 《日藏汉籍善本书录》,第86页。

以清晰而完整呈现①。

因此，李氏旧藏的这一部《韩诗外传》，综合比对行款、版式、天头校语等特征，与京都胜村治右卫门覆印本一致②，只不过卷末边栏之外没有"京师书坊胜村治右卫门板"的牌记信息。就版本源流而言，它属于毛本系统，天头校语中的"一作""一本"，皆是取自星文堂本的参校结果；就刊印年代而言，当在宝历九年之后。

四、《诗童子问》八卷、卷末一卷

《诗童子问》八卷、卷末一卷，宋辅广撰。文化十二年（1815）刻本，一函四册，索书号：LX/7149。

各册书签题"官板诗童子问"及卷次。半叶九行，行十九字，双行小字同；左右双边，无鱼尾，版心刻书名"童子问"、卷次及风雅颂之类别。各卷首行题"童子问卷×"，次行题"门人辅广学"。全书不录经、传文字，只是大字标出各篇篇题及"一章""二章""三章""章句"等分章字样，双行小字则是辅氏的说解阐发。卷末为《协韵考异》，主要讨论韵脚音切；尾页末行下端刻"文化十二年刊"六字。

《诗童子问》的版本问题，顾永新先生已经辨明。简而言之，传世者有二十卷本和十卷本两个系统，二十卷本为元至正四年（1344）余氏勤有堂刻本，先载经、传文字，次为辅广"童子问"；十卷本为明崇祯毛氏汲古阁刊本，无经、传文字，正文厘为八卷，与卷首、卷末共计十卷。并且，十卷本所据为辅广原本（咸淳初刻本），二十卷本乃附入《诗集传》而成③。今核此李氏藏本，行款、体例悉同汲古阁本，当是据以翻刻，属于十卷本的系统；只是脱去卷首，仅有九卷④。

---

① 〔日〕高桥良政《和刻本〈韩诗外传〉の书志的考察——胜村本について》，《斯文》，2004年第3期，第27－29页；《〈韩诗外传〉の书志的考察——宝历九年星文堂刻本について》，日本大学法学部编《桜文论丛》（第66卷），2006年，第106－108页。

② "日本所藏中文古籍数据库"提供了京都大学人文科学研究所东洋学文献中心藏胜村治右卫门本《韩诗外传》的首、末二页，此处即据以比对。

③ 顾永新《〈诗童子问〉影印说明》，《日本宫内厅书陵部藏宋元版汉籍影印丛书》（第一辑），北京：线装书局，2001年，第6b－8a页。

④ 北京大学图书馆另藏日本文化十二年本《诗童子问》一种（索书号：X/093.4/5300），一函五册，行款全同，殆与之同版。首册即《童子问卷首》，包括《诗传纲领》《诗序辨说》《师友粹言》等，首页钤"大学堂藏书楼之章"朱方。由此观之，李氏收藏的这个本子原来也应该是十卷，后在归入木犀轩时已经脱去卷首一册，仅剩九卷（李盛铎《李氏书目》油印本第四册即著录"《诗童子问》九卷"）。

五、《诗集传名物钞》八卷

《诗集传名物钞》八卷,元许谦撰。文化十年(1813)刻本,一函八册,索书号:LX/5036。

各册书签题"诗集传名物钞"。半叶十一行,行二十字,双行小字同;左右双边,单鱼尾,版心刻书名、卷次、页码。书前有后至元五年(1339)吴师道序。各卷首行题"诗集传名物钞卷第×",次行题"东阳许谦",卷末题"后学成德校订"(卷四无"成德"二字)。正文之先,是对朱熹《诗传纲领》的解说;卷一之末,增加了其师王柏的《二南相配图》;风、雅、颂各部分之后,散入《诗谱》,以明世次;最后还有《诗总图》。书中不录诗句及朱《传》,诗题顶格书,标示领起作用的"纲领""经""传"等字低一格,杂钞他书注音释义的内容低二格,个人的分析、按断低三格。全书首页钤"静胜文库"朱文长印,尾页末行下端刻"文化十年刊"五字。

据《中国古籍总目·经部》著录,是书现存明抄二种——秦氏雁里草堂抄本(今藏国家图书馆)、张氏怡颜堂抄本(今藏复旦大学图书馆、湖南省图书馆)。现存最早刊本则为清康熙十九年(1680)纳兰成德校刻《通志堂经解》本,底本是"汲古旧钞本"①。乾隆五十年(1785),《通志堂经解》补版重刊;同治十二年(1873),粤东书局又据乾隆五十年版覆刻。而此李氏旧藏本,在版式、行款、题署等各个方面均与《通志堂经解》本同,甚至卷四末行皆缺"成德"二字,可知其完全翻刻自《通志堂经解》本②,质量上乘。此外,《四库全书》《四库全书荟要》所录《诗集传名物钞》同样源出《通志堂经解》本③。同治八年,永康胡凤丹退补斋重刻《诗集传名物钞》,收入《金华丛书》,亦"从《通志堂经解》所刻本"(《重刻诗集传名物钞序》)。民国十四年、十八年,《金华丛书》两度补刻,后来《丛书集成初编》中的《诗集传名物钞》就是据《金华丛书》本排印。

---

① 〔清〕翁方纲《通志堂经解目录》,《丛书集成初编》本,上海:商务印书馆,1959年,第9页。

② 《诗集传名物钞》整理说明称:"康熙十九年刻印的版本为初刻本,题名《毛诗名物钞》。"见《元代古籍集成·经部诗类》,北京:北京师范大学出版社,2012年,第16页。而北京大学图书馆藏乾隆本《通志堂经解》中已作《诗集传名物钞》,故具体言之,此本当据乾隆本《通志堂经解》。

③ 《四库全书总目》卷一六《诗集传名物钞》提要仅云"内府藏本",又检《四库全书荟要总目提要》,明言"今依内府所藏通志堂刊本缮录恭校",而《增订四库简明目录标注》也只提供了"通志堂本"这一种版本(《续录》则多《金华丛书》本"和"日本文化十年覆刻通志堂本"),可知其应为四库馆臣所采用者。见《四库全书总目》,北京:中华书局,1965年,第126页;江庆柏等整理《四库全书荟要总目提要》,北京:人民文学出版社,2009年,第153页;〔清〕邵懿辰撰、邵章续录《增订四库简明目录标注》,上海:上海古籍出版社,1979年,第63页。

六、《诗集传通释》二十卷

《诗集传通释》二十卷，元刘瑾撰。嘉永三年(1850)官版书籍发行所刻本，一函八册，索书号：LX/5606。

各册书签题"官版诗集传通释"及卷次内容，书根题"诗经通释"及册次。半叶十行，大字行二十、小字行二十二；四周单边，无鱼尾，版心刻书名"诗通释"、卷次、页码。卷一首行题"诗卷第一"，次行题"朱子集传"，三行题"后学安成刘瑾通释"；其余各卷只有首行大题。全书训释，在内容上本于朱熹《诗集传》，同时广征博引，兼以"愚按"，后为明初胡广的《诗传大全》全盘承袭；在形式上，征引他书及陈说己意处径由墨围领起(如"吕东莱曰""辅氏曰""愚按"等)，醒目可辨。天头间有大段眉批，或曰"全旨"，或曰"合参"，均是抄自清人姜文灿的《诗经正解》，疑即李氏校读时为之(《诗经正解》亦李盛铎旧藏之一，其说详后)。各册首页钤"磐井元德藏书"朱文长印，末卷尾行下端刻"文政十三年刊，嘉永三年重刊"双行小字。全书最后有官版书籍发行所的版权页，介绍已刊图书"《平山堂图志》全四册""《唐宋千家诗选》全四册""《敬业堂诗集》"等。

是书现存最早刊本，为元至正十二年(1352)建安刘锦文(字叔简)日新书堂刻本，国家图书馆、北京大学图书馆、上海图书馆等处皆有藏①；入明之后又有修补，国家图书馆、南京图书馆有藏。日本文政十三年(1830)，还有官版松代文库本(书签题"官板诗集传通释"，各册首页钤"松代文库""褒赏"朱文方印，末卷尾行下端刻"文政十三年刊"六字)，文字多漫漶。今以文政十三年本与嘉永三年本相较，行款格式全同，只是后者据《诗传大全》补填了前者较多的漫漶之处，但仍有未尽；以日新书堂本与两种和刻本相较，后二者删去了卷首原有的《诗集传序》《诗序辨说》《诗传纲领》《诗传通释外纲领》诸篇，所有墨围一律改作阳文形式，且偶有误字、缺文，不过渊源关系仍然明显，当为同一系统②。

七、《诗经正解》三十三卷

《诗经正解》三十三卷，清姜文灿、吴荃撰，日本菅野恫校订。安政五年

---

① 北京大学图书馆李氏专藏中即有此建安刘氏日新书堂刊本一种(索书号：LSB/5282)，见《木樨轩藏书题记及书录》，第65页。
② 《昌平坂御书目》著录元至正日新书堂刊本《诗集传通释》二十卷，盖文政十三年之官版所从出，见《日藏汉籍善本书录》，第71页。

(1858)奎晖阁活字本,三函三十三册,索书号:LX/5448。

各册书签题"合参析讲诗经正解"。扉页牌记:中刻"侍御许青屿先生鉴定《诗经正解》",右刻"清姜我英、吴荃苏右汇辑,日本菅野侗校订,志贺氏藏",左刻"《毛诗讲义》言人人殊,士子明经茫无宗主。本坊敦请姜、吴两先生汇辑众说,融贯新裁,恪循功令之颁行,依傍紫阳之传注。无义不析,奚啻皎若列星;有蕴必宣,直可功同宝筏。掺觚应制,固当奉作指南;诗苑词坛,亦宜遵为玉律。诚希世之奇珍,当窗之佳玩也。初学通材,各置一编于案头,其所裨益,良复不浅"小字五行,上方横刻"安政五戊午仲夏"。半叶八行,大字行二十、小字行二十六;四周单边,下黑口,单鱼尾,版心刻书名、卷次、页码。

书前有《诗经正解序》(康熙甲子二月望后二日琅琊葛筠题于深柳堂)、姜文燦拟定"凡例"十六则、菅野侗"附言"二则、朱熹《诗经集注序》。各卷首行题"诗经正解卷之×"及小类,次行、三行题"丹阳姜文燦我英、吴荃苏右汇辑",一至四行下端又题"门人潘宗垣紫临、谈象蕙孝浐仝校,男姜朝烈承武、吴之璋章玉仝阅"①,末页钤"汲古窟"朱文长印(最后两卷无钤印)。

各诗说解,分"全旨"与"章旨"两个部分。诗题先以〇顶格领起(如"〇关雎章""〇葛覃章"等),次引《子贡诗传》及"小序"(汉唐以来多依小序,即朱《传》亦间遵其说。兹特与端木氏《诗传》并列于首),皆大字;再次解说全旨(通诗之旨则总一篇之意而释之,谓之全旨),双行小字。各章正文大字,次俱录朱《传》,再次为"合参"及"析讲"(合参者,合诸家之解释而参以己意者也,各章之旨,则析各章之意而释之,谓之析讲②),皆双行小字。排比多而提炼少,故四库馆臣讥之"浅易"(《四库全书总目》卷一八"诗"类存目二"是书提要)。

全书最末一行下端,刻"奎晖阁植字"五字。尾页刻"安政戊午孟春发兑。制本:浅草御藏前长谷川和三郎、两国药研堀奎晖阁秀治郎、同吉川町文会堂佐助。卖弘:浅草御藏前经训堂喜三郎"。

是书之初刊,即康熙二十三年(1684)深柳堂刻本(据葛筠《序》,深柳堂为姜氏别业),凡三十卷,国家图书馆、北京大学图书馆、复旦大学图书馆等多处有藏。稍后又有光霁堂刻本,经许之渐(1613—1700,号青屿)鉴定,卷数同,南开大学图书馆、辽宁省图书馆有藏。由书前牌记中"侍御许青屿先生鉴定"一语可知,奎晖阁本所据底本为光霁堂本。今细核奎晖阁本的内容变动,具体有二:第一,分卷不同。深柳堂本、光霁堂本均为三十卷,奎晖阁本为三十三卷,盖原卷八《唐风》与《秦风》一分为二,卷九《陈风》与《曹风》《桧风》一分为二,卷

---

① 各卷门人校者名氏不尽相同:卷二则丁煃子谦、李光友严,卷三则尹士杰汉三、黄世煜景昭,等等。除去重复,总计33人。

② 以上引述,见《诗经正解·凡例》。

二四《生民之什》与《荡之什》一分为二,因此共多出三卷。第二,卷首内容不同。深柳堂本卷首"凡例"之下,尚有《诗大序》《申培诗说》等数十篇历代论《诗》文字以及"辨异""正误"、《诗经字画辨疑》《诗经图考》《诗经人物考》(草木鸟兽虫鱼考附)等内容,与《四库全书总目》著录之"首为《诗经字画辨疑》,次为天文、舆地、服饰、礼乐、器具、车马、兵制图考,次为姓氏、草木、禽兽、鳞介诸考,大抵袭《六经图》及《名物疏》诸书而为之"[1]正合,奎晖阁本则全部删去,大概是原有内容过于繁芜、冗杂,与诗旨的直接关联不大,故而卷前只保留了序文及凡例,简明醒目[2]。

---

[1] 《四库全书总目》,第148页。
[2] 《中国古籍总目·经部》著录姜文燦于《诗经正解》三十卷之外,尚有《深柳堂诗经图考》一卷、《深柳堂诗经人物考》一卷,后两者实际是将《诗经正解》卷首部分单行,并皆有深柳堂本、光霁堂本两种刊本。由此推断,这三种著作,光霁堂本全据深柳堂本而来,至奎晖阁活字本则只有《诗经正解》,且发生了卷数多寡和卷首内容两方面的变化。

为六书辩护
——兼论"四体二用"之说不可信

徐 刚 *

【内容提要】 汉人所谓"六书",是指六种造字方式,而不是"六甲"干支表。象形、指事、会意之间的界限是可以区分清楚的,近代以来的"三书说"并不比"六书说"优越。从古文字材料中可以知道"转注"的本义,戴震"四体二用"之说不可信。汉人所谓的"假借",是一种造字方式;从造字的角度而言,区分"假借"与"引申"并无多大意义。

【关键词】 六书说 三书说 四体二用 转注 假借

传统的研究汉字构造方式的学者,都运用"六书"的理论。虽然对"六书"的批评一直存在,但事实上,到目前为止,这一分析的基本格局并没有改变。近代以来,对于六书说的批评,虽然有合理的一面,但都有失公允。"六书说"尚未可废。

一、何谓"六书"

"六书"一词,最早见于《周礼·地官·保氏》:

> 保氏,掌谏王恶,而养国子以道。乃教之六艺,一曰五礼,二曰六乐,三曰五射,四曰五驭,五曰六书,六曰九数。

但是"六艺"中的每一"艺"的具体内容,《周礼》却并没有说明。"六书"是指什么呢?东汉初年的学者郑众给《周礼》作的注说:

> 六书,象形、会意、转注、处事、假借、谐声也。

这大概是当时学者的共识。班固在《汉书·艺文志》中也有类似的说法:

> 古者八岁入小学,故周官保氏掌养国子,教之六书,谓象形、象事、象

---

* 本文作者为北京大学中国古文献研究中心副教授。

意、象声、转注、假借,造字之本也。

班固说得最明确,六书是"造字之本"。可惜,郑众和班固都只说了六书的名称,没有具体解释。只有许慎在他的《说文解字叙》中,作了比较详细的说明:

>《周礼》八岁入小学,保氏教国子,先以六书。一曰指事。指事者,视而可识,察而可见①,上下是也。二曰象形。象形者,画成其物,随体诘诎,日月是也。三曰形声。形声者,以事为名,取譬相成,江河是也。四曰会意。会意者,比类合谊,以见指撝,武信是也。五曰转注。转注者,建类一首,同意相受,考老是也。六曰假借。假借者,本无其字,依声托事,令长是也。

许氏的这些解释为后世沿用,成为六书的经典定义。

以上三家所说的六书的名称,大同小异,班固和许慎,都称"保氏",可见都是来源于《周礼》说。一般认为,三家关于六书的学说同出西汉末年的古文经学大师刘歆。

汉代占主流地位的官方学术是今文经学,古文经学属于民间学术。古文经学家们依据的文本是古文写本,他们需要对古代的文字有所解释。《周礼》这本书,也是古文经,所以古文经学家们会从文字的角度去解释《周礼》的"六书"。郑众的父亲是西汉末年的著名学者郑兴,郑兴又是刘歆的弟子。许慎是贾逵的学生,而贾逵的父亲贾徽也是刘歆的学生。班固的《汉书·艺文志》是根据刘歆的《七略》改编成的。所以,这三家的六书说可能都是来源于刘歆。

那么,汉代学者的六书说是不是刘歆的发明呢?还是说有更古老的依据呢?这个问题很值得研究。

张政烺有一个非常著名的说法,他认为把"六书"解释为六种造字方式,这是刘歆的创造,而不是《周礼》的本义。他说既然是 8 到 15 岁的小学生学习的知识,应该不会很难,因此保氏所执掌的"九数"就是九九表,"六书"就是天干和地支配合形成的六十个干支。古人把六十干支以甲子、甲戌、甲申、甲午、甲辰、甲寅为首,断为六篇,每篇十个干支,此即为《周礼》之"六书"。例如《周礼·占梦》贾疏引《郑志》云:"庚午在甲子篇,辛亥在甲辰篇也。中有甲戌、甲申、甲午,成一月也。"是汉人分六甲为六篇之证。张先生说:

>六旬共为六篇,以甲为首,分别学习。自其体言之则曰《六甲》,犹《仓颉》等三书合曰《三仓》;自其用言之则曰《六书》,犹《史篇》亦曰《史书》。汉人小学以书法为主,《六甲》遂有《六书》之名。末世村塾徒知有经,以至

---

① 今本如此,段玉裁改作"察而见意"。见段玉裁《说文解字注》,上海:上海古籍出版社,1988年,第755页。

村书杂事皆著经名,而于宋人训蒙之《三字训》(见项安世《家说》),则易名为《三字经》,其例一也。夫书学夥矣,而实以六甲为首;数学夥矣,而实以九九为首,故书、数亦曰六书、九数。非谓其学止乎此,所以昭其始也。①

汉以后的学童学认字之前,一般都要先学六甲,这是正确的;但六甲何以名六书,张先生的解释却并没有很强的说服力。"史篇"本指书史所用各种字书,"史书"本指书史所用各体文字,②二者并不完全相同;用村塾称《三字训》为《三字经》来比附《六甲》与《六书》的关系,也完全沾不上边儿。仅仅因为《六甲》可以分为六篇,就认为是周礼之"六书",这是缺乏根据的。

其实汉字的结构特点,很容易让人产生分析结构的愿望。先秦古书中就有很多事例,比如《左传》"止戈为武""反正为乏",《韩非子》中"自环者谓之私,背私谓之公"等说法。汉字的结构特点,决定了在汉字的教学过程中常常要分析字形。

汉以前所谓的小学,大致在8岁到15岁之间。这一阶段的孩子,学习文化的主要任务,就是认字、算术之类的基础知识。中国的小学教育,一直到现代都是以认字为主,古代的小学,主要也是学习字书。《汉书·东方朔传》:"学书三冬,文史足用。"光是六甲,似不必学书三冬。《论衡·自纪》言充为小儿,"六岁学书","八岁出于书馆,书馆小童百人以上,皆以过失袒谪,或以书丑得鞭。充书日进,又无过失。手书既成,辞师受《论语》《尚书》,日讽千字。"可见不但要学很多字,而且要练习书法。《齐民要术》引崔寔《四民月令》云:"正月。研冻释,命幼童(谓九岁以上,十四以下也)入小学,学书篇章(谓《六甲》《九九》《急就》《三仓》之属)。"推而古之,先秦时期,学童恐怕也要学习《史籀篇》一类的字书。

教孩子认字的老师,《周礼》称为"保氏"。在教学的时候,很有必要向孩子们解释文字的构造。因此,汉代学者把"六书"解释为汉字的六种构造方式,还是颇有道理的。张政烺质疑说:

> 六书之学……总统学术,凡说经无分今古学,皆以此为根本,旁及诸子百家,屈宋之赋,马班之史,莫不于六书求达诂,可谓盛矣。闲尝习而疑之,夫古今人智能相去宜不甚远,今之学僮犹古之学僮也,何古之小学所肄习者,今则绝不可施,甚且白首矻矻,终身未能通其义?③

张先生的质疑其实很容易解答。他说的"六书之学",实际上已经不是汉字构

---

① 张政烺《六书古义》,见《张政烺文集·文史丛考》,北京:中华书局,2012年,第156页。
② 徐刚《"史书"考》,见氏著《古文源流考》,北京:北京大学出版社,2008年,第184—188页。
③ 张政烺《六书古义》,第146页。

造的六种方式,而是泛指古代的语言文字之学。中国的文字音韵训诂材料那么丰富,研究起来自然不易,但是汉字构造的六种方式,却并没有什么难的,即便是小学生,也很容易了解掌握。在孩子们学习汉字的时候,告诉他们每一个汉字的构造方式,这是非常自然的事情,不但是必要的,也是切实可行的,因为小篆以前的古文字,象形程度还高,用六书来分析非常合适,不像我们今天,要了解一个汉字的构造方式,还得先知道它的古文字写法。不过,即便如此,也不是什么太难的事,我曾经去北大附小讲过六书,给学生讲一个汉字的古文字写法,用六书来分析,学生非常容易接受,没有多少困难。因为六书只不过是一种很直观的知识,不需要很强的分析能力,学生不但容易掌握,而且兴致非常高。就"九数"而言,今天的13到15岁的孩子,已经是初中生,二元方程、几何学都已经很熟悉了,古代的学僮,再简单,也不至于如张先生所言,只有九九表的程度。

因此,六书说应当是在长期的汉字教学过程中逐步总结出来的汉字构造的六种方式,它的发明权应当归功于"保氏"这一类的老师,才是最合理的。汉代学者的六书说,应当是来源于古代保氏一类的老师所做的总结。

二、对六书说的批评

六书当然不可能十全十美,它有很多问题,因此受到后世学者的很多批评。这种批评可以分为两大阶段:

一是清代以前,对六书说的批评主要限于厘清其概念,指出其不足,并力图修改的阶段。著名的是南唐的徐锴,宋代的郑樵,元代的戴侗,清代的江永、戴震、段玉裁、郑珍等。

二是民国以来,提出要废除六书说,另建分析系统。首发其难的是唐兰,他第一次提出要以"象形""象意""形声"这"三书说"代替"六书说"。他的"三书说"见于1935年写的《古文字学导论》和1949年写的《中国文字学》。其次是陈梦家,他在1956年出版的《殷墟卜辞综述》"文字"一章中,把唐兰的"三书说"修改为"象形""形声""假借"。还有裘锡圭,在1988年出版的《文字学概要》中,又把"三书说"修改为"表意""形声""假借"。

对六书说的批评,很多是有道理的,但也有很多是不公正的。表面上看,三书说消除了六书说的某些问题,但是实际上这些问题在三书说的框架中并没有得到解决,甚至麻烦更多。事实是,到目前为止,我们在分析汉字结构的时候,也还是离不开六书理论,还没有比它更方便,更合适的分析方法。

下面我们就来讨论一下对于六书说的具体批评。

三、象形、指事、会意之间的界限

首先,对于六书说的最大批评是,象形、指事、会意之间的界限模糊,某些字应该归入哪一类,会引起争议。所以,主张用"三书说"取代"六书说"的陈梦家和裘锡圭,就是采取了干脆不分开,合并为一类的办法。

(一) 象形与指事之间的区别

传统上认为,象形与指事的差别在于:象形是象"物",即具体的事物,指事是象"事",即抽象的概念。裘锡圭认为,这种区分很容易混淆,例如"大"写作"大",所用的字符跟"日""月"一样,也是象实物之形的,它所代表的并不是所象事物的名称,而是跟所象之物有关的"事"的名称,这一点跟"上""下"相近。又如"叕",《说文》作"叕",解释说"缀联也,象形"。这是用六根曲线相联缀以示意,跟上下以短线跟长线的位置关系示意,有多大区别呢?

但问题的关键是:象形和指事,是否只能从象物还是象事的角度来区分?

《说文》:"象形者,画成其物,随体诘诎,日月是也。""指事者,视而可识,察而可见,上下是也。"象物还是象事的区分虽然有一定道理,但我认为,我们更应该从字形本身入手,象形与指事的差别,并不在于象物还是象事,而在于构成汉字的笔画之间的关系。

古文字上作"⌐",下作"⌐",上、下的构造,都是先画一横,表示基准面,在它的上方画一短横,就表示上,在它的下方画一短横,就表示下。概括起来说,是通过附加笔画来突出要表达的意义。它的基本特征是,一个字的笔画有主次之分。象形字是作为一个整体图形来表示一个意义,即便这个形状由几部分构成,它们之间也没有主次关系。而指事字是在基本图形的基础上,附加一笔指明意义所在的部位,这一笔通常只是一个点或圈等记号,本身不表意义。

(二) 象形与会意的区别

林义光《文源》认为,会意有两种,一种是像"歪"这样的完全靠会合偏旁的字义来表意;一种是靠通过会合偏旁的图画意义来表意的,如"武",从止从戈,表示拿着戈出去打仗。

第一种不会发生混淆,我们不妨来讨论第二种中"立""步""涉""射""春""争"等几个被认为是很容易混淆的字:

"立"象人站立在地上之形,"步"通过两个脚的前后关系来表示走路的意思,"涉"画的就是脚过河的形状,"射"象人射箭之形,"春"象两手举杵舂臼中之物,"争"象两手争一物。这些都是画出了具体事物的形状,把它们看作象形字似乎也未尝不可。但在会合两个以上的偏旁来表示一个新的意义这一点上,跟象形字的"日""月"不同,而跟"其会合也以义"的会意字相同,所以也可以把它们看作会意字。

《说文》:"会意者,比类合谊,以见指㧑,武信是也。"我认为,象形字和会意字的根本区别是,象形字是独体字,①不可再分析为偏旁,它作为一个整体图形刻画了事物的形状,来表示字义。而会意字是由两个或两个以上的偏旁构成的,通过会合偏旁来表示字义。根据这个新标准,很容易确定"步""涉""春""争"都是会意字,"射"是象形字。因为"射"是独体字,不可分割,矢的图形虽然象箭的样子,但不是文字中的"矢"字;这个符号,即使加上连接在一起的手形,也不是一个偏旁;它只有跟弓形连在一起,才表示射箭的意义。所以"射"是一个独体字。

倒是"立"字,需要讨论,需要讨论的重点不是它是象形还是会意,而是它到底是独体字还是合体字。关键在于这个字中的"一",是偏旁,还是仅仅是笔画?作为笔画的这一横,的确反复出现,例如"上""下"中的一横,"至"字下面的一横。如果我们认为它表示站立的基准,那就跟"上""下"的一横表示基准点有相通之处,可以看作汉字的偏旁,那么它就是会意字。但如果要把它解释为站立的地面的意义,认为它整体上象一个人站立在地面上的形象,不可分割,那么它就是象形。

(三) 会意与指事的区别

会意字跟指事字的界限也是清楚的。会意字的偏旁没有主次之分,指事字的指示性偏旁或笔画是附属性的,本身只是一个记号,并没有意义。例如刀刃的"刃",那一点只是指明意义所在,本身并不表示任何意义。

我们还应该注意,一个字会有不同的字形,不同的字形可能会归入不同的造字方式。例如"天"字,殷墟甲骨文和西周金文写作 等形,殷墟卜辞又作 ,前者是象形,后者上加一横,表示所表示的意义是头顶部分,这是指事;正如帝字,写作 ,是象形,象花萼的全形,又有写作 的,顶部加一横,是表示花蒂之所在,这也是指事。

四、转注本义

其次,六书中的转注令人难以理解。

---

① 唐兰已经指出象形字都是独体字,但他把象形字仅仅限于表示事物名字的字,且不能有别的意义。见氏著《中国文字学》,上海:上海古籍出版社,1979 年,第 75—78 页。这个定义未免过于狭隘,我们不采取这种限制。

《说文》:"转注者,建类一首,同意相受,考老是也。"什么叫"建类一首,同意相受"? 自古以来异说纷纭,各执一端。根据裘锡圭《文字学概要》的列举,① 我们把它们归纳为以下三大类:

(一) 造字法

1. 转变字形方向的造字方法

唐代裴务齐的《切韵序》说:"考字左回,老字右转","考""老"二字最下部一笔的走向相反,这被认为是转注的特征。

元代戴侗《六书故》、周伯琦《六书正讹》也认为转注就是转变字形方向,例如反正为乏,反可为叵等。

但小篆的"老"字作"", "考"字作"", 末笔并非方向问题。在甲骨文中,"考"和"老"其实是同一个字,作"",象一个老人拄着拐杖之形。裘锡圭指出:既然《说文》所举的"考""老"并非转变字形,那么把转变字形方向的造字方法当作转注,显然不符合许慎的原意。

2. 转注指部首与部中之字的关系

清代江声《六书说》提出:"建类一首"就是建立部首,"同意相受"就是部中每个字都得到部首的意义,也就是"凡某之属皆从某"。

此说能够很好地解释许慎对于转注的说明。但正如前人已经指出的那样,这样一来,所有的字都变成了转注。

(二) 转注字是一种特殊的形声字

1. 形旁可以互训的形声字

南唐徐锴的《说文解字系传》(卷一"上"字注)认为,转注字"类于形声",但一般的形声字不能互训,例如"江河可以同谓之水,水不可同谓之江河",而转注则可以与形旁互训,如"耆耋耄耇可同谓之老,老亦可同谓之耆,往来皆通"。

这种解释能够把《说文》讲通,但是这样一来,转注字就变成了一种特殊的形声字,是否有必要另立一类,值得怀疑。

2. 把多义字作为声符,加注意符滋生出的形声字

清代郑珍、郑知同父子主张此说。郑知同《六书浅说》谓:"转注以声旁为主,一字分用,但各以形旁注之。转注与形声相反而实相成。"例如"齐"字,滋生出"齋""齍""劑"等字。

---

① 裘锡圭《文字学概要》,北京:商务印书馆,1988年,第100—102页。

这是说，本来一个字有多个意义，如"齐"可以表示斋戒、盛盛、剂量三个意义，为了区别，加上"示"旁表示斋戒的意义，加上皿旁表示盛盛的意义，加上刀旁表示剂量的意义，由此分化出了三个新字，这三个新字都是从"齐"这个声符派生而来。这就是转注。

这实际是把形声字分为两类，一类是在原有的意符上加注声符形成的字，这归入形声；一类是在原有的声符的基础上加注意符，这归入转注。在六书中把这种形声字单独归为转注一类，是否有必要？

3. 在已有的文字上加注意符或声符形成的分化字

清代饶炯《文字存真》："转注本用字后之造字。一因篆体形晦，义不甚显，而从本篆加形加声以明之，是即王氏《释例》之所谓累增字也（如䐁字加水成渊）。一因义有推广，文无分辨，而从本篆加形加声以别之。一因方言转变，音无由判，而从本篆加声以别之，是即王氏《释例》之所谓分别文也。"

这也混淆了转注和形声的关系，因为大多形声字也是通过加注意符或声符形成的。

(三) 转注是一种语言现象

1. 文字音变表示他义

这是宋张有《复古编》、明杨慎《转注古音略》的说法。例如"其"本"箕"之初文，音变而用为虚词"其"。"少"本读上声，音变为去声，而用为"少年"之"少"。

2. 词义引申

这是清代江永《与戴震书》、朱骏声《说文通训定声》的说法。例如命令之令转为官名之令，长短之长转为官长之长。

许慎将"令""长"归入假借。此说显然与之不合。

3. 互训和同训

这是戴震《答江慎修先生论小学书》和段玉裁《说文解字注》的说法。互训如《说文》："老，考也""考，老也"。同训如《尔雅》："初哉首基肇祖元胎俶落权舆，始也。"

4. 同源字

这是章太炎《转注假借说》的说法。如"屏"与"藩"，"亡"和"无"，彼此音转而义通，虽然字形没有联系，同样可以看作转注。

以上各种说法，第一大类是造字法，第二大类跟造字法有点关系，第三大类基本上无关。《汉书·艺文志》明确指出转注是一种造字方法，后人不相信，主要就是因为"建类一首,同意相受"的意思搞不清楚。戴震明确说,六书乃"四体二用",象形、指事、会意、形声是造字之法,转注、假借是用字之法。因此,他和段玉裁把转注说成是互训和同训。在各种转注说中,此说其实最没有道理,但影响却最大。好在近些年来的古文字研究,为我们解开转注之谜提供了新的线索。

林沄指出,在汉字早期阶段,有一种很普遍的现象,就是用同一个字形来表示语音完全不同的两个词。例如"圡"字可以表示"王"(阳部匣母)和"士"(之部从母)两个词;"γ"可以表示"卜"(屋部帮母)和"外"(月部疑母);"刀"可以表示"月"(月部疑母)和"夕"(铎部邪母);"𢆉"可以表示"女"(鱼部泥母)和"母"(之部明母);"凷"可以表示"自"(质部从母)和"鼻"(质部滂母);"丁"可以表示"主"(侯部章母)和"宗"(脂部禅母);"彳"可以表示"帚"(幽部章母)和"妇"(之部并母);"𢍁"可以表示"毕"(质部帮母)和"禽"(侵部群母);等等。他认为,这种一形多用的现象,就是转注字;许慎说的"建类一首",可理解为原字与转注字分化后仍含有同一部首,至于"同意相受"则说得不太对,原字和转注字既然可用同一字形表意,则所记两个语词词义必有一定的关联性,但并非许慎所理解的"老""考"是同义互训关系。①

林沄的说法非常有启发性,但是他也不能合理地解释"建类一首,同意相受"这个定义。这一说法的根本问题,在于他接受了戴震"四体二用"的说法,认为转注跟假借都是文字之用,而不是造字方式。事实上,戴震的说法是站不住的。我认为,转注跟假借都是造字方式,转注并非林沄所说的一形多用现象,而是指这样一类造字方式:通过改变一个字的某个部分造成一个新字,这个新字与原来的字有语义上的联系。也就是说,转注是指通过改变原字的某一部分造成一个与原字有语义关联的一个新字的造字方法。从字形的角度说,新字与旧字可以归属为同一部首,即所谓"建类一首";从意义的角度说,新字与旧字有关联,新字在采用旧字的同时,也将旧字的意义带了过来,即所谓"同意相受"。至于新字与旧字之间是否有语音上的联系,这并不重要,如果有关,可以看作同源词;如果无关,则在意义上必定有联系。转注的时代也不仅仅限于早期甲骨文阶段,也可以一直晚到小篆,甚至今天还有一些字其实是用了转注的造字方式。拿"考""老"来说,在甲骨文中,它们是同一个字,写作"𦒻",象长着长头发,拄着拐杖的形象,实际上是"考"字的初文,后来通过改变拐杖的部分为"匕"形成"老"字,它们在部首上可以同属"老"部,在意义上,"老"字吸收了"考"字的寿考的意义,这就是转注,把旧字的形和义转注入了新

―――――

① 林沄《古文字转注举例》,见《林沄学术文集》,北京:中国大百科全书出版社,1998年,第35—43页。

字。典型的例子还有:月与夕,大与夫,永和辰,史和吏,大和太,言和音,小和少等等。

具体说来,转注字还可以分为几类。

(一) 在原有的字形上添加了一笔或几个笔画

例如月和夕,月亮在晚上出现,所以夕借用月的字形"𝒟",并加上一点以示区别,由此分化出"𝒟"字。

大和夫,"大"象成年男子的形状,成年男子就是丈夫的"夫",所以"夫"就是在"大"的字形"大"上加上一横以示区别,由此分化出"夫"字。

史和吏,官吏的"吏",都跟掌握文字的"史"有关,"吏"字就是在"史"字上加一横而造成的。

大和太,"太"表示特别大的意思,加一点以区别。

言和音,说话当然要发出声音,音是在言的字形"言"的口中加上一短横,由此分化出"音"字。

小和少,"少"与"小"语义相关。"少"是在"小"的字形"小"的基础上加一笔分化而成。

束和東,"束"的字形"束"象扎起来的口袋,"東"在口袋中加上点笔画,表示装了重物,分化出"東"字,表示"负重"。

衣和卒,"卒"是兵卒穿的一种衣服,在"衣"的字形"衣"下加上一笔,分化出"卒"字。

(二) 在原有的字形上减少某些笔画

裘锡圭《文字学概要》中"变体字"一小节所举的例子,大多可以归入这一类。① 这类字,拿《说文》的术语来说,可以叫做"省形"。例如:

古代田间的沟渠有畎、浍、川的分别,川大于浍,浍大于畎。后来把畎写作𡿨,把浍写作𡿪,把川写作巛,分别减少了一笔,很形象地表现了另两个字的意义。这与现代汉字中的化学元素氢的同位素的名称氕、氘、氚有异曲同工之妙。

孑孓,《说文》:"孑,无右臂也。""孓,无左臂也。"这两个字是通过改变"子"的字形而来。后来孑孓一词,指蚊子的幼虫。

荼和茶。茶树在先秦时代就有,写作槚。《尔雅·释木》:"槚,苦荼。"槚就是茶树。② 荼本来是苦菜之名,茶叶也味苦,茶可能是由荼分化出来的词。茶

---

① 裘锡圭《文字学概要》,第 139—142 页。
② 《说文》:"槚,楸也。"这是另外一种树,跟茶树可以看作是同形字。

是茶减少一横而成。

小篆的"片",是取"木"字的一半变来的。《说文》:"片,判木也。""片"的本义就是劈开的树木。

很多六朝俗字也是这样产生的,而且非常富有想象力。例如,东汉以后,把"礙(碍)"写作㝵,取"得"之右半。后来又加上石旁成碍。南北朝时候把"恶"写作恳,取"德"字之右半。东汉以后曾把寂寞的"寂"写成家,去掉家字所从之豕的右半两笔。广东方言里表示没有的"冇"字,也是通过去掉"有"字肚子里的两笔变成的,与"寂"字有异曲同工之妙。

(三) 通过对原字的某个部分作细微的改变形成新字

《说文》所举的老和考就是这类。类似的例子还有:

陈和阵。战阵的阵,本来也只写作陈,因为战阵就是把军队陈列开来会战。先秦古书中的阵,本来都写作陈。陈字从阜東声,東是东部字,陈是真部字,二部古代有相通的例子。阵字可能是魏晋以后才产生的,它通过把陳字的最后两笔连成一笔而成。裘锡圭说:《颜氏家训·书证》说阵字始见于王羲之《小学章》,顾蔼吉《隶辨》指出东汉司农刘夫人碑已见此字。[①]

又如卿和鄉。卿和鄉本来是一个字,卿是饗字的初文,古有鄉饮酒礼,一鄉的人聚餐,主持人常常是卿。所以卿和鄉是有关系的。后来在卿字所从的两个人形上加口,变成两个相向的邑字,分化出来鄉字。

(四) 改变原有字形的方向

甲骨文中的永和派。永字作𣲙,表示水长,派字作𣲡,从反永,表示水的支流,后世派别的意思就是从此引申而来。

甲骨文中表示顺逆的逆字,本字作"𠦪",就是把表示大的人形倒过来写。

可和叵,叵表示不可,就是把"可"的字形"𠂤"反过来写成"叵"。

《说文》中有不少"反正为乏"之类的文字,例如:

《邑部》:"𨝋,从反邑,䢈字从此。阙。(谓读音阙)"

《廾部》:"𠬪,亦持也。从反廾。阙。"

《卩部》:"𠨍,卩也。阙。"(卯(向)字从此。)

《印部》:"𢑏(抑),按也,从反印。"

不过,《说文》中的这些字,从更古的文字来看,往往靠不住。例如《说文》说㠯(以)字从反巳,就不可信。㠯(以)是从甲骨文以字的左半变来,巳作𠃈,二者

---

① 裘锡圭《文字学概要》,第 227 页。

没有关系。《说文》说帀字从反之,也不对,甲骨文之作㞢,帀作不,二者也没有关系。战国中山王墓的乏字作㇏,似乎也不是反正为乏。①

(五) 同音相受

还有一类跟转注相关的字是:新字也是通过改变原字的某一部分而成,但是新字与原字之间没有语义联系,却有语音上的联系。也就是说,新字与旧字之间并非"同意相受",而是"同音相受"。例如:

1. 易和益。甲骨文表示赏赐的"易"字,就是取"益"字的一部分。
2. 于和竽。语气词"于",是取竽的字形"亐"的一部分。
3. 乞和气。"气"分化出乞求的"乞"。
4. 巳和已。一直到秦汉时代,已经的已都是用巳来表示的,因为它们语音相近。巳,邪母之部。已,喻母之部。
5. 母和毋。毋是明母鱼部,母是明母之部。语音上相关。
6. 刀和刁。刀和刁本来同音,都用刀来表示。后来因为语音分化,字形也跟着分化。
7. 白和百。"百"本来是假借同音的"白"来表示,后来"一"和"白"凝固成"百"字。
8. 人和千。"千"本来假借"人"表示,后来"一"和"人"凝固成"千"。
9. 母和每。都是明母之部。"每"是在"母"形上加一横分化的。
10. 余和畬。余是喻母鱼部字,畬邪母鱼部字。
11. 洗和冼。都是心母文部。
12. 角和甪。甪字本来也写作角,中古以后分化出甪字。

五、作为造字方式的假借

最后,六书中的假借也受今人的诟病。

《说文》:"假借者,本无其字,依声托事,令长是也。"

现代语言学区分引申和假借,两个字所代表的词的意义如果有关联,是引申;没有关联,是假借。许慎所举的命令的"令"和官长的"令",只能看作引申,不能看成假借。年长之"长"与官长之"长"也只能看作引申。

这种引申和假借的区别,是现代语言学的进步,汉代的学者是没有这样的区分的。对他们来说,每一个字都有自己的本义,用来表示本义之外的其它意义,就是假借。

---

① 裘锡圭《文字学概要》,第140-141页。

区别引申和假借无疑是有好处的。但是也应看到,很多意义之间是否有联系,也只是一个程度问题,这里姑且不论。即便对于那些明显是引申关系的字来说,恐怕也还是不能完全跟假借抛开关系。我们不妨看两个裘锡圭《文字学概要》中举过的例子。

第一个例子,是"中"和"衷"。《说文》:"衷,里亵衣,从衣,中声。"裘先生说:"衷"的本义是贴身内衣,这应该是中间之"中"的一个引申义。古书里讲到心理、道德等方面的"中"的时候,往往用"衷"来表示,如《国语·周语上》:"国之将兴,其君齐明衷正。"韦昭注:"衷,中也。"《左传·昭公六年》"楚辟我衷",杜注:"辟,邪也。衷,正也。"直到现在,这种"衷"字仍然保存在"折衷""衷心""言不由衷"等词语的书面形式里。这种"衷"字所表示的,显然不是"衷"字本义的引申义,而是"中"字的本义或引申义,它们是假借来表示"中"的。①

第二个例子是"畔"和"叛"。《说文》:"畔,田界也,从田,半声。"裘先生说:田界是判分田地的,"畔"应该是"判"的同源词,也可能就是由"判"派生的一个词。古书多以"畔"表"叛",如《论语·阳货》"公山不狃以费畔",《孟子·公孙丑下》"亲戚畔之"。"叛"当是用改换形旁的办法由"畔"分化出来的。《左传·庄公十八年》:"初,楚武王克权,使斗缗尹之,以叛。"《释文》所据本"叛"作"畔",注曰:"本或作叛,俗字。"《说文》把叛分析为从半反声,似不如分析为从反半声妥当。"叛"的原意跟现代闹分裂差不多,它大概就是由"判"派生的一个词。《左传·襄公二十六年》正义:"叛者,判也,欲分君之地以从他国,故以叛为名焉。"所以"畔"跟"叛"也应该是同源的,表"叛"的"畔"应该是原来的字义跟假借义有联系的假借字。②

如果我们同意这样的观念,那么,就必须对假借加以限制:假借仅仅是用字上的问题,引申是语义上的问题。但这样一来,汉人在造字方法上不区分引申和假借又是正确的了,因为从文字上讲,无论是为引申义造的字,还是为假借义造的字,都是文字上的假借,无需考虑它们是否在意义上有关联,也就是无需区分引申和假借。

而许慎的"六书",就是汉字的构造方式。无论是引申还是假借,从造字的角度来说,都是为一个新的词造出了一个字,尽管这个字的字形是借用了原来已有的字形。从造字方式的角度来说,引申和假借是一回事。六书中只有假借,没有引申,引申就是包括在假借中的,它们都是"本无其字,依声托事"。

因此,戴震将六书分为体用两类,这种区别是不能成立的。转注已如上说,是一种造字方式;即便假借,本来也是从造字的角度说的。

---

① 裘锡圭《文字学概要》,第188页。
② 同上。

六、总　结

民国以来,对于六书理论的批评逐渐严厉。一方面学者肯定六书说的提出是有功劳的,另一方面,又认为"六书说建立起权威之后,就逐渐变成束缚文字学发展的桎梏了。在崇经媚古的封建时代里,研究文字学的人都把六书奉为不可违离的指针"。[①] 的确,任何学术,一旦成为权威,就必然造成束缚。但是六书说从宋代以来就遭到批评和修正,很难说它是"权威"。在我看来,六书说之所以长期被批评,却又延续下来,并非因为它成为"权威",而是因为它基本上符合汉字构造的基本事实。无法用六书来分析的汉字,的确有,尤其是一些战国时代的六国文字,但这种字往往是字形讹变的结果。而且即便是反对六书的唐兰、陈梦家和裘锡圭诸先生,也未能摆脱六书的理论,他们提出的新的"三书说",只是名义上的变更,事实上并未摆脱六书的框架。我本人对三书说都不以为然。例如裘锡圭改造了唐兰的三书说,以"表意字""形声字""假借字"为三书,但在"表意字"下,却又分为"抽象字""象物字""指示字""象物字式的象事字""会意字""变体字"六类,虽然比六书更为详细,但是并没有根本的区别,只是取消了转注字,增加了"变体字"。把"象形"和"指事"改成"抽象字""象物字""指示字""象物字式的象事字"四类,从名称上看就不属于同一层次的划分,"象物字"是从字形上分的,"抽象字"和"象物字式的象事字",是给汉字表示的词的意义分类。而且,这些区分的界限明确吗?会意字是"抽象字"吗?指示字是"抽象字"吗?如果存在"象物字式的象事字",那么是否存在一般的"象事字",或者"非象物式的象事字"?这其实是暗用了六书的"指事"的概念。在我看来,六书说存在的问题,这种三书说并没有解决,还不如六书简明有效。裘先生自己也说:"我们曾经批评六书说分表意字为象形、指事、会意三类不够合理。这并不意味着我们自己能够给表意字分出很合理的类来。"[②]这就是最好的说明。也许有人要说,不能合理地分类就可以不分类,把表意字作为一大类就完事了。这种和稀泥的办法,不是解决问题的态度。为什么三书说还要给表意字分类,这就说明表意字这类文字并不单纯,它的确包含了很多不一样的东西。忽视古人为之作区分的努力,这不是进步而是倒退。古人不重视下严格的定义,这是他们的缺陷,我们今天可以给六书作一些明确的界定,根据古文字的材料作一些新的补充,那么,六书的基本框架还是可以保留,并得到完善的。

---

① 裘锡圭《文字学概要》,第103页。
② 同上书,第110页。

陈澧《切韵考》切上字校勘中的"同音"问题
——兼论陈澧关于切上字的校勘模式

李林芳*

【提　要】　陈澧在校勘《广韵》的切上字时,或指出误切的同音字,或不指出。本文通过考察《切韵考》关于切上字的86条校记,发现这一现象与陈氏对于切上字本身"合法性"的认识密切相关,并从中总结出陈氏在校勘切上字时的三类校勘模式。陈澧校勘《广韵》的切上字时重视切上字的合法性、注意审音、有严格规范的校勘模式,在校勘方法和出校方式上多有独创,在《广韵》的校勘史上有着至关重要的意义。

【关键词】　同音　切上字　切韵考　校勘　陈澧

陈澧在《切韵考》中对《广韵》进行了校勘,皆见于该书卷四、卷五各表格之后,包括对反切切上字和切下字的勘误,及对少数小韵代表字字形的更正等。在关于切上字的校勘中,陈澧在出校时或提及误切的同音字,或未提及(例详下文)。本文就从对这一现象的具体考察入手,逐条分析,以见陈氏在出校时提及同音字的体例;并以这一现象为切入点,全面考察陈澧校勘切上字的模式。

本文的考察对象并非关于切上字的全部校记,而是排除了以下2类:(1)不符合反切规范、直接可见切语之误例。如"捼,诸皆切,《广韵》诸本皆谐皆切,谐皆叠韵,不可为切语。"(4,34a)①按切上字与切下字是不可能叠韵的,否则切上字就与被切字同音了,如此一定有误。另有"肺"(4,40a)、"埕"(4,48a)、"莫"(5,23b)、"裱"(5,9b)、"郑"(5,32b),共计6例。(2)从今天角度看,不属严格意义上的校勘之例。如"推,春佳切,《广韵》诸本叉佳切,今从徐锴。十五灰他回切,又昌佳切。春昌二字声同类,可证春字是也。"(4,15b)《广韵》本身并无问题,陈澧却据它书改易。另有"赧"(4,56b)、"妠"(4,56b)、"筚"(5,

---
* 本文作者为北京大学中文系古典文献专业2012级博士研究生。
① 〔清〕陈澧《切韵考》,北京:中国书店,1984年。括号内前一数字为卷数,后一数字为页数。下同。

52a)、摒(5,306),共计 5 例。排除以上二例,本文所考察的关于切上字的校记共计 86 条。

一、同音字

陈澧在校勘切上字时,往往会指出误切的同音字,以作为校勘的重要内证。如:

四绛○戇,陟降切。明本、顾本直降切,与䡹字直绛切音同,误也。(4,9b)

此例中,明本、顾本的切语与底本(张本)不同。陈澧发现此二本的读音与本韵中的"䡹"字完全相同,这与"广韵同音之字不分两切语"(1,3b)的条例相违背,故据之以为明本、顾本反切有误,而原反切正确。

但在另一些条目中,陈澧却又不标注误切的同音字,即便该同音字确实存在。如:

九御○欯,丘倨切。张本、曹本近倨切,误。今从明本、顾本。《集韵》丘据切,可证丘字是也。(4,22a)

此例中,明本、顾本与张本、曹本之间出现了异文。《集韵》中的反切与明本、顾本相合,陈澧据而判断此二本正确,张本、曹本错误。

但若细检《切韵考》"鱼语御"部分的表格,则可发现其中其实有与张本、曹本误切(近倨切)同音的字(遽,其据切)。所以,陈澧在此处完全可以如上例一样,直接通过同音论证张本、曹本之误,而不必再引《集韵》为证。

如上"戇""欯"二例,若把《切韵考》一书中误切(切上字误)有同音字的校记全部加以考察,并以"误切之切上字是否见于《声类考》""误切是否有同音字""校记中是否标注同音字"作为三则参数加以分析,可列表如下:

类别	误切切上字见《声类考》	误切实质上有同音字	标注同音字	数目
A	+	+	+	24 例,另例外 8 例
B	−	+	−	9 例,另例外 4 例

其中,A 类例外指在误切的切上字见诸《声类考》、误切又有同音字的情况下,陈澧未注出同音字。B 类例外指在误切的切上字不见于《声类考》、误切又有同音字的情况下,陈澧注出同音字。关于这些例外的具体情况留待下文讨论。而从表中可见,陈澧区分出 A 类与 B 类的大体趋势还是非常明显的。

与"戇"字情况相同的共有 24 例,参下表:

A 表

韵	字	正切	误切	与误切同音之字及反切
四绛	戆	陟降切	直降切（明顾）	䡴,直绛切
八语	野	承与切	神与切（明顾）	纾,神与切
十虞	刍	测隅切	侧隅切（明顾）	毈,庄俱切
九麌	抚	芳武切	方武切（明顾）	甫,方矩切
十姥	普	滂古切	傍古切（明顾曹）	簿,裴古切
十二齐	赍	祖鸡切①	相稽切（诸本）	西,先稽切
十四泰	会	黄外切	呼外切（明顾）	譮,呼会切
十四泰	蕞	才外切	祖外切（明顾）	最,祖外切
十五灰	㠑	藏回切	藏回切（明顾曹）	摧,昨回切
十五海	疓	如亥切	奴亥切（曹）	乃,奴亥切
二十文	分	府文切	符文切（明顾）	汾,符分切
二十文	芬	抚文切	府文切（张曹）	分,府文切
二十阮	攓	其偃切	纪偃切（明顾）	湕,居偃切
二十五愿	㪗	叉万切	芳万切（张曹）	嫚,芳万切
二十一混	刌	兹损切	慈损切（明顾）	鱒,才本切
二十六慁	鐏	徂闷切	祖闷切（明顾）	焌,子寸切
十一没	卒	臧没切	藏没切（曹）	捽,昨没切
十一没	𩨬	勒没切	蒲没切（曹）	勃,蒲没切
二十五寒	餐	七安切	在安切（明）	残,昨干切
二十八翰	儹	徂赞切	祖赞切（张曹）	赞,则旰切
二十九换	唤	火贯切	乎贯切（明）	换,胡玩切
二仙	篇	芳连切	方连切（明顾）	鞭,卑连切
二十八狝	雋	徂兖切	祖兖切（明顾）	臇,子兖切
四十三敬	瞠	他孟切	池孟切（明顾）	牚,除更切

这些误切的切上字皆见于《声类考》。

在关于切上字的 86 则校记中，与"欤"情况相同的共有 9 例，见下表：

---

① "赍"字反切诸本皆误,陈澧以徐铉音更之。详 4,26b。

B 表

韵	字	正切	误切	与误切同音之字及反切
六脂	崔	丘追切	立追切(曹)	灈,力追切
九御	炊	丘倨切	近倨切(张曹)	遽,其据切
十二蟹	跇	丈夥切	交夥切(明顾曹)	解,佳买切
八物	颱	五勿切	玉勿切(曹)	崛,鱼勿切
二十八狝	鴘	披免切	被免切(张曹)	辩,符蹇切
十七薛	哲	陟列切	涉列切(明顾)	折,常列切
十七薛	绝	情雪切	清雪切(明)	膬,七绝切
四十四诤	迸	北诤切	比诤切(明顾)	偋,蒲进切
二十四职	堛	芳逼切	芒逼切(明顾曹)	奰,亡逼切

考该表中所有误切的切上字,均未收入《切韵考》卷二的《声类考》中。换言之,这些皆不是陈澧所认可的切上字。

A 类与 B 类校记的区别,仅在于误切的切上字是否见于《声类考》中。若见,则标出同音字,说明该切之误;若不见,则不标出误切同音之字(即便该同音字确实存在)。因而,"同音字"可以作为陈氏切上字校勘中区分 A 类与 B 类的重要区别特征,而由此也可见陈澧对于某字是否属于《广韵》中"合法"的切上字是有着全面系统的考察与认识的,并非认为任何一字皆可做切上字。①

对于是否为"合法"的切上字,陈澧有自己的说法,如:

> 十四泰○祋,丁外切。明顾本冻外切。丁冻声同类,但切语罕用冻字耳。(4,30a)

即陈澧用"罕用"来标示可能"不合法"。我们知道,反切有一定的继承性,且《广韵》作为一部自成体系的韵书,反切用字是有限定的。《切韵考》云:"今考广韵切语上字四十类,每类之中常用者数字耳。合四十类常用者,不过百余字。此非独《广韵》切语常用之,凡隋唐以前,诸书切语皆常用之。"(6,10a—10b)又云:"然宋人修《广韵》既以反切为不合,而于卷内仍不妄改,但附记于卷首后。此北宋时风气笃实,故可据其书以考陆氏撰本也。"(6,12a)可见陈澧亦认为《广韵》中的反切用字乃前有所承,并非臆造;且每类中多用常用字。

了解了陈澧对于反切上字的"合法性"有着系统的考察后,就更易理解《切韵考》中反映出的某些校勘做法了,如:

> 五支○为,远支切。张本、曹本薳支切,今从明本、顾本。远、薳声同类。二字皆可用,然必由远改为薳,疑远与为声不同类,故改之耳。(4,11b)

---

① 另外,陈澧于 A 类不引它书佐证,并非由于无它书证据而必列误切之同音字以为证。详见本文第二节第三部分的相关论述。

按《声类考》中有"远"无"邍"。所谓"然必由远改为邍",也是因为将一个常用字改为了一个罕见字。"邍"罕用而"远"常见,故陈澧以为"远"是而"邍"非。

十六怪○此韵末有頯字他怪切。又云:"《说文》五怪切。"明本、顾本五怪切,又訕怪切。……他怪、訕怪二切可疑,《集韵》迆怪切亦可疑,未详孰是。(4,34b)

按《声类考》切上字用字中不收"訕""迆"二字。此二字从未用作过切上字,这可能就是陈澧所谓"可疑"之缘由。

三十五马○此韵有䖔字䰄瓦切,明本、顾本锉瓦切。䖔字甚僻,《玉篇》《类篇》《集韵》皆无之,其切语䰄、锉二字不必考其是非。此虽不在韵末,亦必增加字而实不必增加者也。今不录。(5,18b)

按《声类考》切上字用字中不收"䰄""锉"二字。此二字为切语所不用,故"不必考其是非"。

总之,在这些校记中,陈澧对于切上字的校勘虽未明言其因,但通过考察可见其切上字罕用的情况,可知这也许正是陈澧出校并改正的重要原因。

二、切上字的校勘模式

所谓校勘模式,是指同一类校记的固定样式。而同音,正是陈澧此书中某类校勘模式的标志性特征。如前述 A 类与 B 类的区别,在校记上,正是 A 类标出了误切的同音字作为佐证;B 类中的误切虽有同音字,却未标出。若将前文所举的 A 类校记("戆"字)拿来具体分析一番,可见其校勘模式如下:异切+同音字。若将前文 B 类校记("欮"字)具体分析一番,可见其校勘模式如下:异切+它书(《集韵》等)反切证据①。下面先在此基础上讨论 A 类例外(简称"A 外")与 B 类例外(简称"B 外")。

(一) A 类例外与 B 类例外

A 类例外如:

十五辖○頒,丑刮切,明本、顾本五刮切,误。《玉篇》丑滑切,可证五

---

① 按,B 类校勘模式仅有 9 例,加上与之校勘模式相同的 A 类例外亦仅 17 例,或不足以言"模式"。但陈氏关于切上字校勘的条目总数共有 86 例,17 例已占不少。另外,陈氏或确有如此校勘的主观意图,这在下文对 A 类例外与 B 类例外的论述中有所体现。文中"校勘模式"的提法即本于以上考虑。

字是也。《集韵》田刮切,田字亦丑字之误。(4,59b)

此例中,底本(张本)与明本、顾本之间出现了异文,一为丑刮切,一为五刮切。此五刮切为误切,且"五"字见于《声类考》中,"五刮切"又有同音"刖"字(五刮切)。据 A 类的一般情况,此处应举同音之字,与该条不符。与之相同的,又有鸂、譜(揩)、网、浯、䍝、圈、爸,共计 8 字。其校勘模式皆为:异切+它书反切。

B 类例外如:

十虞○氀,山刍切,明本、顾本由刍切,与逾字羊朱切音同,误也。(4,23b)

此例中,底本(张本)与明本、顾本之间出现了异文,一为山刍切,一为由刍切。此由刍切为误切,且"由"字又不见于《声类考》中。据 B 类的一般情况,此处不应举同音之字,与该条不符。与之同类的,又有薜、块、瓣,共计 4 字。其校勘模式皆为:异切+同音字。

今取 A 类、B 类、A 外类与 B 外类全部反切,并以"切上字是否见于《声类考》""是否标注同音字"与"是否有它书反切佐证"作为三则参数加以分析,可列表如下:

类别	切上字见于《声类考》	标注同音	它书反切佐证
A	+	+	−①
B	−	−	+
A 外	+	−	+②
B 外	−	+	

观察上表中"标注同音"与"它书反切佐证"二列,可见 A 类与 B 外类的校勘模式是完全相同的,B 类与 A 外类的校勘模式是完全相同的。在《切韵考》全书中,几无例外,且对于 A 类、B 类、A 外类、B 外类并无其它的校勘模式。

从该表的这种情况,我们可以得出以下两条结论:

(1)虽未在书中明言,陈澧实际上对于 A 类、B 类是有着非常明确的区分的。首先,除 A、B 二类的例外之外,其余所有校记都可据"是否标注同音""是否引用它书反切"分别归入二类之中,判断条件非常明确。其次,A 类的例外与 B 类的例外虽是"例外",但也非随意出校,而同样是遵循一定的模式。分析

---

① 仅 1 例外,为"赍"字。因该字"诸本"皆误,故陈澧引徐铉音改之(4.26b)。
② 仅 1 例外,为"网"字。陈澧云:"网,文两切,明本、顾本丈两切,误。"(5,21a)未列它书反切佐证。应是由于"文""丈"形近而讹,陈澧直接予以改正。

可知 A 类例外与 B 类完全一样，B 类例外与 A 类完全一样。如果在陈澧心中没有明确区分，校记全凭任意而撰，出现这种"巧合"是很难想象的。

（2）如果以上分析成立，则 A 外类与 B 类相同、B 外类与 A 类相同这一现象，其实反映了陈澧将 B 外类的字当成 A 类字、将 A 外类的字当成 B 类字这一事实。详言之，采用"异切＋它书反切"的，绝大部分是 B 类（误切切上字不见于《声类考》），而 A 外类也采用了相同的校勘模式，因而说明陈澧以为 A 外类中误切的切上字也同样不见于《声类考》，是"不合法"的。同理，陈澧将 B 外类中误切的切上字以为与 A 类中一样，也见于《声类考》，是"合法"的。因而，我们或可认为 A 外类与 B 外类其实反映了陈澧在考察切上字过程中的中间情况；它们与最后结论不甚相符，还未全部改正。

与之类似的还有一例：

> 四十五劲○𢱢，《广韵》诸本皆畀政切。畀字误，当作卑。《集韵》卑正切可证。《玉篇》必政切。必卑声同类，亦可证卑字是也。（5,30b）

据《声类考》，"畀""卑""必"皆同类，"畀政切"完全不误。陈澧此处的论证与《声类考》矛盾，亦可以认为是其考察切上字时早期的处理情况，与最后结论不符而未完全改正者，与上述 A 外类、B 外类相似。

（二）C 类与 C 类例外

以上 A 类（包括 A 外）与 B 类（包括 B 外）都是属于误切实际上有同音字的情形。而在陈澧对切上字的校勘中，还有一部分的误切并无同音字，共计 41 条。本文称为 C 类。如下例：

> 一送○𧥣，千仲切。张本子仲切，误也。今从明本、顾本、曹本。《集韵》千仲切可证。（4,4a）

按，"𧥣"字张本作子仲切，明本、顾本、曹本作千仲切，子仲切为误切。而与之前 A 类和 B 类都不一样的是，此误切"子仲切"没有与之同音的字。

如果对此类 41 条校记逐条分析一番，其中共有 34 条的校勘模式与上例一样，均为：异切＋它书反切。采用这种校勘方式不难理解，因为既无内证材料，只能通过它书材料来佐证异切的正误。

值得我们特别注意的是 7 条例外校记。其中 4 条校记的校勘模式都非常简略，只列异切，并无它书佐证。① 如下例：

---

① 另有"滞"字，张本、曹本作"直例切"，《切韵考》据明本、顾本易作"徒例切"，为音和切改类隔切，乃陈澧之误。（4,28b）此略。

十月〇髪,方伐切。曹本亦伐切,误。(4,49b)

按此例中,"髪"字反切一作"方伐切",一作"亦伐切"。"方""亦"字形接近,但读音差异较大,"亦"字明显是曹本刻书中形近而讹的误字。对于这些字形接近但读音有较大差异的误字,陈澧一般都是直接改正,不再专门解释原因。又如寒韵的"残"字"昨干切"曹本误为"时干切"(3,53a),"漾"韵的"酱"字"子亮切"张本误为"于亮切"(5,21b),"清"韵的"精"字"子盈切"曹本误为"于盈切"(5,30a)共 4 例。

在 C 类的 7 条例外中,另有 2 则例外,是据四声相承来判断反切的正误。如下:

三用〇葑,方用切。曹本芳用切,芳字误也。葑字同音有封字,封字平声府容切,则去声必方用切。府、方声同类也。《集韵》芳用切亦误。(4,8a)

因为四声相承,一般只是音调发生改变,声韵一般不变,所以切上字的类应是一致的。此例就是根据与"葑"字同音的"封"字平声的切上字来判断其去声切上字的正误。

三十六效〇巢,士稍切。张本、曹本七稍切,误。今从明本、顾本。巢字平声鉏交切,则去声必士稍切。鉏士声同类也。(5,11b)

此亦是通过"巢"字平声来判断其去声切上字之正误。

但毕竟四声相承有一定的主观性,故其力度也没有其它证据来得可靠;且使用时又有诸多限制(如某字须确实有相承之音等),因而陈澧实际上用得也非常少,在全部校记中仅此二例。

(三) 校勘模式总结

前文首先依据误切实际上是否有同音字将陈澧对切上字的校勘分为了 A、B 类与 C 类,随后以陈澧"是否标注同音字/是否标出它书反切"与"误切切上字是否见《声类考》"为条件将 A 类、B 类及其例外区分开,并逐条分析其校勘模式。总结前文,陈澧关于切上字的校勘模式可归结为以下两大类,参下表:

大类	校勘模式	包含类别
甲	对校+同音字	A,B 外
乙	对校+它书反切	B,A 外,C

对于甲类来说,是通过同音字来证明某切之误,而不再列它书反切。对于

乙类来说,则是通过它书反切证据来证明某切之是,而不标注同音字。为表明引书之有据,陈澧还专门有过说明:"《集韵》亦不用《广韵》旧切,然切语上字多为《广韵》所常用,殆犹有未失其传者乎。"(6,11a—11b)

在该表中,乙类之不标注同音字是由于切上字不被认可(B 类、A 外类),或本就没有同音字(C 类)。而甲类不标注它书反切则并非因为没有它书证据。按 A 类 24 例中,其中 23 例至少可以《集韵》佐证反切之正误①。如"戀"字,《集韵》亦"陟降切",故可知张本"陟降切"是而明本、顾本"直降切"非。B 外类的 4 例,也均可引《集韵》为证。由是知陈澧于甲类之不引它书佐证,乃因已有同音字为证而不必引,非不能引。

陈澧的这两种做法是非常合乎校勘理论的。一种是对校与本校相结合,一种是对校与它校相结合。从陈澧具体的实践结果看,在 86 例校勘中,仅 3 例与周祖谟《广韵校本》所校不合②,相合率高达 97%。具有如此之高的正确率,与其严谨科学的校勘模式是分不开的。

其实,陈澧在校勘切上字时采用这两种校勘模式,也与《广韵》本身按韵编排的特色有关。与切上字相较,陈澧在校勘切下字时则更多地会从该字是否隶属本韵着手。如:

    四纸○蘂,如累切。明本、顾本如垒切,误也。垒字在五旨。(4,12b)

明本、顾本的切下字不在四纸韵中,因而很容易发现其误。在对切下字的校勘中,此类情况极为常见。

陈澧自己也注意到了《广韵》未对切上字分类并排序这一特点,故在《声类考》中云:"韵有一东二冬三钟四江之次第,而声则无次第。"(2,1b)因而在处理切上字的异文时,更依赖其他方法考核是非,这些方法包括同音字、它书反切证据,乃至切上字是否罕用、谐声系统等等。与之相较,陈澧在校勘切下字时,很少再以"同音字"法发现并论证讹误,转而替之以此处提及的"某切下字非本韵"之法。③

---

① 惟一例外是"掌"字。此字《集韵》作"耻孟切"或"抽庚切",皆为彻母,与陈澧校正之"他孟切"不合。此字系《集韵》改《广韵》类隔为音和之例。(邵荣芬《集韵音系简论》,北京:商务印书馆,2011 年,56 页。

② 分别为"滞"(4,28b)、"米"(4,42b)、"趙"(5,11a),陈澧硬把音和切改为类隔切,因他认为类隔切必在音和之先,皆误。

③ 经统计,在陈氏对切下字的共 68 处校勘中,有 58 处校勘以"某切下字非本韵"判断讹误,5 处校勘以"同音字"判断讹误,4 处以它书证据判断讹误。另有 1 处(五十五范的"范"字),陈澧以为此韵字皆隐僻,应选非本韵的"泛"字为切下字,属"借用"之情形。(今参以早期韵书,皆无以"泛"为"范"字切下字者,陈澧论断实不可信。)

三、结语

本文从陈澧对切上字的校勘中的"同音"出发,细致考察了陈氏在校记中或用"同音"或不用的原因;进而对陈氏的校勘模式进行了归纳分类与探讨。从这一工作中,可见陈澧在《广韵》校勘史上的某些特色。①

首先是对切上字合法性的全面系统的考察。关于这一点,前人在论及陈澧的校勘条例时或有提及(如张渭毅"切语无用僻字者"②)。但由于立论重心不在于此,故只约举数例。本文通过对校记中"同音"的考察,认为陈澧在校勘中对切上字的合法性有着全面系统的考察,贯穿于他对《广韵》的整个校勘之中。这一做法,在其之前诸家如惠栋、段玉裁、顾广圻的相关校勘中皆未见到,可谓独创,也为后来校勘《广韵》者以启发。

其次是在审音上有一定的尝试。周祖谟先生在《问学集》中曾说:"若论审音之法,要不外四种。一曰反切,二曰等韵,三曰谐声音系,四曰现代方音。"③陈澧在校勘之中,未曾用现代方音。但他多用反切辨别同异,自不必细论。且其所谓的"四声相承"亦有等韵的痕迹。由此可见,陈澧在校勘《广韵》中,于审音之法亦多所采用。较之先前校勘《广韵》诸家,可谓具有卓识,成就巨大了。

第三是从校记中可见陈澧严格规范的校勘模式。根据不同异文的不同情况,陈澧运用不同的方式予以校勘、撰写校语,而相同的情况则使用相同的方式予以校勘、撰写校语,从而能归纳出不同的校勘模式。在此之前,惠栋、顾广圻等人校记仅寥寥数语,非常简略。即如段玉裁校勘《广韵》,虽自称:"此书相随三十余年,手订讹字极多,后之人将有取于此。"④但也仅列结果,为简式写法。陈澧校勘《广韵》的校记非常详尽,与诸家皆有所不同。另外,陈氏的校勘模式对后来校勘《广韵》者也有一定程度上的影响。如在周祖谟《广韵校本》中,对于上述A类诸小韵所出四条校记⑤,其中三条皆与陈氏相类,包括文韵

---

① 按,有清一代,诸多学人致力于《广韵》校勘,多以批校本传世。从现存材料看,陈澧前之著名学者即有惠栋、段玉裁、顾广圻等。惠氏与顾氏校可见范祥雍《广韵三家校勘记补释》(上海:上海古籍出版社,2011年),而此书中段氏校语"不是他的最后定本"(《自序》,7页)。国图藏有"清黄丕烈跋并录清段玉裁校跋"本及"失名录清惠栋校注"本,今并取以为参考。

② 张渭毅《陈澧〈切韵考〉考证条例研究》,《语言学论丛》(第19辑),北京:商务印书馆,1997年,第95页。

③ 周祖谟《问学集》,北京:中华书局,1966年,第575页。

④ 〔清〕段玉裁撰,钟敬华校点《经韵楼集》(附《补编》《年谱》),上海:上海古籍出版社,2008年,第384页。

⑤ 周祖谟校勘《广韵》时,若涉误字,一般在底本(张氏泽存堂本)有误时出校;若底本无误,则一般不出校。陈澧则诸本有异文时皆出校语。故在反切误字的出校条数上,陈氏比周氏要多许多。

"芬"字、愿韵"㪘"字与翰韵"纘"字。① 今举一例,周氏在文韵"芬"字下出校曰:"府文切,与分字府文切音同,非也。府,切三作无,当是抚字之误。若作无,则与文武反音同。元泰定本、明本作抚,极是。陈澧据此。"②与陈氏校语一致,周氏同样先说明同音;唯其又广见早期韵书及《广韵》其余诸本,所写校记更为详尽。而对于B类诸小韵所出两条校记,周氏亦不列出同音,与陈氏相仿。周氏《广韵校本》一书对陈澧《切韵考》多有参考,并常于所校条目下列出陈澧的意见。故其校勘受陈澧模式之影响,亦是极有可能的。

四、馀论

在校勘《广韵》时,考察同音字其实是发现讹误的一个重要手段。陈澧认为"广韵同音之字不分两切语"(1,3b),并依据这一观点对小韵的反切乃至某一小韵本身进行了大量的校勘,包括校勘切上字、校勘切下字、删除增加字③、判断反切借用等四类。本文在此即对陈澧的这一观点及校勘的结果进行一番简要的述评。

在校勘切上字方面,陈澧的努力俱见前文第一部分所述。从校勘结果看,陈澧的所有勘误俱与周祖谟的《广韵校本》相合,都是有理有据,非常正确的。

在校勘切下字方面,陈澧共以此法判断5个小韵有误。列表如下:

小韵代表字	陈澧认为有误之反切	同音小韵及反切	分析
五质○密	美毕切	蜜,弥毕切	密、蜜重纽
三十二霰○悬	黄练切	见,胡甸切	反切下字与被切字开合不同
三十六养○怳	许昉切	响,许两切	唇音不分开合
四十一迥○迥	户顶切	婞,胡顶切	反切下字与被切字开合不同
二十三锡○郹	古觅切④	激,古历切	唇音不分开合

按,陈澧关于此五字之校勘皆与周祖谟《广韵校本》不合。经过分析,其实这五例皆非真正同音。如五质韵中的"密"小韵与"蜜"小韵属于重纽的情况,韵虽可系于一处,但在韵图上分属两类,实不同音。再如"悬"字本为合口,其

---

① 唯齐韵"赍"字,周祖谟未提及同音,据影宋本径改其切上字。(《广韵校本》,第654页)
② 周祖谟《广韵校本》,北京:中华书局,2011年,第677页。
③ 关于据同音字而删除增加字之研究,详见袁忠欢硕士论文《陈澧〈切韵考〉所列增加字研究》(北京师范大学2008年5月),第三章第五节"陈澧《切韵考》处理增加字的方式",第四章第一节"因重出而视为增加字",及第五章"陈澧《切韵考》所列增加字分析"。由于袁文对此已有详细论述,且删除增加字并不能算是严格意义上的校勘,故本文不再赘述。
④ 此"古觅切"是顾本反切,张本为"古阒切",则据切下字可知合口。

反切"黄练切"属于"反切上字合口,反切下字开口,被切字合口"①的情形,与"见"字"胡甸切"并不同音。又"迥"小韵的情况与之相同。至于"怳"字"许昉切",由于唇音字不分开合②,故从其切下字"昉"是无法分辨"怳"字的开合情形的,更无法据此判断与"响"字"许两切"同音与否。从韵图上看,"怳"与"响"字一为合口,一为开口,亦不同音。又"鄂"小韵的情况与之相同。所以,陈氏此处校勘之失误,并非因"广韵同音之字不分两切语"的观点有误,而是这里的 5 个小韵实无同音小韵。陈澧未曾参考韵图,仅从反切本身判断,故对于反切中的特殊情况不甚知晓。

另外,陈澧还据同音判断某些反切之借用,共计 8 例。如五真韵的"臂"字:"臂,卑义切,与贲字彼义切音同。然臂字非增加,盖无同类之韵,故切语借用义字也。"(4,10b)其实"臂"与"贲"字属重纽的情形,其切下字"义"字并非借用。与之相似的又有六脂韵的"葵"字,共计 2 例。又如十二蟹韵的"꿔"字:"꿔,乖买切,与解字佳买切音同,且在韵末,似是增加字。然此是娲字卦字之上声,以此韵无同类之字,故切语亦用买字耳。"(4,27a)其实"꿔"字的切下字"买"字为唇音字;唇音字不分开合,既可作切开口字的切下字,又可作合口字的切下字,故此"买"字亦非借用。与此类似的又有二十五潸韵的"僩"字、三十一襇韵的"幻"字、四十祃韵的"化"字、四十三敬韵的"蝗"字、二十陌韵的"虢"字,共计 6 例。总之,此所谓"借用"的 8 例,或为重纽之故,或为唇音字之故,实际上皆不存在与之同音的小韵,亦不能算是借用。

应该说,陈澧"广韵同音之字不分两切语"的说法是非常有道理的。首先,从《广韵》每一韵中诸小韵的编排看,我们就能发现放在一起的字都隶属同一小韵,相互同音;而不同音的字则不放在一起。其次,与这一说法等价的说法是"分两切语的小韵不同音",而这正是陈澧系联《广韵》时的一个重要原则,且陈澧已用此原则对《广韵》进行了非常成功的系联。所以,考察"同音字"是可以作为判断反切讹误与否的一个重要手段的:当出现两个小韵同音时,其中一个小韵的反切必然有误。③ 上文已指出陈澧据此判断切上字的讹误,并得出了可靠的结论。但陈澧据此判断切下字讹误与切下字借用时,却有不少问题。究其原因,并非"广韵同音之字不分两切语"这一观点有误,而是由于反切本身的原因,许多陈澧认定的"同音"并非真正的同音;故而在此基础上认定的切下字的讹误与借用自然也就难以成立了。另外,这些反切本身的原因,如重纽、

---

① 此类详李荣《切韵音系》中《反切下字和被切字开合不同总表》,北京:科学出版社,1956 年,第 103 页。
② 详李荣《切韵音系》,97 页。
③ 当然,在极偶尔的情况下也会出现一个韵中同时存在两个同音小韵的情形。如"王三"添韵有"趁,纪念反"与"兼,古念反"这两个同音小韵。(《唐五代韵书集存》,北京:中华书局,1983 年,508 页)李荣《切韵音系》注云:"敦煌本、项跋本、唐韵、广韵并同,集韵并为一个小韵,'吉念切'。"(72 页)

唇音字不分开合、切下字与被切字的等与开合不同等,皆与介音有关,都对应于反切的切下字,而非切上字。并且,这些特殊情况只有参考韵图才能看出,而仅凭切下字则很难体现出来。正因为这一缘故,陈澧据"同音"同时校勘切上字与切下字,其间的得失才会有如此大的差异。

《燕行录》诸家释解汉语字词例析(50条)

漆永祥*

【内容摘要】《燕行录》研究近些年来在中、韩、日三国形成热门,但研究者所关注的重点,大多集中在有关古代中国与朝鲜在政治、经济、文化、军事、民俗领域的交流诸问题,对各家《燕行录》中涉及的汉、朝词语较少关注。笔者在校读《燕行录》的过程中,对燕行使所记载与解释的汉语字词兴味浓甚,这些字词或为朝鲜习惯用语(包括朝鲜本地产生的汉语词),或为中国用语,或为官方用语,或为民间俗语,或为当时朝鲜仍用而彼时中国已不用者,或为误读误解误用者。但其所记录与释解者,皆为明清时期常用词语,要研究好《燕行录》,了解中国明清时的文化和当时的朝鲜文化,我们首先应该弄清楚这些字词的含义;又今《辞源》《汉语大词典》等在解释这些字词时所举之例句,有晚至民国时期鲁迅、巴金诸家作品者,而《燕行录》中已多用之。本文选择了诸家《燕行录》中 50 个字词进行分析。我们相信对这些字词的研究与追踪,不仅可以了解彼时两国相用之惯用字词与名物典制,而且对研究明清时期汉语词汇与纠补各类辞典的不足,也有重要的参考作用。

【关键词】《燕行录》汉语词汇 训诂 方言 俗语 误读误用

一、阿里[①]

阿里,哪里,哪儿。李田秀(原误为李宜晚)《入沈记》上(朝鲜正祖七年 乾隆四十八年 1783):

还至俄者欲入处,角门尚闭,姜同谐作汉儿声诱开,我辈三人贴身墙边以望,姜同叩门大叫:"开门!""阿里人?"曰:"高丽么?"曰:"不也,我

---

* 本文作者为北京大学中文系、北京大学中国古文献研究中心教授。

① 案:本文所列 50 个字词,以汉语拼音顺序排次。又文中凡用"[ ]"者,乃笔者所添以助理解文义;凡用"( )"者,乃燕行使原文所注或释解。特此说明。本文所用《燕行录》为林基中主编《燕行录全集》100 册,韩国东国大学出版部,2001 年。

也。"(此是直书其时话头,故聚看似不成文理)。一人即来开门,我辈齐笑,渠亦大笑,急闪而去。(30/158—159①)

案:阿里,即哪里。今陕北、陇东等地,仍称"哪里"为"阿里"。根据许宝华、宫田一郎主编《汉语方言大词典》,今甘肃天水、青海西宁、上海、山西临县都用"阿里"指哪里、哪儿(2988页)。据《入沈记》,则知此词至晚清中叶已有,则彼时辽东半岛亦以"阿里"为"哪里"也。

二、白拿去

白拿去,犹尽管拿去,不要回报。洪大容《湛轩燕记》:

[见铺内沈香假山]权丫天成,无斧凿痕,问其价,乌商曰:"直当百两,公子欲买去否?"徐笑曰:"我贫无银,欲白拿去。"白拿去者,不偿直,徒然取去之意。(49/80)

三、摆站

孙万雄《燕行日录》:

夕抵盘山堡。是夜,员役辈出外,闻胡儿唱歌曰:"月明纱窗情动闺里之儿女,秋高戍楼思切塞外之征夫,父母相离边事棘矣,战伐未已曷月归哉?"一唱后有惶惧之色,怪而问其故,答曰:"此乃南征军思归之歌也,此歌一出,人心动摇,战者厌去,在家者皆悲,故令申曰:有敢歌此曲者罪之云。"闻吴三桂之臧获,多在于宁远卫,自三桂举义之后,皆以三桂之奴摆站于各路,而盘山为尤多。摆站云者,我国所谓定配也。(28/330)

案:摆站,清黄六鸿《福惠全书·刑名·释笞杖徒流决赎不同》:"徒流按年里起发,民摆站,军瞭哨。"《汉语大词典》手部"摆"字条:"摆站,古时处徒刑的人被发配到驿站中去充驿卒,叫摆站。"所举之例为《西游记》八十回。孙氏出使中国在朝鲜肃宗三年(康熙十六年 1677),则清时此词仍沿用也。

四、挪捶

洪大容《湛轩燕记》:

---

① 案:此处所标"30/158—159",指"《燕行录全集》第30册第158—159页"。下列各注全同此例,为节省篇幅,不再一一详列。

时遇赭衣者,一车载数十人,问之多是挖挷捶。挖挷捶者,参蓼犯罪之称。(49/139)

案"挷捶",又作"棒棰""棒搥"等,中国东北地区隐语称人参为"棒棰",挖人参为挖棒棰。洪氏此所谓"挖挷捶者,参蓼犯罪之称",不确。实为官方所逮捕之民间私自采参者,因挖挷捶而获罪,非蓼犯称"挖挷捶"也。称人参为棒棰,盖因其形状似木棒而得名。《汉语大词典》木部"棒"下"棒棰":"方言。指人参。《东北人民抗日歌谣·早把鬼子打回东洋去》:'小妹妹,小妹妹,咱俩上山挖棒棰……咱们的棒棰多么好,吃了浑身长力气。'"大群《小矿工》:"我听说他在二十岁那年,一怒把蒙奸住的蒙古包,给纵火烧掉了,跑到山里挖'棒棰',后来就参加了抗日。"根据许宝华、宫田一郎主编《汉语方言大词典》,今东北官话还管人参叫"棒槌",如西彤《人参老头》:"老财东后来打听着老王得棒槌的事。"也作"棒棰""棒锤"(5886页)。洪大容出使中国在乾隆三十年,则知"棒棰"一词指人参至晚清中叶已在东北地区出现矣。

五、扁担

洪大容《湛轩燕记》:

凡远道致物皆用车,若城市则有扁担而无负戴。扁担者,肩一丈之木,两端有条,悬物如权衡,离地不远,乍俯可以舍息,两肩替担,且行且替。凡行贾杂种薪水日用之具,搬致皆以此。(49/275—276)

案:朝鲜百姓负物,惯用身背头戴;中国南北方多地挑水担物,常用扁担。洪氏见而异之,故特为载记也。据《汉语大词典》,"扁担"一词已见于《古尊宿语录·佛眼普说语录》,则洪氏此处是沿用早已出现的旧词也。

六、别付

金景善《燕辕直指》卷一《出疆录》:

[自松都至平山止宿]自此始有房妓,两西妓辈以荐枕于赴燕人,谓之别付。奔走如狂,甚至一夜之间,历遍三四处者有之云。(70/262)

案:别付,金景善解释为房妓之频繁出入若应召女郎;而汉语作"另附"解,或作"不要付"解。同一词而义则相隔悬远也。

七、表子　衚衕　养汉的　杨汉　养闲的　良汉的

洪大容《湛轩燕记》：

  娼妓之弊，粤自女闾，盛于唐宋，如表子、衚衕、养汉的之号，极于明末。康熙以来，严禁公私诸娼，数千年淫风，一朝净尽，真是不世弘功。年来或有之，惟潜相挑招，不敢公然聚会。行到烟郊堡，见少汉女，服饰轻鲜，手持朱竹烟帒，游目浓笑，非村妇色态，王文举笑云："此表子也。"（49/151）

又朴趾源《热河日记》：

  行至榛子店，此店素号畜娼。康熙严禁天下娼妓，如扬子江、板桥等处，娼楼妓馆，鞠为茂草，独此不绝种，谓之"养闲的"。略有首面，又会弹吹。

又徐有闻《戊午燕录》：

  ［蓟州］此地素多杨汉，肢音之甲军及驱车之辈，多访杨汉之家宿焉。（62/176）

又柳原祚《燕行日记》：

  ［十五日自摩天岭至高丽堡间］清女之眉间涂胭脂者，良汉的也。（75/319）

  案：表子，即婊子；养汉的、杨汉、养闲的、良汉的，皆指妓女，鲜人、国人皆如是说。"肢音"者，即"支应"也。

八、不相干

金昌业《老稼斋燕行日记》三：

  ［往畅春园，与宦者手谈，吃果］余因切梨刀伤指，赵宦见之曰："不相干。"即于囊中取一物，状似纸亦似石鱼皮，以唾润而傅之，血即止，经数日不脱，竟不知何物也。"不相干"云者，与"不打紧"同，亦无伤之意也。（33/126）

  案：宋范成大《次韵孙长文泊姑苏馆》："闻道扁舟春共载，雪云虽冷不相干。"即此不相干义，谓不要紧、没关系也。现在北方一些地方也有此语，义同。

九、藏柜的　掌柜的

朴趾源《热河日记》：

　　此中古筋政也，今时看车、掌柜的都会了，非为风流雅事也。

又洪大容《湛轩燕记》：

　　行次凤城，直入食铺，铺内可十余间，分列椅卓，可坐百人，傍有店小二十数人，鼎俎刀匕，挥霍并作，叫声"高丽老爷要吃甚么东西"，余亦戏叫"掌柜的拣着好东西来"。（49/263）

朴来谦《沈槎日记》：

　　二十九日，去夜与上使同宿一店。朝，上使先发后，要藏柜的（即我国主人之称也）遍观家舍园林，极其广阔。（69/58）

案"藏柜的"，即"掌柜的"，店主之谓也。《汉语大词典》"掌柜的"最早用例是清末刘鹗《老残游记》，而朴趾源、洪大容出使中国，在乾隆中后期，朴来谦出使在道光九年（1829），则此用法至晚在清中叶已有矣。又依词义构成，应作"掌柜"，记作"藏柜"，盖为朝鲜人学汉语时受母语干扰，故记为音近字也。

一〇、草

李民宬《朝天录》上：

　　三十日，［抵鹿岛］。遇草而不得进。洋中暗滩，舟人谓之草。舟楫致败，皆由于此。篙师运舟前却，视此为就避。昨日副船之折柁，亦遇此也。（14/294）

案：草谓暗滩，汉语似无此义，盖或为"草"字在朝鲜用义发生变化，或为朝鲜语耳，不知汉语方言中有此说法否，俟考。

一一、初塘、再塘、几塘

李宜晚《入沈记》上：

　　说罢，指吾门傍人曰："这个人几塘来？"（华语几次）首译答曰："初塘来。"又曰："初塘来，我们的话狠会也。"仍作甚么话，而听不明白，那人更以扇子书地，作韵不对，盖以为吾话与渠话，韵意不同云耳。（30/82—83）

又徐长辅《蓟山纪程》卷五：

> 华人谓初次再次曰初塘再塘，谓一日二日曰一天二天。(66/598)

案：初塘、几塘者，即初趟、几趟也。以"塘"为"趟"者，盖亦为鲜人学汉语受母语干扰，而所记音近字也。

一二、挞子　大鼻挞子

洪大容《湛轩燕记》：

> 蒙古或称挞子。……其蠢蠢去禽兽不远也。

又

> 大鼻㺚子者，即鄂罗斯，蒙古之别种，以其人皆鼻大凶悍，我国号之。以此国在沙漠外绝域，地出鼠皮及石镜，我国所贸于燕市者是也。……其俗性之愚蠢如彼。(49/95—96)

又李在学《书状官时别单·人物风俗》："大鼻㺚子，俗所谓鄂尔斯也。距燕京最远，或来留馆中，状貌服饰概如清人，赤眼黄发，躯殻健壮。自康熙初始入朝，而狞悍难制，掠财货劫妇女，故锁其馆，使不得出入。"①案：鞑子，诸家所记，或作达子、㺚子、挞子等。燕行使在中国，称沿路所见满人为"胡人"，蒙古人为"鞑子"，鄂罗斯人为"大鼻㺚子"，且极力丑化之。

一三、大大人　二大人　山大人

朴趾源《热河日记》：

> 老人问余官居几品，余对以秀才，观光上国，从三从兄大大人来。中国人称正使曰"大大人"，副使曰"二大人"也。

又《热河日记》：

> 来观使臣坐处，含烟眸睨，指点相谓曰："王子么？"宗室正使称王子故也。有认之者曰："不是。这个斑白的驸马大人顷岁来的。"指副使曰："这髯的双鹤补子，乃是乙大人。"指书状曰："三大人。"俱翰林出身的文官之称也。(55/432)

---

① 李在学《芝圃遗稿》卷一七《杂录·书状官时别单·人物风俗》，李邰汉编《四代遗稿集》，발행자불명1990年版，第424页。

又朴齐仁《燕行日记》卷一：

> 须臾，无数彼人引类招朋，争集窥视，皆口衔烟竹，或衣黑缎，或衣纹绸，野蚕丝裤，襦亦如之，所佩缤纷，绣囊佩刀，烟竹袋如葫芦状，扇子匣如竹筒样，刺绣花草禽鸟之形，负手环拥，睥睨指点。而相语曰："他的多多人么，他的乙大人么，他的山大人么。"纷纭喧咶，语音啁啾。盖汉音以大为多，大大人者，指上使也；汉音以二为乙，二大人者，指副使也；汉音以三为山，三大人者，指书状也。(76/43—44)

案：朝鲜使臣中，有正使、副使、书状官，沿途中国人尊称其为"大大人""二大人""三大人"。此所谓"乙大人"即"二大人"也，盖从"甲""乙"字而来，亦或因方言"而"读如"乙"，非汉音本如此也。而以"三大人"称"山大人"者，则为东北方言读"三"为"山"故耳。又，燕行使至辽东、山海关诸处，皆需见官验证，方能通行。而其地主事之官，一般亦三人，故鲜人亦尊称之为"大大人""二大人""三大人"也。

一四、典当

李正臣《燕行录》：

> [旧辽东]市廛或有"当"字旗，高插之处，就舍后，吾问译官金庆门曰："当字何谓也？"庆门对曰："当字，典当之谓也。彼人之法，凡典当者，必以直二两之物件，先给于当字旗所插之市，然后乃受典当银一两而去。所谓典当，亦非市市皆为之，列市之中，别有给典当之市，故插旗而表之云矣。"(34/222)

一五、调繁

李基宪《燕行日记》上：

> 问："这官几年考满？"答："六年。引见后调繁，又三年候升都阃。"问："调繁二字是何样官方？"答："卫缺本管漕运，原分繁简，江南、江西、两湖，俱系繁缺。"(65/104)

案：调繁，谓调任政务繁剧之州县。清依明制，以冲、繁、疲、难划分地方州县之治理等级。雍正六年(1728)规定："地当孔道者为冲，政务纷纭者为繁，赋多逋欠者为疲，民刁俗悍、命盗案多者为难。"复依此标准，将州县缺分成简缺、中缺、要缺、最要缺四个等级，依官员能力授职。政务繁剧之州县，亦往往为贪渎发财之肥缺也。

一六、鼎话

洪大容《湛轩燕记》：

  余曰："当令等候，惟衙门之意未可知，或见拒，当择门外干净去处，从容鼎话，岂不便好。"彭曰："或在庶吉士馆亦可。"又问："'鼎话'何意？"余笑曰："三人会话，俗语之鼎话。"彭与吴及周生皆大笑。彭曰："三人曰鼎话，四人则谓何话？"又戏曰："当谓隅话。"皆笑。(49/20—21)

案：鼎有三足，三人会话曰"鼎话"，义或取此。又诸家《燕行录》中，有"打话""对话""饮话""会话""鼎话""稳话"诸说，皆各有其义，生动而有趣者也。

一七、东八站

金景善《燕辕直指》卷一《出疆录·东八站记》：

  自栅门至迎水寺，谓之东八站，以一日二站合为八站而名之也。八站之间，多崇山峻岭，大川深林，路颇艰险，行者往往有覆车之患。……过迎水寺以后，即辽东大野也。(70/399—400)

案朝鲜使臣自义州经镇江城、汤站、凤凰城、镇江堡、镇夷堡、连山关、甜水站至辽东，即所谓"东八站"，实则镇江、连山二站后废，止六站耳，共四百里。

一八、干事的

朴思浩《心田稿·燕蓟纪程》：

  [二月二十二日，小黑山宿]上房干事的刘哥，狼子山人也。身驱长大，为人淳厚，马头辈善待之，坐车头，善唱歌，又善我国言语，或效颦于军牢，听令使臣，亦任其戏谑，长程消日，亦无妨也。(85/324)

案：干事的，即做事的、办事的。

一九、耿耿之气

李基宪《燕行日记》上：

  彼曰："清阴先生著作，仆见过，风流蕴结，兼有耿耿之气，其曾孙金公闻名久矣,惜未见其集。"问:"耿耿之气果是何语?"答:"耿耿者,忠义不没之气也。"问:"忠义二字,果何指的?"答:"仆在山东登州张孝廉家中,见其遗集,在沈阳不屈,记事诗甚好,惜不复记忆矣。"(65/108—109)

案:清阴,即金尚宪,清初因主战反清,曾被拘沈阳,坚贞不屈,后赦归国焉。

二〇、馆夫

洪大容《湛轩燕记》:

> 馆夫者,一行入馆,诸译各有主顾,号曰馆夫。凡日用粮馔柴烛之属,并取办于馆夫。及治归,计直而厚偿之,买卖货物,亦偏付馆夫。是以诸商之谋定馆夫,如图好爵然。(49/79)

又李基敬《饮冰行程历上》:"[十二月二十六日邦均店]止宿于廛房,陪行人持纳乳柑、柳丁橘如新摘,问其所自,则北京馆夫为迎一行员役而赍来云。所谓馆夫,即朝鲜使行馆所隶卒也。三使所处房室修理等事,虽自户工二部进排,而一行员役以下一应所需,馆夫应副而临归捧直,员役各有其主,故争来占定云。前数日,先数译官二人及各房书者于北京,以为整顿房室之地。"①案:此馆夫,指燕行使臣至北京入会同馆后,馆中下直之诸隶员也。

二一、过讲

金昌业《老稼斋燕行日记》二:

> [榆关家主汉人荣琮六十岁]问:"公文章敏速,有问即答。可喜!"答:"多承老爷过讲。"(32/490)

案"过讲"者,即"过奖"也。

二二、荷包

金景善《燕辕直指》卷三《留馆录上》:

> (所赐之物有荷包)荷包者,绣囊也。制如我国新郎所佩。(71/259)

案"荷包"亦称"荷囊",为中国传统服饰中必备的装零星物品的小包,造型

---

① 李基敬《木山稿》卷七《饮冰行程历上》,首尔:民昌文化社,1989年,第285页。

有圆形、椭圆形、方形、长方形、桃形、如意形、石榴形、葫芦形、花瓶形、方胜形、元宝形、双琴形等。清帝多以荷包赐大臣与外国使臣,以示荣宠焉。

二三、合通　合同

金堉《潜谷朝天录》:

二十二日,[在山海关]伴送王国安来,言山海关骡子主等皆不去,更得北京顺归骡替送,此人皆不可信。必告主事,更为合通,然后可去。合通者,立约之文也。遂告主事,更为合同。(16/188)

案"合通",即合同,各方执以为凭的契约、文书也。

二四、胡卢　鸡心

洪大容《湛轩燕记》:

京外店铺肴羞,专用猪肉汤,如胡卢粉汤便食之属,和以葱蒜。骤尝之臊辣逆胃,往往呕哕不能近口,但晓夜风雪,非此不可御寒。……胡卢者,汤面也。仆人进行中鏂箸却之,取木箸于卓上筒中,行旅所用也。且吸且啜,吞嚼如珍饴,顷刻吃两碗,吃茶而按之,从此成口习,恣意吃之,藉以忘饥寒。腹中或患疼滞,取槟榔一片磨啮,少顷顿觉妥安。盖北人食肉过,常取小槟榔名鸡心者,四破储于囊,取一片,可半日嚼尽也。(49/263)

二五、鸡鴟

李宜晚《入沈记》上:

朝饭早吃,诸人皆饥色,遂从南下入回老铺,令造粉汤炒鸡鴟(华语凡卵皆称鴟),炒牛肉,铺主坐在一边数帐。铺里放卓十余处,卓边放椅子,椅卓成列,中开往来之道,一壁厢小二数三人方煮锅捣馅,切肉泡汤,令造某样某器,即刻取办,吃后数器计钱,而缗付之,令渠数出,亦未尝争其高下,无一文欺取云。此是食铺,即非大去处,而亦作碗子卤粉纸壁内扁幽雅处。可笑。(30/136)

案:鸡鴟,即鸡蛋也。

二六、克食

李基宪《燕行日记》下：

> 三十日，自御膳房颁四卓于使臣及正官，品极丰备，共四十余器，而饼饵之属居半，龙眼、荔枝、葡萄、石榴、楂果、梨、栗，皆佳品也。凡熟食颁赐者称曰克食。此即正朝例给者，而除夕先颁，亦是格外云。(65/170－171)

又

> "赐克食，亦饼肉也"。(65/188)

案："克食"，又作"克什"，为蒙古语"Kesi"，意为"福祉天授"或"天子之恩、天子之恩命"之意，指天子御赐品。清福格《听雨丛谈》：克食二字，或作克什，盖满汉字谐音书写，有不必尽同者，如兀尤亦作乌珠，厄墨亦作额谟。考清语克什之义，为恩也、赐予也、赏赉也，故恩骑尉曰克什哈番，天恩曰阿布喀克什得。近人泥于食字，误克食为尚膳，尝见大臣志传中，曰赐克食几次，是迭书满汉赐赐两字，殊费解也。愚臆志传用汉文者，除人名地名外，似不必杂入清语；亦如清文中，除人名地名仍还汉音外，他辞不得杂入汉语也。如必遵用当时传宣之词为敬，则当作某月日蒙克什御膳若干品，庶于满汉文气兼至矣。①

二七、空衔咨

李民宬《朝天录》中：

> 七月初九日，[在济南]呈文于兵备道，兵备道批给船只，以空衔申文不谨赍持，致令沾湿，押来译官全有后、崔俊男等，各棍打六下。来时别赍空衔申文数三件，所经衙门，如有呈辨处，则临时书填该衙门职衔，以便就呈，谓之空衔咨。(14/366－367)

案：燕行使入中国，往往带钤有印信之空衔申文，以备亟需，遇请兵、申粮、辨诬、陈奏诸事时，即可填写呈辨也。

---

① 〔清〕福格撰，汪北平点校《听雨丛谈》卷11"克食"条，北京：中华书局，1984年，第218页。

二八、空空的

徐庆淳《梦经堂日史》卷三《日下剩墨》：

> 余谓蓼局人曰：吾非商贾行也，不过是欲观上国山川人物，不远三千里而来，身边还乏子七责八黄之银子，不妨唤作我空空的（彼人谓贫者曰空空的），无以好的真的东西说长论短，掂斤播两。（94/318—319）

案：子七责八，即杂七杂八也。

二九、拦头

金昌业《老稼斋燕行日记》一：

> 二十八日，[入栅前]清人稍稍来，与译辈隔栅而语，彼此皆有喜色，皆拦头也。拦头，凤城、辽东等处雇车人有势力而专我国之利者，十二人自为一伙，以方物所载刷马有病者，皆车运，干粮驮物以湾马载来者，到此亦寄雇车，故此辈持车来待云。（32/373）

又俞拓基《燕行录》：

> 旧例一行公私卜驮入栅后，私雇车载。己丑，辽东、凤城等处商贾辈呈礼部，受公文以拦头十二人专当雇载，以为专利之计，以此私卜出栅之迟延去而愈甚云。（38/77）

案：拦头，即清代专门负责为朝鲜使臣至中国境内后雇用载送货物者。拦头常常与朝鲜首译相勾结，垄断专行，操控运费，金昌业《老稼斋燕行日记》论其弊甚详。故在朝鲜陈奏后，得以革罢。朝鲜景宗三年（清雍正元年 1723），黄晸以陈慰兼进香行书状官身份入北京，其《癸卯燕行录》称：

> 十月初六日，因序班得见户部文书所誊，则拦头既令治罪，又为革罢，此后我国方物到沈阳后，依旧例以官车载送北京事，亦为定式矣。（37/281）

翌年，权以镇以进贺兼谢恩行副使入中国，权氏《癸巳燕行日记》：

> 十一月除谢恩副使，十二月以刑参入京谢恩。……所谢者郊祭，以康熙配天，及三皇后祔庙与拦头事也。拦头者，我使入界，公私驮物，皆以彼中雇车载行，操纵在彼，我人不堪其苦，奏请得罢故也。（35/106—107）

三〇、老米茶

金景善《燕辕直指》卷六《留馆别录》：

  茶品不一，而黄茶、青茶为恒用，其次香片茶，而普洱最珍贵，然而亦多假品。浙江菊茶清香甚可口，鄂罗馆、回子馆所见馈者，香味绝异，是出西洋。其狀如茴香。如东八站茶贵处，以炒米代之，谓之老米茶。(72/261)

三一、老爷 你 相公 大

金舜协《燕行录》卷二：

  北京之人，称我国三使臣曰"大老爷""二老爷""三老爷"，所谓"老爷"，称尊者之恒语也。其国之俗，自丞相以下，至于庶僚，有官爵则皆称"老爷"，且奴仆之称其主曰"老爷"。而凡与人相语之际，虽平生所不知者，必称"你"，彼此之方亦一般。若逢尊者，则必称"尊"或称"贵"，而称贵称尊之言甚罕。凡以商贾来往者，无非世家子孙也，父虽位至阁老，而子不居位，则为商贾，故商贾人之相语也，互称"相公"，"相公"乃其通称之语，而譬如我东"生员"之号也。贱者则必称"大"，"大"外更无贱号，而言语之间，无悬吐，只用句节而已。故尊者之语卑贱，卑贱之语尊者，无所区别，而细听其语，则唯有文字尊卑之分。(38/377—378)

三二、路铺

徐有素《燕行录》：

  店房宿食之费，算计以给者，号曰路铺等胀，其法与我国判异，每人给六陌，则饭与房钱俱在其中，所谓六陌者，即钱九十六文也，只夕饭一供而已。其饭供稻米饭、猪肉菜及豆泡杂菜，又供以茶酒。诸人环卓而坐，互相劝让，饭则随量，而吃馔如不足则更进，更进者不论价。译员、私商之不设私接者，买吃店供，唯译员中为各房干粮官及别陪行者，自各其厨房供之。其不能自备行资者，恳于使臣，苟参厨供，又私与厨子辈，相约买吃，为费省于私接也。唯侍表官（写字官）、掌务官（译员）自两厨房分供之。(79/54—55)

案：胀，即帐也。

三三、罗城

金堉《潜谷朝天录》：

十月十八日，夕，到山海关罗城。……罗城者，东门外小城也。行旅出入之时，兵部主事坐于关门内，一一点视，晚出者及暮来而未入者，无所止宿，故筑此城而处之。居民三千户云。(16/471—472)

案：《通鉴》唐懿宗咸通九年："不移时，克罗城。"胡注："罗城，外大城也；子城，内小城也。"

三四、罗参　山参　江参　家参

朴思浩《心田稿·应求漫录》：

卯桥问："贵国参产于何处？色品何者为上？"余曰："产于岭南曰罗参，岭东曰山参，江界曰江参，家种曰家参，色则白者未必不如红。"曰："京师参铺皆以红参为上，枝长有须者为老山参，皆贵国之参也。"余曰："闻太行山有檀参，然乎？"对："绝无而仅有。"(86/41)

案："檀参"即"团参"也，太行山有"紫团参"矣。

三五、马上才

金海一《燕行日记续》：

初二日，历铁城坎，路逢十二岁女儿，能为马上才者。停车路左，使之试才，则年幼弱质，飞上铁骢，抛鞚顾眄，技艺炼习，古诗所谓"十岁能骑马"者，似为男子而言，不图女儿长技至此也。罢后给纸束、扇子等物。(28/242)

案马上才者，即马戏也。

三六、买头　小买头

俞拓基《燕行录》：

此地之人，业买卖者号为买头。其中郑世泰者，家赀累十万金，甲于北京，商译之属一皆取售于此人，其家无所不有，我国特产之最贵者，亦皆充切云。此外,做小小买卖者,谓之小买头,凡馆中交易,必待告示榜来揭后始许为之,而商译辈私自交易,不待揭榜之,故买头亦先纳赂物于提督,方许出入云。可见其贪风之极盛也。(38/105—106)

三七、卖眼

朴趾源《热河日记》：

朝饭于栅外,整顿行装,则双囊左钥不知去处,遍觅草中,终未得。责张福曰:"汝不存心行装,常常游目。才及栅门,已有闯失。谚所谓三三程,一日未行,若复行二千里。比至皇城,还恐失尔五脏。吾闻旧辽东及东岳庙,素号奸细人出没处,汝复卖眼,又未知几物见失。"(55/431)

案:"卖眼",《汉语大词典》谓"以眼波媚人",引梁武帝《子夜四时歌·冬歌》"卖眼拂长袖,含笑留上客"等为例。今陕、甘一带方言,仍有"卖眼"一词,谓紧盯某物而久视不移,忘却正事,丢人现眼之义。如"让你打瓶酱油,你却久久不来,在此卖眼"。其义与朴氏此处所言恰相合也。

三八、没良心　甚么东西　王八　王八㞎子
　　　杂种　狗㞎子　天火烧死　火眼佛出世

李宜晚《入沈记》上：

冷井,一名王八台。通事见之笑曰:"此是望宝台,若王八,则是骂话也。"盖华语以鳖为王八,即是骂话之极丑者,而汉音"王八"与"望宝"相近故也。(30/101)

又洪大容《湛轩燕记》：

骂辱绝无丑语,如"没良心""甚么东西",是寻常骂话。"王八㞎子""杂种""狗㞎子"等话,乃贱汉嫚戏。最发怒者,"天火烧死"也。(49/166)

又金景善《燕辕直指》卷五《回程录》：

[二月十一日]至沙子河,过一村间,下隶辈以大道泥滑,踏行路旁新耕之亩,忽有一老妇持杖出来,满带怒气,忙步欲击,而足湾不能及,下隶辈回首嘲笑,虽未知何语,而似认其为侮辱,益愤怒摇头抵掌,咩咩乱骂,举措甚骇,故意谓其备极丑辱,问于马头则不过为"无良心"等句话云,其格于语法,不能尽意,诟辱以泄满肚之愤,极可笑亦可悯也。(72/135)

又同书卷六《留馆别录》：

> 骂辱绝无丑语，其寻常骂话则曰"没良心""甚么东西"。贱汉嫚语侵辱，则曰"王八淬子""杂种""狗淬子"。其最发怒者，不过曰"天火烧""火眼佛出世"。(72/356)

又未详《蓟山纪程》卷五：

> 东人有十分忿怒事，辄曰眼中出火。尝见彼人事竞，一人忽然起曰眼佛出佛火。二字雅俗立见。(66/597)

案："眼佛出佛火"，盖"眼中出佛火"之误。

三九、鸣鞭

黄中允《西征日录》：

> 八月初一日[新皇帝登极仪式]所谓鸣鞭者，一大索，长可三四把，向空挥之，声如放炮，使人可惊。(16/124)

案："鸣鞭"亦称"净鞭""响净鞭"。清朝自康熙八年后，每次朝会皆有两次"鸣鞭"：一是皇帝从中和殿驾临太极殿时，銮仪卫官高喊"鸣鞭"，于是净鞭三响；俟典礼毕，又响三下净鞭，皇帝起驾回宫，群臣退朝焉。

四〇、门馆

朴世堂《西溪燕录》：

> 至通远堡，一名镇夷堡察院，有小儿数辈来见叩拜，自言读《论语》。使各书姓名，云陈善言、陈国瑞，并十许岁。问其有师否，答有。令呼其师至，书纸背以问，则名金启正，抚宁县人，家贫无资，在此堡为人作门馆。(中国之俗，迎师于家以教其子弟者，谓之门馆先生。)问学徒几人，曰十二人。臣又问，初履此土，不知如今天下清平民生安乐否，答关本之地尽被旗下圈占，民不堪命，故流落关东以图躲免差役者多。问旗下是何等官，答是王子庄头。又问关外视关内如何，答关东久荒之地，人民暂集，亦仅能糊口而已。至于关西，人民逃散，钱粮太重，较之关东，反不如耳。(23/342—343)

案：门馆，即塾师也。

四一、南草

金景善《燕辕直指》卷六《留馆别录》：

烟草男女老少，无人不吸。草必细切曝干，无半点湿气，故一瞬爇尽，而亦不迭吸，一竹便止，通一日所吸，不过四五竹。其草匣名烟包，其制如我国匙箸囊，以皮为之，或画物形，或刻字。世传此草自南番出，故谓之南草。我仁祖朝始入我国，一握之价，至百文，彼人尤喜吸之。盖合于恒食猪羊之胃也。其后一译官窃其种而潜卖之，今则遍于中国云。(72/266)

案：吸食南草，明代少见，而入清之后，燕行使沿路所过，几人人吸食、嘴不离烟竹矣。

四二、骗子戏

李德懋《入燕记》下：

二十六日，观骗子戏，骗子戏者，即幻术人也。(57/294)

案：幻术，即魔术也。燕行使于沿途，常见耍魔术者于路也。

四三、请坐

金舜协《燕行录》卷二：

十四日，[与琉球国使者相见]与之相见，若有欣喜状，立而揖焉，出其两绳床而置于前曰："请坐！请坐！"所谓"请坐"者，乃汉语，而请坐于尊敬者之恒语也。(38/361)

四四、山东夸子　山西找子　江南蛮子

李宜晚《入沈记》上：

[小西药铺]内炕供药王之神，壁上画女子，大如十余岁人，方枕肱侧卧，而下身浑脱，穿单纱裤，洞见肌肤，似是春图助阳之类矣。门外有独轿车，问之则云是山东吲五车，请书示，则一人书于掌曰山东夸子、山西找子、江南蛮子，盖华人相称之目也。(30/135)

案："夸子"，即"侉子"；"找子"，盖即"轴子""肘子"也。

四五、太平车

金景善《燕辕直指》卷一《出疆录》：

> 嘉庆中，轸我国运输之劳，方物到栅后，使之交付凤城将自凤城替输，达于北京，初不讨赁于我人。今则雇车载运，只是使行辎重及商贾私货而已，非大车辇重，而为通贵贱恒乘者，名曰太平车。退计百年前，我国使行无一雇乘者，近来则裨译以下至于贾人，无人不车，反以骑马为耻，带去驿马，只充下隶之骑，总计一行车两之数，不下百余乘，计银为三千余两（每车赁三十两），回还亦如之，此亦见侈滥之习，驯成痼弊，由此而马政亦不如古，所谓驿骑皆残疲不成样，或值有事，若戊午、丙子之间边境雇车，不可复得，则将何以致身于辽蓟之地，而不几使事至于良贝乎？思之及此，实为寒心。（70/321—322）

案：太平车最早出现在宋代，呈长方体，有车棚、车毂、车辄轮等主要构件，两侧各有两轮，能载重，车两侧有拦板，可多载物，前有多头牲畜牵引，因其滚动平稳而得名。太平车在当时为先进之交通工具，故朝鲜使臣屡有所记，且归回后多有仿制也。又"良贝"，即"狼狈"也。

四六、塘报

洪大容《湛轩燕记》：

> 塘报者，我国朝报也。皆印本，时得见之，多是四方狱案，若朝野政令，无所考也。（49/160）

又金景善《燕辕直指》卷四《留馆录中》：

> 初二日，方君借塘报于通官来纳，断自昨年二月东使发还后至于去腊。塘报者，如我国朝报，逐日刊行，及至月终，合一朔为一册也。就其中抄录可观者若干条，以备闻见事件，而复命时塘报亦并纳云。（71/331—332）

案：明朱国祯《涌幢小品》卷一二《塘报》："今军情紧急走报者，国初有刻期百户所，后改曰塘报。"塘报，即朝报、驿报、邸报等，始自汉代，乃专门用于朝廷传知朝政之文书与政治情报的新闻文抄。清季或称"京报"，即今日新闻报纸之前身耳。

四七、顽耍

李宜晚《入沈记》上：

忽见有太平车过去，遂与子和、大有回乘而归，车中相顾曰："凡事从心，今日之游，可谓乐矣。"此时安得安、柳诸公出门顽耍（华语游戏），而见吾辈乘此而回也。相与大笑。(30/129)

四八、位

朴趾源《热河日记》：

有大筏乘涨而下，时大遥呼曰："位——"。盖呼声也。位者，尊称也。

又

船泊处甚沮洳，余呼一胡曰："位——。"盖俄者纔学于时大也，其人欣欣然舍桨而来。

案：朴氏所谓"位者，尊称也"，指"位"用作量词以指代人，如"几位""哪位"等。然此处之'位'，显然为叹词'喂'之记音字，朴氏谓"呼声"是，打招呼也。故"其人欣欣然舍桨而来"者，以为呼其有事也，无关尊敬与否矣。

四九、檐棚

朴齐仁《燕行日记》卷二：

[六月十五日]晴，大热。自工部来造凉室，即华语所云檐棚（华音曰天风）也。见材木及芦簟之属无数输致于大车，役夫甚多，其中领率董役之人，随宜指挥，量其庭际阔溢，竖柱横梁，不施栋甍，平铺无脊，高可五六丈，长短广狭，一中规矩，东西及当空处，皆另设帘檐，随阳卷舒，以通风气，各有制度，凡于卿宰富户及廛铺之中，多设此阁。盖北俗夏月之例备者也。若不费力者然，真上国规模也。后有一官员，来检其勤慢。(76/214—215)

案："檐棚"，即"檐蓬"，为防热、防雨、防风或他用所搭简易之棚，此指凉棚耳。

五〇、夜不收

许震童《朝天录》：

初八日，以车两未出也，令通事见总兵官李成梁，呈礼物，不受。都御史出牌，差夜不收护送。(3/282)

又许篈《荷谷先生朝天记》上：

夕，夜不收来言，边上飞报有达子声息云。(6/157)

又李民宬《壬寅朝天录》：

二十七日，[在广宁]总兵出护送牌文，差夜不收姜朝佐来。(15/28)

又徐浩修《燕行纪》卷一：

十一日，于公营子止宿于夜不收，是日行九十里。按乾隆御制《癸卯集》，夜不收在明季为军营侦探人之俗名，其时或于此地遣人访伺敌情，夜行昼伏，后遂以名村。(50/479)

案：夜不收者，类似今日侦察兵，因多夜间侦测，故名。今赣方言仍有此词，义为"整日游荡不归之人"（北京大学中文系胡敕瑞教授指示）。又"夜不收"为村名，其地在今辽宁省朝阳县与建昌县之间，又称"野不收"。柳得恭《热河纪行诗》有"夜不收"一首曰：

主寝僧房古塞秋，皇庄酒局抱河流。驼羊百万青青草，乐土无如夜不收。(60/20—21)

古籍整理研究中所需注意的方言口语问题
——以许衡著作中"多咱""待见"两个词语的用法为例

许红霞[*]

【论文摘要】 本文以元代理学家许衡的《〈大学〉要略》《〈大学〉直解》中所使用的"多咱""待见"两个方言口语词为例，阐述其意义和用法，并指出文渊阁《四库全书》本及当代有些许衡集整理本和论文中因不明此二词意义而造成的换改、标点错误，从而提醒人们应注意在古籍整理研究中的方言口语问题，避免出错。

【关键词】 古籍整理　方言口语　许衡著作　多咱　待见

元代理学家许衡一生著力于教书育人，流传至今的《〈小学〉大义》《〈大学〉要略》《〈大学〉直解》《〈中庸〉直解》等著作，当是其在教授生徒时所用讲义。他用通俗易懂的口语，提纲挈领、简明扼要地阐述《小学》《大学》的主旨，简洁、精确地注释、串讲《大学》《中庸》等儒家经典，深入浅出，生动有趣，容易使人理解和接受。值得注意的是，他所使用的口语方言词汇，反映了宋元之际北方语言的发展状况和真实面貌，是我们研究近代汉语北方口语方言的十分珍贵的文献资料，同时也提醒我们在古籍整理时应该注意正确理解这些口语方言词汇，否则就会出现错误而影响到整理的质量，进而误导读者。现以许衡著作中所出现的"待见""多咱"两个词语为例，加以说明。

一、"多咱"

许衡在《〈大学〉要略》中讲述"格物致知"时有如下一段话：

> 圣人教人，今日学一件，把那一件道理穷究到是处。明日再去为一件，又恁的穷究。今日明日，只管穷究将去。或看文书，评论古人是的、不是的；或是眼前见的事，思量合做、不合做的。这几般一件件分拣得是呵，便是"格物"。这般穷究了，多咱心里都理会得，久而闻天下事，好的、歹

---

[*] 本文作者为北京大学中文系、北京大学中国古文献研究中心副教授。

的,合做的、不合做的,都省得了。心上明白,无些昏蔽,便是"致知"。①

可看出完全是用口语阐述,其中出现了"多咱"这个词,是"什么时候"的意思,现在还通用于北京、河北、河南、山东、山西、江淮、东北等地,主要是北方方言口语词汇。② 今天我的家乡豫北一带的方言口语中也使用着这个词汇。如:"她多咱来的""多咱你才能说话算数呀"等等。有学者认为"咱"字是"早晚"二字的切音(合音),由于早晚"是一天中两个主要的时间节点,因此往往连用","连用既久,演变为双音词,并虚化表示'什么时候'"。③ 汪银峰先生认为,近代汉语产生了很多复合代词,如元代出现了"这早晚""那早晚"这样的复合词,意为"这时候"、"那时候",此时"早晚"的疑问意味已大大减弱,再与疑问词"多少"之"多"结合,就产生了新的表时间的疑问代词"多早晚"。④ 后来的俗曲、小说中也经常使用"多咱"这个词,其中"咱"字,有时也写作"昝""偺""喒""儹"等字。如:

单爱行鬼路儿,你从多咱走在我背后?⑤
一百里路,明日赶多咱到家?⑥
你爹八十的人了,你待叫他活到多昝!⑦
扔下我母女二人长伴在家,教我等到多昝?⑧
麻衣神相长街卖,姐儿招呼你往这里来。你相相我多咱离了烟花寨?⑨
多偺纔把长城到,见见儿夫不枉走这遭。⑩
我见人家抱着孩子我就光眼热,到多喒也掇弄个小小子顽耍顽耍,可就乐疯了我了。⑪

---

① 见《鲁斋遗书》卷三,明嘉靖四年(1525)萧鸣凤刻本。标点符号为笔者所加。
② 参见许宝华、(日)宫田一郎主编《汉语方言大词典》第 2 卷第 2154 页,北京:中华书局,1999 年。又据辽宁大学文学院汪银峰查证,宋孝才《北京话语词汇释》,马思周、姜光辉《东北方言词典》,李行健《河北方言词汇编》,沈兴华《黄河三角洲方言研究》等上世纪八十年代以来出版的一些北方方言词典或著作都收录了"多咱"一词。见其《'多咱'来源考索》一文,《吉林大学社会科学学报》2010 年第 2 期,第 158 页。
③ 参见方东杰、曲赫《释"多喒(咱)"》一文,《青年与社会》2014 年 7 月中第 20 期,总第 566 期,第 214 页。
④ 见汪银峰《'多咱'来源考索》。
⑤ 〔明〕笑笑生《金瓶梅》卷十五,明万历刻本。
⑥ 〔清〕西周生《醒世姻缘传》第三十八回,济南:齐鲁书社,1980 年。
⑦ 同上书第六十回。
⑧ 〔清〕王廷绍《霓裳续谱》卷五,北京:中华书局 1959 年。
⑨ 〔清〕华广生《白雪遗音》卷一《麻衣神相》,清道光八年玉庆堂刻本。
⑩ 同上书卷一《孟姜女》。
⑪ 同上书卷二《婆媳顶嘴》。

> 这位先生多偺来的呢？昨天住在这里吗？①
> 我多偺有这样儿的哥哥呢？②

说明"多咱"一词，用于表示"什么时候"之义，至晚从许衡所处的时代起，在北方方言口语中就一直沿用下来。《汉语大词典》也收录此词，并列举诸多例证说明。但是，这并未引起一些古籍整理研究学者的足够注意，2007年东方出版社出版的点校整理本《许衡集》第57页及2009年中州古籍出版社出版的点校整理本《许衡集》第58页皆把"这般穷究了，多咱心里都理会得"，标点断句为"这般穷究了多，咱心里都理会得"。《湖南人文科技学院学报》2010年1月第1期发表佟晓彤《许衡直解作品两种版本的差异比较》一文中引用到此段文字，其标点断句也如同这两个整理本。这些都是没有注意到"多咱"作为一个方言口语词的意义而产生的错误。

二、"待见"

许衡在注释《大学》时引《尚书·周书·秦誓》"人之有技，娼嫉以恶之，人之彦圣而违之，俾不通，寔不能容"这一段话时说：

> "娼"，是妒忌。"恶"，是憎嫌。"违"，是拂戾不相合的意思。"俾"，是使。秦穆公又说，若做大臣的，其心里容不得人，见个有才能的人便妒忌憎恶，不待见他。见个美好通明的人，与他便不相合，使不得进用。这等的人，是他卑污褊浅，着实无容人之量。③

其中出现了"待见"一词，在《汉语大词典》里，它有两个义项，一是"等待召见"，二是"喜爱"。在古代汉语书面语"待见"一词的用法中，属于第一个义项的占了绝大多数。而许衡此处所用此词之义，却是第二个义项的意思，即"喜欢、喜爱"之义。这也是一个今天在中国北方很多地区如北京、天津、河北、山东、山西、河南还广泛使用的方言口语词。④甚至在我们的书面语中也经常见到。如：

> 洋奶粉日本"不受待见"⑤

---

① 〔清〕贪梦道人《彭公案》卷十一，清光绪琉璃厂藏版本。
② 〔清〕石玉昆《侠义传》卷六，清光绪京都老二酉堂刻本。
③ 见《鲁斋遗书》卷三《〈大学〉直解》，明嘉靖四年萧鸣凤刻本。
④ 见《汉语方言大词典》第3卷第4283页。谭汝为主编《天津方言词典》第51页，天津：天津人民出版社，2014年。
⑤ 陈薇伊撰，《食品界》2014年第6期第37页。

名著为何不受待见①
领导不待见咋办②
"九成"就业率缘何不受待见③
市场为何不待见银行④
韦小宝凭啥那么招人待见⑤

　　以上所引皆是近年来各种期刊杂志上所发表的文章的标题,可见作为"喜欢、喜爱"之义的"待见"一词,在现代汉语中被广泛地使用着。古代白话中"待见"一词也有应用。如关汉卿《智斩鲁斋郎》第一折:"起初性命也似爱他,如今浪个眼里不待见他。"《红楼梦》第二十一回也有"难道图你舒服,叫他知道了,又不待见我呀!"而许衡《大学》注释中使用的此词,是目前我们所见到的最早的作为"喜欢、喜爱"之义而使用的资料,应当引起研究近代汉语的学者的注意。⑥
　　许衡《〈大学〉直解》未见有单行本流传,现所见到的此书最早的版本是明嘉靖四年(1525)萧鸣凤刻本《鲁斋遗书》,收录于此书的卷三,此后明万历二十四年(1596)怡愉、江学诗刻本《鲁斋遗书》卷四也收录《〈大学〉直解》,其中前述许衡注释中语皆作"不待见他"。《四库全书总目》卷一六六集部别集类十九著录了《鲁斋遗书》,《提要》并录有萧鸣凤序后题识及每卷目录。但经过比对,文渊阁《四库全书》集部别集类所收录的并非嘉靖四年萧鸣凤刻本,而是万历二十四年怡愉、江学诗刻本,并进行了大量的删改,其中就把"不待见他"改为"不接待他"。⑦ 文津阁《四库全书》中的《鲁斋遗书》也是采用万历二十四年怡愉、江学诗刻本,但对"不待见他"一句并未作改动。东方出版社点校整理本《许衡集》是以文渊阁《四库全书》本为底本,参校了明万历二十四年怡愉、江学诗刻本,但并未发现文渊阁《四库全书》本的错误而加以校勘,仍然沿袭文渊阁《四库全书》本作"不接待他"。
　　以上两例提醒我们,在进行古籍整理与研究时,必须充分注意到其中所使用的方言口语的意义,否则就会出现错误,从而使我们整理研究的古籍失去了它的原始面貌,而作者所要表达的真实意义也被误解。

---

① 雍晓燕撰,《四川教育》2013年第2期第59页。
② 见《中国卫生人才》2012年第3期第89页"圆桌问答"。
③ 张玉胜撰,《就业与保障》2011年第3期第48页。
④ 张盈撰,《新财经》2014年第3期第20页。
⑤ 孔龙撰,《演讲与口才》(学生读本)2012年第5期第56页。
⑥ 江蓝生先生在其《近代汉语探源·语词探源笔记选录》(北京:商务印书馆,2000年,第276—278页)中对"不待见"一词作为"不喜欢、讨厌"之义加以考索,认为从历史资料来看,是先有"不待见","待见"的使用是比较晚近的事情。"不待见"最初是"不愿见""不爱见"的意思,后来引申为"不喜欢""讨厌"的意思。但并未提到许衡的此条资料。
⑦ 见影印文渊阁《四库全书》本《鲁斋遗书》卷四。

从清华简《系年》看卫国的初封与迁都

刘 瑛*

【摘要】 清华简《系年》第四章主要讲述了西周时期卫国初封的历史以及春秋时期卫国迁都、赤狄入侵等史实。其中一部分内容传世文献未载。本文以讨论《系年》此章为主,以《系年》所记卫国史与《左传》《国语》《史记》等典籍的记载对照,分析异同,从而讨论《系年》此章对卫国史研究的重要价值。

【关键词】 清华简《系年》 周代 卫国 初封 迁都

清华简《系年》于2008年7月入藏清华大学。全篇分为23章,每章自为起讫,概要记述了从西周初年一直到战国前期的历史,其中有许多事件不见于传世文献。与《春秋》经传、《国语》《史记》等先秦文献相印证,有许多新的发现。这种史书体裁及一些文句,很像《竹书纪年》。该书讲述当时列国形势的由来与发展。书中记述了西周王朝的建立,从武王伐纣、周公东征到西周的覆亡,并讲到周平王东迁的历史。还记载了卫、晋、郑、楚、秦等国的兴起及变迁。书中不见于史籍的记载,可以帮助我们解决历史学、经学长期讨论的一些未决的问题。①

《系年》第四章②,主要内容是卫国的早期历史。涉及卫国的封建、迁都、赤狄侵卫等史实。本文以讨论《系年》此章为主,以此章所记卫国史与《左传》《史记》等典籍的有关记载对照,分析异同,从而讨论简文对卫国史研究的价值。

《系年》第四章:

> 周成王、周公既迁殷民于洛邑,乃追念夏商之亡由,旁设出宗子,以作周厚屏,乃先建卫叔封于康丘,以侯殷之余民。卫人自康丘迁于淇卫。周惠王立十又七年,赤翟王峎虐起师伐卫,大败卫师於睘,幽侯灭焉。翟遂居卫,卫人乃东涉河,迁于曹焉,立戴公申,公子启方奔齐。戴公卒,齐桓公会诸侯以城楚丘,□公子启方焉,是文公。文公即世,成公即位。翟人或

---

* 本文作者为北京大学中文系、北京大学中国古文献研究中心副教授。
① 李学勤《清华简系年及有关古史问题》,《文物》,2011年第3期,第70—73页。
② 《系年》,清华大学出土文献研究与保护中心编,李学勤主编《清华大学藏战国竹简》(贰),上海:中西书局,2011年。

涉河,伐卫于楚丘,卫人自楚丘迁于帝丘。①

下面分别从卫国初封、迁都与赤狄侵卫等方面讨论。

一、卫国的初封

简文云:

> 周成王、周公既迁殷民于洛邑,乃追念夏商之亡由,旁设出宗子,以作周厚屏,乃先建卫叔封于康丘,以侯殷之余民。

西周初期,商灭亡后,周武王封商纣之子武庚于故殷地,三分为邶、鄘、卫,以继承殷祀,保持与前朝的继承关系,安抚遗民。同时委派管、蔡、霍三叔监管,史称三监。武庚所在的邶、鄘、卫,即殷都所在,属今安阳到淇县和新乡一带,是殷人的核心地区。

然而这一策略因武庚及三监作乱而失效。周成王、周公平定武庚及三监之乱后,为汲取任用武庚失当的教训,加强对周室的护卫,继周武王初次封建之后,再次集中封建亲戚。周对殷民的管理采取分流措施,殷贵族被迁至成周严密监管,一部分殷民随纣王庶兄微子启迁至今商丘建立宋国,一部分随鲁国的封建迁到鲁国,一部分留在殷旧都一带,由卫康叔建立卫国进行监管。

简文所称"殷之余民",应即《左传》定公四年记载的"殷民七族"这一部分殷民:

> 分康叔以大路、少帛、綪茷、旃旌、大吕,殷民七族,陶氏、施氏、繁氏、锜氏、樊氏、饥氏、终葵氏。

这七族都是匠人、手工业者。

封卫的目的,是以同姓宗亲代替殷人监管殷都旧地,巩固拱卫洛邑的战略要地,镇抚殷遗民。

据简文所见,卫封于康丘。这是不见于传世文献记载的。卫康叔之称叔,是因为他是周文王第九子,武王弟。康,即其封地。

西周铜器屡称康侯,其名为丰(封),如康侯丰方鼎。② 西周铜器曾提到"王来伐商邑,诞命康侯图于卫"。③ 今以简文可以印证西周铜器铭文的记载。铭文所称的康,确实来自其封地之名;康叔名封,铭文与简文所记亦同。简文说:"乃先建卫叔封于康丘,以侯殷之余民",侯,即占领、镇抚地方。"卫叔封"即康叔。卫与鄘俱从韦,乃殷之别名。

---

① 《系年》第四章,《清华大学藏战国竹简》贰,下册,第144—146页。下简称为简文。
② 唐兰《西周青铜器铭文分代史征》,第33—36页,北京:中华书局,1986年。
③ 《殷周金文集成》(修订增补本)第三册,第2231页;04059,北京:中华书局,2007年。

马融《尚书注》曰:"康,国名,在畿内。"王肃注亦同。《史记·卫康叔世家》《索隐》曰:"康,畿内国名。宋忠曰:康叔从康徙迁卫。"都把卫当作畿内国,甚至说卫国是从康迁至卫。这是不准确的。卫并非畿内国,铜器铭文称之为"侯",简文亦说康叔"侯"殷之余民。

侯,西周金文有"殷东国五侯"(见保尊、保卣),①是武王克商后在殷地设立的五大占领区或五大军区。《左传》僖公四年,召康公之命提到"五侯九伯",其中也有"五侯",齐、鲁、晋、卫、燕,西周金文都称为侯。它们是周初封建地位最重要的诸侯国,卫居其一。卫康叔即占领区首长,故铜器铭文称之为侯。

二、卫国的封地

《左传》定公四年记载康叔的封地所在范围:

> 封畛土略,自武父以南及圃田之北竟,取于有阎之土以共王职;取于相土之东都以会王之东蒐。聃季授土,陶叔授民,命以《康诰》而封于殷虚。皆启以商政,疆以周索。

武父,约在今黄河之东南,山东东明县及河南兰考县之间。② 圃田,概郑之原圃,位于郑、卫交界之处。有阎,杜注曰为卫所受朝宿邑,盖近京畿,在今洛阳市附近。相土,殷商之祖,《太平御览》卷八十二引《竹书纪年》云"后相即位,居商丘",则相土之东都为今河南商丘。然《通鉴地理通释》四云"商丘当作帝丘",则东都当为今河南濮阳县(杨伯峻注)。《左传》所说的"封于殷虚",即在殷商的故墟封建卫国,所辖范围大致在洛阳附近到濮阳一带。

关于卫的初封地,《史记·卫康叔世家》记载:

> 武王已克殷纣,复以殷余民封纣子武庚禄父,比诸侯,以奉其先祀勿绝。为武庚未集,恐其有贼心,武王乃令其弟管叔、蔡叔傅相武庚禄父,以和其民。武王既崩,成王少。周公旦代成王治,当国。管叔、蔡叔疑周公,乃与武庚禄父作乱,欲攻成周。周公旦以成王命兴师伐殷,杀武庚禄父、管叔,放蔡叔,以武庚殷余民封康叔为卫君,居河、淇间故商墟。

据此,卫初封于河、淇间殷商故墟。河,即黄河;淇,即淇水,为黄河支流,南流至今河南淇县东北淇门镇入黄河。商墟,指商都朝歌(今河南淇县)遗址。

上述《左传》《史记》对卫的初封地只记载其大致的范围在殷商故址,但没

---

① 《殷周金文集成》(修订增补本),第四册,第3387—3388页;05415;第五册,第3693页;06003。北京:中华书局,2007年。
② 参谭其骧主编:《中国历史地图集》,第一册,图齐鲁,北京:中国地图出版社,1996年。

有记载明确的地点。

殷王畿在河内,即太行山和黄河故道的夹角内,即安阳—汤阴—鹤壁—淇县—卫辉—新乡一线,位于黄河故道以西。武王克商,封纣子武庚于殷地。三分殷畿为邶、鄘、卫,使管叔监卫,蔡叔监鄘,霍叔监邶。卫在淇县,邶在卫北(旧说在汤阴),鄘在卫南(旧说在新乡)。淇县即朝歌,卫是在殷都故址设立的。

而简文明确记载了卫的初封是在庚(康)丘,弥补了传世文献记载的不足。康,在今河南禹州市西北,今禹州市西北三十五里有康城村。康在邶、鄘、卫附近偏西南的位置,距淇县不远。《寰宇记》卷七阳翟县引《洛阳记》云:"夏少康故邑也。"①北魏时设康城县,属洛阳城郡。阳翟,亦在近河南禹州市,传说为夏禹之都。

三、卫的迁徙与赤狄入侵

由简文的记述而知,西周时期卫都初在康丘,简文其后说"卫人自康丘迁于淇卫",则卫曾经从禹州迁徙到淇水流域的朝歌,今河南淇县。迁徙的原因和具体时间,简文未有明确的交代。此次迁徙亦未见于史籍。

到春秋时期,简文和《春秋》经传及《卫康叔世家》都记载卫迁于楚丘、帝丘的历史。两度迁徙的原因,都是因为狄人的入侵。

《春秋经》闵公二年记载:"十有二月,狄入卫。"因为狄人的入侵,卫于二年后迁都。《左传》闵公二年:"僖之元年,齐桓公迁邢于夷仪。二年封卫于楚丘。"《左传》是在闵公二年预叙僖公二年卫迁楚丘之事。

《春秋经》僖公二年记载:"二年春王正月,城楚丘。"《左传》僖公二年说:"二年春,诸侯城楚丘而封卫焉。"此年狄人入侵,卫懿公兵败身死。卫立戴公,居无所定,暂庐于曹,故曰城,即诸侯先于楚丘建城,而后迁卫于此。孔疏云:"封者,聚土之名也。天子之建诸侯,必分之土地,立其疆界,聚土为封以记之,故建国谓之封国。卫是旧国,今云封者,以其君死国灭,更封建之,故云封也。"可见卫因狄人入侵而灭国,齐桓公出于存亡继绝,争取人心的目的,率领诸侯营建楚丘,复封卫于此地。楚丘在今河南滑县东,在卫国初封殷墟故地的东侧,即跨过黄河故道,处于故道的东边。

十年之后的僖公十二年,"十二年春,诸侯城卫楚丘之郭,惧狄难也",则诸侯又为卫营建楚丘城墙,防御狄人的入侵。

至僖公三十一年,卫又一次因为狄人的入侵而迁徙。《春秋经》记载:"狄围卫。十有二月,卫迁于帝丘。"(亦见《左传》僖公三十一年)帝丘,今河南濮阳县西南。僖公三十一年是卫成公六年。卫自楚丘向东迁于帝丘,两地相距不远,帝丘

---

① 〔宋〕乐史《太平寰宇记》卷七,第133页,北京:中华书局,2007年。

在楚丘东面,亦在黄河故道东边。帝丘之得名,是因为此地是颛顼所居之地,"颛顼之虚也,故为帝丘"(《左传》昭公十七年),今河南濮阳县西南有颛顼城。

《左传》《史记》没有明确记载侵卫狄人所属的部族。简文则云:"周惠王立十又七年,赤翟王峉虘起师伐卫,大败卫师於睘,幽侯灭焉。"明确指出了侵卫的是赤狄。此次赤狄侵卫在周惠王十七年(前660),这一年是鲁闵公二年,卫戴公元年,与史籍记载狄初次侵卫的年份相同。

北狄分赤狄、白狄。赤狄隗姓,白狄姬姓。《国语·郑语》:"潞、洛、泉、徐(余吾)、蒲。"韦昭注:"皆赤狄隗姓也。"后为晋所灭。《左传》定公四年称"怀姓九宗"(即隗姓九支),最初在晋南,后来在晋东南,春秋以来叫赤狄。隗姓之狄有:冯氏(在芮城、平陆一带)、东山皋落氏(在垣曲皋落乡)、潞氏(在潞城潞河古城)、甲氏(在武乡故城镇)、留吁(在屯留古城村)、铎辰(在长治市)、徐吾(在屯留徐吾镇①)、茅戎(在平陆茅津渡)、蒲戎(在隰县)、廧咎如(在太原)。

白狄主要在今滹沱河一线活动,即山西五台到河北石家庄一带。赤狄先在晋西南活动,后活跃于晋东南地区,即今山西长治地区的屯留县。

简文的赤翟王峉虘,不见史载。狄称王,《竹书纪年》曰:"武乙三十五年,周王季伐西落鬼戎,俘十二翟王。"西落鬼戎即是狄。或狄人仿效周王的称谓,自称为王。峉虘,亦不见史载。峉,从山从卯。楚文字留字,上半同此,下面有田,而此字省去田。虘,上从虍下从口,在楚文字,通常用作乎或呼(乎亦作虖,呼亦作嘑),而呼、吁,古书用为通假。峉虘,即通留吁。

留吁,属赤狄一部,故地恰好在今山西屯留县东南古城村。《春秋经》宣公十六年云:"十有六年春王正月,晋人灭赤狄甲氏及留吁";《左传》宣公十六年云:"十六年春,晋士会帅师灭赤狄甲氏及留吁铎辰。"则留吁于鲁宣公十六年(前593年)为晋所灭。

从留吁所处的地理位置来看,这一部赤狄侵卫最近最便利的路线应是从屯留出发,向东南经过长治、陵川;陵川至辉县之间,有重要的出太行山的山口——白陉,从陵川继续向东穿过白陉,出太行山,即到达今河南辉县、淇县、新乡卫国所在之地。

简文云卫师败绩于睘。古本《纪年》云:卫懿公及赤翟战于泂泽。而《左传》闵公二年云战于荧泽。荧、泂,皆匣母耕部字;睘,属群母耕部,可以通假。荧泽,近黄河南岸。

赤狄所灭卫侯,《左传》《史记》云卫懿公,《论衡·儒增》云哀公,简文作幽侯,清华简整理者认为或为谥法互异。② 从西周谥法看,若非记载有误,则可能

---

① 唐兰《西周青铜器铭文分代史征》,第33—36页。
② 《系年》第四章,《清华大学藏战国竹简》贰,下册,第145页。

属于双字谥。

《左传》闵公二年:"立戴公以庐于曹。"与简文相合。曹,卫邑,今河南滑县西南白马故城。

简文云齐桓公会诸侯以城楚丘,与《春秋》经传僖公二年相合。

简文云卫成公即位(周襄王十八年,前634年),狄人涉河伐卫,卫自楚丘迁于帝丘。与《春秋》僖公三十一年经传相合。《卫康叔世家》集解引《世本》云:"成公徙濮阳。"帝丘在今河南濮阳西南。

可见自闵公二年至僖公三十一年,卫两次由于狄人的侵入而迁徙,先至楚丘,后至帝丘,即从黄河故道的西岸迁到东岸,远离了旧殷都的核心地区。

其后,僖公三十二年,《春秋》经传记载卫人反攻侵狄,狄人求和,卫最终与狄人盟约。而文公十三年,狄复侵卫(《春秋经》文公十三年),狄与卫始终处于交战的局面。

清华简《系年》第四章有关卫国初封、封地、迁徙等内容,比之传世文献的记载有异有同,重要的是简文有不见于传世文献的记载,可以之与文献对比印证,做文献记载的补充。首先,简文明确指出卫的初封地是康丘,卫的第一次迁徙是从康丘迁徙到淇卫。第二次、第三次迁徙是到楚丘和帝丘,都是因为赤狄的入侵。据简文所记,则卫的迁徙路线是康丘—淇卫—楚丘—帝丘。经过这几次迁徙,卫国从西周初年所封的拱卫洛邑的重要侯国,衰落成离开核心区域,远在黄河故道以东的小国。其次,简文提到侵卫为赤狄部,并明确指出是赤狄中留吁一部,也是不见于史载的。这些记载极大丰富了我们对卫国早期史实的认识,是十分珍贵的史料。

以古言征古义
——浅谈日本古文辞派诠释汉籍的理论及方法

杨海峥*

【摘要】 日本江户时代荻生徂徕创立古文辞派,强调以古言征古义,即通过研读经典原文去探究经典的内涵。其主张在日本学术界和教育界都产生了很大影响。本文介绍和评析荻生徂徕及其后学太宰春台、服部宽的汉籍经典诠释理论和实践,以期对古文辞派的特点及其在日本汉学发展史上的地位有更深入的了解和把握。

【关键词】 古文辞派　荻生徂徕　太宰春台　服部宽

江户时代(1603—1867)是日本儒学发展的全盛期。随着日本儒学的发展,在朱子学派之外出现了古学派、阳明学派、折衷学派等不同的流派。各学派的儒学者大多在各级学校及民间私塾中任教,其思想也通过生徒广泛传播。十八世纪初,特别是享保元年(1716)以后,朱子学派开始衰落。宽政二年(1790),幕府颁布"异学之禁",在昌平黉独尊朱子之学,以其他学派为异端,不准教授,但仍有学者根据自己的治学兴趣进行私人的研究与传授。各学派之间学术观点的论争,使日本儒学有了更加深入的发展。

古学派学者原多为朱子学的追随者,后怀疑朱子学与孔子、孟子的原意不同,转而提倡古学,成为朱子学的反对派。古学派以复古的面貌出现,实质上是提倡一种新学,呼吁不依赖后人的注疏,从孔、孟的原著中直接探索儒学的真谛。古学派学者各人的思想体系有较大差别,后又衍生出若干分支。荻生徂徕(1666—1728)是古学派的主要代表人物,名双松,字茂卿,号徂徕、蘐园、赤城翁。江户人。他从古学派中分化出来,创立古文辞派,提倡经史考证,广收生徒,教授汉文学,在日本学术界和教育界都产生了很大的影响。

古文辞派强调理解经典的最好方法就是熟读经典,主张摆脱前代注解的束缚,通过研读原文,了解原书的字义及遣词造句的方法,进而去探究经典的内涵。荻生徂徕在教育生徒时倡导汉文直读法,强调不通过和训,用中国音直接阅读中国典籍。"读书欲远离和训,此则真正读书法。"① 他提倡以"古文辞"

---

* 本文作者为北京大学中文系、北京大学中国古文献研究中心副教授。

① 《译文筌蹄言十则》第196页,《徂徕集》卷十九,《近世儒家文集集成》第三卷,东京:ぺりかん社,1985年。

作为经典解释的重要方法,而其所谓"古文辞"主要是指以儒家六经以及先秦两汉史书、诸子著作为载体所保留下来的古言和古义。即通过"古言"去发现经典中蕴含的"古义"。他在其《论语徵》"题言"中讲:"余学古文辞十年,稍稍知有古言。古言明而后古义定,先王之道可得而言已。"①力主回归原典。在他看来,后孔子时代的儒者之所以对圣人之道产生误读误判,原因在于他们"不识古文辞"。他认为所谓"义理"是后人的一己之见,不足为据。但他一方面痛恨义理之学,不接受宋儒及后代学者对典籍中的思想有任何创新发挥,一方面又在对经典的诠释中融入自己的思想义理,其《论语徵》中就有很多阐发义理之处。所以究其实质,荻生徂徕是要通过"古文辞"这一手段来重新建构对儒家经典的诠释理论。

在普及汉学教育方面,他主张继承前代以"俚谚抄""俚谚解"疏解汉籍的传统,重视汉籍的口语翻译。用"国字"即日本语来解释中国的经传诸子。② 荻生徂徕所倡导的用通俗的日文来解释和普及汉籍的"国字解",后来在日本产生了很大影响,成为日本普及汉籍教育的重要形式。

荻生徂徕的主张在当时影响很大,甚至形成了一种风气。荻生徂徕去世后,古文辞派一分为二,经术首推太宰春台,诗文首推服部南郭,二人都以继承发扬古文辞派的学说为己任,进一步推进了古文辞派的发展。

太宰春台(1680—1747),名纯,字德夫,号春台,又号紫芝园。信浓人。③成年后赴京都游学,听闻徂徕倡导古文辞学而入其门,但师生二人的观点时常相左。他力主以汉语读汉籍,④将古文辞派的主张更向前推动了一步。太宰春

---

① 《论语徵》第 4 页,《荻生徂徕全集》第三卷,东京:みすず书房,1978 年。
② "俚谚抄""俚谚解"起源于室町时代,流行于江户初期,五山僧侣研读汉籍并开设讲堂传授给弟子,由此产生了把讲课内容抄写下来的口语体笔录,即以当时通行的俚俗谚语解释汉籍的一种解释方法。这种解释方式对日本人来说容易理解,利于汉学被日本人接受。日本现存最早的口语体《史记》注释书是室町时代释桃源瑞仙的《史记抄》十九卷。卷首为史记源流、集解序、补史记序、索隐序、正义序、三皇本纪,其后为《史记》一百三十卷目录。正文中没有十表和八书。桃源瑞仙对《史记》的解释非常详细且通俗易懂,将《史记》与《左传》《国语》《战国策》《汉书》《资治通鉴》比较参照,考订《史记》史实,指出《索隐》的错误。揭示《史记》中所蕴含的思想,对司马迁及其《史记》十分景仰。对后代日本《史记》研究影响深远。桃源瑞仙的《史记抄》现在日本存有多个抄本。刻本有宽永三年(1626)活字本。昭和十二年(1937)三ケ尻浩又以宽永三年的古活字本为底本,辅以其他善本校订,影印出版。
③ 太宰春台的著述主要有:《易占要略》一卷,《易道拨乱》一卷,《近体诗韵》一卷,《群书杂抄》,《经济录》十卷,《经济录拾遗》二卷,《国字书》一卷,《古文孝经孔安国传校正音注》一卷,《古文孝经正文》一卷,《孔子家语增注》十卷,《兴观集》,《三王外纪》三卷,《产语》二卷,《诗论》一卷,《诗书古传》三十四卷,《周易反正》十二卷,《修删阿弥陀经》一卷,《紫芝园漫笔》八卷,《紫芝园前稿》,《紫芝园后稿》,《朱氏诗传膏肓》二卷,《春秋三家异同》,《春秋拟释例》,《春秋例》一卷,《新选唐诗六体集》,《亲族正名》一卷,《圣学问答》二卷,《斥非》二卷,《独语》五卷,《独言》五卷,《二王外纪》一卷,《文论》一卷,《放生会记》,《辨道书》一卷,《倭读要领》二卷。
④ 参见〔日〕太宰春台《倭读要领》,日本早稻田大学藏享保十三年(1728)刻本。

台一生致力于经史研究,不满宋儒的义理之说,作《朱氏诗传膏肓》,对朱子之说进行驳斥。认为朱熹对《诗经》的疏解均为脱离经书本身的无用之辞,应全部删掉。他遍注群经,有力地推动了反宋学空疏、提倡回归文本本身的潮流。其《古文孝经孔氏传》传入中国,收入《四库全书》,在中国学术界产生了一定的影响。太宰春台认为解经必须通史,在其倡导下,古文辞派对《左传》《国语》《战国策》《史记》《汉书》等史书都有深入研究并重新加以注释。

但太宰春台因厌恶宋学的义理之说而走向极端,不允许有任何超越文本的评论。在其《紫芝园漫笔》中对当时在日本流行的汉籍注本进行了严厉批评:

> 历选古今注家,唯司马贞《史记索隐》,张守节《史记正义》,林希逸《老庄鬳斋列口义》最为钝劣浅学,不足取已。五臣《文选注》亦然。司马贞《索隐》述赞,自有述赞以来,未有若是之拙者。①

太宰春台不仅认为司马贞《史记索隐》、张守节《史记正义》、五臣《文选注》是古今传注中最为拙劣之作,还特别提到了林希逸的《老庄鬳斋列口义》"最为钝劣浅学"。在《紫芝园漫笔》卷八中,他也有对林希逸的批评:

> 宋儒之愚者,当以林希逸为最。夫为老、列、庄三子著口义,往往傅会以释氏之说,又时以吾圣人之道较之。夫三子之所以为道,与吾圣人与释氏皆异其指。虽间有如同者,特其末耳。希逸见之,因欲合而一之,所谓不揣其本而齐其末者也。既不知三子,又不知释氏之道,何况吾圣人之道乎?②

太宰春台认为林希逸的《老庄鬳斋列口义》"钝劣浅学,不足取已",正是其强调从古文辞入手,由古言得古义,从文本本身探究其思想的学术主张的体现。他在《紫芝园漫笔》中反复强调注书不必详说,宋儒好作评论戕害学者的观点。如:

> 注书不必详说,但下一二训诂,令本文可读则可已矣。间有简古难通者,略添两三字以通之亦可,尤忌烦琐。本文正意,且不得缕说,况余意乎?大要在使学者思而得之耳。汉儒说经,莫不皆然。予少年时,读杜注《左传》,恨其简略,迨乎反覆熟读,渐晓大义,乃知注之简略,有益于学者焉。如宋儒说经,唯恐其不详,欲益学者,适遗其害,诚可厌哉。(卷二)

> 宋儒人不知其害。孟子所谓似而非者,孔子所恶也,由是言之。宋儒

---

① 参见太宰春台《紫芝园漫笔》,《崇文丛书》第一辑之四十四至四十八,日本东京崇文院昭和二年(1927)刊行。
② 林希逸(1193—1271),南宋末年理学家。其《列子鬳斋口义》《老子鬳斋口义》《庄子鬳斋口义》三部著作语言直白浅显,并援引佛禅之语对原书进行疏解,受到中文水平有限的日本学者的欢迎,在日本影响极大。

之厄斯道,大于秦火万万。吾侪为仲尼之徒者,得不疾而恶之哉!(卷五)

　　自唐以前,注古书者,解文义而已,无作评论。宋儒好作评论,故古书之有评自宋以来,极为无用。夫评者,论是非而已,是非无定论,人各是非其是非,安得以已之是非是非天下哉?故作书评者,是欲以区区之所见是非天下也,可谓僭矣。如凌以栋《史》、《汉》《评林》,犹多无用之评,况其他乎?余每读书,见后儒评语不欲读之,往往涂抹之,为其无益于学者也。(卷九)

他推崇汉唐时期专注于名物训诂的解经之法,并由经及史,在批评宋儒义理之学无益于学者的基础上进一步批评《史记评林》和《汉书评林》的繁冗无用。由孔子作《春秋》论及司马光《资治通鉴》：

　　昔者孔子作《春秋》,时事而已,未始明其义,亦不著论,使后人必思而得之。左氏传乃略著其说,当时君子虽有讥评,特十一二耳,非史家所要故也。及司马温公作《通鉴》,则主于著论。温公本欲论时事得失而不可,故录往事以为论题而已。后儒效是作古史,皆略于纪事,而详于评论,大非史家本色。夫学者为明经术,则其读史也,往事之得失,了了于一目。何用前人讥评为?故余每读《通鉴》及诸家古史,有评语者,尽涂抹之。恶其妨史学也。(《紫芝园漫笔》卷十)

这里太宰春台由评史评进一步扩展到评史著,他认为司马光作《资治通鉴》"本欲论时事得失而不可,故录往事以为论题而已",是借著史来评论时事之得失,而这种略于纪事而详于评论的著史方法是妨碍史学发展的。

太宰春台还对自汉至明各朝的学风进行了总结和评价：

　　汉儒憨而恭,宋儒慧而率,明儒黠而妄。观其注经传古书,汉儒解义多迂疏,然于本文可疑者,但云某当作某,某读如某。谬误无可疑者,犹不敢辄改之,况敢删之乎?可谓恭矣。如郑康成注三《礼》是已。宋儒解义多详悉,然亦多臆说。见本文可疑者,率意改之。病在不知古训,以今说古。明儒却能寻讨,有超先儒,而泝往古者。然好删古书,如《史记》《汉书》《世说》《文选》,宋人并存诸家旧注,不厌重复。明儒乃厌重复,而互删去。使后学者不得见诸家全注。凌稚隆之于《史》《汉》,王世贞之于《世说》,田汝成之于《文选》皆然。世贞于《世说》,不唯删本注,并正文删之,而补入后事于正文。既删古本矣,补何为哉?明儒之妄多如此,名为好古,而实亡古者也。故读书者,当求古本,然古本难得,得宋本斯可矣。明本为下。

　　自宋儒好评古人古书,而明儒效之,凡于古书必著评语,或标于上,或注于旁。又加点于本文之旁,或圈或批,率无空纸。夫学者不能读书则已,苟能读书而解文义者,讥评在其心,不必待先儒之评。且天下是非不一,所见人人殊,则先儒之评,亦不可以为定论。况经生道学之论,何所用哉?是评无益于学者也。至评点则尤无用者也。凡点书者,必遇奇语俊语要语妙语而点,以为志也。此亦在读者之心,无待于先儒之点也。况先儒之点,不必其文宜志者,率孟浪点之,徒累看者之耳目。俗所谓佛面著粪者也。故有点不如无点。予每得古书而读之,有评注则以朱若黑抹之,有评点则以粉窜涂之。虽不洁可恶,犹愈有点,且可加新点也已。呜呼!宋儒之僭妄,明儒之狡猾,皆可憎哉!

太宰春台从自己的学术立场出发总结了自汉代至明代学风的转变:"汉儒愨而恭,宋儒慧而率,明儒黠而妄。"指出汉儒虽解经义多迂疏但谨慎阙疑,宋儒解经义多详悉然多臆说,明儒好评点并妄改古书,认为"宋儒之僭妄,明儒之狡猾,皆可憎哉!"

太宰春台在《书史记评林后》中也强烈表达了对《史记评林》的不满:

> 凌以栋著《史记评林》,旧注之外,增附《索隐》《正义》则犹不恶,唯《索隐》述赞极无味,其"评林"则为无用。其载《三皇本纪》,则为马《史》之蛇足。其载弇州拟短长说,李沧溟拟秦王辞,则为戏谑。此三者,皆无益于史学,而徒烦读者。要之凌氏之为斯也,其用者仅十一二耳,余去之可也。李光缙何为者而增补之,吾悲其意云!……予尝得《史汉评林》而读之,见其讥评无用者,悉涂抹之,恶其劳目也。嗟乎!王元美、徐子与好古之士,而作序以扬抂凌氏之举,抑何意哉?予尝怪焉。①

太宰春台肯定凌稚隆《史记评林》在《史记》正文之下收录"史记三家注",但强烈反对《史记评林》广收自汉至明各家评论《史记》之说的作法,他认为《史记评林》中有价值的评论只有十分之一二,其余应全部删去。

诗文评点在唐代就已出现,到宋代在内容与方法上日趋成熟,明代诗文评点成为风气,评点与词语注释结合在一起,形成评注体。《史记评林》《汉书评林》就是其代表。这种汇集前代注释并随文评点的方式使读者在阅读的过程中可以随时将评点与原文对照,加深对作品的感受和理解,是有其可取之处的。

太宰春台虽然极度排斥自宋代以来的评论古书之风,对明代的评点之学尤为深恶痛绝,认为学者不能以一己之是非来断天下之是非,但他自己在读古书的过程中,不仅关注对字词的训释,对古书的体例、风格及书中人物也多有评论。如在《紫芝园漫笔》的卷三和卷五中有多条对《史记》的注释和评论。如:

---

① 〔日〕太宰春台《春台先生紫芝园后稿》卷之十,江户小林新兵卫宝历二年(1752)刊本。

《史记·燕世家》曰"图穷而匕首见",穷犹尽也。魏文帝与钟大理书曰"绳穷匣开","穷"字义正与《史记》同。(卷三)

解释字义,并举他书之例以证之。

《史记·淮阴侯传》曰:守儋石之禄者,阙卿相之位。"阙"字无音释,人多不识。余阅《五音篇海》曰:阙,丘月切,少也,本出俗字背篇。是则音义与"阙"同。盖俗字也。(卷四)

校订《史记》文字,现所见《史记》各本此字均作"阙"。江户时代,日本出现众多和刻本《史记评林》,太宰春台所据底本当为和刻《史记评林》之一种。

戚,卫地名,孙林父之邑。《史记》字皆作"宿",独《赵世家》作"戚",自为一家。事虽出于《左氏》,文则随义而换。《评林》董份曰:太史公虽欲成一家,必不改戚为宿,此乃误耳。纯按:《卫世家》言"戚"数处,字亦皆作"宿",是太史公不应如此误。盖戚地有二名,犹祝其实夹谷也。或读"宿"为"戚"者恐非。(卷五)

《左传》哀公二年有"六月乙酉,晋赵鞅纳卫大子于戚";哀公十五年"太子在戚";襄公十四年"二子怒,孙文子如戚";襄公二十六年"孙文子在戚";襄公二十九年"将宿于戚"。

《史记·赵世家》:"简子与阳虎送卫太子蒯聩于卫,卫不内,居戚。"《正义》:《括地志》云:"故戚城在相州澶水县东三十里。杜预云'戚,卫邑,在顿丘县西有戚城。'是也。"

戚是春秋时卫邑,在今河南濮阳市北十里。《史记·卫康叔世家》述及此事时此地名均作"宿"。

《卫康叔世家》"二子怒,如宿。"句下《索隐》:"《左传》作'戚',此亦音戚也。"《正义》:"宿,音戚。"

"宿"在上古音中是清母觉韵,"戚"字在上古音中是心母觉韵,清母、心母均为齿头音,二字音近通假。《索隐》《正义》的解释是正确的。

《伯夷传》云"肝人之肉",读者每疑"肝"字,虽注《史记》者无有明解。殊不知文有反句之法。《左传》云"室于怒","市于色",言"怒于室","色于市"也。"肝人之肉"当云"肉人之肝"也。肉犹言"鱼肉"之也。韩昌黎文云"衣食于奔走",亦此法也。唯诗亦有之。如"红稻啄余鹦鹉粒","碧梧棲老凤凰枝","黄鹄高于五尺童,化为白凫似老翁。久搦野鹤如双鬓"。诗家谓之倒装句法,即所谓反句也。(卷五)

《伯夷列传》中的"肝人之肉"一句,历代注家众说纷纭。太宰春台引《左传》、韩愈文及唐诗之例,认为此句是"肉人之肝"的倒装。从语法的角度作出新的解读。

以上各例为对《史记》各篇文字音义的训释。《紫芝园漫笔》中对《史记》《汉书》的评论更是占了很大篇幅。如卷五中有：

> 高祖尝繇咸阳，从观秦皇帝，喟然太息曰："嗟乎！大丈夫当如此也！"纯谓高祖之志大矣。然凡为士者，不可无是志也。夫生而无事，与犬马同死，而填沟壑者，非男子也。

> 项羽名籍，羽自称必曰"籍"是也。《史记》本纪载羽既杀上将军宋义，出令军中曰："宋义与齐谋反楚，楚王阴令羽诛之。"纪中唯此一处羽自称曰"羽"，盖记者误耳。

> 文有以一字该括数言者。《左氏》记晋太子申生之言曰："君非姬氏，居不安，食不饱。"《檀弓》则曰："君安骊姬"。"安"之一字，该括《左氏》三句。《史记·齐世家》曰"及雍林人杀无知……是为桓公"，《鲁世家》则曰："鲁欲内子纠于齐后桓公。""后"之一字，该括《齐世家》数十字。非《檀弓》文工于《左氏》，《齐世家》文不若《鲁世家》，其实行文各有所宜也。李空同盖尝有论焉。

> 《晋世家》叙文公，首称重耳"自少好士"。太史公此四字，说尽文公心事。盖文公以出亡櫜子，而能复其国，且成霸业，实以好士得之。

> 古文叙事间，有插入注解者。如《陈丞相世家》叙王陵事曰："以善雍齿，雍齿高帝之仇，而陵本无意从高帝。""雍齿高帝之仇"六字是注解。本当云"以善雍齿，而陵本无意从高帝"。而于篇中未见雍齿，则恐人不知其何为者而惑焉，故于雍齿之下插此一句，以明其意。亦一法也。

> 《伍子胥传》云：伍胥知公子光有内志，欲杀王而自立，未可说以外事。"欲杀王而自立"一句，乃所以解上句"内志"二字也。内志故不必解，而下句解之。古文亦有此法，太史公时用之。

> 吴起为卒吮疽事见《韩子》，太史公载之本传，事同而文则《史记》胜《韩子》。

> 邹阳《谏吴王书》胜《狱中上书梁王》。太史公作传，载《狱中书》而不载《谏吴王书》，何哉？

> 太史公文变法甚多，不可捉着。唯《刺客传》记燕丹与鞠武言，与田光言曰："愿因太傅而得交于田先生可乎？"鞠武曰："敬诺。""因先生得结交于荆卿可乎？"田光曰："敬诺。"此二处文法不易一字，不使田光与荆轲有重轻也。多变法之中，又有必不变者，即是变法。

> 太史公以汲黯郑当时同传，予憾焉。盖长孺之直，则国家之所以为重轻，千古以来一人而已。庄也虽亦一时之儁，而非难得之人也，岂得与长孺比肩哉？

以上各例是对《史记》的文法、句法、叙事风格、取材标准、纪传体例、与他书对比等问题的讨论，此外还涉及对《史记》中所记载人物的评论。太宰春台的这些评论与宋明以来学者对《史记》的评论范围及方式基本相同，可见其在强烈反对宋明学者空疏的同时也深受明代评点之学的影响。

《紫芝园漫笔》卷七至卷九所收多为对《汉书》的注释和评论，内容包括注音释义、对颜师古《汉书》注纠谬、《史》《汉》对比、品评《汉书》中所载人物及所收录的文章等方面。如：

> 班掾作《古今人表》，后儒讥其无与于汉史，诚然。余惟孟坚特欲品第汉人为九等，而不足其等，非以古人比之，不可以尽之。故有是作也。非有意于表古人，特以表今人耳。（卷七）

> 班孟坚作《古今人表》，后儒多议之者。杨用修曰：洪荒以来，非汉家之宇；上古群佐，非刘氏之臣。乃总古今以著人表，既以乖其名，复自乱其体，名义谬矣。焦弱侯亦曰：表名古今，而篇中所列，不及汉人，尤为不惬，纯谓不然。古今人表者，所以品隲古今人物也，当有所比拟，故表古人者，所以为标准也。其不表汉人者，讳避也。表名古今，而篇中不列汉人，所以示意也。虽不列汉人，然以所列古人为标准，而以纪传所载汉人行事比之，则其等级伦类可知矣。要在详考之耳。余故曰：古今人表，不为汉史之累，若弱侯所谓品隲无章，是非鹜乱者，余亦不敢掩其瑕。（卷九）

他认为《汉书·古今人表》中不收录西汉时人是班固有意为之，班固是要以其表中所列古人等级为标准，将《汉书》纪传中所载汉人行事与之相比照，则等级伦类自现。

> 《汉书·货殖传》因《史记》为文则可，其载范蠡、计然、子贡、白圭、猗顿、郭纵、乌氏嬴、巴寡妇清，是皆周秦前世人，非汉人也，何关汉史？此吾所不解也。（卷九）

太宰春台虽然认可《汉书·古今人表》的体例，但他对《汉书》作为断代史，在《货殖传》中记载西汉之前人的事迹表示不解。这体现了太宰春台对史书体例的见解。

> 《汉书》载高祖诏田横状曰：横来，大者王，小者侯。师古曰：大者谓其长率，即横身也。小者其徒属也。纯案：大者王，小者侯，言汉所以赏横，若王若侯，有二论也。《孟子》陈代曰：今一见之，大则以王，小则以霸，亦就一国言之也。不然田横徒属五百人，宁可胜封哉？颜注谬矣。《史记》载此辞曰：田横来，大者王，小者乃侯耳。言汉之封横，大则王，小亦不下侯也。下一"乃"字其意明。大小皆就横一身言之也。《汉书》注不可从也。

《景帝纪》云：弗能胜识。师古曰：胜识尽知之。解"胜"为"尽"甚当。凡言可胜、不可胜之类，皆当用此解。胜平声音升。

《汉书·张良传》曰：臣闻其将屠者子。贾竖易动以利。贾竖犹言牧儿屠儿，贱之之词，非有深义也。颜注：商贾之人，志无远大，譬犹僮竖，故云贾竖。可谓凿矣。

《张良传》又曰：且楚唯毋彊，六国复挠而从之，陛下焉得而臣之？"唯"，辞也。"毋"，《史记》作"无"，音义同。"毋彊"犹言"莫强"也。盖言郦生欲立六国后以挠楚权。今楚唯天下莫强焉。虽立六国后，恐未足以挠楚。而六国且复挠而从之，从楚之国，汉焉得臣之？晋灼、韦昭皆如此说。服虔曰：唯当使楚无强，强则六国弱而从之。此说非也。师古以服为是亦误，详味本文，其意自见。（卷七）

以上各条是对颜师古《汉书注》的考释。或指出其错误并分析原因，或肯定其注音释义的准确。

司马相如者，淫乱无行之人也，亦阿谀奉迎之士也。传中所载文章，《子虚》《上林》二赋，其罪小；《谕巴蜀父老》二檄，其罪大；《大人赋》，其罪甚大；至于《封禅文》，其罪极大。唯《谏猎书》，仅见其忠于上，然亦小善耳。夫相如之行，名教之所不容，君子之所恶也。安得以一小善，赎数大罪哉？

予甚爱《盐铁论》文，典则雅驯，论事明凯，立言和平，有长者之风。桓宽有如是之才识，而班史不为立传。殊为可恨。宽字次公，汝南人，事略见《车千秋传》赞中，治《公羊春秋》云。

《霍光传》废昌邑王奏，列群臣三十六人名，中有二光二延年，三德二胜，汉人多同名乃尔。（卷七）

以上各条是对《汉书》中所收人物及文章的评论。

《郦商》赞云：虽摧吕禄以安社稷，谊存君亲可也。"虽"下当有"曰"字而省之，语急故也，亦古文法也。

《汉书·马宫传》云："宫本姓马矢，宫仕学称马氏。"我日本镰仓时右族有牛粪氏，亦不足怪也。

"佛工有伪作古佛像者，取古佛公及名僧所作佛像，不问坐立，自顶上析作两片，用同木各足其半躯，胶固其缝，然后左右照其故半躯，刻其所足，肖则成矣。余尝谓：班孟坚作《汉书》，武帝以前，全用《史记》文，而稍增损之。天汉以后，乃孟坚所自撰，仍效子长为文。故其文颇似子长，是则拟作之类，非孟坚本色也。此与所谓伪作古佛像，其事相类，不亦奇乎？以孟坚他作观之，《汉书》非其本色可见也。

历史唯马《史》班《汉》，读之令人忘倦。予每有所检，辄遂读数纸，或至终卷。愈读愈有味。降自范晔《后汉书》,文辞不足观,读之易倦。苟涉猎而得事之奇者,而记之可矣。书生有会读二十一史,而讲究其义者可谓徒费工夫矣。(卷九)

太宰春台认为《汉书》武帝之前的部分沿袭《史记》的文字,班固自撰的部分也是模拟《史记》的风格,故《汉书》不能代表班固的文章风格。他盛赞《史记》《汉书》,将其作为汉文的典范之作来学习,认为其后的正史均"文辞不足观",不能与《史记》《汉书》相提并论。

太宰春台之外,荻生徂徕的弟子服部南郭对推进古文辞派的主张也发挥了很大作用。

服部南郭(1683—1759),名元乔,字子迁,称小右卫门,又号芙蕖馆、同雪、观翁。京都人。服部南郭年老时,徂徕学派的名流已凋落殆尽,而南郭岿然独存,所以名望益重。他大力提倡回归文本本身,对当时流行的评注本《左传》非常厌恶,故去掉所有注释,刊刻白文本《左传》,又出版白文句读《文选正文》十二卷,并作《唐诗选国字解》七卷。服部南郭曾告诉弟子,自己年轻时即专心研读杜甫诗,久而久之,烂熟于心,写诗也能得杜甫诗精髓。不依赖前代注解,通过熟读原文来理解经典本义是其学术主张的概括。①

服部南郭的主张对其生徒产生了很大影响。宽政四年(1792),服元宽编修磐船木活字版《史记》一百三十卷。服元宽为磐舟郡村上藩文学臣,其父亲跟随服部南郭学习并深受其影响,服元宽继承父志,从文学的角度对《史记评林》进行批判,认为《史记评林》过多罗列前代评点,割裂了《史记》原文,影响了读者对《史记》文章的欣赏和学习。为改变这一现状,他积极推动了无注本《史记》的刊刻,这对在日本处于全盛期的《史记评林》的流行起了一定的冲击作用。

他在其所刻无注本《史记》序中提到:

> 盖缀文之学,莫不从左氏、司马氏始,而国读句乙蠛蠓盈简,苟随其读,或至使辞之所存茫乎不知也。呜呼!读云,读云,国读云乎哉!宽先人从事南郭先生,先生已厌其如此,乃拠左氏之正文,驱其蠛蠓,以授从游之士。先人亦以此大劝其道今。宽欲效先人所资,复据司马氏之正文,驱其蠛蠓,用见文辞之所在焉。遂与僚友谋议活版之举。……课其众读手读此活字也,不复暇校,谬误焉然,犹庶几吾辈之士剖析字句,沉思文辞,则缀文之道或得于斯。今八表存其序,除其谱牒及众家序论不载,主于正

---

① 参见竹林贯一编《汉学者传记集成》第164—168页。东京:关书院,昭和三年(1928)印刷,昭和二十年(1945)改定发行。

文也。若夫有倒字脱落待读者正补云。

　　作为主掌文学之臣,服元宽对《史记》十分推崇,认为"缀文之学,莫不从左氏、司马氏始",而当时流行的《史记》刊本都加句读和训读,且多收录各家注解评论,这些附加到《史记》文本上的东西湮没了《史记》文字本身,使读者陷于训读和注解评论的包围之中,不知《史记》"文辞之所在焉"。所以服元宽此本删掉全部的句读、训读以及评论,只刊刻《史记》正文。其目录及篇章顺序全以《太史公自序》所列为准,十表仅存表序。《史记》正文或通篇不分段,或只在一人事迹结束另起一人时分段。目的是使读《史记》者"剖析字句,沉思文辞",从而体会"缀文之道",真正能体味到《史记》文辞之妙。

　　磐船木活字版《史记》的刊行,是古文辞派强调回归经典以探求本义的思想的体现,也是对一直盛行的《史记评林》的反击。去掉注解、评论,只保留《史记》正文,让读者通过阅读文本本身去体味和理解《史记》的精妙之处,其本意是恢复《史记》文本的本真,但其去掉全部句读和训读的做法,也会给读者带来不便。日本宫内厅书陵部所藏磐船木活字版《史记》,有后人用朱笔对全书作了点断并加训读,在相关句下添加了简单疏解,天头抄录"三家注"。可见,在白文本和评注本之间如何把握一个适当的度,既方便阅读理解又不因过度注解而割裂原文,是一个需要认真思考的问题。

武英殿本二十四史翻刻翻印考述

张学谦*

【内容提要】 殿本二十四史在清代、民国间十分流行，出现了众多的翻刻本、影印本、排印本。由于殿本校刊过程的复杂性，使得不同时期的印本在文本上存在不少差异。咸丰、同治至民国间的翻印本往往是拼凑不同时期印本而成的混合本，并不存在以整套乾隆初印本为底本的版本。

【关键词】 殿本　二十四史　翻印本

武英殿本二十四史是历代正史的重要版本。自殿本二十四史出，便成为除汲古阁十七史外最为通行的版本，影响覆盖清代中后期，直至民国间。殿本作为官方定本，校勘较为精审，刻印尤其精美，咸丰以来，尤其是同光时期及民国初年，其翻刻本、影印本、排印本层出不穷。新中国成立以后，随着"点校本二十四史"的陆续出版，殿本二十四史已经不再作为通行本流通。但对相关研究者来说，殿本仍然是不可或缺的参校本。

殿本的校刊是一个复杂、曲折的过程，其校刊工作虽然主要在乾隆初年进行，但其后又对《辽》《金》《元》三史进行了改译并新编了《三史国语解》，新辑出《旧五代史》，对《明史》进行了修订。道光间又新刊《辽》《金》《元》三史改译本，对二十史进行了较大规模的修版，整个过程延续近百年。[①] 因此，不同时期的殿本二十四史印本，文本上存在一些差异，其中《辽》《金》《元》三史及《明史》尤甚。由于建国后并没有重新影印过殿本二十四史，现在的研究者所利用的殿本多是清代后期及民国间的翻印本。即使是中华书局正在进行的"点校本《二十四史》修订工程"，就本人所知的几个修订组，所用殿本也并非原本，而是更为易得的民国石印本。实际上，这些石印本的底本并非如其宣传的采用殿本初印本，而往往是拼凑了不同时期的刻印本。所以，考察殿本翻印本的基本情况，对于我们恰当利用这些版本进行研究，仍是不无裨益的。

《四库全书》《四库全书荟要》皆以殿本抄入，因此亦属于殿本系统。同时，

---

* 本文作者为北京大学中文系古典文献专业2013级博士生。
① 关于殿本二十四史的具体校刊过程，请参拙文《武英殿本〈二十四史〉校刊始末考》，《文史》2014年第1辑。

库本、荟要本也经过四库馆臣的校改,纠正了一些殿本原有的错误。荟要本各卷末除殿本考证外,尚附有新撰校勘记,不与考证连排,而是另页起,首以"谨按"二字别之。与殿本考证不同,此为纯粹意义上的校勘记,注明某页某行刊本讹脱情况及校改依据。库本则未附新校记,校记见于《四库全书考证》,较荟要本有增加。荟要本、库本、殿本《旧五代史》同出一源,均无出处而附考证,但亦略有不同,盖后期校勘中又略有修改。荟要本、库本《辽》《金》《元》三史以乾隆后期改译本抄入,未注原称,考证亦较原殿本增多,但因嘉道间三史改译本又有修订,故荟要本、库本与道光本并不完全一致,道光本考证亦有增加。《明史》以乾隆后期修订本抄入,并附考证。①

（一）翻刻本

（1）岭南菲古堂本

即"新会陈氏本"。新会陈焯之翻刻,是殿本最早的翻刻本。陈焯之,字伟南,广东新会县外海乡(今属江门市)人。监生,咸丰二年(1852)钦赏举人。候补工部虞衡司郎中,候选守巡道,钦加按察使司衔。②

陈氏"虽生长富贵之家,而性嗜图籍。道光初年,民间欲得二十四史者,尚无从购买。焯之乃发大愿,以独力刊印二十四史,延通儒多人,在其所居新会城北园别墅,分任襄校,据殿本为底本,加以雠订,而以李文田总其成"。③ 陈氏饶于资,曾与弟熙森合捐军费二十万两而获钦赐举人,又斥资在北京建新会会馆,④因此能够以一人之力翻刻殿本全史。"核计招待之费,所耗不赀,即以龙井茶叶一项而论,月须数十金,其他如薪俸等,尚未计及,焯之绝无吝色。"⑤除李文田外,陈氏延请任校勘事者尚有南海曾钊(字勉士)⑥、番禺史澄⑦等。"咸丰元年开雕,六年竣工,后复加考订,于同治年间印行。版心乾隆某年校刊字

---

① 荟要本、库本的具体情况请参拙文《武英殿本〈二十四史〉校刊始末考》各节相关论述。
② 〔清〕彭君榖修,钟应元、李星辉等纂同治《新会县志续》卷五《选举·五贡附钦赐钦赏》第12b页、《选举·仕宦》第19a页,民国铅印本。
③ 何多源《广东藏书家考(四续)·陈焯之》,《广州大学图书馆季刊》第二卷第一期,1935年,第97页。
④ 陈一峰《外海(龙溪)陈氏望族发展史》,《江门文史》第38辑,2001年,第27—28页。
⑤ 何多源《广东藏书家考(四续)·陈焯之》,第97—98页。
⑥ 《番禺陈东塾先生书札》(中华书局影印本,1937年)有陈澧致桂文灿手札云:"曾勉翁寓柳波,为新会陈氏校刻廿三史。"此转引自陈洁《菲古堂二十四史》(《艺林丛录》第七编,香港:商务印书馆香港分馆,1961年,第119页)。曾钊卒于咸丰四年,其时全书尚未完竣。参见陈洁文。
⑦ 徐信符《广东版片记略》(《广东文物》卷九《学术文艺门》,上海:上海书店影印本,1990年,第859页):"当时为之计画者,由于顺德李文田、番禺史澄。"

样删除。"①

傅以礼《华延年室题跋》于此本情况言之较详：

> 此本为新会陈伟南虞部焯之校刊。仪部善读书,好史学,因取殿本全史,重绣诸梓。凡经营十余年,靡白金六万余两,犹以勘订未审,秘不肯出。比年始徇同人请,发坊印行。夫当殿本毁后,得此本以续其传,其有功艺林甚巨。惟原椠考证散附各卷,体例最善。兹别另汇一编,附全书末,殊不便于翻检。且所据为近时拓本,其中缺佚悉仍其旧,读者病之。谨为搜访当时原椠,据以补刻,并总目共增六十余叶。至《辽》《金》二史,旧有《国语解》,次列传后,此本另载钦定新编,撤去二史末卷,非复原书之旧,以殿本原删,今亦不复增补云。②

现存菭古堂本有两种：一是初印本,卷首有毛鸿宾等三人序跋及陈焯之《摹刻二十四史纪略》。③ 所用底本为后印本,且有残缺,"缺考证、乾隆序、职名表以及各史原序等"。④ 或许正因此而未广泛刷印流通,即傅以礼所谓"犹以勘订未审,秘不肯出"。初印本流传甚稀,笔者未曾寓目,除陆枫先生所见,亦少有著录,仅知湖南图书馆藏有一部,见《湖南图书馆古籍线装书目录》⑤。

一是重印本,即通常所谓同治八年(1869)岭南菭古堂刻本,实际上,同治八年乃是开始刷印流通之年份。内封A面刻"武英殿本二十四史附考证(篆书)",B面为牌记："岭南菭古堂/藏板(小篆),同治八年孟秋(软体写刻)"。当即傅以礼所谓"徇同人请,发坊印行"之本。卷首无毛氏等三人序跋及陈氏《纪略》。重印本流通较广,毛泽东评点所用即此重印本。毛批本现藏中央档案馆,原书850册,已经影印出版⑥。较初印本补足乾隆序,有进表,而仍无诸臣职名。补足各史原序,《史记》序后有《重刊二十四史总目》。正文中"集解""索隐""正义"字样,殿本原刻作阴文,菭古堂本仅在文字四周加框以别之。补足各史考证,而无考证跋语。与殿本考证分附各卷之后不同,此本考证汇为一编,卷端题"武英殿本二十三史考证",版心下刻"第×册",凡六十七册。字体、行款与正文相同,而与殿本考证原本不同。菭古堂本考证亦有单行者。《四库未收书辑刊》影印一本,有相同牌记,首有"武英殿本二十三史考证目次"及"乾隆四年七月二十五日奉旨开列在事诸臣职名",版心下刻"原阙新增"字样。而

---

① 陆枫《试论武英殿刻〈二十四史〉版本源流及其历史作用》,第131页。
② 〔清〕傅以礼《华延年室题跋》卷上"新会陈氏重刊二十四史"条,上海：上海古籍出版社,2009年,第105页。
③ 陆枫《试论武英殿刻〈二十四史〉版本源流及其历史作用》,第131页。
④ 同上。
⑤ 湖南图书馆编《湖南图书馆古籍线装书目录》,北京：线装书局,2007年,第506页。
⑥ 《毛泽东评点二十四史》,北京：中国档案出版社影印,1996年。

此表实为纂修《明史》诸臣职名,见《明史》卷首,此盖误以为校刻二十一史诸臣职名。单行本断版情况与上本相同,可定为同版,而刷印更迟,且将"○臣某"(双行小字,如○臣／照、○臣／世骏等)字样均改刻为一大"○",未知何故。

  薇古堂本所据殿本刷印较晚。如陆枫先生指出的后印殿本《史记》的几处改动①,薇古堂本全同。又乾隆四十一年(1776)高宗上谕,命改《三国志·关羽传》内谥号壮缪侯为忠义侯。② 薇古堂本正作忠义侯,可知其《三国志》底本刷印必在乾隆四十一年之后。③ 其《辽》《金》《元》三史及考证、《钦定三史国语解》之底本则均为道光四年(1824)刻本。④

  薇古堂二十四史书版历经晚清至民初,日久蛀蚀残缺,民国十六年(1927)徐信符(绍棨)曾择购部分较完整书版,其余因无地贮存而未购。后陈氏后人迁居,尽将剩余书版零星售去,甚至有以之作柴薪者。⑤ 薇古堂书版就此散尽。

  关于薇古堂本的评价,莫友芝《邵亭知见传本书目》云:"咸丰中广州陈氏翻刊官本二十四史,闻其《史》《汉》等二三部经校者意改字甚多,故迟迟未印行。今颇行矣,人亦不重之。"徐信符《广东版片记略》⑥则反讥莫氏云:"咸同军事平定后,江宁、江苏、淮南、浙江、湖北各设书局,分工合作,乃刻成廿四史,世称四省合刻本,盖合四省之力而成也。惟粤新会陈氏薇古堂以一人之力,独能

---

① 陆枫《试论武英殿刻〈二十四史〉版本源流及其历史作用》(第130页):"如《史记·汉兴以来诸侯王年表》中,'汉兴,序二等','自雁门、太原以东至辽阳',及'吴、淮南、长沙无南边郡'三处,初印本其下均无'集解'两字,重印本进行挖改,字数多出来,版面放不下,又硬将末段'上足以奉贡职,下足以供祭祀'的'下足以'三字挖去……《史记·伍子胥传》'因命曰胥山'句下,'集解:张晏曰胥山在太庙边……《正义》:《吴地记》云,胥山太庙边。'重印本均将'太庙'改正为太湖。"

② 《纂修四库全书档案》(第530页):"乾隆四十一年七月二十六日内阁奉上谕:关帝在当时力扶炎汉,志节凛然,乃史书所谥,并非嘉名。……今当抄录《四库全书》,不可相沿陋习,所有《志》内关帝之谥,应改为'忠义'。……着交武英殿将此旨刊载传末,用垂久远。其官版及内府陈设书库,并着改刊。"

③ 至于薇古堂本中的二十史是否可能以道光十六年修殿本为底本,因未见道光修版殿本,无法对勘,尚无确论。但若是道光修版本,距咸丰初较近,不当有缺佚。因此傅以礼所谓"近时拓本"仍以道光修版之前屡经刷印、颇有残缺的殿本可能最大。

④ 略有不同的是,道光本金史之"进金史表"、"修金史官员"后有考证跋语、"金史表改译元人各名",而薇古堂本无跋语,"金史表改译元人各名"移至乾隆十二年七月十八日改译金史上谕后、《钦定金国语解》前。

⑤ 何多源《广东藏书家考(四续)·陈焯之》(第98页):"民国十六年,南州书楼主人徐绍棨曾以三千元,择购其较完整之版本九种,其余因无地贮存,不能再购。共党乱后,焯之后人急于迁居,尽将残余版本零星售去,西关佣妇,至有以之磨姜磨芋者,《论语》代薪,可胜浩叹。十七年,黄节任广东教育厅长,欲搜罗旧版本,保全乡邦文献,但此版已化灰烬。现市面所存旧印之书,亦售七百余元。"又氏著《广东藏书家考(二)·徐信符》(《广州大学图书馆季刊》第一卷第三期,1934年,第397页):"徐氏除藏书外,兼藏书版……年前新会陈氏所刻之廿四史版片出售,徐以八千元购其半。惜徐氏藏版之所不敷用,祇能贮藏八史之版,其余仍存陈氏处。后陈氏之屋出售,所藏廿四史书版,拟再以八千元之代价求售于徐氏,徐氏以无地贮藏,欲购不能。后闻此种版片已为陈氏后人劈作柴薪,售之他人,惜哉!"

⑥ 徐信符《广东版片记略》,第859页。

刻成廿四史,其魄力伟矣。陈氏本乃覆殿本……雕刻良善,形式大观。莫友芝《郘亭书目》谓是书无校对,盖由嫉忌使然。莫氏任官局职,当时以四局所刻,板非一律,粤刻版归一式,整齐画一故也。"时至今日,在殿本易得的情况下,胙古堂本不再具有特殊的版本价值,但陈氏以一人之力,耗费巨资刊刻全史,其流通之功,不可否认。

(2) 成都书局本①

同治年间,各省督抚相继主持设立了一批官办书局,刻印了大量书籍,称为"局本"。同治六年四月,江苏学政鲍源深奏称"雍正、乾隆初年迭经奏准,令直省抚藩将颁发御纂、钦定经史诸书,敬谨重刊,并听坊间印售,以广流传。又议准督抚将十三经、廿一史诸书购买颁发各学收管,令士子讲习",而今各省于兵燹之后,旧藏荡然,版片毁失,故请敕各省督抚"筹措经费,择书之尤要者,循例重加刊刻"。② 五月,谕旨依请敕"各直省督抚转饬所属……将列圣御纂钦定经史各书,先行敬谨重刊"。③ 故各省官书局所刻书中,不少是翻刻武英殿本。

吴棠同治七年调任四川总督,即于次年刊刻《御纂朱子全书》六十六卷。④后又于同治十年至十一年翻刻殿本前四史。《前汉书》《后汉书》刊成于同治十年四月,吴氏于刊行缘起有云:"因思培植士林之道,既有经学以养其心性(谦按:谓此前刊行之《御纂朱子全书》),尤须有史学以增其识力。查殿本前、后《汉书》考核精详,洵为士林圭臬。兹由在籍薛侍郎宅借到原本,亟应摹刊,藉广分给。"⑤其后又"接刊《史记》《三国志》两书,合成四史"。⑥

成都书局翻刻本字体、行款、版式一仍殿本原貌,考证附于各卷之后,唯版心无"乾隆四年校刊"字样。内封有牌记:"同治××年×月恭摹殿本,刊于成都书局。"《史记》:同治十一年正月。《汉书》《后汉书》:同治十年四月。《三国志》:同治十年十月。书末开列校刊者衔名。今检成都书局本《三国志·关羽传》,关羽谥号已改为"忠义侯","蜀志卷六考证"后附有乾隆四十一年七月二十六日上谕,知其所据殿本刷印时间已在此后。

---

① 张宗友《晚清官书局与近代文献传承》一文(《古典文献研究》第十五辑,第 123 页)认为成都书局乃吴棠于同治七年创立。但同治六年刻《诗经通论》内封已镌"丁卯仲冬成都书局据韩城王氏本重刊"(书末镌"戊辰九秋重校,成都书局谨识"),早于张文认定的时间。
② 〔清〕鲍源深《请购刊经史疏》,《中国出版史料(近代部分)》第一卷,武汉:湖北教育出版社,2011 年,第 406 页。
③ 《清实录·穆宗毅皇帝实录》,北京:中华书局,2008 年,第 604 页。
④ 〔清〕吴棠《恭刊朱子全书札(己巳)》,《望三益斋杂体文》(《清代诗文集汇编》第 653 册影印同治间刻《望三益斋诗文钞》本)卷二,上海:上海古籍出版社,2010 年,第 31 页。
⑤ 〔清〕吴棠《刊前后汉书札(庚午)》,《望三益斋杂体文》卷二,第 32a 页。
⑥ 〔清〕吴棠《刊史记三国志札》,《望三益斋杂体文》卷二,第 36 页。

除四史外,成都书局又有光绪元年三月翻刻殿本(新)《五代史》,①亦在吴棠任内,②内封牌记格式与四史同,但书末无校刊者衔名。

(3)广州瀹吟馆本

广州瀹吟馆所刻数目不详,仅见光绪十二年(1875)所刻《三国志》一书,亦是摹刻,字体稍有走样。内封牌记:"光绪丙戌秋瀹吟馆刊于广州。"

(4)味经书院本

光绪间陕甘味经书院刻。陕甘味经书院位于陕西泾阳县,建于同治十二年。光绪十七年,陕西学政柯逢时"创立刊书处于味经书院之东。以院长(谦按:其时院长为刘光蕡)总其事,以监院为局董事……以肄业生任校雠。其刊书以十三经、廿四史为主。"③"经以十三经注疏,用院刻附校勘本,凡原有圈者须补入。史以二十四史,谨遵殿本为断。"④所见有光绪十七年刻(新)《五代史》、光绪二十年刻《史记》。内封刻"光绪××年陕甘味经书院谨遵武英殿本重校刊",首刻学政柯逢时奏折,余皆照殿本样式翻刻。唯版心上方无"乾隆四年校刊"字样,而下方有刻工名。《五代史》后并附《五代史校勘札记》。⑤《史记校勘札记》则刻于光绪二十一年。

此外,《旧五代史》有同治十一年湖北崇文书局刻本、清刻本(卷端书题下臆刻"武英殿聚珍原本"字样)等,《宋史》有光绪元年浙江书局刻本,《辽史》有同治十二年江苏书局刻本,《金史》《元史》有同治十三年江苏书局刻本,《明史》有光绪三年湖北崇文书局刻本,均为翻刻殿本(其中《辽》《金》《元》三史为翻刻道光四年殿本),而变异字体、行款,此不赘述。

(二)影印本

1. 原版式影印者

(1)同文书局本

光绪十年上海同文书局石印。其《股印〈二十四史〉启》云:"而殿本又非乾

---

① 〔清〕莫友芝撰,傅增湘订补,傅熹年整理《藏园订补郘亭知见传本书目》(北京:中华书局,2009年,第225页)卷四史部一正史类"五代史记"条:"清光绪元年成都书局刊二十四史本。余据宋刊本校。"点校本《新五代史》(北京:中华书局,1974年)曾参校傅版成都书局本本纪部分,见"出版说明"。
② 吴棠因病于光绪元年十一月奏请开缺回籍,二年正月正式卸任。见陈庆年《吴棠年谱》(《吴勤惠公年谱》),《近代史资料》总75号,北京:中国社会科学出版社,2010年,第131页。
③ 〔清〕刘光蕡《陕甘味经书院志·刊书第六》,民国二十五年(1936)陕西通志馆排印《关中丛书》本,第1a页。
④ 〔清〕刘懋官修,宋伯鲁等纂(宣统)《重修泾阳县志》卷六《学校志》"办法章程附后",宣统三年(1910)天津华新印刷局铅印本,第5a页。
⑤ 点校本《新五代史》"出版说明"(第11页):"参校了……刘校本(清味经书院刻本,附有刘氏等《五代史校勘札记》)。"

隆初印不可。盖重修晚出之本，往往渐失其真，不足贵也……本局现以二千八百五十金购得乾隆初印开化纸全史一部，计七百一十一本……拟用石印，较殿本略缩，本数则仍其旧。"但实际上，同文书局所用并非乾隆初印本。与蕴古堂本相同，其《史记·汉兴以来诸侯王年表》三处均增"集解"二字，页末删"下足以"三字，《三国志·关羽传》"壮缪侯"改为"忠义侯"。殿本《旧五代史》版心为"乾隆四十九年校刊"，而同文书局本版心竟作"乾隆四年校刊"，显然是用翻刻本并伪造版心字样。① 其《元史》为未注原称的改译本，既非乾隆殿本，亦非道光四年改译本（道光本于新译名下注原称），未知底本为何。此本又经描润，有误改处。②

（2）五洲同文书局本

光绪二十九年五洲同文书局石印。各书前增列《四库全书总目》诸史提要（孙廷翰录）。《史记》《三国志》等与同文书局底本刷印时代大致相同。《旧五代史》用乾隆四十九年殿本。③《辽》《金》《元》三史前虽均冠《御制改译辽金元三史序》，但《辽》《元》二史为未改译之本，《金史》为乾隆十二年以后印本，正文未改译，末附乾隆十二年改译《金史》上谕及《钦定金国语解》。

（3）涵芬楼本

民国五年商务印书馆石印。五洲同文书局版后归商务印书馆④，故涵芬楼本实际是用旧版重印，而删去四库提要及《御制改译辽金元三史序》。商务初印《四部丛刊》，以此本二十四史暂配。

2. 改变版式影印者

（1）竹简斋本

光绪十八年武林竹简斋石印（光绪二十八年二次石印、光绪三十年三次石印）。半页二十行，行四十二字。此本以同文书局本为底本再行石印，而"以两行为一行……有错行者，有应另行而图省纸，与前行并为一者。至诸表则强以

---

① 陶湘《故宫殿本书库现存目》："再考同治年广东书局覆刻殿版廿四史，中缝均无年月。光绪年上海同文书局得殿版初印廿三史，以为缺《旧五代史》，爰取广东书局覆刻《旧五代史》，加注'乾隆四年校刊'字样，以足廿四史名称而缩印之。"钱基博《版本通义·读本第三》（北京：古籍出版社，1957年，第71页）："尤可笑者，自云所据乾隆四年本，而不知四年所刻，固无《旧五代史》。又未见乾隆四十九年殿本，辄依殿板行款，别写一通，版心亦题乾隆四年。"按：未闻同治间广东书局有翻刻殿本事，陶湘盖误记蕴古堂本。经笔者核对，同文书局本《旧五代史》并非以蕴古堂本为底本。

② 汪康年《汪穰卿笔记》卷七《雅言录》（上海：上海书店出版社，1997年，第179页）："盖所得之本，并非初印，字迹多漫漶，乃延人描使明显，便于付印。此辈文理多未通顺，遇字不可解者，辄擅改之，致错误百出。"钱基博《版本通义·读本第三》（第71页）略同。

③ 陶湘《故宫殿本书库现存目》："后经湖州孙君问清得四十九年殿刻《旧五代史》原本，由五洲同文书局重印廿四史全部以纠之。"

④ 冯家昇《辽史证误三种·辽史初校》，北京：中华书局，1959年，第85页。

次叶附于前叶之下……误字本不应有,然阅之随处皆是。盖一则承同文之误,一则因有描写,而新添无数错误也。"① 因此本出于同文书局本,故《元史》亦是未注原称的改译本。此后,"竹简斋石印之底本抵归仁和高氏,后又由高氏售于上海书肆,得价三千元。后缩为六开,价乃极廉……"② 清末民初石印本多出于竹简斋本,而剪贴拼接愈加严重。

(2) 史学会社本

光绪二十八年史学会社石印。半页二十行,行四十二字。内封题"光学壬寅史学会社石印"。史学会社当即仁和高氏所有,所用即竹简斋版。

(3) 中华书局本

民国十二年中华书局据光绪十八年竹简斋石印本翻印。内封题"清光绪十八年壬辰武林竹简斋影殿本,中华民国十有二年上海中华书局印行"。《元史》亦是未注原称的改译本(如铁木真作特穆津)。

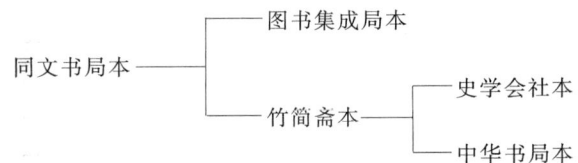

(4) 开明书店本

民国二十四年上海开明书店影印(锌版印刷)二十五史。③ 增加柯劭忞《新元史》,将王颂蔚《明史考证攟逸》散附于《明史》各卷后。每页分四栏。《三国志》为乾隆四十一年后印本,《金史》为乾隆十二年前印本,《国语解》尚为未改译之原本,《元史》亦为未改译本。但此本有错简,又有部分删削。④

(5) 上海古籍出版社、上海书店本

1986年二社影印。增加《清史稿》,其余用涵芬楼本拼贴。

此外尚有光绪十四年上海蜚英馆石印本(十五行,三十二字)、光绪二十八年侔实斋石印本(二十五行,五十字)、光绪二十八年上海文澜书局石印本(三栏,三十行,二十一字)、光绪三十一年上海久敬斋石印本(二十二至二十五行

---

① 汪康年《汪穰卿笔记》卷七《雅言录》,第178页。
② 汪康年《汪穰卿笔记》卷七《雅言录》,第179页。
③ 叶圣陶《二十五史刊行缘起》,《叶圣陶集》第十八卷,南京:江苏教育出版社,2004年,第203页。
④ 陆枫《试论武英殿刻〈二十四史〉版本源流及其历史作用》(第132页):"《元史》中《进元史表》有错简,将'推忠厚之仁……俟续编'一段310字移前,误接在'立经陈'三字前。又《三国志》删去乾隆四十一年上谕……削去《史记》卷首部分《集解》、《索隐》、《正义》四序。"

不等,四十八至四十九字不等)、民国十九年上海锦章图书局影印本、民国二十四年上海世界书局影印《四史》本(国学整理社编,三栏,有断句),不再一一详述。

(三) 排印本

(1) 图书集成局本

光绪十四年上海图书集成印书局铅印。此本于光绪二十七年、光绪三十三年、光绪三十四年等年份亦曾印行,内封所标书局名称(图书集成印书局、华商集成图书公司、集成图书公司)略有不同,实际均同版。① 半页十三行,行四十字。乾隆序为影印,版心标"乾隆四年校刊"字样。其《元史》亦为未注原称的改译本,所据当是同文书局本。

(2) 万有文库本

民国十九年商务印书馆铅印。《国学基本丛书》本系用万有文库本重印,二本完全一致。有断句。

(3) 四部备要本

民国二十五年上海中华书局铅印。内封题"上海中华书局据乾隆四年殿本校刊",亦有题"上海中华书局据武英殿本校刊"者,版心题"中华书局聚珍仿宋版印"。初印本无句读,缩印本有断句。《元史》为未改译本。

由上所述,可知殿本之翻印本虽多,却都是包括乾隆初印本、重印本,甚至道光改译本在内的混合本,拼贴本更是多有脱文、错简,并不存在以整套乾隆初印本为底本的版本。这是我们在利用此类版本时需要特别注意的。退而求其次,仍以五洲同文书局本及翻印此本的涵芬楼本为佳。

---

① 胡道静《〈古今图书集成〉的情况、特点及其作用》(《中国古代典籍十讲》,上海:复旦大学出版社,2004 年,第 197—198 页):"英国人安·美查和弗·美查弟俩组织资本在上海设立'图书集成印书局'……除了排印《古今图书集成》外,还用同样的扁体活字排印了《二十四史》……美查兄弟在《集成》全部印成以后,于次年(1889)秋季将其在沪经营的各种事业出盘,离华返国。"光绪十五年美查兄弟回国后,书局大概是转给了中国人,所以重印本改题"华商集成图书公司"。

《类说》与南宋坊本类书
——兼议《类说》的工具性

李 更*

【提 要】 在今天的学术研究中,南宋曾慥《类说》大体被视为小说汇编,而"工具性"少有关注,这也影响到对其内容、体例、摘录方式、编纂特点的探讨。本文以"宗教资料"为主要切入点,通过对《锦绣万花谷后集》《古今合璧事类备要》等书相关内容的梳理分析,考察南宋后期坊编类书对该书的大面积简单承用,在厘清文献源流、辨析相关资料价值与问题的同时,也从一个侧面凸显出《类说》本身的工具特质,对于认识和把握该书总体特点不无助益。

【关键词】 类说 文献源流 工具性 锦绣万花谷后集 古今合璧事类备要

南宋曾慥《类说》"集百家之说,采摭事实,编纂成书"[①],"所编传记小说"[②]是其显著特点,南宋晁公武《郡斋读书志》、陈振孙《直斋书录解题》、元马端临《文献通考》均列之于"小说类"。今天的学术界,亦往往将其作为小说汇编予以关注,论及对后世之影响,大体着眼于存佚之功,及明以后《说郛》《说略》《灼艾集》等"小说总集"对其选录方式、编纂体例的承袭。而正如《四库提要》所云,"删削原文而取其奇丽之语""又精于裁鉴,故所甄录大都遗文僻典,可以裨助多闻"[③],辞藻与掌故是此书的一个重要着眼点,也因之带有相当强的"工具性"。行世之初,其功能即不停留在"小说集",同时还是学习、查找典故的工具,从多角度进入了当时的文化生活。南宋后期坊编类书对此书有大面积的简单承用,不仅构成了出版文化上颇有意趣的现象,也从一个侧面折射出这一工具特质。

---

* 本文作者为北京大学中文系、北京大学古文献研究中心副教授。
① 〔宋〕曾慥《类说序》,《类说》卷首,《北京图书馆古籍珍本丛刊》影印明天启刻本。
② 〔宋〕陈振孙《直斋书录解题》卷十一"小说家类·类说"。上海:上海古籍出版社,1987年,第333页。
③ 《四库全书总目》卷一二三《类说提要》,北京:中华书局,1965年,第1060页。

在《类说》所採掇的著作中,除大量"传记小说"外,还有部分诸子、字书、韵书及有关医学、地理、名物、艺术的书籍,以及宗教文献。本文即以宗教资料为主要切入点,对其在类书中的承用情况、承用方式等试作考察。

一、《锦绣万花谷后集》对《类说》的袭用

作为一部撷取诸家小说而成的资料集,《类说》面世后得到了广泛的传播和使用。绍兴十年(1140)麻沙书坊即有刊本①,其时距成书仅仅四年。南宋目录固多著录,各类著作中也时常见其踪迹,如郑樵《通志》、罗泌《路史》、王楙《野客丛书》以之助考证,高似孙《砚笺》、王象之《舆地纪胜》借之广见闻,《嘉定镇江志》、《景定建康志》以之考风物,郑清之《病后和黄玉泉韵》、施枢《霸国祠》诗从中取典故,不一而足,类书如潘自牧《记纂渊海》、祝穆《古今事文类聚》等,也可见称引。这无疑是其价值的直接体现。

而在南宋后期坊间编纂大型类书的风潮中,则可见"非同凡响"的大面积袭用,首当其冲的,就是《锦绣万花谷后集》。《锦绣万花谷》本出文人,或因用书者的认同,市场效益看好,来自坊间的后、续、别诸集便"应运而生"。在各种"续书"编纂过程中,抄袭现象十分突出,其抄袭对象既包括"前集"的文字,也有前代、同时的类书②,《类说》也成为其中之一。

为便于讨论,本文选取更多地保存了原始面貌的过云楼旧藏宋刊本《锦绣万花谷》作为主要依据(简称"过云楼藏本"),其编卷、类名、条目、文字与《北京图书馆古籍珍本丛刊》《中华再造善本》影印之国家图书馆藏宋刊本(简称"国图藏本")及通行之明秦汴绣石书堂刊本(简称"秦汴本")系统诸版本均存在一定程度的差异,不一一说明。

1. 作为"道教资料"的《类说》

道教神仙之说,是曾慥晚年兴趣所在,并有《道枢》《集仙传》等道教文献的编著。《类说》中也可看到多种与道教相关的典籍,包括兼具传记性、传奇性与道教思想的《列仙传》《神仙传》《续仙传》《高道传》之类,也有《真诰》这样的道

---

① 〔宋〕叶时《类说序》,《类说》卷首,《北京图书馆古籍珍本丛刊》影印明天启刻本。如无特殊说明,本文所引《类说》皆据此本。
② 《锦绣万花谷》续书在材料来源、编纂方式上的特点,参拙稿《渊源与流变——从〈锦绣万花谷续集〉看南宋坊贾之类书编刻》,《中国典籍与文化论丛》第十四集,南京:凤凰出版社,2012年;《〈锦绣万花谷〉续书与〈初学记〉——南宋书坊纂书方式管窥》,《古典文献研究》第十五辑,南京:凤凰出版社,2012年。

书。"精于裁鉴"的曾慥,以其特有的眼光,从中提取出精巧、华赡的典故①,因此,在南宋后期坊间的类书编纂中,《类说》成为从内容到形式都相当契合的"道教资料库",被便捷地取用。

《锦绣万花谷后集》卷二六集中收录道教内容,有"观""神仙""神仙名义""道士"②四类,末附"道语"。这种门类设置,可以看做《锦绣万花谷前集》卷三十的"神仙""神仙名义"(附"道语"),与被"续书"用为主要参考资料的《初学记》卷二三"道释部"之"道""仙""道士""观"的嫁接,但不同于《前集》筚路蓝缕蒐汇信息以实之,这个部分与《后集》其他门类一样,体现为大面积的简单抄袭。

材料来源上,《锦绣万花谷前集》与《初学记》《白孔六帖》仍占据一定比重,由于各书之间门类的参差,"主参考书"中可取用的资料,于各类多寡不齐,需要填补的空缺也因之而异。或亦与《类说》本身"说"的特点相关,"观""道士"两类并未出现直接承用,而其余两类"事"的部分③则几乎全部来自此书。

如"神仙",首则"五色云母"即《类说》卷三《神仙传》开篇第一则,标目未变。此内容源于《神仙传》卷二"卫叔卿":

> 卫叔卿者,中山人也。服云母得仙。汉元凤二年八月壬辰,武帝闲居殿上,忽有一人乘浮云,驾白鹿,集于殿前,帝惊问之为谁,曰:"我中山卫叔卿也。"帝曰:"中山非我臣乎?"叔卿不应,即失所在。帝甚悔恨,即使使者梁伯之往中山推求,遂得叔卿子,名度世,即将还见。帝问焉,度世答曰:"臣父少好仙道,服药治身八十余年,体转少壮,一旦委臣去,言当入华山耳,今四十余年未尝还也。"帝即遣梁伯之与度世往华山觅之。度世与梁伯之俱上山,辄雨,积数日,度世乃曰:"吾父岂不欲吾与人俱往乎?"更斋戒独上,望见其父与数人于石上嬉戏,度世既到,见父上有紫云,覆荫郁郁,白玉为床,有数仙童执幢节立其后。度世望而再拜,叔卿问曰:"汝来何为?"度世具说天子悔恨不得与父共语,故遣使者与度世共来。叔卿曰:"吾前为太上所遣,欲戒帝以灾厄之期,及救危厄之法,国祚可延,而帝强梁自贵,不识道真,反欲臣我,不足告语,是以弃去。当与中黄太一共定天元九五之纪,吾不得复往也。"度世因曰:"向与父博者为谁?"叔卿曰:"洪

---

① 《类说》与同时期同类著作《绀珠集》存在相当程度的重合,包括上述道教典籍,其间是否存在某种因袭或演变,今本《类说》是否尽出曾慥之手,尚有待探讨。本文暂且将其作为一个整体加以讨论。

② 《锦绣万花谷后集》卷二六,南京:凤凰出版社,影印过云楼旧藏宋刊本,2015年。如无特殊说明,本文所涉《锦绣万花谷后集》皆据此本,下不一一注明。

③ 按:《锦绣万花谷后集》体例与《前集》略同,每类之下包括相关事实与"诗集"两部分内容,前者无经目标称,为叙述方便,本文姑称之为"事"。

崖先生、许由、巢父、王子晋、薛容也。今世向大乱,天下无聊,后数百年间,土灭金亡,天君来出,乃在壬辰耳。我有仙方,在家西北柱下,归取之合药服饵,令人长生不死,能乘云而行,道成来就吾于此,不须复为汉臣也。"度世拜辞而归,掘得玉函,封以飞仙之香,取而按之饵服,乃五色云母。并以教梁伯之,遂俱仙去,不以告武帝也。①

《类说》摘作:

> 卫叔卿服云母得仙,其子名度世,遍游山海,求见其父。一日山中见之,与数公博戏,坐白石床。度世问博者为谁,曰:"洪崖先生、许由、巢父、王子晋也。我有仙方,在所居柱下。"度出归,掘之得玉函,封以飞仙之印,乃五色云母也。度世服之,果仙去。②

从中"採掇"的是"五色云母"之掌故,于文字内容也是为我所用,大有删节。而《锦绣万花谷后集》标目一致,文字亦仅"数公"作"数人","博者为谁"作"博者谁"之细微差异,当非偶然。

亦有标目有所变动者,如皆标注云出《续仙传》,来自该书"朱孺子"故事的:

> 朱孺子幼事道士王元正,居大若岩。一日汲于溪上,见二花犬相趁,因逐之,入于枸杞丛下。掘之,根形如二犬,烹而食之,忽觉身轻,飞于峰上,云气拥之而去。元正食其余,亦得不死。因号童子峰。

二书无一字之别,而条目名于《类说》为"掘枸杞",《锦绣万花谷后集》则作"枸杞丛下犬",更突出其带有特定意义的"处所"。

"神仙"一类之"事"整体情况如下:

《锦绣万花谷后集》"神仙"		《类说》				备注
标目	出处标注	标目	书名	位置	卷次	
五色云母		五色云母	神仙传	1	3	
碧落侍郎	神仙传	碧落侍郎		10		
弄玉吹箫	列仙传	弄玉吹箫	列仙传	2	3	
五色烟	列仙传	五色烟		14		
一丸泥封户	列仙传	列仙传		15		

---

① 〔晋〕葛洪撰,胡守为校释《神仙传校释》卷三,北京:中华书局,2010年,第59页。
② 《类说》卷三,"度出",当作"度世"。

续表

《锦绣万花谷后集》"神仙"		《类说》				备注
标目	出处标注	标目	书名	位置	卷次	
女笞老翁		女笞老翁	神仙传	12	3	
一人作千人		一人作千人		13		
泥马		泥马		15		
八百岁瞳子方		八百岁瞳子方		21		
二十三处见子训		二十三处见子训		23		
落翩山		落翩山		30		
徐甲复生	并神仙录	老子仆徐甲		34		
枸杞丛下犬		掘枸杞	续仙传	3	3	
空中闻打麦		空中闻打麦		4		
琅玕树		琅玕树		9		
乌龙		乌龙		18		
饭粒成蜂		饭粒成蜂		20		
仙台郎	并续仙传	仙台郎		21		
眉上肉块		没上肉块	王氏神仙传	11	3	
核桃大如数斗		核桃大如数斗		12		
弹一弦琴		弹一弦琴		13		
召补仙官		召补仙官		14		
白云如百尺楼	并王氏神仙传	白云如百尺楼		16		
小儿诵经声	高道传	小儿诵经声	高道传	4	3	
园客	列仙传					《初学记》卷二三"仙"
桂父	裴氏广州记					
白发悬十万斤石		白发悬石重十万斤	真诰	29	33	
拜树乞长生	并真诰	拜树乞长生		48		

全部29则中,除"园客""桂父"取自《初学记》卷二三"仙·事对"之"山图园客"与"桂父茅君"外,其余皆与《类说》相重合,且文字一致,标目变动亦极少。

"神仙名义"一类,则以出《玄妙内篇经》的"玄女吞气""指树为姓"开篇,其下为出自《道君列纪经》"青肝苍肾"、《龟山元录经》的"七十二色"、《高道传》的"绛雪丹"和《汉武帝内传》的"五性",其余十九则皆未标出处。

其中,前四则分别与《初学记》卷二三"道第一·事对"之"玄女吞气,圣母梦云""合气为名,指树为姓""绿肠朱髓,苍肾青肝""七十二色,三十九光"相关内容全同,乃取自《初学记》者。"绛雪丹""五性"则与《类说》所录《高道传》《汉武帝内传》之相应条目文字相一致。

如"五性",《汉武帝内传》文作:

> 上元夫人谓帝曰:"女好道乎?闻数招方士,祭山岳,祠灵神,祷河川,亦为勤矣。而不获者,寔有由也。女胎性暴、胎性奢、胎性淫、胎性酷、胎性贼,五者恒舍于荣卫之中、五藏之内,虽锋铔良针固难愈矣。暴则使气奔而神攻,是故神扰而气竭;淫则使精漏而魂疲,是故精竭而魂销;奢则使真离而魂秽,是故本游而灵臭;酷则使丧仁而自攻,是故失仁而服;乱贼则使心阙而口干,是故内战而外绝。五者皆是截身之刀锯、刻命之斧钺,虽复疲好于长生而不能遣兹五难,亦何为损性而自劳乎?然犹是得此小益以自知往尔。若从今已,舍尔五性,反诸柔善,明务察下,慈务矜怨,惠务济穷,赈务施劳,念务仔孤,惜务及身,恒为阴德,救济死厄。亘久孜孜,不泄精液,于是闭诸淫,养尔神,放诸奢从,至俭勤斋戒,节饮食,绝五谷,去臭腥,鸣天鼓,饮玉浆,荡华池,叩金梁,按而行之,当有异尔。今阿母迁天尊之重,下降于蟪蛄之窟;霄虚之灵,而诣孤鸟之俎,且阿母为戒,妙唱玄发,验其敬勖节度,明修所奉,比及百年,阿母必能致女于玄都之墟,迎女于昆阙之中,位以仙官,游迈十方。吾言之毕矣,子厉之哉!若不能尔,无所言矣。"①

《类说》将繁复的列举予以压缩,并删掉所有"说道理"的文字,今通行之明天启刻本作:

> 上元夫人谓帝曰:"汝好道乎?数招方士,登山祠神,亦为勤矣。然汝胎性暴、胎性淫、胎性奢、胎性酷、胎性贼,五者常舍于荣卫之中、五藏之内。若从今舍尔五性,返诸柔善,常为阴德,救济死厄,不泄精液,斋戒勤俭,鸣天鼓,饮玉浆,荡华池,叩金梁,按而行之,当有冀尔。今阿母迁大道之重驾,降蟪蛄之窟;屈霄虚之灵鸾,诣孤鸟之俎。子厉之哉!"②

《锦绣万花谷后集》内容完全一致,"祭山岳"缩略同时讹为"登山","当有异尔"之"异"作"冀","迁天尊之重","天尊"作"大道"等细节,亦皆与《类说》同;唯"驾"作"下",无"鸾"字,则同《汉武帝内传》,似未必取自《类说》者。然北京大

---

① 《汉武帝内传》,明正统《道藏》本。
② 《类说》卷一。

学图书馆所藏明抄本《类说》于此句作"今阿母迁大道之重,下降蟋蛄之窟;屈霄虚之灵,变诣孤鸟之俎"①,虽尚多"变"字,却提示了《类说》的早期文本与《锦绣万花谷后集》有更高的一致性,明天启刻本的面貌或出时人校改。

而无出处的十九则,均可见于《类说》所录《真诰》,排列顺序亦与之完全相符。标目虽偶有出入,文字却高度一致,如"小儿贪刀刃蜜"之内容,于《真诰》卷六作:

> 紫微夫人告曰:为道者,譬彼持火入冥室中,其冥即灭,而明独存。学道存正,愚痴即灭,而正常存也。财色之于己也,譬彼小儿贪刀刃之蜜,其甜不足以美口,亦即有截舌之患。②

而《类说》与对"五性"的处理一样,略去部分说理文字,作:

> 小儿贪刀刃蜜:紫微夫人曰:为道者,譬持火入冥室中,其冥即灭,而明独存。财色于己,如小儿贪刀刃之蜜,其甜不足美口,即有截舌之患。

《锦绣万花谷后集》虽于末句少"有"字,然"学道存正,愚痴即灭,而正常存也"一句的删节、削去部分虚词以缩略文句的做法,及"紫微夫人告曰"作"紫微夫人曰"之细节,均完全相同。再如,"真人和六液""五卯之日"两则,相应内容原为《真诰》卷十相连的三节:

> 学生之法,不可泣泪及多唾,泄此皆为损液漏津,使喉脑大竭。是以真人道士常吐纳咽味,以和六液。
>
> 凡甲寅、庚申之日,是尸鬼竞乱、精神躁秽之日也,不可与夫妻同席及言语、面会。当清斋不寝,警备其日,遣诸可欲。
>
> 凡五卯之日,常当斋,入室东向心拜,存神念炁,期感神明,亦适意所陈。恒如此者,玉女降侍。此三条与经语亦互相同者也。

而《类说》卷三三《真诰》作:

> 真人和六液:学生之法,不可泣泪及多唾泄。是以真人常吐纳咽沫,以和六液。
>
> 五卯之日:甲寅、庚申是尸鬼竞乱、精神躁秽之日。夫妇不可同席。当清斋不寝。凡五卯之日,当斋心存神,令气常存,如此玉女降。

其文字虽有可正今本《真诰》处,却存在明显删节;将"甲寅、庚申之日"的禁忌并录于"五卯之日"下,更是不妥。然而,不论行文还是这一内容窜乱,《锦绣万花谷后集》皆无二致。诸条情形大略如此。

---

① 北京大学图书馆藏李盛铎跋明抄本《类说》卷三。
② 〔南北朝〕陶弘景《真诰》卷六,明正统《道藏》本,下同。本文所引《真诰》皆据此本,下不一一注明。

则"神仙名义"类"事"总计二十五条,来自《类说》者二十一条,涉三书。情形如下:

《锦绣万花谷后集》"神仙名义"		《类说》				备注
标目	出处标注	标目	书名	位置	卷次	
玄女吞气	玄妙内篇经					
指树为姓	玄妙内篇经					《初学记》卷二三"道"
青肝苍肾	道君列纪经					
七十二色	龟山元录经					
绛雪丹	高道传	绛雪丹	高道传	3	三	
五性	汉武帝内传	五性	汉武帝内传	5	一	
金棺葬狗		金棺葬狗		6		
此道在长养分生		此道在长养分生		7		
四难		四难		8		
服日餐霞		服日餐霞		9		
神形如车马		神形如车马		16		
人死适太阴		人死适太阴		23		
隐谷虫		隐谷虫		32		
九患		九患		33		
吐死气取生气		吐死气取生气	真诰	37	三三	
服术叙		服术叙		43		
拔爱欲根		拔爱欲根		45		
小儿贪刀刃蜜		小儿贪刀刃蜜		50		
学道如弹琴		学道如弹琴		52		
穿井		穿井		55		
栉发咒		栉发咒		60		
服日月		服日月		64		
真人和六液		真人和六液		73		
五卯之日		五卯之日		74		
暮卧存日月		暮卧存日月		76		

可见,以上两类几乎全抄《类说》而成。而就《类说》所摘诸书而言,所占比重少则六分之一,如《真诰》21则在《类说》所摘127条中占据的比例;多者,如

本身条目不多的《王氏神仙传》《高道传》，则达三分之一左右，云"大面积抄袭"似不为过。

而与此同时，"道士"一类有"记事"十四则，出处标注计有："六帖""楼观本纪""太平经""真诰""列仙传""北梦琐言""老子立德经"诸种。详考之，实则九据《初学记》、五出《白孔六帖》，包括标注"列仙传"的"冠章甫衣黄衣"、出"真诰"的"无君无友"与"句曲山种果"。其中，"冠章甫衣黄衣""句曲山种果"之内容《类说》亦有收录，而此处文字不仅远较原书为略，亦明显略于《类说》，且行文有显著差异，乃取自《初学记》卷二三"道士第三·事对"的"稷丘鬼谷"和"善忍句曲"。可知，在《锦绣万花谷后集》的编纂中，《初学记》《白孔六帖》乃优先选用者，《类说》则处于"补缺"位置，即取用其内容以填充参照"主参考书"构建门类框架之后所存的内容空缺。

由此带来的另一个事实是，由于大体使用第二手乃至第三手资料，《锦绣万花谷后集》道教部分所涉诸书，虽从出处标注来看具有一贯性，即如上文所涉《列仙传》《真诰》之类，而实际上不同门类、甚至同一类别的不同条目，可能抄自不同的"参考书"，看去引用某书颇多，而其原书实际并不在使用范围之内。这在坊编类书亦堪称规律性现象。

2. 作为"佛教资料"的类说

《锦绣万花谷后集》卷二七为佛教内容，与"道教"相似，设为"寺""佛祖""浮图名议""僧"四类，末附"释语"，也同样依仿"前集"卷二八"佛祖""禅法"、卷二九"浮图名议""释语"与《初学记》卷二三"道释部"之"佛""菩萨""僧""寺"而来。然而与道教诸类摘抄《类说》相关诸书的情形有所不同，《类说》所录佛教典籍数量本少，在使用上也就极为集中。目前所见，仅《传灯录》（即《景德传灯录》）一种。除"寺"类未涉外，其余三类"事"条目情形如下：

	《锦绣万花谷后集》卷二七		《类说》卷二十《传灯录》		备注
类名	标目	出处标注	标目	位置	
佛祖	金棺内现双足	景德传灯录	至双树悲泣	4	
	五百仙人飞空而至		宝盖折柄	5	有节略
	性十七身十七		身十七性十七	6	
	三尸化华髻	同上	三尸化华髻	7	有节略
	宝山泉涌		宝山者身	8	
	愿霑甘露味		议胜	10	
	处胎六十岁		处胎六十岁	12	仅取前半
	龙魔随灭		汝化性海得否	15	
	蟒住石窟		蟒住石窟	16	《类说》今本末句残缺

续表

类名	《锦绣万花谷后集》卷二七		《类说》卷二十《传灯录》		备注
	标目	出处标注	标目	位置	
佛祖	梦通(吞)明珠而孕		梦吞二珠	24	仅取前半
	开手奉珠		开手奉珠	27	
	百鸟衔花	并传灯录	懒融	38	仅取前半
浮图名议	涌金莲花	传灯录	学非非想	1	有节略
	安心偈		安心揭慧	39	
	卧轮偈		卧轮偈	56	
	饥来吃饭困来眠		饥来吃饭困来即眠	57	
	枯木偈		枯木偈	59	
	两虎侍者		大空小空二虎	60	
	师唱谁家曲		师唱谁家曲	67	
	选佛场	同上	选佛场	71	
	云在青天水在瓶		云在青天水在瓶	72	
	日遗十瓶		日遗十瓶	73	
	切忌道者		切忌道	74	
	小痴愚斋		办痴愚斋一中	77	
	路逢猛虎	并传灯录	路逢猛虎	80	
	汝不是我同流	同上	汝不是我同流①	85	
僧	六法				取自《初学记》卷二三"僧"
	四道				
	五门				
	三辈				
	船子和尚	传灯录	船子和尚	75	
	和尚家风		末后一句	82	
	杖荷布囊		如何是布袋下事	87	
	临刑偈	并同上	临刑偈	88	
	取莲花勿取臭泥				取自《白孔六帖》卷八九
	乘木杯渡河	高僧传			
	心若死灰				
	咒水生莲				
	食针				
	请舍家为桑门	本传			
	日夜诵经九函	蜀普录			

---

① 按此条于明天启刊本《类说》仅见于卷二十前目录,正文缺失。中国科学院图书馆藏明蓝格抄本《类说》卷十八《传灯录》有之。参关静《曾慥〈类说〉编纂及版本流传研究》,北京大学 2015 年硕士论文,第 70 页。

可以看到,"佛祖""浮图名议"两类"事"部分的所有条目,不论标注为"传灯录"或"景德传灯录",均可在《类说》所录之《传灯录》找到对应;"僧"类"船子和尚"等四条亦是如此。

与道教部分的情形一样,《类说》于《传灯录》是摘取所需为我所用,于原文颇有删略,而《锦绣万花谷后集》则一概仍之,偶有进一步删削而已。如关于印度佛教九祖伏驮蜜多,《景德传灯录》卷一作:

> 第九祖伏驮蜜多者,提伽国人,姓毗舍罗。既受佛陀难提付嘱,后至中印度行化,时有长者香盖携一子而来,瞻礼尊者曰:"此子处胎六十岁,因号难生。复尝会一仙者,谓此儿非凡,当为法器。今遇尊者,可令出家。"尊者即与落发授戒,羯磨之际,祥光烛坐,仍感舍利三十粒现前。自此精进忘疲。既而师告之曰:"如来大法眼藏,今付于汝。汝护念之。"乃说偈曰:"真理本无名,因名显真理。受得真实法,非真亦非伪。"尊者付法已,即入灭……①

《类说》摘作:

> 处胎六十岁:九祖伏驮密多,有长者携一子来,曰:"此子处胎六十岁,因号难生。今令出家。"师说偈曰:"真理本无名,因名显真理。受得真实法,非真亦非伪。"②

《锦绣万花谷后集》"佛祖"截取其前半:

> 处胎六十岁:九祖伏驮密多,有长者携一子来,曰:"此子处胎六十岁,因号难生。"

沿袭之迹甚明。

而"佛祖"类末则"百鸟衔花",记述的是"金陵牛头山法融禅师",内容亦仅云:

> 金陵牛头山法融禅师,少通经史,叹曰:"儒道世典,非究竟法。般若正观,出世舟航。"遂投师落发,入牛头山。有百鸟衔花之异。

法融虽有"牛头山初祖"③之说,毕竟仅属禅宗支脉,无法与"佛祖"比肩,似非此

---

① 〔宋〕释道原《景德传灯录》卷一,《四部丛刊三编》影宋刊本,本文所引《景德传灯录》皆据此本,下不一一注明。
② 《类说》卷二十,《北京图书馆古籍珍本丛刊》影印明天启刻本。
③ 参《景德传灯录》卷三十《心铭》署名。

类所当有。考其人其事,《景德传灯录》载于卷四"第三十一祖道信大师法嗣共一百八十三人",且为开篇第一人:

> 第一世法融禅师者,润州延陵人也,姓韦氏。年十九学通经史,寻阅大部般若,晓达真空。忽一日叹曰:"儒道世典,非究竟法。般若正观,出世舟航。"遂隐茅山,投师落发。后入牛头山,幽栖寺北岩之石室,有百鸟衔花之异。……①

以《景德传灯录》之体例,卷一"七佛天竺祖师、天竺十五祖"、卷二"天竺三十五祖(内一十三祖见录内,二十二祖旁出无录)"、卷三"中华五祖并旁出尊宿共二十五人",体例详明、条理清晰,《锦绣万花谷后集》如据原书摘录,断不至于错乱至此。而《类说》所摘,则将原书各卷合为一体,卷前信息不复存留,此则与天竺、中土诸祖师相次而列,混淆或由此而来;其文字,亦与《类说》"懒融"条前半完全相同。取自《类说》,实无可疑。

如此,则《锦绣万花谷后集》卷二七有关佛教的四类当中,仅取自《类说》所录《传灯录》者,就多达30则,构成了"佛祖""浮图名议"两类"事"的全部及"僧"类的一部分。而这些,在《类说》所摘90条当中也占据了三分之一。从次序看,除门类之初有一两则取自较前位置,如《类说》所录首则被用为"浮图名议"之开篇,"浮图名议"末条录过第85则之后,"僧"类开篇又返回第75则,总体上可以算得"排头抄去",几无调整。

这种简单抄录,也致使门类与所系条目之间不无抵牾。与《景德传灯录》本身内容侧重以及《类说》大体依照原序摘录相关,"浮图名议"自"安心偈"以下,皆为高僧事迹,虽存有不少禅宗机锋,却几乎不见对佛教概念、掌故的说解,与"前集"之"浮图名议"可谓大异其趣。

可知,《锦绣万花谷后集》之佛教部分,资料搜寻极为简单,在"总参考书"之外,仅使用了《类说》所录《传灯录》;不仅不以"单一出处"为嫌,编纂上亦敷衍了事。而就《传灯录》而言,《锦绣万花谷前集》亦可见大量出自该书的信息,然引用虽一,却有着不同的来源与路径。《后集》编者的"新"引用,不论条目、信息或文字,均不超出《类说》之摘引范围。

3. 版本变动当中的《类说》

存在内容、编次各异,而又相互关联的不同版本系统,是《锦绣万花谷》续

---

① 《景德传灯录》卷四。

书的一个突出特点,《后集》也是如此①。而在后出版本袭用先出版本并加以增删变异的过程中,其中资料也经历了一次又一次删汰取舍,那么,来自《类说》的条目有怎样的遭际、又呈现出怎样的规律呢?

以过云楼藏本与国图藏本相校,前涉道教、佛教诸类中,差异最大的恰是未使用《类说》资料的"观"(宫观)、"寺"(寺院)两类。以"事"论,过云楼藏本"观"12则,国图藏本"宫观"15则,但其间相重者仅一则;而"寺",过云楼藏本6则中虽有4则被国图藏本取用,然仅占其全部24则的六分之一,重合率同样不高。

而其他各类却迥然不同。如"神仙",过云楼藏本28则,国图藏本18则,后者除末条"牧童赋诗"外,其余均为前者已有收录的来自《类说》的条目;而其删落的11则中,虽"一丸泥封户"等九则亦出《类说》,占该类取自《类说》条目的三分之一,而较之取自《初学记》的"园客""桂父"皆被删去的全军覆没,尚有一日之长。而在"神仙名义",来自《类说》的21则中仅少了"四难"一则,而取自《初学记》的"玄女吞气""指树为姓""青肝苍肾""七十二色"仅余"玄女吞气"一则,一取95%,一取四分之一,差别不可谓不大。更有甚者,过云楼藏本全部内容均来自《类说》的"佛祖""浮图名议"两类,国图藏本全无出入;"僧"类删落五则,亦是来自《初学记》的"六法""四道""五门""三辈"与来自《白孔六帖》的"请舍家为桑门"。换言之,在佛教各类,取自《类说》所录《传灯录》的30则被百分之百地沿袭下来。

显然,《类说》的内容提取和表述方式,不仅为过云楼藏本系统《锦绣万花谷后集》之编者所钟爱,也非常符合国图藏本系统编纂者对条目内容、形式的预设,甚至比《初学记》这种高度精炼的唐类书,更为切近。

类似现象,在与鬼神迷信相关的"奇怪""吉兆""凶兆"中更为典型。上述三类于过云楼藏本编为卷二八,共52则,皆有"事"而无"诗集";于国图藏本则与内容毫不相关的"储书""笔""墨""砚""纸"诸类合编为卷二九,仅占半卷,条目数量亦缩减为28则。就直接的出处标注看,删落者与存留者有着较强的一贯性,似无规律可循,然以《类说》对照来看,则呈现为以下状态:

---

① 参芳村弘道《唐代の诗人と文献研究》第三部第五章《本邦传来の宋版〈锦绣万花谷〉》,(日本)中国艺文研究会,2007年;李更《渊源与流变——从〈锦绣万花谷续集〉看南宋坊贾之类书编刻》,《中国典籍与文化论丛》第十四集,南京:凤凰出版社,2012年;张丽娟《关于过云楼旧藏〈锦绣万花谷〉》,《版本目录学研究》第四辑,北京:北京大学出版社,2013年。

类名	《锦绣万花谷后集》			《类说》相应条目①		
	过云楼藏本卷二八		国图藏本卷二九	标目	书名	卷次
	标目	出处标注				
奇怪	妻母嫁外孙女魂	灵怪集				
	妻与魂合体	独异志				
	梦中到东平决狱	异闻志				
	书生寄鹅笼中	续齐谐记				
	僧走入壁角	酉阳杂俎				
	白项鸦	玉堂闲话				
	水银精	宣室志				
	白玉猪子	纪闻列异				
	崔子玉座右铭	宣室志				
	银人	玉堂闲话				
	古杉为魅	同上				
	亡女买镜	广异记				
	冢中续诗	集异记	✓			
	李积化为虎	摭遗	✓	李积化为虎	摭遗	三四
	人道鱼身	同上		人鱼		
	进士吕口	同上		进士吕口		
	独眠孤馆	同上	✓	独眠孤馆		
	威汙螺	幽怪录		威汙螺	幽怪录	十一
	女留青花毡履	幽怪录		女留青花毡履		
	猫名白老	稽神录		猫名白老*	稽神录	十二
	妇人出波中	同上		波中妇人		
	鸜鹆化为人头	同上		鸜鹆化为人头*		
	木勺变小儿	酉阳杂俎				
	上清童子	博异志	✓	上清童子	博异志	二四
	老公狐遁	乾䐶子		狐翁*前半	乾䐶子	
	废宅三怪	灵怪集	✓	废宅三怪	灵怪集	二九
	虎脱皮为女子	同前		虎脱皮为女子		
	马皮卷女	稽神异苑		马皮化蚕	稽神异苑	四十
	虹化为女子	同上		虹化为女子		

---

① 按：加*之条目为不见于明天启刻本而五十卷本系统有收者。如"猫名白老""鸜鹆化为人头"二则不见于明天启刻本卷十二之《稽神录》，而国家图书馆藏明有嘉堂抄本卷十一《稽神录》有之，且文字全同。见于《乾䐶子》的"狐翁"、《幽明录》的"采菱遇蛟"、《定命录》的"画蛇蟠镜"亦与此相似。本表以通行之明天启刻本为主要基础，为求全表一贯，相关诸书之卷次仍沿用天启刻本。

续表

类名	《锦绣万花谷后集》			《类说》相应条目		
	过云楼藏本卷二八		国图藏本卷二九	标目	书名	卷次
	标目	出处标注				
吉兆	梦甲马飞空	纪异录	√	唐高祖梦	纪异录	十二
	朱衣吏跃出	同上	√	朱衣吏跃出		
	梦柳仆地	因话录	√	梦柳仆地	因话录	十四
	梦舁棺入堂	同上	√	梦舁棺入堂		
	蜗迹成天子	酉阳杂俎	√	蜗迹成天字	酉阳杂俎	四二
	鼻中龙虎气交	北梦琐言	√	鼻中龙虎气交	北梦琐言	四三
	梦幡飞指	北梦琐言	√	梦幡飞指		
	巨蛇食藤花	逸史	√	巨蛇食藤花	逸史	二七
	枭鸣改官	隋唐嘉话	√（枭鸣庭树）	枭鸣改官	隋唐嘉话	五四
	持此秤量天下	刘禹锡嘉话	√	持此秤量天下	刘禹锡佳话	五四
	衣锦井中	茅亭客话	√	衣锦井中	茅亭客话	五四
	梦六印悬剑	玉壶清话	√	梦六印悬剑锋	玉壶清话	五五
	槐生室中	幕府燕闲录	√在"枭鸣庭树"后	槐生室中	幕府燕闲录	十九
	后来者必衔得	摭言	√（毕諴得响卜）	后来者必衔得	摭言	三四
	梦火山军姓刘人作状元	东斋记事	√（刘煇作状元）	刘煇作状元	东斋记事	二二
	虹蜺天使	宣室志	√	虹蜺天使	宣室志	二三

续表

类名	《锦绣万花谷后集》			《类说》相应条目		
	过云楼藏本卷二八		国图藏本卷二九	标目	书名	卷次
	标目	出处标注				
凶兆	采菱遇蛟	幽明录		采菱遇蛟*	幽明录	十一
	狐读通天经	幽怪录		狐诵通天经	幽怪录	十一
	画蛇蟠镜		√	画蛇蟠镜*	定命录	十二
	令二妾试哭	异人录		令二妾试哭	异人录	十二
	镜声	隋唐嘉话	√	镜声	隋唐嘉话	五四
	八人乃火字	酉阳杂俎	√	八人乃火字	酉阳杂俎	四二
	散幅裙			散幅裙	荆湖近事	二二
	木掩房	晋公谈录	√	木掩房	晋公谈录	十六
	书囊鼠变犬	明皇杂录	√	书囊鼠变犬	明皇杂录	十六
	梦雌鹤生女	见闻杂录	√	梦雌鹤生女	见闻录	十六
	铛釜皆行	灵怪集	√	铛釜皆行	灵怪集	二九

首先,一个显著现象是,其前13则"妻母嫁外孙女魂"至"冢中续诗"均不与《类说》相合,即使源于《灵怪集》《宣室志》《酉阳杂俎》等《类说》有收的书籍,《类说》也大多无其条目,或虽有相关内容而文字差异极大。如"书生寄鹅笼中"出《续齐谐记》,《太平广记》卷二八四"幻术一"亦有收录,题为"阳羡书生",二者文字基本相同,故事曲折离奇,幻中出幻,篇幅近500字。《类说》卷六《续齐谐记》之"书生吐女子"即记述这一故事,然但存梗概,仅百余字:

> 许彦山行,遇一书生,云脚疼,求寄鹅笼中。生入笼,与鹅并坐。前行,息树下,生出笼,口吐一铜盘,具肴馔。酒数行,吐一女子,容貌冠绝。女曰:"将男子同来。"吐一男子,颖悟可爱。又吐锦行障,书生留女同卧。男子又吐一女共酌。日晚,书生悉吞纳口中,留铜盘与彦。张散云是永平

二年作。

而《锦绣万花谷后集》"书生寄鹅笼中"虽截去部分情节,仍保留了不少细节描写,存约300字:

> 阳羡许彦行绥安山,遇一书生,年十七,卧路侧,云脚痛,求寄鹅笼中。彦以为戏言,书生便入笼,与双鹅并在,鹅亦不惊。彦负笼而去,都不觉重。前息树下,书生出笼,谓彦曰:"欲为君薄设。"彦曰:"甚善。"乃于口中吐出一铜盘,奁子具诸肴馔,海陆珍羞,气味芳美。乃谓彦曰:"向一妇人,今欲暂邀之。"彦曰:"善。"又于口中吐一女子,衣服绮丽,容貌绝伦,共宴。俄而书生醉卧,女谓彦曰:"虽与书生结要而实怀外心,向亦窃将一男子同来,书生既眠,暂唤之。愿君勿言。"彦曰:"善。"女人口中吐出一男子,亦明颖可爱,仍与彦叙寒温。书生卧欲觉,女子曰:"书生欲起。"吞男子,独对彦坐。书生谓彦曰:"暂眠遂久,君独坐,当悒悒耶?日已晚,当与君别。"还复吞此女子,诸铜器内口中,留大铜盘可广二尺馀,与彦别曰:"无以藉君,与君相忆也。"大元中,彦为兰台令史,以盘饷侍中张敞,敞看其题,云是汉永平三年所作也。

很显然,与《类说》所录者并不存在因袭关系。

与"书生寄鹅笼中"相似,这13则往往篇幅较长,标目有较强的描述性且难称精炼。同时,其中前12则均不见于国图藏本,占去了被删汰条目的一半。

而"李积化为虎"以下,除"木勺变小儿"一则外,皆见于《类说》。其文字,亦与前述佛、道诸类相似,虽或有进一步节略,而行文高度一致。如"凶兆"之"书囊鼠变犬"出自《明皇杂录》,其原书作:

> 李林甫宅亦屡有妖怪。其南北隅沟中有火光大起,或有小儿持火出入,林甫恶之,奏于其地立嘉猷观。林甫将疾,晨起将朝,命取书囊,即常时所要事目也,忽觉书囊颇重于常,侍者开视之,即有二鼠出焉,投于地,即变为狗,苍色壮大,雄目张牙,仰视林甫。命弓射之,殷然有声,狗形即灭。林甫恶之,称疾不朝。其日遂病,不逾月而卒。①

而《类说》与《锦绣万花谷后集》皆作:

> 书囊鼠变犬:李林甫一日晨兴,取书囊,讶其重,开视之,一大鼠跃出,变为苍犬,怒目张牙,仰视林甫,以物击之,应手而毙。林甫恶之,逾月

---

① 〔唐〕郑处诲《明皇杂录》卷上,清守山阁丛书本。

而卒。①

将故事细节,如"书囊"的用途,"开视之"的操作者,"变为狗"的确切位置,"击之"的方式等等,均予以省略,且文字相同,当非偶然。再如"吉兆"之"衣锦井中",源自《茅亭客话》卷二"费尊师":

> 陵阳至道观主费禹珪字天锡,文学优赡,时辈所称。伪蜀尝应进士举,名绚,或梦衣锦在井中,觉后自喜曰:"及第衣锦游乡井尔。"他日,因与州军事推官苏协论名第皆由阴注、凡举人将历科场多有异梦,禹珪因言前梦,苏曰:"非佳梦尔,衣锦井中,是文章未显之兆。"费不悦,来春果下第。归乡,因告苏曰:"人生百年,有如风烛。止可怡神养志,诗酒寄情,更不能为屑屑之儒。"诚有云栖之志矣……②

《类说》提取这段故事,摘引为:

> 衣锦井中:费绚应进士举,梦衣锦井中,觉自喜曰:"及第衣锦游乡尔。"或曰:"此非佳梦,衣锦井中,文章未显之兆。"来春果下第。

文字虽简,始末尚存,所谓"吉兆"在这个故事里只是误会,《类说》的摘录角度也正在于此。而《锦绣万花谷后集》作:

> 衣锦井中:费绚应进士举,梦衣锦井中,觉自喜曰:"及第衣锦游乡井尔。"

虽为我所用,仅截取前半文字,呈现其伪"吉兆"的一面,而与《类说》的一贯性仍一望可知。

过云楼藏本这后39则中,来自《类说》者38,国图藏本有其27。换言之,全部三类取自他书与取自《类说》者,比例为14∶38;而删汰24则中,为13∶11;保留者则为1∶27。就国图藏本而言,直接呈现为除"奇怪"类首条"冢中续诗"外,三类之所有内容均来自《类说》;且"画蛇蟠镜"脱去出处外,所有出处标注亦皆与《类说》相合。由于"吉兆""凶兆"虽属旧有门类,却与"前集"编次位置不同,或云组织逻辑有异,"奇怪"则是不见于"前集"、亦不见于此前类书之门类设置,若仅就国图藏本看,几乎给人以"抄袭《类说》之'副产品'"的印象,似乎《锦绣万花谷后集》编者以《类说》填充道教、佛教诸类时,发现了这些与神鬼迷信相关且颇具奇趣的内容,弃之可惜,故借"吉兆""凶兆"以置之,旧有门类不能容纳者,另设"奇怪"处之。而从过云楼藏本可知,不论起因何在,"奇

---

① 《类说》卷十六,《锦绣万花谷后集》卷二九。
② 〔宋〕黄休复《茅亭客话》卷二,明津逮秘书本。

怪"一类原在规划之中,亦曾有独立的资料蒐汇,然而很可能在做了部分编录之后,发现了《类说》这一旨趣相合,又可省去拟条目、摘文字之辛劳的捷径,从此一发不可收拾。

应该说,在前文所及各类,《类说》均处于填充资料之缺的位置,其门类规划则来自于《锦绣万花谷前集》及《初学记》等,然而在《锦绣万花谷后集》的版本演变中,随着反复的取舍删汰,《类说》的取用呈现了逐渐加强的趋势。这在参用了前述两种版本系统的明秦汴本也有体现。该本大体以来自国图藏本系统的明弘治五年华燧铜活字本为基础,又以所得宋刻"参互考订""斟酌损益"而成,其《后集》卷二七"神仙"于"弹一弦琴"与"召补仙官"之间,即有"一丸泥封户"(列仙传)、"女笞老翁""徐甲复生"(并神仙传)、"琅玕树"(续仙传)、"眉上肉块"(王氏神仙传)五则,卷二九"李积化为虎"与"独眠孤馆"之间,亦有"人道鱼身""进士吕口"两则,皆过云楼藏本系统有而为国图藏本系统刊落者。则其"于坊间购得宋刻",当属过云楼藏本系统,而秦氏"斟酌损益"之时,同样偏向于来自《类说》的条目,如"书生寄鹅笼中"之类标目近于"讲故事"、文字繁冗者,一则未取,可见在秦氏眼中,其文字与内容的提取亦不如曾慥之适用,这种数百年后依然不变的偏爱,也从一个侧面呈现出《类说》的特色。

二、《古今合璧事类备要》对《类说》的间接承用

南宋谢维新、虞载《古今合璧事类备要》,本应书商之约而编,前、后、续、别、外五集达三百六十卷,规模浩大。材料蒐汇上的"取巧"也因之不可避免,如花果草木部分近于《全芳备祖》之简编本①,"历官门"多取自《白孔六帖》《职官分纪》与《锦绣万花谷》②,"民事门"大抵袭自《古今事文类聚》或与《锦绣万花谷》相拼合③之类,已见学者相关论述。如仅从出处标注看,《古今合璧事类备要》对《类说》虽有征引,然全书仅六见④,不仅数量少,且其中半数可见于《古今事文类聚》,其他则多有疑误。看去编者似未直接使用《类说》原书,且二者亦无太多瓜葛。

---

① 杨宝霖《〈古今合璧事类备要〉别集草木卷与〈全芳备祖〉》,《文献》1985年第一期。
② 赵含坤《中国类书》,石家庄:河北人民出版社,2005年,第129页。笔者按,其中《白孔六帖》之内容疑亦间接来自《锦绣万花谷后集》。
③ 李更《〈古今合璧事类备要〉管窥——以"民事门"为例》,《版本目录学研究》第六辑,北京大学出版社,2015年。
④ 据《中国基本古籍库》检索,其底本为影印文渊阁《四库全书》本。

然而,因《锦绣万花谷》诸集乃其"重要"抄袭对象,《类说》也随之进入了该书,当然,其出处标注沿自《锦绣万花谷》,体现为"原始出处",而抹去了《类说》这一中间环节。

其"道教门",共设"神仙名义""丹法""神仙""女仙""道士""女道士""道观""恩命""解化"九类①,在类目设置和信息内容上,属于《锦绣万花谷》前、后集、《古今事文类聚》前集及《记纂渊海》的拼合。其中"神仙名义""神仙""女仙""解化"四类中,有录自《锦绣万花谷后集》的《类说》文字计15则:

《古今合璧事类备要》			《锦绣万花谷后集》			《类说》	
类	条目名称	出处标注	类	条目名称	出处	条目名称	书名
神仙名义	五性	汉武帝内传	神仙名义	五性	汉武帝内传	五性	汉武帝内传
	九患			九患		九患	真诰
	餐霞			服日餐霞		服日餐霞	
	服日			服日月		服日月	
神仙	道士教饮		神仙	空中闻打麦	续仙传	空中闻打麦	续仙传
	振翼起去			落翻山	神仙录	落翻山	神仙传
	食犬轻飞	仙传		枸杞丛下犬	续仙传	掘枸杞	续仙传
	承祯道骨	高道传		小儿诵经	高道传	小儿诵经声	高道传
	子训游洛（后半）			二十三处见子训	续仙传	二十三处皆见	神仙传
	洪崖先生	神仙传		五色云母		五色云母	
	碧落侍郎	同上		碧落侍郎	神仙传	碧落侍郎	
女仙	内人服丹	高道传	神仙名义	绛雪丹	高道传	绛雪丹	高道传
解化	诏作仙郎	续仙传	神仙	仙台郎	续仙传	仙台郎	续仙传
	召补仙官			召补仙官	王氏神仙传	召补仙官	王氏神仙传
	诗集·鹤飞						

仅此一门对《类说》的间接承用,已远远多于全书有明确标注者。

---

① 〔宋〕谢维新《古今合璧事类备要》前集卷五十、五十一,《中华再造善本》影印宋刊本,残缺漫漶处参校影印文渊阁《四库全书》本。下不一一注明。

而在"释教门"情况更为典型,仍以《传灯录》为例。

"释教门"占据了《古今合璧事类备要》前集卷四七至四九的三个卷次,计有"浮屠名义""禅法""佛""祖师""僧""佛寺""披剃""恩命""圆寂"九类,资料来源与"道教门"略同。以影印文渊阁《四库全书》本检索,"传灯录"作为出处标注,共出现 92 次,覆盖约 130 条,相当可观。而《锦绣万花谷后集》由于其自身信息量的局限,在诸多"参考书"中并不占重要地位,至如"浮屠名义"145 条、占据一整卷篇幅,且均为"事类",然全部录自《锦绣万花谷前集》卷二九"浮图名议";"佛"之"事类"34 条,《锦绣万花谷前集》居三之一、《古今事文类聚前集》卷三五"仙佛类·佛"居三之二;"佛寺"之"事类"28 条,前述二书各居其半,均未取《锦绣万花谷后集》,其中出自《传灯录》者,大体亦与《类说》无涉。但在其他各类,对《后集》内容取用则不时可见,《类说》所摘之《传灯录》亦占绝大多数,今统计得 17 条。虽然总量不是很大,标目亦往往有所变化,但排列相对集中,文字一仍其旧。

同时,还可见沿自《古今事文类聚》者。《古今事文类聚》对《类说》之征引,有明确标注者亦仅寥寥数则。与佛教相关的前集卷三五"仙佛部",仅于"僧"之"施千僧供"一则注"《类说》",实出《类说》所摘《唐宋遗史》。然此前仅一则之隔的"赤髭白足"至"布袋和尚"共 19 则统一标注"并《传灯录》",其首二两则似非《景德传灯录》内容,或录自他书而脱落出处,自"蹑迹求法"以下 17 则确实源自《传灯录》,虽有数条为《类说》所不载,然"磨砖成镜""骂佛骂祖""一瓶一钵""白公问禅""李公问禅""百丈竿头进步""一口吸尽西江水""寒山子""拾得子""布袋和尚"十则,与《类说》所摘《传灯录》之"坐禅岂得成佛""有把茅盖头""末后一句""鹊巢和尚布毛侍者""云在青天水在瓶""百丈竿头进步""一口吸尽西江水""汝不是我同流""东家人死西家助哀""如何是布袋下事"内容相对应,虽再有节略,但行文高度一致,排列也相对集中。与此相似的还有,未标注出处的"佛·弘忍镜台"即《类说》所摘之"本来无一物","僧·群书要语"之"禅有五"云云即"五禅"等,则祝穆所用之《传灯录》或亦非原书,而是从《类说》及其它书籍转引,至少在一定程度上参用了《类说》。而这些,也有一部分被《古今合璧事类备要》所取用,甚至有个别条目,如"布袋和尚""晨鸡暮钟",由于《古今事文类聚》《锦绣万花谷后集》两个抄袭对象均有收录、皆来自《类说》且文字完全相同,不易判断究竟抄自哪部书,但《类说》作为"根源"应无疑议。

目前所见情况如下:

		《古今合璧事类备要前集》"释教门"				《锦绣万花谷后集》卷二七			《古今事文类聚前集》"仙佛部"		《类说》之《传灯录》
	类	标目	出处标注	位置	类	标目	位置	类	标目		标目
卷四八	禅法	真实道场		33	浮图名议	安心偈	2				安心偈
		菩提日月		34		卧轮偈	3				卧轮偈
		唱谁家曲		35		师唱谁家曲	7				师唱谁家曲
		往选佛场	传灯录	36		选佛场	8				选佛场
	祖师	伏驮密多	传灯录	16	佛祖	处胎六十岁	7				处胎六十岁
		马鸣大士	同上	17		龙魔随灭	8				汝化性海得否
		迦毗摩罗	同上	18		蟒住石窟	9				蟒住石窟
		婆修盘头	同上	19		梦通（吞）明珠而孕	10				梦吞二珠
		师子比丘	传灯录	20		开手奉珠	11				开手奉珠
卷四九	僧	鹊巢和尚	传灯录	18				僧	白公问禅		鹊巢和尚 布毛侍者
		布袋和尚	传灯录	19	僧	杖荷布囊	7		布袋和尚		如何是布袋下事
		慧海修道	传灯录	23	浮图名议	饥来吃饭 困来眠	4				饥来吃饭 困来即眠
		药山论禅	传灯录	24		切忌道著	11				切忌道
		善觉唤虎		28		两虎侍者	6				大空小空二虎
		舡子泛江	传灯录	30	僧	舡子和尚	5				船子和尚
		晨鸡暮钟	传灯录	39		和尚家风	6		一瓶一钵		末后一句
		百丈竿头		42				僧	百丈竿头进步		百丈竿头进一步
		李公问禅	阙	57					李公问禅		云在青天水在瓶
	披剃	落发（前半）	传灯录	1	佛祖	百鸟衔花	12				懒融
	圆寂	世尊现足	景德传灯录	8	佛祖	金棺内现双足					至双树悲泣
		释迦说偈	传灯录	9	浮图名议	涌金莲花（后半）	1				学非非想

来自二书者合计 20 则,占《类说》所录《传灯录》的 22%。这些条目虽与其他来源的《景德传灯录》内容皆标称"出《传灯录》",甚至统一标注为"并《传灯录》",而此《传灯录》与彼《传灯录》,却不尽一致,是经过了《类说》—《锦绣万花谷后集》/《古今事文类聚》的至少第三手资料。

由于资料错杂,很多条目在辗转抄录过程中失去了本来的"身份信息",也给《古今合璧事类备要》带来了一些新的"乌龙现象"。如"祖师"一类,为《锦绣万花谷》前后集两个"佛祖"拼成,其 1 至 15 则几乎皆出《传灯录》,然取自《前集》:

《锦绣万花谷前集》卷二八"佛祖"		《古今合璧事类备要前集》卷四八"祖师"	
1	佛初祖达摩	1	初祖达磨
2	只履西归		
3	一花五叶	2	传汝心印
4	得骨得髓	3	得吾骨髓
5	二祖慧可	4	二祖慧可
6	立雪断臂		
7	外息诸缘	5	外息诸缘
8	酬素累	6	往酬素累
9	三祖璨	7	三祖璨师
10	山谷寺石牛洞		
11	四祖道信	8	四祖道信
12	五祖弘忍	9	五祖弘忍
13	白气横分	8	*合于"四祖道信",此为后半
14	六祖慧能	10	六祖慧能
15	菩提非树	11	菩提心镜
16	法宝	12	衣钵法宝 *此为前半
17	举衣不动	13	举衣不动
18	不会佛法		
19	潜刃害祖无伤	14	潜刃无伤
26	七祖	15	七祖行思

《锦绣万花谷前集》之"佛祖"前 19 则中,未用者仅 4 则,再加位置稍后的"七祖",构成《古今合璧事类备要》"祖师"前 15 则。标目处理则包括删繁增简

整齐为四字,及用语的微调,事实上,除"一花五叶"改为"传汝心印"外,其他仅略有变动,且其间不无"掩人耳目"之嫌。而从内容看,则是达摩以下禅宗诸祖及其事迹,显为禅宗进入中国后传承的记录。然中土禅宗通常至六祖慧能而止,在《景德传灯录》《五灯会元》中,行思也以"六祖大鉴禅师法嗣"的身份入载。《锦绣万花谷前集》记为"七祖",或即出青原一系资料,其下即叙石头希迁等禅宗高僧事迹。《古今合璧事类备要》却在尽取其诸"祖"之后,又借助了《后集》将"祖师"延续下去,"七祖行思"而下依次为:

伏驮密多:九祖伏驮密多。有长者携一子来,曰:"此子处胎六十岁,因号难生。"(传灯录)

马鸣大士:十二祖马鸣大士。忽见女子说偈曰:"稽首长老尊,当受如来记。今于此地上,宣通第一义。"师曰:"将有魔来。"即一金龙,震动山岳。师俨然于坐,魔事随灭,遂复本形,曰:"我名迦毗魔罗,化巨海极为小事。"师曰:"汝化性海得否?"曰:"吾未尝知。"师云:"山河大地,皆依建立。三昧六神通,由兹发现。"迦毗遂发信心,与徒众三千俱来剃度,师乃付法。(同上)

迦毗摩罗:十三祖迦毗摩罗。入山逢大蟒,盘绕师身,师授三归依。蟒化为素服老人曰:"我昔为比丘,有初学数来请益,我烦于应答,起嗔恨想。命终堕为蟒身,住是石窟千载,适闻戒法,故来谢耳。"又曰:"北有大树荫覆五百大龙,树王名龙树,为龙众施法。"尊者即与度脱。(同上)

婆修盘头:二十一祖婆修盘头。其母初梦吞明暗二珠而孕,有一罗汉曰:"汝当生二子。一即祖师,二即乌尼。昔如来在雪山修道,乌尼巢于顶上,佛既成道,乌尼受报为那提国王。佛记云:'汝后与圣同脱。'今无爽矣。"乌尼,野鹊子。

师子比丘:二十四祖师子比丘。有长者引一子见师曰:"此子当生便拳左手,今既长矣,终未能舒,愿闻宿因。"师即以手接曰:"还我珠来。"童子遽开手奉珠。师曰:"吾前为僧,有童子婆舍,吾付西海斋,受衬珠付之,今见还矣。"遂为法嗣。(传灯录)①

也就是《锦绣万花谷后集》的"处胎六十岁""龙魔随灭""蟒住石窟""梦通(吞)明珠而孕"和"开手奉珠",在《类说》是"处胎六十岁""汝化性海得否""蟒住石窟""梦吞二珠"和"开手奉珠"。《古今合璧事类备要》将上述内容与禅宗七祖相接续,表面似有很强的一贯性,而所涉诸"祖"实乃"西天祖师",在该体系当

---

① 〔宋〕谢维新《古今合璧事类备要前集》卷四八。

中,中国禅宗的"初祖达摩"位列"第二十八祖"①,因此,这一拼合实际造成了"九祖"至"二十四祖"序位于二十八至三十四祖之后的错乱局面。如前文所涉,在《景德传灯录》,天竺、中华诸祖师分别编卷、且卷端有清晰的身份交待,而《类说》以降失之,故至于此,亦所谓"辗转贩鬻,迷其本始"②者。

因对《类说》的间接承用与其他来源的资料混杂交织、置身于来自各种著述的海量信息之间,甚至同出《类说》,也有袭自《锦绣万花谷后集》与《事文类聚》之别,可以说,在《古今合璧事类备要》"道教门""释教门",《类说》的痕迹已渐趋模糊。

三、馀论

以上,以《锦绣万花谷后集》《古今合璧事类备要》为例,对南宋坊本类书对《类说》的袭用略作考察。当然,《锦绣万花谷后集》对《类说》的使用不限于佛、道、奇怪诸类,《古今合璧事类备要》所承用之《类说》亦不仅来自《锦绣万花谷后集》和《古今事文类聚》,宋代辗转承用此书者更不止于上述诸种。而元明以降,诸多类书如《群书通要》《天中记》《山堂肆考》等,乃至清代官修的《佩文韵府》《渊鉴类函》之类,在承用《古今事文类聚》《锦绣万花谷后集》《古今合璧事类备要》等书的同时,也将其中所引《类说》沿袭下来,然其痕迹泯于数量庞大、来源众多的资料之间,几不可寻。

厘清文献源流,首先有助于对相关资料进行更为有效的校勘考证。对于《类说》而言,《锦绣万花谷后集》《古今合璧事类备要》作为承用者,其文字能在一定程度上呈现《类说》曾有过的面貌,弥补其宋本存世甚微之憾。加之《类说》对摘录对象往往有相当程度的删改,而这些承用者则多属简单抄袭,文字变形极少,其校勘价值甚至可能超过上游的"源文献"。如"身十七性十七",明天启刻本作:

> 第三祖商那和修者,化缘既久,得优婆毱多为给侍。因问曰:"汝年几也?"答曰:"十七。"师曰:"汝身十七耶?性十七耶?"和修知是法器,遂为落发。曰:"发白,非心白耳。"毱多曰:"我身十七,非性十七也。"发偈曰:"非法亦非法,无心亦无法。说是心法时,是法非心法。"

师徒对话之逻辑关系有明显错乱。文渊阁《四库全书》本校改为:

---

① 《景德传灯录》卷三。
② 《事文类聚提要》,《四库全书总目》卷一三五,第1149页。

> 第三祖商那和修者,化缘既久,得优婆鞠多为给侍。因问曰:"汝年几也?"答曰:"十七。"师曰:"汝身十七耶?性十七耶?"答曰:"师发已白。为发白耶?心白耶?"师曰:"我但发白,非心白耳。"鞠多曰:"我身十七,非性十七也。"和修知是法器,遂为落发。偈曰:"非法亦非心,无心亦无法。说是心法时,是法非心法。"

理顺对话的同时,偈之首句也有"非法亦非法"与"非法亦非心"之异,其改补均与《景德传灯录》合,则所据应即《景德传灯录》。而在《四部丛刊三编》影印宋刊本《景德传灯录》,此句下有校语云:"旧本作'非法亦非法'今依《宝林传》《正宗记》改作'非法亦非心'也。"则《景德传灯录》"旧本"引偈实与天启刻本《类说》同。而在明抄本《类说》及《锦绣万花谷后集》,此则均作:

> 第三祖商那和修者,化缘既久,得优波鞠多为给侍。因问曰:"汝年几耶?"答曰:"十七。"师曰:"汝身十七耶?性十七耶?"师曰:"师发白耶?心白耶?"师曰:"我但发白,非心白耳。"鞠多曰:"我身十七,非性十七也。"和修知是法器,遂为落发。偈曰:"非法亦非法,无心亦无法。说是心法时,是法非心法。"

二者无一字之差。可知当是天启刻本之底本"和修知是法器,遂为落"云云误窜至"汝身十七耶?性十七耶"之后,并脱去"答曰:'师发白耶?心白耶?'师曰:'我但'",天启刻本略作弥合但乱迹尚存;而"非法亦非法"之偈语,姑不论于佛教史上是否真实,或于《景德传灯录》是原貌或讹文,但就《类说》而言,在上游的《景德传灯录》"旧本"和下游《锦绣万花谷后集》双重证据下,无疑是其本真。文渊阁《四库全书》本之校改,虽与《景德传灯录》行文相一致,却背离了《类说》经过删繁就简的文字面貌,所引偈语,亦背离了《类说》及其所据之《景德传灯录》"旧本"。

前文所涉"五性"例亦近之,从北京大学图书馆藏明抄本及《锦绣万花谷后集》的文字看,《汉武帝内传》"今阿母迁天尊之重,下降于蟪蛄之窟;霄虚之灵,而诣孤鸟之俎"一句,除"天尊""大道"之别外,《类说》本来的文字面貌当大体一致,而天启刻本"今阿母迁大道之重驾,降蟪蛄之窟;屈霄虚之灵鸾,诣孤鸟之俎"恐出明人校改。而这一文本虽因更为晓畅而为后人所乐从,甚至清《守山阁丛书》取以校改《汉武帝内传》原文,究不免因《类说》版本之误,而更加背离《汉武帝内传》之原貌。

对于原书不传或已不完整,无法借助上游文献进行校勘之处,借后世承用者寻求《类说》之本来面目,无疑更为重要;而由此获得更可靠的《类说》文本,当然也更有利于相关早期古籍的校勘辑佚。而对处在"下游"的《锦绣万花谷后集》《古今合璧事类备要》等书而言，因所标注的往往是"原始出处"而非"实际依据"，那些今天看上去"不合理"的文字是手民之误抑或"本来如此"，《类说》或其他"中间环节"的文字状况亦可助分析，较之"不尽皆如本文"且历经流传演变的"源文献"，亦有其一日之长，庶可避免轻易否定其中传递的早期文本信息。

保存文献是类书最重要的价值之一，而出处标注的缺失错乱则是难以回避的极大障碍。前文所列诸表中，出处缺失、讹误或变形者即不少见，这种情况下，承用关系同样也是考辨的重要依据。如《古今合璧事类备要前集》卷五十"神仙名义"之"九患""餐霞""服日"，源自《类说》所摘《真诰》，前者位于标注出"汉武帝内传"的"五性"与出"真诰"的"七变"之间，后二者位于标注出"真诰"的"三等"与出"太平广记"的"去尸"之间，均未标出处。虽其"源头"与前后所标出处可以建立关联，似不妨解释为前者承上、后者连下，然而从处于"中间环节"的《锦绣万花谷后集》相关条目皆失落出处来看，恐非如此。当只是所据资料无出处信息，"葫芦提"抄入而已。换言之，"承上""连下"不是此处真正的出处标注体例。

类似情况在书中大量存在，其中一部分，在后世的版本中可能因误读而发生信息讹变。如同书"僧"之"善觉唤虎""百丈竿头"二则，分别为取自《锦绣万花谷后集》和《古今事文类聚》，皆源自《类说》之《传灯录》，今存宋刊本皆未注出处，影印文渊阁《四库全书》本则均标"同上"，或为流传刊刻中因解读为"承上"所加。后者可溯之出处恰为"《传灯录》"，尚无问题；而前者，位于出自《蜀普录》的"吉祥召鱼"之后，被视为《蜀普录》之佚文，亦顺理成章。事实上，此处前后数则皆取自《锦绣万花谷后集》，"吉祥召鱼"见"僧"类，乃袭自《白孔六帖》卷八九"僧"的"日夜诵经九函"，"善觉唤虎"即"浮图名议"之"两虎侍者"，亦即《类说》所摘《传灯录》之"大空小空二虎"，二者间的直接关系，或可云同样录自《锦绣万花谷后集》，但以"原始出处"《蜀普录》论，显然不成立。当是编纂或流传中，后者出处偶脱，再因误读而做出了不适当的补注。《类说》对《景德传灯录》文字颇有变形，《蜀普录》亦久佚之书，若非厘清脉络，这一讹误实不易识别，其真实出处亦难以判断。

可以说，提供真实信息，避免对古籍的误读、误辑，是理清承用关系的又一重意义所在。在信息链中的位置越靠后，"辗转贩鬻"带来的讹误越多，宋代是如此，明清典籍类书则更为复杂，这种源流关系正是不宜忽视的考辨线索。

而对于《类说》，认识这一材料沿袭还有一个或许更重要的意义，即更真切地认识其性质与定位。通常说来，古籍被类书引用并非异事，任何性质、内容、体例的古籍都有可能为类书摘取某些片段,但从行文到标目、从内容到形式的大面积直接取用,则其间必然存在某种契合,即在提取信息的角度和传递信息的方式上具有相通性。

　　应该说,《类说》的工具性特点,在曾慥将"采摭事实"定为编录原则之时即已确立,可谓与生俱来。虽然《类说》传世本的面貌,或在一定程度上与其对《绀珠集》等体式相近而工具性更为显著之书的承用相关,是否尽出曾慥尚可探讨,而这一宗旨的存在,却无可质疑。与之相伴随的,就是其关注点在于"可以资治体,助名教,供谈笑,广见闻",于"百家之说",摘取的是其"事实",亦即四库馆臣所谓"遗文僻典",或今云之辞藻典故,而非情节或文学表现。对此,与曾氏有着近似文化背景的古人并非不了解,南宋宝庆年间叶时刊刻该书,序文开篇即云"前言往行,君子贵于多识",凸显了其在"长知识"方面的特定功能。明天启年间岳钟秀《刊定类说序》云其"非如《事文类聚》《合璧事类》等书取资帖括之为类也",虽意在强调其"与彼凡庸俚俗之书弗类也",而这种"可比性"背后隐含的,也正是其共通处。《四库提要》对其内容体例的概括更是直接体现。这种"工具性",无论是曾慥编书之初的自觉,还是为稍后的增益演变所强化,对于流传至今的《类说》,都是客观事实;而它在类书编纂中曾扮演过的角色,不管出自抄袭者的自觉意识还是源于潜在的暗合,也正从一个侧面传递出其与"工具书"之间的"一脉相通"。

　　这在其内容筛选、文字取舍,及标目选用等方面,都有着不可忽视的影响。例如,《类说》有约三十个条目采取了"(并)见上"的著录方式,即《类说》通常著录其中的一个标题及内容,在文末另起一行注明'XXX(并)见上',有目无文","一般见于引书中一则内容对应两个标题的情况",有研究者提出如下质疑:"如果这些条目名称为曾慥自行拟定,很难想象他会不厌其烦地同时拟定两个以上标题,出现这种情况的原因很大可能是曾慥参考了其他书籍的标题。他见到不同标题后,为达到使《类说》接受者'广见闻'的目的,将它们都著录出来。那么,'(并)见上'的标题或许有来源于其他书籍的"。① 而以工具书的视角来看,这似乎不成问题。如其所录《传灯录》开篇:

　　　　学非非想:释迦佛生刹利王家,放大智光明,照十方世界。涌金莲花,自然捧双足,分手指天地,作狮子吼声。即周昭王二十四年也。年十九欲出家,夜有天人名净居,于窗牖中叉手白太子言:"出家时至。"乃于檀特山

---

① 关静《〈类说〉编纂及版本源流研究》第三章《〈类说〉编纂考》,北京大学 2015 年硕士论文,第38—39页。

中修道,鬱头蓝弗处学非非想。于二月八日明星出成佛,号天人师,时年三十。于鹿野苑中为桥门陈如等转四谛法轮,论道果,说法。住世四十九年,将金缕僧迦黎衣传法与摩诃迦叶,说《无常偈》曰:"诸行无常,是生灭法。生灭灭已,寂灭为乐。"诸弟子以香薪荼毗之,烬后金棺如故,高七多罗树。往反空中,化火三昧,得舍利八斛四斗。世尊灭后一千十七年,永平中教至中夏。

  四谛法轮

  金棺高七多罗树(并见上)

这段文字简述了释迦牟尼的生平经历,不论"学非非想""四谛法轮""金棺高七多罗树",均仅为其间"片段",既非核心,亦无法涵盖整体内容,甚至也不存在对相关概念的清晰解说。要之,此段记述乃三个"事实"共同的"出处",曾慥在故事当中所要提取的,也正是这种可资清谈与写作的"事实",或云典故。换言之,《类说》的篇则名称并不是故事的"标题",而是工具书的条目,一则故事当中包含多个可用资源,就需要用多个标目将其清晰地呈现出来,以便读者取用。这样,曾慥的"不厌其烦"便丝毫也不奇怪。固然,不能完全排除这些标目当中或有参照他人、他书对同一故事的提取而来者,但实不必因他人方能产生。

  同样,如何看待《类说》在原书有篇则标题的情况下重拟"标题"、是否可以看作"未尝改窜一词"等问题,在此视角下,亦可作出新的探讨,得到更妥善的解释。

  总之,工具性是《类说》一个不应被忽视的重要特质,认识这一点,对于我们更好地把握和使用此书不无助力。对此,南宋坊编类书对《类说》的承用,恰是一个有益的提示。

《高似孙〈纬略〉校注》商兑

胡双宝*

【内容提要】《纬略》共12卷，主要是从几种类书中辑录的资料，分为438个专题。《校注》以两个本子对校，往往判以"未知孰是"或"未知孰误"。所断某本误，时有失当。注释乃至标点亦有误。"商兑"间或分析致误原因。

【关键词】《纬略》 校勘 异体字 注释

《高似孙〈纬略〉校注》，浙江大学出版社2012年出版。繁体字排印。

一万多字的《前言》论述高似孙（1158—1231）生平、著述，介绍《纬略》版本及相关情况。

该书《凡例》介绍，《纬略》有《四库全书》本、《墨海金壶》本、《守山阁丛书》本和据《守山阁丛书》本排印的《丛书集成初编》本。《校注》以《丛书集成初编》本为底本，文渊阁《四库全书》本为校本。

《纬略》12卷，主要是从类书中辑录的资料，设438个专题。今就校勘及注释未允等项，列举较多的实例，归纳为七个方面予以商兑。每条"——"后为简单评说，时或兼及校勘的相关问题。

一、底本、校本选择不当

《凡例》交代的四种版本之外，尚有《说郛》本、清白鹿山房活字本等。原燕京大学图书馆1937年抄本，作为校勘，不应忽略。

以《丛书集成初编》本为底本，未当。排印再仔细精审，多了一个版本层次，总会有与所据本失真之处。就所列四种版本看，宜径用《守山阁丛书》本为底本。

校勘，除非仅存两种版本，应该有主校本和参校本。《校注》于《丛书集成初编》本和《四库全书》本以外，未见述及其他版本。实际是对照本。

校勘需要多方参考比照相关论著。所录守山阁本《提要》云"全录《艺文》

---

* 本文作者为北京大学出版社编审。

《初学》《北堂》《御览》诸书"。这几种类书，现在都有比较好的本子，今天校勘，应该全面据以核校。这里特别说一下《四库全书》本。乾隆四十二年（1777）十一月十四日谕，"昨日披览四库全书馆所进《宗泽集》内，将'夷'字改为'彝'字，'狄'字改为'敌'字……又有不改者"云。馆臣怕犯忌，多加改动，有改而未尽者。各馆臣掌握不一。四库本《纬略》于"玄""弘"及"夷狄"等字未改，与众多四库他书不同。极有必要参校2005年商务印书馆出版的文津阁本《四库全书》。此本当为另一批人据改定本抄录，或因顾忌而与文渊阁本有所不同。文渊阁本最先抄录，多种书于抄录前曾查检相关资料核正，这是丛书本与四库本不同的主要所在。道光年间校刻守山阁丛书，无缘得见深藏馆阁的四库全书诸阁本，未能酌取核校成果，致《校注》底本与校本存在较多差异。现在难得见四库全书所据底本（规定发还，实际发还者极少）。

二、判断失误

校勘贵在广列异文，以提供读者分析思考，判断对错是一个方面，而且往往难予准确判别。以下依顺序列举若干条，予以商兑。

9页⑭丛书本作"就"，四库本作"孰"。四库本误。——引苏轼《洗玉砚铭》。苏文作"孰推是心"。当为丛书本误。

16页⑤丛书本作"鸟"，四库本作"凤"。丛书本误。——引《史记》，该书作"凤"。"鸾凤"比喻贤俊之士，贾谊用以喻屈原。"鸾鸟"比喻神鸟，不合文意。且既断丛书本误，《校注》却仍作"鸟"，自相矛盾。这类情况不止一处。

48页③丛书本作"首"，四库本作"耳"。四库本误。——《艺文类聚》引作"耳"。引文"俛（俯）首"与"俛（俯）耳"义近，难以据文意判别。不宜简单判四库本误。

48页⑥丛书本作"后"，四库本作"先"。四库本当误。——《艺文类聚》引作"先"。引文"或先点而亡，或后撅而死"，不是分述先后。当以"先"为是。

55页④丛书本作"萧成"，四库本作"萧道成"。综合其他资料，疑丛书本脱文。——萧道成为南北朝齐高帝。两《唐书》无萧成和萧道成。《新唐书》有萧晟，或是。四库本未顾及述唐朝事而误加"道"字。

68页⑥丛书本作"部"，四库本作"簿"。四库本误。——引《南史》，该书及《太平御览》引作"簿"。

77页⑦四库本作"袁绍"，丛书本作"爰邵"。丛书本误。——《三国志》卷二八记"邓艾……问殄虏将军爰邵"。述蜀灭亡前事。其时袁绍已死约60年。

82页⑩丛书本作"公"，四库本作"故"。综合其他资料看，丛书本误。——综述古公亶父的事，引文"爰始爰谋，爰契我龟"为古公亶父语，作"公"无错。

89页⑥丛书本作"砍",四库本作"吹"。四库本误。——上句说"嗅",此句说"吹"。义不涉"砍"。明显是丛书本误。

96页⑩丛书本作"烟",四库本作"熛"。四库本误。——《文选》《艺文类聚》《太平御览》引均作"熛"。丛书本当误。

108页⑤四库本作"三",丛书本作"二"。丛书本误。——引文标点应为"'妙香'二字,未经人用也。闻'妙香'二字"。作"二"是。四库本误。

110页⑧丛书本作"疾",四库本作"喜"。四库本误。——通行本《荀子》作"喜"。引文"喜湿而恶雨",喜欢潮湿却怕着雨。"喜"字当是。

150页⑥丛书本作"吐",四库本作"土"。丛书本误。⑦丛书本作"内",四库本作"肉"。丛书本误。——引文"吐内石华"。联系上句"玉珧海月",作"土肉"当是。

173页⑤丛书本作"沱",四库本作"沛"。四库本误。——《太平御览》引作"沛"。丛书本误。

218页⑥丛书本作"冷",四库本作"今"。丛书本误。——所引洪皓《松漠纪闻》,以冷山为基准,指长白山的位置。"冷山去燕山三千里,去金国所都二百余里。"当时金都会宁府,在今哈尔滨市东南阿城区。四库本误。

224页④丛书本作"氾",四库本作"纪"。丛书本误。——引文《诗氾历枢》。《诗》纬书名《氾(fán)历枢》。两本均误。(氾、汜古书常通用,丛书本可不算误)

226页⑥丛书本作"龟",四库本作"氐"。丛书本误。——《晋书》及《初学记》引作"心",《艺文类聚》引作"氐"。异文"参昴""氐宿""心宿"与宿位相合。龟不属二十八宿星位。

三、当断未断

段玉裁《与诸同志书论校书之难》云:"校书之难,非照本改字不讹不漏之难也,定其是非之难。是非有二,曰底本之是非,曰立说之是非。……何谓立说?著述者所言之义理是也。"校勘应该查检多种资料并体味上下文而断。多处"未知孰是""未知孰误",表明校勘者未施应有工力。

10页③丛书本作"谓",四库本作"为"。未知孰是。——引伯时石刻序跋。《宋稗类钞》、吴曾《能改斋漫录》等引,俱作"刻其形于四旁,予为子铭其脣,而号曰洗玉池"。据上下文,当是"为"。

23页⑪丛书本作"常",四库本作"尝"。未知孰是。——《艺文类聚》《太平御览》引作"尝"。"尝"的曾经义写"常"属通假现象。后出之守山阁本以及据之排印的丛书集成本不当改用"常"。

26页⑨丛书本作"敌",四库本作"虏"。未知孰是。——引《汉书》述李陵事,《汉书》作"虏"。丛书本依规定改为"敌",四库本未改。

27页⑦丛书本作"大史",四库本作"太使"。未知孰是。——引文"魏尚……高皇帝时为大史",汉高祖时魏尚(汉文帝时魏尚是另一人)曾任太史。古"大"或通"太"。未见古有"太使"之职。"大使"则为各类使节义。

34页⑧丛书本作"颍阳",四库本作"频阳"。未知孰是。——《史记·王翦传》:王翦,频阳人。四库本是。

45页⑤丛书本作"绪",四库本作"循"。未知孰是。——引《汉书·公孙弘传》赞语,《汉书》作"修"。古人引书,常引意而未悉依原文,校勘不据改,但宜指出原作何文字。

46页⑦丛书本作"守角依旁",四库本作"保角依傍"。未知孰是。——引马融《围棋赋》。《古文苑》本、《守山阁丛书》本均作"保角依傍",《艺文类聚》引作"守角依傍"。另参看"四"27页①。

46页⑧丛书本作"首",四库本作"目"。未知孰是。——《艺文类聚》引作"目"。

46页⑨丛书本作"迎",四库本作"伤"。未知孰是。——《艺文类聚》作"迎"。但据依紧接上文"央",下文"殃"韵,或作"伤"。

47页③丛书本作"千",四库本作"干"。未知孰是。——《艺文类聚》引作"干"。引文"戏鹤之千霓",对下句"狡兔之绕丘",作"干"当是。

47页⑥丛书本作"妒",四库本作"相"。未知孰是。——《艺文类聚》引作"相"。引文"朱颜妒嫌",对上句"携手诋欺",两可,作"妒"为优。

47页⑨丛书本作"星",四库本作"彗"。未知孰是。——《艺文类聚》引作"彗"。"流星""流彗"义近,未可遽断。引文标点应为"静若清夜之列宿,动若流星之互奔"。

48页②丛书本作"困",四库本作"苦"。未知孰是。——《艺文类聚》引作"苦"。

48页⑭丛书本作"二",四库本作"胜"。未知孰是。——《艺文类聚》引作"胜"。引文"参天有二"。"参天"义为仰望天空。作"胜"是。"参"容易理解为"三":三分天下有二分。但不合文意。

48页⑮丛书本作"容",四库本作"戎"。未知孰是。49页①丛书本作"乃",四库本作"两"。未知孰是。——《艺文类聚》引作"戎""两"。应场《弈势》以军阵喻棋弈。上文"一乘",意为以四马为单位的车阵,下文似不配"两",作"再"或是。

49页②丛书本作"既",四库本作"俱"。未知孰是。——《艺文类聚》引作"俱"。

49页③丛书本作"其",四库本作"棋"。未知孰是。——《艺文类聚》引作"棊",即"棋"。

55页③丛书本作"元",四库本作"九"。未知孰是。——《太平御览》引作"九"。唐代典籍记康子元多处。似作"元"是。

56页①丛书本作"宏",四库本作"弘"。未知孰是。——丛书本避讳,不判是非。《旧唐书》《资治通鉴》等有魏弘简,宋初王溥撰《唐会要》避赵匡胤先人讳,作"宏"。宜从《旧唐书》等。四库本未避"弘"字。

56页⑨丛书本作"教",四库本作"政"。未知孰是。——唐科举设教化科,无政化科。

56页⑩丛书本作"壤",四库本作"讓"。未知孰是。——引文"罗壤",唐代文献未见此名。且以"壤"取名者甚少。"罗讓"数见于唐代文献。《新唐书》有《罗讓集》三十卷。

64页①丛书本作"一",四库本作"二"。未知孰是。——《汉书·艺文志》"右赋二十家,三百六十一篇"。各家相加,实为三百六十二家。四库本具体计数,丛书本未详核篇数。

64页⑥丛书本作"垍",四库本作"洎"。未知孰是。——《新唐书》"垍尚宁亲公主"。当是张垍。《纬略》于本节皆取与所评对象的直接相关语句。张洎、张垍,文献两作,指同一人。

64页⑦丛书本作"景",四库本作"璟"。未知孰是。——引文"风度凝远(景)",《资治通鉴》"璟风度凝远"。评唐名臣宋璟。

83页⑨丛书本作"匄",四库本作"匄"。未知孰是。——所引"阳匄",见《左传》。史未见名"阳匄"者。当为四库本误。

87页①丛书本作"入",四库本作"八"。未知孰是。——《太平御览》引作"八"。引文"鍮石带入胯"。"鍮石",天然铜块。作"八"不通。

87页⑦丛书本作"重",四库本作"黄"。未知孰是。——引《泊宅编》,上文说"黄银",引文"色重"状甚黄,四库本乃直言其黄。

89页⑫丛书本作"三",四库本作"二"。未知孰是。——引《明皇实录》,该书及《太平御览》引均为"二"。

97页③丛书本作"谢",四库本作"读"。未知孰是。——《艺文类聚》《太平御览》引均作"读"。引文"谢卿歌赋,序咏音声,皆有清味",作"读",自然顺畅。

107页②丛书本作"庚",四库本作"徐"。未知孰是。——《太平御览》引作"徐"。引范晔文"比庚湛之"。范述同时代人徐湛之。与范同时代人未见庚湛之。

115页⑥丛书本作"卞",四库本作"卜"。未知孰是。——引文"王延,西河人。继母卜氏"。《晋书》作"卜氏",《搜神记》同。丛书本误。

118页⑨丛书本作"器",四库本作"气"。未知孰是。——《全唐文》录作"器"。引独孤及《汉光武渡滹沱河冰合赋》"意者欲定神器于兹日"。以神器喻国家政权。四库本误。

118页⑬丛书本作"汉"(简体),四库本作"流"。未知孰是。——《太平御览》引作"流"。"流澌",江河解冻时流动的冰块。"汉澌"无讲。按,守山阁丛书本作"漢",料是《校注》排印忘转。

119页⑧丛书本作"万国",四库本作"夷狄"。未知孰是。⑨丛书本作"宁",四库本作"平"。未知孰是。——《全唐文》录作"夷狄""平"。丛书本改"夷狄"为"万国",相应改"平"为"宁"。

139页①丛书本作"翾",四库本作"翩"。未知孰误。——《乐府诗集》和《李太白集》作"翩"。

147页⑦丛书本作"淋",四库本作"琳"。未知孰误。——引文"张霸博览五经,孙淋……慕之",《后汉书·张霸传》"博览五经。诸生孙林……慕之"。当是孙林。

148页③丛书本作"术",四库本作"拊"。未知孰误。——引文"张山术……论石渠"。《汉书》"张山拊……论石渠"。作"拊"是。

156页④丛书本作"貗",四库本作"豵"。未知孰误。——《说文》:"豵,豹文鼠也。"段玉裁注:"《释兽》曰'豵鼠豹文貚鼠'……疑《尔雅》六字为一物。"《尔雅·释兽》郭璞注:"鼳文彩如豹者。汉武帝时得此鼠。"四库本似据《说文》。郭注似亦关《说文》。

161页③丛书本作"真正内积,芬华外扬",四库本作"芬华外扬,真正内积"。未知孰误。——《全唐文》录作"贞正内积,芬华外扬"。"贞正"与"芬华"为对文。四库本前后句颠倒。

167页①丛书本作"诏",四库本作"诰"。未知孰误。——《三国志》及《太平御览》引作"诏"。

169页③丛书本作"诚",四库本作"识"。未知孰误。——所引《大戴礼记》作"诚"。

175页②丛书本作"阙",四库本作"泰"。未知孰误。——《世说新语》注引作"泰"。丛书本当是标阙文。

176页①丛书本作"氏",四库本作"女"。未知孰误。——《世说新语》注引作"氏"。

177页⑥丛书本作"氏",四库本作"挚"。未知孰误。——引《左传》,该书作"少皞氏",少皞氏名挚。

182页⑥丛书本作"之",四库本作"至"。未知孰误。——《梦溪笔谈》引作"至"。

182页⑦丛书本作"磬",四库本作"馨"。未知孰误。——《初学记》引作"磬"。引文"天宫初动磬",指乐器。作"馨"于义不通。

183页⑤丛书本作"章",四库本作"璋"。未知孰误。——引"符子章《刻漏赋》"。《全唐文》引符子璋《漏赋》。

185页①丛书本作"时",四库本作"帝"。未知孰误。——《史记》《汉书》均作"帝"。

186页④丛书本作"礼",四库本作"体"。未知孰误。——引长孙无忌文,《全唐文》录作"体"。

189页①丛书本作"挹",四库本作"把"。未知孰误。——引萧子显《齐书》,即《南齐书》,该书作"把"。

189页⑤丛书本作"本",四库本作"木"。未知孰误。——《太平御览》引作"木"。

189页⑧丛书本作"库",四库本作"军"。未知孰误。——引陈琳赋。《初学记》三引均为"库",《艺文类聚》《太平御览》引作"军"。从今存几百字残篇看,作"军"似是。

191页④丛书本作"同",四库本作"固"。未知孰误。——《艺文类聚》引作"同"。

191页⑦丛书本作"殆",四库本作"殊"。未知孰误。——引曹植文。《曹子建集》及《艺文类聚》引作"殊"。

201页⑩丛书本作"百",四库本作"八"。未知孰误。——《艺文类聚》引作"百"。四库本或误据上文"八凯"及下文"八元"改。

209页②丛书本作"资",四库本作"贸"。未知孰误。——引《水经》文,《水经注》作"贸"。

214页④丛书本作"洁",四库本作"结"。未知孰误。⑤丛书本作"贞",四库本作"真"。未知孰误。——引南朝宋周祗《月赋》,《艺文类聚》引作"洁""贞"。

216页④丛书本作"響",四库本作"蠁"。未知孰误。——《艺文类聚》引作"響"。

225页①丛书本作"中",四库本作"忠"。未知孰误。——《旧唐书》有白履忠传,其号梁丘子。《纬略》述《黄庭经》诸注本,有"梁丘子注""白履忠注"(不当用书名号),两注本为一书。又《新唐书》有《白履忠集》十卷。

226页⑤丛书本作"参伐",四库本作"参旗"。未知孰误。——《晋书》作"参伐",《艺文类聚》引作"参代",《初学记》引作"参昴"。另参看"二"之226页⑥。

227页⑧丛书本作"人",四库本作"又"。未知孰误。——引苏轼文,《苏轼集》作"又"。

231页②丛书本作"曜",四库本作"耀"。未知孰误。——《初学记》引作"耀"。核丛书本,作"曜",不从"目"。

231页⑥丛书本作"象",四库本作"橐"。未知孰误。——引《淮南子》,该书及《太平御览》引作"橐"。

231页⑦丛书本作"冰",四库本作"水"。未知孰误。——引《淮南子》,该书作"冰"。

232页⑥丛书本作"如",四库本作"加"。未知孰误。——引《后汉书》,该书作"加"。

236页①丛书本作"(地)在",四库本作"(地)与"。未知孰误。——引《后汉书》"其地在乐浪南,与倭接",该书为"其北乐浪,南与倭接"。

236页⑧丛书本作"职史",四库本作"式志"。未知孰误。——引颜师古为《汉书》"款识(zhì)"注音,作"职史反",四库本误为"识(shí)"注"式志反"。

237页①丛书本作"病",四库本作"疾"。未知孰误。——《太平御览》引作"疾"。

238页⑤丛书本作"嵘",四库本作"磔"。未知孰误。——《艺文类聚》引作"嵘"。引文"天柱山也,故曰嵘然中峙"。义不当是"磔"。

238页⑥丛书本作"翁",四库本作"公"。未知孰误。——《道藏》收《葛仙公传》。《艺文类聚》《太平御览》引均作"公"。

239页⑪丛书本作"昧",四库本作"惠"。未知孰误。——引陆机四言诗。《文选》引作"惠"。高氏误多引"若"字。

240页⑧丛书本作"冰",四库本作"永"。未知孰误。——引文"星辰彗扫,冰清朔裔",《初学记》引作"冰",《太平御览》引作"永"。对上文"星辰",似不涉"永"。

246页⑥丛书本作"自",四库本作"是"。未知孰误。——《文献通考》述其事作"是"。

四、异体字等等

不区别意思的异体字,如"略畧""疏踈""峰峯""叙敘""协恊""兑兖""颓頹"等,不逐一出校,只在凡例中总体交代。《校注》2页①所指"误""悮",实际没有区分,《康熙字典》"悮"即注同"误"。而"纬"的繁体字从"糸"或"糹",更为不必。商兑不讨论一般异体字。非等义异体字,将略加解说。此外还包括形近字、通假字以及避讳字的处理等。

1页①《嵊县誌》。——方志甚少用"誌"。所见《嵊县志》不作"誌"。

5页引刘孝威《雨》诗"枝摇少女风",⑥"搖"同"遥"。——当是同"摇"。"搖—摇"之类不必辨。四库本即为"摇"。

5页⑫四库本作"玄",丛书本作"元"。这是为了避清康熙帝玄大華的名讳。——"大華"为"燁"之误。

6页⑫丛书本作"歷",四库本作"厯"。——丛书本为从"木"的"歷"。大曆,唐代宗年号,作"歷、厯",均为避乾隆弘曆名讳。

7页⑩丛书本作"沓",四库本作"遝"。未知孰是。——"杂沓—杂遝"属异形词。

15页⑤丛书本作"彊彊",四库本作"疆疆"。"彊"通"疆"。——引文为《诗·鹑之奔奔》"鹑之彊彊"。"强"的异体字"彊"与"疆"形近而音义不同。"疆疆"作"彊彊"属误写,不能认作通。

16页②四库本作"凝",丛书本作"疑"。丛书本误。——"疑"或通"凝"。《诗·大雅·桑柔》"靡所止疑",毛传:"疑,定也。"《楚辞·涉江》"淹回水而疑滞"。

16页④丛书本"弔",四库本作"吊"。"弔"同"吊"。——两字只于吊祭义同,如所引《弔屈原文》。悬挂等义以及旧称一千文铜钱为一吊等均不作"弔"。虽时有混用。

18页⑧丛书本作"龙",四库本作"垄"。未知孰是。——引张协"泽雉登龙雏,寒猿拥条吟",《文选》录作"垄"。"登垄"与"拥条"对,文意当如是。

18页⑨丛书本作"沈",四库本作"沉"。"沈"同"沉"。——"沈"古有今shěn和chén二读。现在写"沉"的地方古都写"沈"。《康熙字典》"沉"字注同"沈"。但现在是音义都不同的两个字,不宜简单说"同"。现在写"沉"的地方,古写"沈";现在写"沈"地方,不能都作"沉"。按《校注》原来的意思,只能说"沉"同"沈(chén)",但绝不能相反。

22页④丛书本作"搨",四库本作"榻"。丛书本误。——引文"两厢皆名搨,以五金之匣,藏锺王墨迹仅千轴",所说为拓片,即搨片。四库本误。

24页⑥丛书本作"法",四库本作"佛"。此处两字通用。——只能说"法缘"与"佛缘"意通,不能说"法、佛"两字通用。

24页⑪丛书本作"飢",四库本作"饑"。"飢"同"饑"。——"飢"为饥饿义,即食不足,肚子空。"饑"为饥馑义,即歉收。古书常混用。可以说有时"通",不能说"同"。校勘学上严格区分"某同某"和"某通某"。

25页⑤丛书本作"则",四库本作"贼"。丛书本误。——"则"或通"贼"。《尚书·盘庚中》"汝有戕则在乃心",杨树达云:"'则'假为'贼'。"不能简单判误。

27页①丛书本作"旁",四库本作"傍"。四库本误。——今正常写"旁"处,古书常写"傍"。四库本乃从习惯,不宜判误。

27页④丛书本作"颈",四库本作"刭"。未知孰是。——引文"涓乃自颈"。"颈"为名词,"刭"为动词。作"刭"是。"自颈"则属名词用作动词。罕见用例。

28页⑤丛书本作"岐",四库本作"峡"。未知孰是。——引陆羽《水品》"岐州扇子峡蛤蟆口"。岐州是今陕西宝鸡一带,峡州是今湖北宜昌一带。欧阳修《集古录跋尾》:"余贬夷陵(今宜昌)令时,尝泛舟黄牛峡……饮蛤蟆碚水。"《中国地名词典·湖北省卷》"蛤蟆泉"在宜昌西南扇子岩下,称天下第四泉。作"岐"误。

35页④丛书本作"盼",四库本作"眄","盼"同"眄"。——"顾盼"和"顾眄"是意思相近的两个词,不能说两字"通",更不能说"同"。

47页⑧丛书本作"龍枞",四库本作"巄嵸"。未知孰是。——纯属没有意思差别的简单异形词或者异体字。

48页⑧丛书本作"弈",四库本作"奕","奕"同"弈"。——"弈、奕"音同而意思不同。宜说形近而误,不能说"同"或"通"。

50页②丛书本作"邵",四库本作"劭"。未知孰是。——引文"王邵",通作"王卲"。"卲"与"劭"通。作"卲"而误为"邵"。

63页⑥丛书本作"已",四库本作"巳"。四库本误。——四库全书是手录。版刻或者手录古书"己已巳"常混。引文为"而已"。四库本手录误。

83页⑤丛书本作"邱",四库本作"丘"。"邱"同"丘"。——"邱"和"丘"本是意思相关而有别的两个字。清雍正年间以"丘"专用于孔丘,其他用"邱",遂使两字相混。守山阁本遵循规定。所引《左传》作"丘"。

99页⑥丛书本作"饰",四库本作"饬"。四库本误。——"饬(shì)"通"饰"。《吕氏春秋·先己》:"子女不饬。"高诱注:"不文饰。"毕沅校正:"饬与饰通。《御览》二百七十九作饰。"

110页②丛书本作"为",四库本作"谓"。此处两字通用。——"为"和"谓"是意思、用法不同的两个字,只能说这里表示的意思相近,不能说"通用"。

110页⑫丛书本作"于",四库本作"於"。丛书本误。——"于、於",许多情况都意思无别,汉字简化前使用随意。《诗经》5处用"於"(不含读wū等的"於"),其他用"于"。今本《尚书》"於"用12次,"于"用600次。这里只能就所引陆龟蒙文论。不能判误。

119页⑩丛书本作"朮(zhú)",四库本作"术","朮(zhú)"同"术"。——这是音义都不同的两个字。"朮(zhú)"用于中药名白朮、苍朮和人名金兀朮等。"术"读shù,是"術"的简化字。守山阁丛书本和四库本都是繁体字系统的"朮(zhú)"。绝不能随意说"同"。

120页③丛书本作"閒",四库本作"閑"。"閒"同"閑"。下同。——两字本不同。"閑"读 xián,基本意思是木栏、马厩。"閒"读阴平或去声,后来多写"間"。空闲等义或写"閒"。在所引诗中可以说"同",但古书多数场合不同,更不能笼统说"下同"。

125 页⑧丛书本作"柰",四库本作"奈"。未知孰是。——果木名"柰",常用于"奈何"。引文"柰此何"即"奈此何",属不完全等义的异体字。

135 页⑥丛书本作"遥",四库本作"摇"。未知孰误。——引文"逍遥"。联绵辞常取同偏旁,疑"逍遥"是,但不宜判"摇"错。

146 页③丛书本作"銮",四库本作"鸾"。四库本误。——引文"和銮",常作"和鸾",不宜判误。

147 页②丛书本作"石苍",四库本作"後苍"。丛书本误。——两误。此引汉朝经学家后苍,不作"後"。"後"和"后"是不同的姓氏。明朝有後敏、后义。汉字简化,常均写"后"。

150 页③丛书本作"凰",四库本作"皇"。四库本误。——"凤凰",古作"鳳(凤)皇",什么时候类化为"凰",待考。《史记》"凤皇"11 见,未见"凤凰"。这里引韩愈文,韩作"凤皇"。今存唐代以前古书中的"凤凰",当是后人追改。引文"凤皇",不能判误。所引晋王献之诗,其时当非"凤凰"。

153 页⑧丛书本作"樸",四库本作"璞"。四库本误。——引文作《抱朴子》。此书名繁体字也作"朴",校注或为转换之误。守山阁丛书本作"朴"。

153 页⑦丛书本作"如",四库本作"似"。此处两字可通。——只能说此处两字于义可通,不能推而广之。

157 页⑥丛书本作"渔",四库本作"鱼"。四库本误。——引晁补之文。晁氏《鸡肋集》作"鱼"。"渔"即捕鱼,不说"捕渔"。丛书本未察文意而误。

178 页⑦丛书本作"榦",四库本作"幹"。"榦"同"幹"。——两字只在主干意思上通,"幹事、精幹、幹练"等不能写"榦"。且"榦"不常用,如"主幹"常见,"主榦"罕见。

187 页④丛书本做"乙",四库本作"一"。未知孰误。——引文"太乙",常作"太一"。不简单判正误。

190 页①丛书本作"铜",四库本作"鋼"。未知孰误。——《艺文类聚》引作"剛"。按文渊阁四库本实作"鋼"。

215 页⑥丛书本作"託",四库本作"托"。丛书本误。——引李商隐诗"望帝春心託杜鹃"。《李义山集》作"託"。委托义,繁体字作"託"。

226 页⑭丛书本作"拆",四库本作"坼"。未知孰误。——引文括号里为郭象注。按《庄子》郭注为"坼"。

五、注释方面的问题

注释应以读者对象为断。《纬略》不是通俗读物,普通词语不必注。《朱子语类·论孟纲领》评论《孟子注疏》时指出"不曾解出名物制度"。《校注》解名物制度者甚少。别种则或有误。

5页⑧"今夕当雨",注:"当,一定。"——完全不必注。

6页③"燠(yù)"。——为"欸乃"的"欸"注音。"欸乃"不读 yù。"燠"《广韵》有乌到、乌晧二反切,对应今音 ào,较 yù 为胜。

8页①陆倕……著有《南史本传》。——行文误甚。或为事迹见《南史》本传。

13页①"酱(yòng)",注:酗酒的意思。——引《贝经》"酱贝,使童子愚、女人淫"。明郎瑛《七修类稿》:"使酒曰酗,甚乱曰酱。"即喝得神魂颠倒。

15页⑩注:"否则:如果不这样,那么……"。完全不必注。

20页③嶽阳湘阴县。——地名岳阳以及姓氏不作"嶽"。

21页⑨获鹿县,1994年改名鹿泉市。属石家庄市。(2014年改为鹿泉区)

23页⑫"户枢不蠹,流水不腐",前一个"不"读 bú,后一个读 bù。——连读变调为语流自然现象,对外汉语教材有时指明。古书不应该注。

26页①讹,谣言。——引文"陈仓石经已讹",指文字漶泐不辨。

30页④淄渑之辨:一言一动之微,一沙一石之细,都不能轻易放过,斤斤计较,辩驳到底。——淄、渑是今山东境的两条河,水味不同,混合以后则味难辨。

31页②尚父:后世用以尊礼大臣的称号。——原指周文王的军师姜尚姜太公,文王死后,太公继续辅佐武王,武王以父辈事之。《诗·大雅·大明》"维师尚父",孔传:"尚父,可尚可父。"如同对待父亲那样尊崇。后沿用其义。

39页①臺阁:尚书省的别称。——只汉代指尚书省,后泛指中央政府机构。虽然这里说的是汉代事。

52页⑤"昧",——当为误衍。

62页③縱廣。正文作"從廣"。——应该说明"從"通"縱"。

71页③李善……又撰《汉书辩惑》三十卷,《新唐书·李邕传》并行于世。——行文误甚。李善,两《唐书》无传,其子李邕传述及。李善岂能撰《新唐书·李邕传》?

78页⑧西番:即西羌。——引文"常鲁使西番"。《旧唐书》记,常鲁曾与吐蕃交往。西番或西蕃,古指吐蕃。

80页④出自《太平御览》。——只能说今见于《太平御览》。类书《太平御览》全引别书。不能说"出自"。

80页⑨髣髴(fǎng fèi):隐约,依稀。——髣髴(fǎng fú),亦作"彷彿",简化字作"仿佛"。义同。"髴"读 fèi,不用于"髣髴"。

84页③氾胜之……——是氾(fán)胜之,并下《氾胜之书》。史无"氾胜之"。

85页④费公:即闵损……宋度宗咸淳三年(1267年)又称"费公"。——高氏卒于1231年,不应引其后资料为证。引吴正宪诗。吴正宪名充,字冲卿,正宪为谥号,宋神宗元丰(1078—1085)间曾任同中书门下平章事。《宋史》有传。所引诗句见于北宋晚期蔡居厚《蔡宽夫诗话》。闵损的"费公"之称先于咸淳三年。

92页③通化镇(今山西省万荣县通化,一说山西河津)。——万荣县、河津县南北相连,通化镇在万荣县北部。

94页②宜若……好象。——1986年重新公布《简化字总表》全面取消以"象"代"像"。

94页⑨谟(mó):通"无",没有之意。——引文"《虞书》咎繇谟",应作《虞书·咎繇谟》。《咎繇谟》,今本《尚书》作《皋陶谟》。《尚书》孔传:"谟,谋也。"

95页⑥《春秋公羊传·闵年》。——"年"前脱"元"字。

103页⑤苃(piáo)。——苃音 qiáo。

112页⑥碁奕:下棋的意思。——"奕"应为"弈"。并正文。

113页④麤糲。亦作"麁糲",亦作"麄糲"。——应该指明亦作"粗糲(粝)"。这是最普通的写法。

116页②噉:同"啖"。古同"淡",清淡。——"噉、啖"义为吃。引文"无所噉",即没有吃。不关清淡。

120页⑤徐锴……徐铉之弟。——徐锴为徐铉从弟。

121页②丛书本作"长",四库本作"汉"。未知孰是。——《纬略》述汉光武帝调整郡国划分,引文"荆州理长寿(今朗州武陵县)"。荆州,汉武帝时置,辖今湖南、湖北等地;朗州治武陵(今湖南常德),辖桃源、汉寿等县。作"汉"是。长寿县在今重庆市偏北。两地不涉。

124页⑤舞阳(今河南泌阳县西北)。——舞阳、泌阳属同级县名,应以出名的地方为基准,指明另一地方的位置。舞阳县在泌阳县的正北,中间今有舞钢市。宜说舞阳,属今河南省平顶山市。

125页⑦襁褓。——注文与本页③之二意思全同。属简单重复。本页⑩又注"襁褓子",而⑦实际已经是"襁褓子"。

135页⑤倚:通"猗",语助词,无意义。——引文"路远莫致倚逍遥",今人余冠英解"倚"通"猗",用如"兮"。似不宜视作定论。此处引张衡诗22句,

"兮"用 4 次,均在第四字,"倚"仅此一次,在第五字。助词论,只为一说。

155 页⑤系……杂文集。——意思为"是",繁体字系统用"係"。

166 页①槀:同稾(稿)。——"槀"还有其他音和义。只可说"通"。

184 页①複道……復,通"複"。——物品不止一件,作"複";行为不止一次,作"復"。

六、正文引述之误

15 页正文《易·统卦》。——《易》无名"统卦"者。《易统卦》为书名。

17 页⑤《洪范·五行传》,——误把"五行传"当作《洪范》的篇名。《洪范五行传》,汉刘向撰。有学者认为是《尚书大传》一部分。赵翼《廿二史札记》据《汉书》卷七十五,夏侯胜"从夏侯始昌受《尚书》及《洪范五行传》",定为武帝时夏侯始昌撰,"刘向又推演之,成十一篇"。

19 页⑥引文"及古圣贤怪物,行事周流罢卷"。——断句应为"及古圣贤,怪物行事,周流罢卷"。

46 页,《天文志》曰:"天聪明,自我人聪明。以民为人,太宗不应自避其名。"又洛书《乾曜度》以乾为甄,太宗又不应为太子承乾避也。——标点当为:《天文志》曰:"天聪明,自我人聪明。"以"民"为"人",太宗不应自避其名。又《洛书乾曜度》以"乾"为"甄",太宗又不应为太子承乾避也。

57 页《左传·晏子》曰。——《左传》于昭公二十九年记晏子对齐景公所说"水火醯醢盐梅"事。应作"《左传》晏子曰"。

61 页《孝经·援神契》。——纬书不用中圆点。

113 页"以素屏風憑幾賜毛玠"。——当是"憑几(jī)"。繁体字系统"幾(jī)"和"几(jī)"是音义不同的两个字。

226 页正文"晋成公《绥天地赋》",——为"晋成公绥《天地赋》"。

245 页,《书》曰"暨益奏庶鲜食。"《孔氏传》曰。——当为孔氏《传》曰,或者不用书名号。

七、其他

4 页⑪四库本与丛书本均作"于"。未知孰是。——二者都是"于",何来"未知孰是"?又何须校勘?

28 页④"茶山禦史"。——计算机自动转换之误。凡"御"概转"禦"。

43 页⑧丛书本作"此",四库本作"东北"。——引文"条风",紧接上条校注,条风即东北风。四库本具体指明。

46 页⑤鹹寧,——计算机把"咸宁"错转为"鹹寧"。不可过分依赖计算机。又 81 页⑫"阮鹹"应为"咸"。

114 页⑩丛书本作"昆",四库本作"混"。未知孰是。——引文"谢安生琰,琰生子"。谢混为谢安之孙,晋代著名诗人。

248 页正文小字"以下原本空白十五行二十三字"。——当即附录《汉甘露鼎》和《笔囊》两篇。守山阁丛书本紧接《校注》248 页《汉甘露鼎》"调滋味",另种笔迹,连下篇,共十五行。校注者应该查看守山阁丛书本。丛书本不完全等同于守山阁丛书本。

又,我分别覆核了文渊阁四库本和守山阁本的一小部分,有未见于《校注》者,依《校注》标准,分列数则:

《校注》3 页"至誠平白",四库本作"至誠清白"。

4 页"文有屬對",四库本作"文有属對"。同页"健快"作"健快"。"粉黛飾"作"粉黛餙"。

12 页"浮邱公",四库本作"浮丘公"。

46—49 页"棋"条,不计标点,共 1620 字。丛书本"並没""繞邱""馮河""紛挐""和樂",四库本作"并没""繞丘""憑河""紛挐""合樂",未出校。丛书本"鬭",四库本均作"鬥",而《校注》于第 5 次出现时始出校。

6 页"欻",守山阁本尽作"款"。同页"大曆"作"歷"即从"木"。

7 页"回风",守山阁本从"辶"从"囘",四库本作"廻"。

14 页"略"作"畧","赞"作"賛"。

244 页《研巖》篇,自"巖之北壁"以下作"岩"。又,本篇括号内"阙七字""阙三字"等,四库本如是,守山阁丛书本仅作"阙"。

简列以上几点,表明所据丛书本与守山阁丛书本和四库本之异。

胡寅《斐然集》编纂与刊刻略考

陈晓兰[*]

【内容摘要】 南宋时期胡寅的《斐然集》曾两度刊刻,然宋本今已无存,学界对于此集编刻情况亦无专门研究。本文通过对《斐然集》传世诸种抄本的文本内容以及版本特点的梳理,结合宋代文献资料,对《斐然集》的编纂、刊刻情况以及所涉相关问题进行考辨。

【关键词】 胡寅 《斐然集》 编纂 刊刻

《斐然集》三十卷,宋胡寅撰。胡寅(1098—1156),字明仲,号致堂,建州崇安(今福建武夷山)人。为安国养子,原是安国堂兄胡淳之子。徽宗宣和三年(1121)进士,五年为西京国子监教授。钦宗靖康初,除秘书省校书郎,从杨时受学。迁司门员外郎。汴京陷,张邦昌伪立后,弃官归。高宗建炎三年(1129)为驾部郎官,寻擢起居郎。上书切直,为宰相吕颐浩所恶,除直龙图阁、主管江州太平观,归湘潭家中。绍兴四年(1134)召为起居郎,五年迁中书舍人,除徽猷阁待制、知邵州,辞,改知严州、永州。八年,除礼部侍郎,兼侍讲,寻直学士院,丁父忧。十年,服除,除徽猷阁直学士、知永州。十二年,提举江州太平观,俄乞致仕,归居衡州。二十年,为秦桧所忌,坐事落职,又被劾,责授果州团练副使,新州安置。二十五年,秦桧死,诏自便,寻复旧官。二十六年卒,年五十九。所著有《读史管见》《崇正辩》《斐然集》传世,《论语详说》已佚。生平见于《宋史·儒林传》本传[①]。

胡寅志节豪迈,颇负文名。立朝正直敢言,建炎三年的《上皇帝万言书》更是时人传颂的名篇。朱熹对其文字极为推重,《朱子语类》记述:"胡侍郎《万言书》好,令后生读。先生旧亲写一册。又曰:'《上殿札子》论元老好,《无逸解》好,《请行三年丧札子》极好。诸奏议、外制皆好。'"[②]胡寅提倡伊洛之学,继承并发挥胡安国的《春秋》学说,撰《崇正辩》以辟佛,著《读史管见》以论史,也因此成为南宋时期湖湘地区的重要学者。《斐然集》作为胡寅的别集,比较完整

---

[*] 本文作者为北京大学中文系、中国古文献研究中心副教授。
① 〔元〕《宋史》卷四三五,北京:中华书局,1985年。
② 〔宋〕黎靖德编《朱子语类》卷一三九"论文上",北京:中华书局,1994年,第3315页。

系统地收录了其平生所作各种诗文,是全面呈现胡寅生平志趣、创作交游、政治立场、思想学术重要内容,也是后人研究其人其学以及这一时期历史、政治和学术思想发展的珍贵资料。

根据《斐然集》卷首所附魏了翁、章颖二序,南宋时期《斐然集》曾两度刊刻,一为宁宗嘉定三年(1210)郑肇之刊本(简称嘉定本),一为理宗端平元年(1234)冯邦佐重刊本(简称端平本)。此后《斐然集》未见重刻。清代前期的《存寸堂书目》于"四十一别集"下著录"宋板胡寅《斐然集》三十卷",又于"四十五宋板书"下著录"《胡致堂斐然集》三十卷,十册,一套"①,可知此时宋板犹存。今宋本不见于各藏书机构的著录,盖已亡佚。据笔者知见所及,目前传世共有十部明清抄本全帙,可分为两个版本系统。一是明清旧抄本系统,题作"致堂胡先生斐然集",共四部:一为明抄本,今藏于日本静嘉堂文库②;一为清经鉏堂抄本(简称经鉏堂本),今藏于中国国家图书馆;一为清抄本(简称上图本),清佚名校补,今藏于上海图书馆;一为清抄本,今藏于吉林大学图书馆③。从前三部来看,其祖本同为一源出端平本的抄本,虽在一定程度上保留了端平本的面貌,但多有讹误脱衍。一是清《四库全书》系统的抄本,题"斐然集",共六部:文渊阁本、文溯阁本、文津阁本、文澜阁本以及俱从文澜阁本抄出的清抄本(今藏于南京图书馆,简称南图本)与岳雪楼影抄本(今藏于广东省立中山图书馆)。四库本的文字内容明显优于旧抄本,然馆臣多有讳改和臆改。据《四库全书总目提要》,四库本的底本为源出宋本的抄本,而从文渊阁本、文津阁本、南图本之间的异文来看,诸阁本抄录、校订所据底本与参校本不尽相同,且各自有所改窜,情况比较复杂。上图本原抄为旧抄本系统的本子,而校改、校补所出字句与四库本多同,卷二十校语称"宋板无此三行",而从校补之后仍留有阙字、误字来看,所据"宋板"可能并非宋本原刻而是源出宋本的抄本,与四库本底本面貌相近,与原抄祖本亦有同源关系。此外,又有清法氏存素堂抄本《宋元人诗集八十二种》之《斐然集》三卷,为法式善借四库底本令人抄出之本,抄录胡寅别集中卷二至卷四的诗作。

目前学界对胡寅生平及其学术虽多有关注,然对《斐然集》的编纂、刊刻与传抄情况尚无专门研究。本文则是通过对诸种抄本的《斐然集》的文本内容以

---

① 〔清〕佚名《存寸堂书目》,不分卷,嘉庆二十年(1815)黄氏士礼居抄本,黄丕烈校并跋,今藏于中国国家图书馆。

② 2014年北京大学《儒藏》编纂与研究中心委托京都大学博士研究生廖明飞等人对京都大学人文科学研究所所藏明抄本景照本与影印文渊阁《四库全书》本进行对校,本文所述明抄本版式特点与文字情况为廖明飞等人提供,谨致谢忱。

③ 此本未见于网上发布的《吉林大学图书馆古籍文献库》。承吉林大学图书馆老师告知,此本确藏于该馆,但因正在整理,未能借阅。

及版本特点的梳理,结合宋代文献资料,专门对《斐然集》的编纂、刊刻情况以及所涉相关问题进行考察辨析。至于其后世传抄与版本源流,笔者将另行撰文探讨。

一、《斐然集》之编纂

宁宗嘉定三年郑肇之刊本是胡寅《斐然集》的最早刊本。据卷首所附嘉定三年八月望日章颖(1140—1217)序曰:"三山郑君肇之持节湖湘,得是文于致堂之犹子大时,遂取而刊之木。"[①]胡大时,字季随,号盘谷,是胡寅弟胡宏之季子。师事张栻,张栻以女妻之,又问学于朱熹。事见《宋元学案》卷七一《岳麓诸儒学案》[②]。可知此本是据胡氏家藏诗文稿刊刻而成。而关于《斐然集》的编纂情况,文献中并无明确记载。今对其诗文内容的编次体例与构成略作梳理以明其编纂大概,并对卷一前五篇诗作的编次与系年进行重点探讨。

《斐然集》三十卷,诗文分体编排,卷一、二赋、古诗,卷三至五律诗,卷六表,卷七、八启,卷九奏状,卷十、十一札子,卷十二至十四外制、内制,卷十五缴奏,卷十六、十七书,卷十八小简,卷十九序,卷二十、二一记,卷二二书解,卷二三故事,卷二四史传,卷二五行状,卷二六碑铭,卷二七祭文、挽诗,卷二八题跋,卷二九策问,卷三十杂著。各类诗文大致按照年代先后编次,部分诗文题下注以干支纪年。最早的是注明"丙申"(政和六年,1116)的《谢贡启》(卷七),最晚的是注明"丙子"(绍兴二十六年,1156)的《题清远峡山寺》及其以下四篇(卷五),为胡寅从新州贬所归南岳时所作。卷一、二古诗和卷三至五律诗部分,一些诗题下注明干支,其下则收录当年或这一时期的诗作。尤其是律诗部分,自"辛亥"(绍兴元年,1131)至"丙子"二十五年间,系年较为连续,仅阙绍兴八年至十年、二十三年至二十五年的干支。从其诗文内容来看,这些纪年大致可信,当有所据,也因此成为后人对胡寅生平及诗文进行系年的重要依据[③]。由此推测,胡寅生前也许对自己的诗文稿做过某种程度的整理。

值得注意的是,卷一古诗中,自第六篇《题全州耆岩》始注云"癸丑"(绍兴三年)。此前五篇《寄张赵二相三首》《题浯溪》《和范元作五绝》《和韩司谏叔夏乐谷五吟》与《送黄彦达归建安》无纪年,且第三篇为绝句,于体例殊为不类。有论者将这五篇定为建炎四年至绍兴二年间的诗作,恐有未当。今逐一加以考辨。1.首篇《寄张赵二相三首》是从《寄赵张二相》(卷十七)中析出,且在《寄

---

① 〔宋〕胡寅《斐然集》,影印清文渊阁四库全书本(简称四库本)。
② 〔清〕黄宗羲原著,全祖望补修《宋元学案》,北京:中华书局,1986年。
③ 〔宋〕胡寅撰,容肇祖点校《崇正辩 斐然集》所附容肇祖《胡寅年谱》,北京:中华书局,1993年。马辛民《胡寅年谱及诗系年》,《古典文献研究论丛》,北京:北京大学出版社,1995年。

赵张二相》题下注曰:"诗在第一卷。"在这封写给赵鼎和张浚的书信中,胡寅称"某承乏支郡",谓"自圣主即位以来,七年之间命相七人,而后及二公",又谓"二公登庸,于今将三年"。赵鼎于绍兴四年九月至六年十二月、七年九月至八年十月之间为相,张浚于绍兴五年二月至七年九月间为相,则这封书信的写作时间大概是绍兴七年胡寅知严州之时。2.《题浯溪》,浯溪位于永州境内,此诗很有可能是作于绍兴七年至八年初、十年至十三胡寅知永州之时,而非是绍兴元年挈家避难于邵州、全南途中所作。3.《和范元作五绝》为五首五绝,按体例不当编入古诗卷。元作是范寅秩字,建州人,先后权潭州通判、全州通判,绍兴五年胡寅在《应诏荐监司郡守奏状》(卷九)中进行举荐。二人有交往唱和,集中另有绍兴十二年《和范元作二首》(卷三)及次年《归次湘西元作以诗见迎和之》(卷四)。4.《和韩司谏叔夏乐谷五吟》,韩璜字叔夏,绍兴元年守右司谏①,绍兴十三年至十五年间胡寅寓居南岳时二人多有交游唱酬,有绍兴十三年所作《题叔夏乐谷》(卷四)等诗。则此诗亦当作于这段时间。5.《送黄彦达归建安》,诗谓"漳滨读书夜复日,十七年间驹过隙。相逢忽认语音存,面皱鬓张都不识",又谓"少时意气今何似,对此犹能吸百川"。胡寅自少读书于荆门漳水之滨,于政和六年举乡贡,次年春入太学。黄彦达亦其学于胡氏家塾。此诗作于二人荆门之别十七年后,时当绍兴四年。二人以后多有交游、唱酬,绍兴十三年胡寅、胡宏回荆门拜祭祖父墓,黄彦达亦同行。胡寅《拜大父中大茔和彦达》(卷四)谓"怅念青春家塾日,共闻规训有源流",《和彦达过先公旧居有感》(卷四)谓"论文敦学两鬌年,访旧同来雪上颠",回忆并感慨于少时漳滨共学之经历。由此可知,这五篇诗皆作于"癸丑"(绍兴三年)之后,写作年代前后错杂,且古诗、绝句杂录,很可能这是在原编诗文稿之外后加的诗作,故编次时不辨体例,且无系年。

诗文题下干支大致可信,但个别有误。《悼亡别记》(卷二十)题下注云"丁亥冬",各抄本均同,而文中已明确记载其妻卒于丁巳年,即绍兴七年,《亡室张氏墓志铭》(卷二六)亦有记载,可见此处有误,"亥"当作"巳"。② 由于传世皆为抄本,且有同源关系,故今无法断言是原本有误抑或是后世传抄致误。

《斐然集》收录诗文比较全备,除胡寅己作之外,还收录了较多数量的代人之作。如卷六收录《代家君除宝文阁直学士赐银绢谢表》《代先公遗表》,以及代刘待制、向直阁和范漕所作三表;卷七《答路枢贺年启》与卷二六《资政殿学士许公墓志铭》代其父胡安国作,题下分别注云"代家君"与"代文定作";卷八所录十五篇皆为代作之启,包括《代季父上湖北王帅启》《代季父上刘帅求荐章

---

① 〔宋〕李心传《建炎以来系年要录》卷四三,四库本。
② 《全宋文》此篇题下注云"乾道三年"(1167),当沿其误。

启》以及《为大原作上刘帅启》(大原为其子);卷十七末录一篇代上书。卷七《贺湖南钩漕启》则是替人润色之作,题下有编者注曰:"此永州教授黄应南所作,经公润色,故编之。"①卷二十《湘潭县龙王山慈云寺新建佛殿记》则是胡寅接续其父之作,题下注云:"记首一百四十字,先父定作。"

集中个别文章有阙,各本卷六《驾幸建康问起居表》均止于"臣限以守符,阻于扈跸",明显文意未完,故文渊阁本于篇末添注"阙"。此外,编者对胡寅诗作的异文亦有所留意,卷一《与范信仲及严陵同官纳凉万松亭》"休暇相招出城北"句下注云:"一云北城出。"其实,一些流传在外的胡寅诗作与别集相校有较多异文。如《宋诗拾遗》卷十三的《漱玉岩》即《斐然集》卷一的《题全州耷岩》,二者有多处异文。

尚有零星诗文未收入《斐然集》中。《全宋诗》补残句一联,《全宋文》补《应诏言十事疏》《跋罗长卿所藏兰亭帖》和《宋故右朝奉郎直秘阁刘公墓志铭》三篇佚文。另有佚文《跋王卢溪盗贼论》,篇末云:"余自岭南归,闻其事,遂取《盗贼论》题其后。绍兴丙子孟夏望日武夷胡寅书。"②当年闰十月,胡寅卒。这是胡寅目前可知的写作时间最晚的文章。

绍兴二十六年胡寅卒,其弟胡宁、胡宏亦于二十七年③、三十一年④先后去世。胡氏后人中,留居湖湘的胡宏三子大壮、四子大时与胡寅、胡宏诗文稿的保存、编集与传播关系尤为密切。孝宗淳熙初,胡大时衷辑其父胡宏平生诗文为《五峰集》五卷,淳熙三年(1176)张栻作序。淳熙九年,胡寅胞兄胡严之子胡大正于泉州郡斋始刻胡寅《致堂先生读史管见》八十卷;嘉定十一年(1218)衡阳郡守孙德舆据胡氏家藏"脱稿善本"刊刻《致堂读史管见》三十卷,胡大壮序称:"书成于绍兴乙亥(1155),踰一甲子,衡阳郡守孙侯德舆为政之初,即崇庠序之教,与郡之废坠,次第修举。于是访士求书,得家藏《读史管见》脱稿善本,刻而传之。"《斐然集》亦当是由胡寅子侄辈根据家藏旧稿整理编集而成,内容可信,编次方面除了部分诗文大致整齐有序。

二、《斐然集》之刊刻

1. 宁宗嘉定三年(1210)郑肇之刊本

据《斐然集》卷首所附嘉定三年章颖序,郑肇之持节湖湘后,从胡大时处

---

① 此注四库本原脱,见于明抄本、经鉏堂本。
② 〔宋〕王庭珪《卢溪文集》附录,四库本。
③ 胡宁生卒年,参见王立新《开创时期的湖湘学派》,台北:洪叶文化事业有限公司,2003年,第235—237页。
④ 胡宏生卒年,参见《胡宏集》点校说明,北京:中华书局,1987年。

获得胡寅文稿后予以刊行。郑肇之,福州人,孝宗淳熙二年(1175)进士。宁宗嘉定元年八月提举湖南常平,十一月除湖南运判①。这是《斐然集》的最早刊本。

宋赵希弁《读书附志》卷下著录此本:"《致堂先生斐然集》三十卷,右礼部侍郎胡寅字明仲之文也,章颖为序。然与高闶书责其请幸太学、报秦桧书所谓'愿公修政任贤,勿替初志,尊王攘狄,以开后功'之说,皆不载焉。"②其著录书名与源出端平本的明清抄本所题"致堂胡先生斐然集"相较,阙"胡"字,可能是原书名的省称。《直斋书录解题》卷十八与《宋史·艺文志》分别著录"《致堂斐然集》"与"《斐然集》"③,亦为省称,不明为何种刊本。

《读书附志》谓有两封书信不见载于集中,今略作辨析。一为《与高闶书》。《建炎以来系年要录》卷一五一载录绍兴十四年胡寅移书责国子司业高闶请幸太学之文,《宋史》高闶本传亦载胡寅以书相责。而《宋史》胡宏本传记载胡宏见高闶上表后"作书责之",并节录书信内容。此文即胡宏《与高抑崇书》,见于《五峰集》卷二。《五峰集》是胡宏季子胡大时所编,内容可靠,李心传《建炎以来系年要录》记载可能有误,赵希弁亦沿袭其说。一为《报秦桧书》。此说最早见于建阳熊克《中兴小纪》卷三四记载:绍兴十九年,"左仆射秦桧与故给事中胡安国及其子徽猷阁直学士寅皆厚善。寅是年省其所生母于建州,复还湖南。桧以白金助其行,寅书谢之,略曰:'愿公修政用贤,勿替初志,尊内攘外,以开后功。'桧谓其讽己,始大怒之"④。后亦见载于《建炎以来系年要录》卷一六〇、李幼武《宋名臣言行录别集上》卷八等。《斐然集》收录三封写给秦桧的书信:一是《寄秦会之》(卷十七),规劝其不当好佛,从信中"前年侍家君东行,每蒙相公存问,而某时有母丧"来看,作于绍兴四年,正是胡寅居于南岳著《崇正辨》之时;二是《寄秦丞相书》(卷十七),作于绍兴十二年,解释不为本生父服丧解官的理由,并就议服之事求助于秦桧;三是《寄赵秦二相》(卷十八),作于绍兴八年,追怀先父并建言国策。三封书信言辞间对秦桧颇为敬重。胡寅在获知身世之后,于绍兴十年回建州省觐生母(卷九《申尚书省议服状》)。十六年,又有返乡之行,与当地人士多有交游唱和。而十九年的建州省母之行在胡寅诗文中并无明确记载。该年二月,崇安刘勉之(字致中)卒于家,胡寅《祭刘致中》(卷二七)云"我今来矣,君往安在",可见当年曾返乡祭友。另有《示延平日者》编次于卷五绍兴十九年诗作之下。绍兴二十年三月,胡寅虽早已告老,仍

---

① 〔明〕解缙等《永乐大典》卷八六四七引《衡州府图经志》,北京:中华书局,1986年。
② 〔宋〕赵希弁《读书附志》;〔宋〕晁公武撰,孙猛校证《郡斋读书志校证》,上海:上海古籍出版社,1990年,下册第1194页。
③ 《宋史·艺文志》著录"胡寅《斐然集》二十卷"有误,"二"当作"三"。胡寅本传中作"三十卷"。
④ 〔宋〕熊克《中兴小纪》,四库本。

遭秦桧忌恨,坐与李光书信讥讪朝政而落职,更被劾"不持本生母服不孝,谏通邻好不忠"(《宋史》本传),最终被贬谪岭外。如《中兴小纪》所载属实,则胡寅生母卒于绍兴十九年到二十年三月之间。事实上,在秦桧和胡寅的"厚善"表象之下,二人在政治立场尤其是战和问题上存在根本分歧,这是胡寅为秦桧所忌而获罪被贬的真正原因。

2. 理宗端平元年冯邦佐刻本

端平元年春,知叙州冯邦佐重刻《斐然集》于东州道院。端平本已亡佚,源出端平本的三种明清抄本的文字虽多错讹脱衍,然从中亦可大致了解此本的版本面貌。卷首先后为魏、章二序①,魏序无题,章序题作《致堂斐然集序》。目录卷首题"致堂胡先生斐然集目录",次行题"徽猷阁直学士左朝请郎提举江州太平观保定县开国男食邑七百户赐紫金鱼袋胡仲寅撰"②,再次行题"端平元年春重刊于东州道院",其下为分卷目录,标以文体,尾题"致堂胡先生斐然集目录终"。东州道院位于叙州州治之内。此本当据嘉定三年郑肇之刻本重刊而成,除了卷首冠以魏了翁序,未明对嘉定本的文字内容有无增删改订。

卷首所附端平元年九月戊申魏了翁序曰:"长沙吴德夫间为予言,胡仲刚氏学业行谊为世楷则,出一编书名《斐然集》以授予,曰:'其为我广诸蜀。'予识之弗忘。后守广汉,将以刻诸梓,未皇然也。厥二十又七年予归自南,旋起家渡泸,叙州冯侯邦佐已刊之,求一言冠篇,予又取而熟复之。"有论者以为吴德夫所授当为嘉定元年郑肇之刻本,而"魏序距章序仅二十五年",故疑序中所云"二十又七年""或起讫计算异,或传写之误"。③ 而综考吴、魏二人交往事迹以及胡寅著作的流传情况,可知序文所记无误,吴氏所授可能并非嘉定刻本。吴猎(1143—1213),字德夫,号畏斋,潭州醴陵(今属湖南)人。从学于张栻,《宋史》本传谓"湖湘之学一出于正,猎实表率之"。淳熙二年进士。开禧元年(1205)知江陵,主管荆湖北路安抚司公事。三年拜湖北京西宣抚使,仍治荆州,召魏了翁入幕府。嘉定元年四月,吴猎以四川安抚制置使兼知成都府至成都,魏了翁再入其幕府,"前后各为数旬留"④。事见《鹤山集》卷八九《敷文阁直学士赠通议大夫吴公行状》。吴猎授魏了翁《斐然集》并嘱其刊刻于蜀,距魏了翁作序之时已有二十七年,以此推算当在开禧三年,正是魏了翁初入吴氏幕府之际,时《斐然集》尚未刊行。而吴猎与胡大时皆从学于张栻,《宋元学案》称湖

---

① 此据明抄本、上图本,经鉏堂本章序在前、魏序在后。四库本系统中,文津阁本无魏序,文渊阁本与南图本均魏序在前、章序在后,与明抄本、上图本同。
② 所题衔名,明抄本抄作一行,更近宋版原貌;经鉏堂本与上图本抄作两行。
③ 祝尚书《宋人别集叙录》下册,《致堂胡先生斐然集》,北京:中华书局,1999年,第869—872页。
④ 〔宋〕魏了翁《重校鹤山先生大全文集》(简称《鹤山集》)卷八十《朝散郎知宜州董君墓志铭》),《四部丛刊》影印宋刻本。

湘学者以二人为第一，则吴猎所授之本很可能是源出胡氏家藏本的传抄本。胡寅的著作，在刊行前可能已经以传抄的方式流传。以《读史管见》为例，淳熙九年胡大正始刻此书，序称："士夫过从，首请其书，亟而复之，且谓愿见而不可得，必求其本以归。大正家贫俸薄，笔札不给，而终不能遏士夫之意。暨来温陵，乃锓诸梓，由是求者可得而与者易办。"①由此推测，在嘉定本《斐然集》刊刻之前，胡氏家藏本可能在湖湘学者中已有传抄。

而此后魏了翁并未遵嘱刊刻《斐然集》的原因，亦令人玩味。嘉定四年冬，魏了翁知汉州，魏序所谓"守广汉，将以刻诸梓，未皇然也"。核诸《鹤山集》卷五五《致堂先生胡公斐然集序》，魏序中的"未皇然也"作"或疑其议服一事，久未能决"。可知胡寅议服之事可能是魏了翁有所顾虑而未能刊刻《斐然集》的真正原因。胡寅出生后遭亲生父母遗弃，为堂叔父胡安国收养。胡安国去世后，有建州乡人谓胡寅当为其生父追服行心丧。绍兴十年，胡寅为应否为生父追服之事进《申尚书省议服状》（卷九），但朝廷并无裁决。此后又进《议服札子》（卷十一），解释不为生父服丧解官的理由，认为当"行同堂伯父之服"，并称"若或议者以不服心丧三年为臣罪，虽削官永弃，亦所甘心"。十二年《寄秦丞相书》（卷十七）中，又谓遗弃之子不同于出继之子，恩义既绝，可不为本生父母服丧。绍兴二十年三月右正言章厦劾奏胡寅罪状，称其"天资凶悖，敢为不义。寅非胡安国之子，不肯为亲母持服，士论沸腾，此其不孝之大罪也"②。可见胡寅议服之事，在当时社会上引起了很大争议。而魏了翁生父魏孝璹出继舅父高黄中为子，后魏了翁又还继魏家，与孝璹兄上行为子。很可能是缘于自家身世，魏了翁对胡寅议服之事态度尤为谨慎，致使《斐然集》刊刻"久未能决"。理宗绍定五年（1232）遂宁冯邦佐知叙州③，端平元年重刻《斐然集》，请魏了翁作序冠于卷首。

四库馆臣所撰《四库全书总目》以及文渊阁本、文溯阁本、文津阁本和源出文澜阁本的南图本《斐然集》提要叙及魏序时多有明显错讹，令人不解。其中谓"是集端平元年冯邦佐刻于蜀，楼钥序之。嘉定三年郑肇之又刻于湘中，章颖序之"④，颠倒端平本与嘉定本刊刻的先后次序，且将魏了翁序误为楼钥序；又引魏序文字却称"楼钥序"⑤。论者对此均有指正⑥。而文渊阁本、文溯阁

---

① 〔清〕陆心源《皕宋楼藏书志》卷三八，清《潜园总集》本。
② 《建炎以来系年要录》卷一六一。
③ 《重校鹤山先生大全文集》卷四四《叙州诸葛武侯忠灵庙碑》。
④ 文溯阁本无"楼钥序之""章颖序之"，南图本无"楼钥序之"。
⑤ 文溯阁本无此句。
⑥ 参见容肇祖《崇正辩 斐然集》点校说明与祝尚书《宋人别集叙录》。

本、文津阁本《斐然集》提要又谓:"寅字,《宋史》作'明仲',此集题曰'仲虎',楼钥①序②又称曰'仲刚',盖有三字也。"③此胡寅三字之说多为后人沿用,今略作辨正,理由如下:1.关于胡寅之字,其本人著作、宋代史书、宋人文集以及胡氏族谱均作"明仲",并无异说。2.胡寅字明仲,其弟胡宁字和仲、胡宏字仁仲,胞兄胡宪字原仲,从弟胡实字广仲,可见胡寅兄弟辈取字皆后一字作"仲"。3.各本《斐然集》卷首魏序作"胡仲刚氏",核诸《鹤山集》卷五五《致堂先生胡公斐然集序》,作"胡仲明氏",而同集卷三三《答名山张监茶伯酉》、卷八七《蒋恭人墓志铭》称胡寅字均作"明仲",可见此序中的"仲明"为"明仲"倒乙之误。有可能因"明""刚"字形相近,又从"胡仲明氏"讹作"胡仲刚氏"。4.《提要》谓"此集题曰'仲虎'",可见所据为底本所题之字。《四库全书总目提要》中注明《斐然集》底本为"两江总督采进本",称"盖犹从宋椠缮录也"。而三种明清旧抄本出于同一祖本,目录卷端所题均作"徽猷阁直学士左朝请郎提举江州太平观保定县开国男食邑七百户赐紫金鱼袋胡仲寅撰",缘于抄本多有讹脱,故疑所题"胡仲寅"当作"胡寅明仲"。参诸淳熙壬寅胡大正所刻胡寅《致堂先生读史管见》八十卷本,所题衔名为"徽猷阁直学士左朝请郎提举江州太平观保定县开国男食邑七百户赐紫金鱼袋胡寅明仲撰"④,与《斐然集》的题衔相同,题名作"胡寅明仲"。而四库馆臣所见底本题作"仲虎",可能又是由"仲寅"讹变而成。"仲虎"为元代学者胡炳文之字,也许这也是抄写过程中致误的一个原因。由此可见,胡寅字明仲,诸阁本四库提要中所谓胡寅三字的说法并不可信,"仲刚""仲虎"之说很可能是缘于传抄本之误。

以上对胡寅《斐然集》的编纂、刊刻以及相关问题作了大致梳理和考辨。由于宋刻原本不存,传世诸种抄本面貌复杂,《斐然集》的编纂与两次刊刻情况尚留存一些疑问,仍有待于进一步的深入研究。

---

① 有误,当作"魏了翁"。
② 文溯阁本、文津阁本作"集"。
③ 《四库全书总目提要》无此句,南图本仅作"寅字明仲"。
④ 〔清〕陆心源《皕宋楼藏书志》卷三八。

中华书局本《五峰集》再商榷

班龙门*

【内容提要】 中华书局点校本《五峰集》出版后,极大地方便了研究者的使用,但仍有一些问题值得商榷。本文认为中华本的底本四库本对原文的篡改、点校者对版本校勘的忽视影响了中华本《五峰集》的整理质量。若能更换底本并进行充分校勘,可从根本上保证点校质量。

【关键词】 五峰集　底本　校勘

本文讨论的《五峰集》即《五峰胡先生文集》,是南宋初著名学者胡宏的诗文集。这部诗文集对准确认识理解胡宏及其思想具有重要价值。1987年中华书局出版了吴仁华点校的《胡宏集》(包括《知言》《五峰集》两书,本文只讨论《五峰集》,简称"中华本"),并在重印时改正了"不少标点错误"①。该点校本的出版,极大地方便了研究者。而且由于出版时间最早,中华本对《胡宏集》的整理产生了深远的影响。其后《胡宏集》的整理均沿袭中华本以文渊阁《四库全书》本为底本的做法,并参考该点校本。同时,也有多位使用者针对该点校本的不妥之处撰有专文。② 近来因业务需要,时常参考中华本《五峰集》,受益之余,亦觉已有文章对中华本的商榷尚有未尽之处,故撰此文,供使用者参考。

据中华本《胡宏集》点校说明:"《五峰集》部分取民国二十四年商务印书馆影印《四库全书珍本初编》中《五峰集》为底本③,以北京图书馆藏清代无名氏钞本三卷(简称清钞本)、清代陆香圃三间草堂钞本五卷(简称陆钞本)及清代存

---

* 本文作者为北京大学中文系古典文献专业2014级博士研究生。
① 〔宋〕胡宏撰,吴仁华点校:《胡宏集》,北京:中华书局,2012年。
② 杨柱才《〈胡宏集〉点校辨误》(《中国哲学史》2005年第一期,103至111页),中华书局重印《胡宏集》吸收了该文成果。孙思旺《二〇〇九年重印本〈胡宏集〉点校辨误》(《中国社会科学论坛》2010年第22期,99至110页)。张衍田《〈胡宏集〉校点商榷例》(《儒家典籍与思想研究(第六辑)》,254—284页)。崔海东《〈胡宏集〉重印本点校辨误》(《江苏科技大学学报(社会科学版)》2014年第2期,45至51页)。祝尚书《〈胡宏集〉误附〈四库补正〉〈五峰集〉条》(《书品》,中华书局,1991年)指出中华本附录因同名而误收《四库全书总目提要补正》元代李孝光《五峰集》一条。
③ 检《中国丛书综录》并无《四库全书珍本初编》。《丛书综录》著录民国二十三年至二十四年上海商务印书馆据文渊阁本景印的《四库全书珍本初集》。知"初编"当为"初集"之误,中华本《五峰集》的底本是文渊阁《四库全书》本。

素堂钞本《宋元诗人集》中《五峰集》一卷(简称存素堂本)为参校本。此外,还参校了《南宋文范》、《丛书集成初编》本《宋四子钞释》、《南宋文录录》、《南轩全集》等书。"可知中华本使用了《五峰集》的三个版本:四库本、陆钞本、清钞本①。关于《五峰集》的版本源流及现存版本可参考宋若飞《〈五峰胡先生文集〉版本源流初探》一文,该文考清现存《五峰集》皆抄本,有五卷本、三卷本、一卷本之分(三卷本、一卷本实为五卷本的节选本);五卷本有《四库全书》本、国家图书馆藏三间草堂钞本、南京图书馆藏丁丙跋本、江西省图书馆藏本、上海图书馆藏宜秋馆钞本、台北"中央图书馆"藏本、日本静嘉堂文库藏本等;三卷本仅国家图书馆所藏一本。时间精力所限,未能寓目《五峰集》全部版本。本文围绕中华本《五峰集》所用上述三个版本,对点校本中存在的一些问题略作探讨。

一、中华本《五峰集》底本选择不当

(一) 四库本对违碍文字的篡改

对违碍文字的全面篡改是四库本《五峰集》的最大问题。中华本以文渊阁《四库全书》本作为点校底本,未能避免这一问题。比如在《五峰集》卷一中,四库本对违碍文字的篡改有三处,中华本均作为异文处理。

《观建安七子诗》:"逡巡数十年,刘石横八区。"中华本校记:"'刘石横',清钞本、存素堂本作'犬羊羶',陆钞本作'犬羊毡。'"因清钞本、陆钞本、存素堂本均不作"刘石横",知"刘石横"为四库本所改违碍字。

《别全当可》:"堪嗟烽火干戈地,元是衣冠礼乐天。"中华本校记:"'烽火干戈地',陆钞本、存素堂本作'戎羯羶腥地',清钞本作'我羯腥膻地'。"

《挽孙奇父》:"马革誓裹尸,气凛如秦蔺。"中华本校记:"此句陆钞本作'诛反诛天骄',清钞本作'语及诛天骄',存素堂本作'诛及诛天骄'。"

以上三处文字均经四库馆臣篡改,应当全部回改。点校者由于没有意识到这一问题,所以将陆钞本、清钞本、存素堂本信息全部作为异文处理。

今将四库本、陆钞本、清钞本《五峰集》全部校勘一过,对四库本所改违碍之处进行了全面清理。四库馆臣对《五峰集》中"夷狄""戎""虏""胡""金贼""金寇""华夏""华夷""左衽"等字样的修改多达 116 处(详见下表),极大地改变了原书的面貌。

---

① 本文使用的清钞本是《宋集珍本丛刊》影印本。

四库本页码	四库本（五卷）	陆钞本（五卷）	清钞本（三卷）
卷一 7	逡巡数十年，刘石横八区	犬羊氈	犬羊氊
15	堪嗟烽火干戈地	戎羯氊腥	我羯腥氊
17	马革誓裹尸	诛反诛天骄	语及诛天骄
卷二 2	方戎马之凭陵	胡	胡
2	夫邻敌据形胜之地	夷狄	夷狄
3	邻敌之侵庶几可禁	夷狄之暴	夷狄之暴
4	一旦劫于金人	夷狄	夷狄
4	其愿陛下加兵北伐	夷狄	夷狄
4	庶几金人知惧	夷狄	夷狄
4	反以天子之尊，北面事仇	仇虏	仇虏
5	夫金人何爱于我，其疑我谋我之心乌有限制	夷狄等于狼虎，其好杀喜搏之心乌	夷狄等于虎狼，其好杀喜搏之心焉
5	土我土，人我人，然后彼得安枕而卧也	食其肉，寝处其皮，然后可	食其肉，寝处其皮，然后可
5	蕞尔女真深入诸华	东夷小丑	东夷小丑
7	则臣妾而已矣	夷狄	夷狄
7	君万民而为臣妾行者，必有臣妾之耻	居中国而不狄行者，必有夷狄之祸。	居中国而夷狄行者，必有夷狄之祸。
7	王者迹熄，诸侯交侵	四夷	四夷
7	五霸犹能明大义，奉而尊之	攘而斥之	攘而斥之
7	然文武之道自此日散	中国	中国
7	强侯之风自此浸兴	夷狄	夷狄
7	陵夷之渐，实始此耳	虽曰中国，实夷狄耳	虽曰中国，实夷狄耳
8	无侵陵之祸	夷狄	夷狄
8	故五部云扰	胡	胡
8	终不能申大义	讨夷狄	讨夷狄

续表

四库本页码	四库本（五卷）	陆钞本（五卷）	清钞本（三卷）
8	然三纲不立，家道内乱，纲纪不张	近于夷狄	近于夷狄
8	迨安史少衰，而藩镇跋扈	虽夷狄	虽夷狄
8	陵夷至于五代，强臣制朝廷之命矣	夷狄制中国	夷狄制中国
8	昔孔子作春秋，正君臣之辨	谨华夷	谨华夷
9	始有富国强兵、窥伺边隅之计	夷狄	夷狄
9	遂致邻敌外横，盗贼内讧	夷狄	夷狄
10	边隅不听于中国	夷狄	夷狄
10	使卓然与熙宁之政相反	夷狄叛逆	夷狄叛逆
11	则中国之道立，而边鄙之叛逆可破也	夷狄	夷狄
11	恩施万姓，四方归命	夷	夷
11	何畏乎金人耶	寇	寇
14	一则金人，一则齐楚	一则夷狄，一则叛臣	一则夷狄，一则叛臣
14	以名，则中外非敌；以义，则叛逆之臣不可与我抗也。	夷狄	夷狄
16	封疆靖固，四方归命	夷	夷
17	夫人心为金人豫贼駔才	夷	夷
17	是皆不忠不孝商纣兆人比耳	夷	夷
18	故金人未动，而方贼已称兵于江表	戎	戎
22	戎马生郊，王师伤败	胡	胡
23	而坐纵夫庸愚欺诞之奸化诱善良	纵胡服	纵胡服
25	金人入据太原	金贼犯顺	金贼犯顺
25	敌乃幸胜	贼	贼
25	自古边境之祸	夷狄	夷狄
25	敌无必前之心	贼	贼
27	金兵辽远	寇	寇

续表

四库本页码	四库本（五卷）	陆钞本（五卷）	清钞本（三卷）
28	[北]马秋高昧死复至	胡	胡
30	灭仇[讎]，诛叛逆	房	房
38	自[北人]内侵，神州板荡	黠胡	黠胡
41	然尚仇[敌]而不为之臣也	房	房
42	劫制[敌人]	夷狄	夷狄
42	不许[荆蛮]之人制中国之命也	夷狄	夷狄
42	其纵释乃[惟金人之命]	在夷狄之君	在夷狄之君
42	悉为[敌]封	房	房
42	北面[向敌]	夷狄	夷狄
48	虽有尊主[庇民]之心	攘夷	攘夷
48	中原可定，[边人]可服	夷狄	夷狄
55	降[敌]而曰和戎	房	房
58	而欲与[金人持守中原]	夷狄中原持久	夷狄中原持久
59	今日[宋室]衰亡	华夏	华夏
59	[金人]强盛	夷狄	夷狄
59	天子卑微，[邦昌]尊显	夷狄	夷狄
67	[卒至]禽兽	夷狄	夷狄
卷三 25	及[金]再入围京师	房	房
27	议遣公使[金]军	房	房
27	而[敌]骑已至	房	房
27	扬言东道先锋已败[敌]于雍丘矣	房	房
27	[敌]骑大至	房	房
27	为[敌]所获	房	房
27	公率之击[敌]于太康	房	房
28	时[敌]骑已至亳社	房	房

续表

四库本页码	四库本（五卷）	陆钞本（五卷）	清钞本（三卷）
28	于是 敌不侵 掠江淮	于是虏不得肆	虏于是不得侵
28	遇 敌 力战	虏	虏
28	遣使取李纲、分道吴敏、蔡靖、宗泽、徐处仁及蔡京、王黼、王安中等家属凡百馀	虏遣	虏遣
29	击金人惰归之兵	讨豕突狙诈之虏	讨豕突狙诈之虏
30	金兵 大入	虏骑	虏骑
31	敌 遂入豫章	虏	虏
31	敌 锋不可当	虏	虏
31	于是 敌 骑传城	虏	虏
31	中外 之限，如天地之有阴阳也，不可乱	华夷	华夷
31	敌 知不可屈	虏	虏
31	敌 纵火烧延府舍	虏	虏
31	敌 兵已四合	虏	虏
31	兵民惧公之陷于 敌 也	虏	虏
31	焚 敌 栅	虏	虏
31	敌 以故不敢离城纵掠	虏	虏
34	而欲 弭边釁 ，宁区下，不亦难乎	驱夷狄	驱夷狄
36	言 敌 情不可测	虏	虏
67	为诸生而献 敌 庭者有之	虏	虏
68	何 强暴 不治	夷狄	夷狄
69	坐视 干戈之抢攘	夷狄之替任	夷狄之替□
72	捕斩首 级 者	虏	虏
72	黠 寇 之不膺	虏	虏
73	河外之民困于 兵戈	左衽	左衽

续表

四库本页码	四库本（五卷）	陆钞本（五卷）	清钞本（三卷）
74	当数千远来罢弊之金|兵|	贼	贼
74	是以|女真|日横	夷狄	夷狄
75	而|寇贼|可灭	夷狄	夷狄
78	旁震|海外|	夷狄	夷狄
78	金|人|欲两河	房	房
78	致愤切之至于|金人|	夷狄	夷狄
79	移檄|金人|，数其过失	金贼，数其罪逆	金贼，数其罪逆
卷四 5	西方|佛教|	杰戎	
5	西方有杰|人|	戎	
6	|灭义忘亲|，三纲弛绝	用夷变夏	
6	|彼惟欲力索于心|，而不知天道	杰戎能力索于心	
6	是又下于|杨墨|一等矣	戎狄	
7	岂可冥然为|西方|邪说所诱化而不自知耶	杰戎	
14	|强敌|凭陵	夷狄	
17	|西方|之人，驾一偏空说	戎夷	
27	非如末世及|西人|之妄诞也	夷教	
47	|金人内侵|	夷狄乱华	
55	而末流终无卒徒扶立|强臣|制命之事矣	夷狄	
70	与中|国|并驾齐驱	原	
71	而|戎马|不可禁矣	夷狄	
卷五 4	|匈奴势衰|	房势益衰	

　　从上表可见，四库本《五峰集》对违碍字样的篡改范围之大，不宜选作整理《五峰集》的底本。若以四库本作为《五峰集》整理的底本，这些篡改之处，无疑均需回改。

(二) 四库本对原文的臆改

为了文从字顺,减少阙文,四库本还对违碍字样之外的文字进行了修改填补。

1. 卷二第 25 页:"昔田单以即墨破燕之余卒,有死之心,无生之气,遂破燕复齐。及齐已定,有生之乐,无死之心,则攻狄不下。"

按:"即墨破燕"之"燕",清钞本、台北藏本作"士"。陆钞本原为空格,陆心源补"齐"字,书眉批"据别本补"。

此处用《战国策》事,燕国举兵攻齐,齐国大败。后"田单以即墨之城,破亡余卒,破燕兵,绐骑劫,遂以复齐"。① 齐兵先是大败,尚未"破燕",何来"破燕之余卒",四库本此处为臆补无疑。清钞本、台湾藏本作"士",与"亡"字形相近。但目前见到的四个版本并无作"亡"者,待核。

2. 卷二 29 页:"然陈东以直谏死于前,马伸以正论死于后,而未闻诛一奸邪、黜一谀佞,何摧中正之易,而去奸邪之难也!"

按:"易",清钞本、陆钞本、台北藏本均作"力"。《宋史》卷四三五②、《历代名臣奏议》卷八十九亦作"力"③,当从。四库本据下文"而去奸邪之难也"臆改。

总体来看,《五峰集》的四库本较其他版本阙文更少,但是不尽可信。若以四库本作为底本,这样的问题将改之不尽。

二、中华本《五峰集》版本校勘问题

(一) 点校者过于看重他校

点校者将陆钞本、清钞本这两个《五峰集》的重要版本仅作为参校本,未进行全面校勘,而大量使用他校材料,存在过于重视他校、忽视版本对校的问题。举例如下:

1. 第 161 页:"而圣门之事业无穷矣",下有校记:"原无'之'字,据陆钞本、《丛书集成·宋四子钞释》《南宋文录录》补。"检清钞本亦有"之"字。通过版本对校即可确定补字,点校者舍清钞本不用,而取《宋四子钞释》、《南宋文录录》作为依据。

2. 第 162 页:"关中学者尊之,信如见夫子而亲炙之也",下有校记:"'信',

---

① 〔汉〕高诱撰:《战国策注》卷十三,《士礼居丛书》景宋本。
② 《宋史》,北京:中华书局,1977 年,第 12924 页。
③ 〔明〕黄淮、杨士奇编:《历代名臣奏议》,上海:上海古籍出版社,1989 年,第 1221 页。

《南宋文范》属上读，在'尊'字下。"检清钞本"之信"正作"信之"。

3. 第163页："望以传久"，下有校记："'望'，《南宋文范》作'思'。"检清钞本正作"思"。

4. 第163页："生生不易也"，下有校记："'易'，《皇王大纪》、清钞本作'穷'。"检陆钞本亦作"穷"。

5. 第164页："历世老宿世儒"，下有校记："'老宿世儒'，《皇王大纪》作'老师宿儒'。"检清钞本正作"老师宿儒"。

6. 第164页："不知取正于道"，下有校记："'正'字原在'于'字下，据《皇王大纪》乙正。"检清钞本正作"正于"。

7. 第164页："齐万古于一息"，下有校记："'古'，原作'物'，据陆钞本、《皇王大纪》改。"检清钞本亦作"古"。

8. 第165页："愚是以将求友于天下"，下有校记："'愚'，原在'是'下，据《皇王大纪》乙正。"检清钞本正作"愚是"。

9. 第187页："以坏器盛粗饭菜羹而食"，下有校记："'坏器盛'，原作'怀盛器'，据清钞本改。《宋元学案·武夷学案》亦称谭知礼'以坏器盛粗饭菜羹'。"检陆钞本亦作"坏器盛"。

10. 第190页："任如文正、献简者之人"，下有校记："《南宋文范》无'者'字。"检清钞本亦无"者"字。

11. 第216页："则王允见杀于催汜"，下有校记："'催'，原'潅'，据清钞本、《三国志·魏书·李催传》改。"检陆钞本亦作"催"。

12. 第222页："义礼智得之而后行"，下有校记："'行'，《南宋文范》作'中'。"检陆钞本亦作"中"。

13. 第250页："圣人教天下后世之意，可谓深切著明"，下有校记："《南宋文范》下有'矣'字。"检陆钞本亦有"矣"字。

14. 第253页："非有天地神祇在吾度外"，下有校记："'天地神祇'，《南宋文范》作'天神地祇'。"检陆钞本亦作"天神地祇"。

点校者似乎认为他校材料的重要性高于版本对校，然而从以上所举各例可知这样的做法往往是舍近求远。从校记来看，点校者使用了丰富的他校材料，其实很多异文通过版本对校即可获得。而且校记使用的很多他校材料意义并不大。如《南宋文范》为清庄仲方所编，庄氏为嘉庆十五年（1810）举人。《南宋文录》编者董兆熊与庄仲方为同时人①。陈垣先生在《校勘学释例》中提

---

① 《古诗文要籍叙录》："光绪十四年江苏书局在刊刻《南宋文范》时，又把这部《南宋文录》中与《南宋文范》重复的篇目全部删去，只剩了二十卷，称为《南宋文录录》，刻印六册。"北京：中华书局，2012年，第193页。

出"故凡校一书,必须先用对校法,然后再用其他校法"。① 通过"对校法"即可解决的问题,没有必要舍近求远使用"他校法"。滥用他校法、忽视版本对校是中华本的一点不足之处。

(二)漏校问题

因为清钞本、陆钞本是作为点校的参校本,点校者并未通校各本,所以这两个版本的信息多有遗漏。举例如下:

第 52 页:"不蹈红尘陌上花",下有校记:"'蹈',陆钞本作'踏'。"检清钞本亦作"踏"。

第 73 页:"功成全仗汉家兵",下有校记:"'功成',陆钞本作'成功'。"检清钞本亦作"成功"。

第 81 页:"我病死无日,经书更穷年",下有校记:"'年',陆钞本、存素堂本作'研'。"检清钞本亦作"研"。

第 84 页:"凡无益于良心者,勿可为也",下有校记:"'可为',陆钞本作'为可'。"检清钞本亦作"为可"。

第 87 页:"蹩足江表",下有校记:"'足',陆钞本作'居'。"检清钞本亦作"居"。

第 88 页:"皆其类应",下有校记:"'其',陆钞本作'以'。"检清钞本亦作"以"。

第 91 页:"臣以在廷之臣",下有校记:"上'臣'字,陆钞本作'是'。"检清钞本亦作"是"。

第 105 页:"况乎一时之会、一事之几",下有校记:"'事',原作'时',据清钞本改。"检陆钞本亦作"事"。

第 110 页:"今阁下虽欲正其亏伤,是重欺吏民",下有校记:"'欺',原作'欤',据清钞本改。"检陆钞本亦作"欺"。

第 117 页:"惟不以烦渎为罪",下有校记:"'罪',陆钞本作'非'。"检清钞本亦作"非"。

第 120 页:"某辄有献焉",下有校记:"'某',原作'其',据陆钞本改。"检清钞本亦作"某"。

第 121 页:"必以出家出身为事",下有校勘记:"'身',陆钞本作'世'。"检清钞本亦作"世"。此处当从清钞本、陆钞本改作"世"。

第 122 页:"使之醉生梦死",下有校记:"'之',陆钞本作'人'。"检清钞本亦作"人"。

---

① 陈垣撰:《校勘学释例》,北京:中华书局 1959 年,第 144 页。

第 131 页:"就其由增修循",下有校记:"陆钞本'修'下无'循'字。"检清钞本亦无"循"字。

第 134 页:"希颜录如易、论语、中庸之说",下有校记:"'录',原作'子',据清钞本改。"检陆钞本亦作"录"。

第 138 页:"读书一切事,须是有见处方可",下有校记:"'是',陆钞本作'自'。"检清钞本亦作"自"。

第 146 页:"因人情而为之节文者也",下有校记:"原无'之'字,据陆钞本补。"检清钞本亦有"之"字。

第 149 页:"咸以劝",下有校记:"'以',清钞本作'自'。"检陆钞本亦作"自"。

第 152 页:"夫人非生而知之",下有校记:"'人'下原有'生'字,据清钞本删。"检陆钞本亦无"生"字。

第 170 页:"公上言谓",下有校记:"清钞本无'谓'字。"检陆钞本亦无"谓"字。

第 170 页:"如年额纲运不到",下有校记:"'不',清钞本作'未'。"检陆钞本亦作"未"。

第 172 页:"又遣快行亲从官持勅书至庐州问其家",下有校记:"原无'快'字,据清钞本补。"检陆钞本亦有"快"字。

第 173 页:"邦昌又手书南京尹",下有校记:"清钞本'书'下有'至'字。"检陆钞本亦有"至"字。

第 174 页:"军于江西",下有校记:"'江',清钞本作'湘'。"检陆钞本亦作"湘"。

第 180 页:"大推锡类之仁也",下有校记:"原无'也'字,据陆钞本补。"检清钞本亦有"也"字。

第 182 页:"积其诚意",下有校记:"'诚意',原作'意诚',据清钞本乙正。"检陆钞本亦作"诚意"。

第 183 页:"不耽于释,不养于老",下有校记:"'养',清钞本作'溺'。"检陆钞本亦作"溺"。此处当从清钞本、陆钞本改作"溺"。

第 187 页:"启佑后人而敬承之",下有校记:"'后',陆钞本作'嗣'。"检清钞本亦作"嗣"。

第 188 页:"世俗纷华",下有校记:"'俗',清钞本作'路'。"检陆钞本亦作"路"。

第 192 页:"是特宝是故纸陈墨欤",下有校记:"'是',陆钞本作'岂'。"检清钞本亦作"岂"。当从陆钞本、清钞本改。

第 192 页:"然夫子必博之以文",下有校记:"陆钞本'博'上有'更'字。"检清钞本亦有"更"字。

第198页:"魂兮来歆",下有校记:"'兮',原作'方',据清钞本改。"检陆钞本亦作"兮"。

第200页:"昔之进也",下有校记:"'进',陆钞本作'用'。"检清钞本亦作"用"。

第202页:"妖气未除关塞黑",下有校记:"'气',陆钞本作'氛'。"检清钞本亦作"氛"。

第203页:"始吾与若俱北面受怀王命",下有校记:"'始',原作'如',据清钞本改。"检陆钞本亦作"始"。

第209页:"而不以利婴其心",下有校记:"'不'下原有'可'字,据陆钞本删。"检清钞本亦无"可"字。

第210页:"责监司以州郡清肃",下有校记:"'州',原作'守',据清钞本改。"检陆钞本亦作"州"。

第211页:"惟曹操知时务之要",下有校记:"原无'惟'字,据清钞本补。"检陆钞本亦有"惟"。

第211页:"使安生事",下有校记:"'事',清钞本作'业'。"检陆钞本亦作"业"。

第217页:"不以十数",下有校记:"'以',清钞本作'下'。"检陆钞本亦作"下"。

虽然陆钞本、清钞本共同作为参校本,但是校记中时而用清钞本遗漏陆钞本,时而又用陆钞本遗漏清钞本,中华本参校工作并不十分到位。

(三) 误校问题

通过校勘四库本与陆钞本、清钞本,我们还可以发现中华本校记中存在一些误校的问题,下面是几个例子。

第97页:"吾生处处皆真乐",下有校记:"'真乐',陆钞本作'生安',清钞本作'亦乐'。"检陆钞本作"吾生处处生安乐",清钞本作"吾生处处皆亦乐",此条校记当为"'皆真',陆钞本作'生安',清钞本作'皆亦'。"

第113页:"此中华之所大辱",下有校记:"陆钞本无'之'字。"检陆钞本作"此中华之大辱",无"所"字,清钞本同。

第119页:"况主户之于客户皆齐民乎",下有校记:"陆钞本'齐'上有'本'字。"检清钞本、陆钞本,均作"况主户之于客户本皆齐民乎","皆"上有"本"字。

第175页:"入湖而屯于攸县",下有校记:"清钞本'湖'下有'南'字。"核清钞本作"入湖南屯于攸县","而"作"南",是。

第217页:"复命一将",下有校记:"'复',陆钞本作'後',清钞本作'慎'。"

核陆钞本亦作"慎"。

第222页:"必以上有体元之君",下有校记:"原无'以'字,据陆钞本补。"而检陆钞本,并无"以"字。

第233页:"五穀不植",下有校记:"此句陆钞本作'其□□不植'。"检陆钞本此处作"其□不植"。

第243页:"先儒谓商人尚神,余初疑之",第一句下有校记:"陆钞本'神'下有'鬼'字。"核陆钞本作"先儒谓商人尚神鬼,初疑之"。故第二句下当有校记:"陆钞本'余'作'鬼'。"

(四) 无据改字

中华本《五峰集》甚至有无版本依据即改字的情况。这个问题也是版本校勘不到位造成的,往往通过对校即可找到版本依据。举例如下:

第167页:"朝廷下发运司相度以闻",下有校记:"'下发',原作'发下',今乙正。"此处校记无据乙正。检清钞本正作"下发"。

第178页:"興造舟船",下有校记:"'興',原作'與',今改。"检清钞本正作"興"。

第183页:"食指日众,忝养微薄,而安心意恬",下有校记:"'安心意恬',疑当作'心安意恬'。"核陆钞本正作"心安意恬",清钞本作"心意安恬"亦可通。

第232页:"且弟以以杀兄为事",下有校记:"疑衍一'以'字。"检陆钞本只有一个"以"字。

除了底本选择不当外,版本校勘工作也不到位,很大程度上影响了中华本《五峰集》的点校质量。

三、更好的底本选择

从上文分析来看,四库本不宜作为整理《五峰集》的底本。那么哪个版本更适合呢?

就中华本所用三个钞本——四库本、陆钞本、清钞本而言,清钞本虽然面貌较为原始,但因为只有三卷不适合作为整理的底本。不过,通过对校台北"中央图书馆"所藏五卷本《五峰集》,发现清钞本与该五卷本之间渊源极为相近,两本可能同祖一本。目前所见《五峰集》的四个版本可以大致分为两组:清钞本与台北藏本,陆钞本与四库本。下表所列异文可以明确地说明这四个版本之间的关系。

四库本页码	四库本	陆钞本	清钞本	台北藏本
卷一 2	鼙鼓声阗阗	阗阗	阗	阗
3	我乘清秋弄秋月	秋	明	明
4	东西南北赖来苏	赖来	赖	赖
16	得之眉睫间	睫	捷	捷
21	栽培扶我暮龄行	暮	莫	莫
卷二 56	真如河滨之人将负土以塞孟津者	负	捧	捧
57	天理绝而人欲消者	绝	纯	纯
57	假天理以济人欲者	济	齐	齐
59	以沦于时	以	不	不
60	事君有定	君	若	若
60	躬理耕植	植	直	直
78	所以发明三阳之义	所以发	发	发
79	禹平水土	水土	水	水
80	请归罪于司寇	罪	死	死
85	与君一夕话	与君一夕	共君一夜	共君一夜
卷三 1	坐视废颓	废颓	颓坏	颓坏
2	夸妻妾而耀乡里者	里	间	间
7	庶几我先君子之志不陨于地	我	哉	哉
31	如天地之有阴阳也不可乱	也不可乱	不可乱也	不可乱也
35	光世欲走	走	退走	退走
37	自古人主不惮屈己与之和亲有之	有	则有	则有
43	七世祖避李唐中叶之患	患	乱	乱
45	闻名立挽致	立	力	力
51	常惧勿克	勿	弗	弗
64	既入彭城则取货宝美人	取	收	收

除了台北藏本,陆钞本也是一个比较好的选择。陆钞本第五卷后有陆心

源跋文:"右萧山陆氏三间草堂抄本胡五峰集。卷一第十五、十六、十七三叶有错简;卷二《上光尧皇帝书》'则知其'下脱廿一字,'大忧者'下脱四字,'恐臣妾之轧己者比乎'下脱十九字,'财者天地有时四民'下脱十七字,第六十五叶'勾龙周弃'上脱十二字,'然则圣人所以不以复仇责平王者'上脱十八字;卷三《题张钦夫希颜录》'既竭吾才'上脱廿二字,《整师策》'上之威令不行矣'上脱十八字;卷四《皇王大纪论》《徐偃仁义论》后脱《送死礼文论》一首,计三百余字;卷五《易外传》《视履考祥传》'曾子启手足'上脱十九字。今据影宋抄本补足,并改正数十字,乃成善本。萧山陆氏藏书向称精善,岂知脱误亦如此也。时光绪八年春三月,潜园识。"①陆心源对陆钞本评价不甚高,这可能是《五峰集》整理者们未使用陆钞本作底本的一个原因。陆钞本虽晚于《四库全书》本,但校勘后发现此本面貌比较原始,而且经过了陆心源的批校,可谓"善本"。

下面是清钞本、陆钞本、台北藏本与中华本文字不同的几个例子。

1. 第86页:"夫既为人臣而敢持二心,干纪逆节,反行天道,其宜诛也,孰与纣?"

按:"反行天道",清钞本、台北藏本作"反易天明",陆钞本作"反易天心"。此处用《左传》文,哀公二年简子曰:"范氏、中行氏反易天明,斩艾百姓,欲擅晋国而灭其君"。杜注:"不事君也。"孔颖达正义:"天有尊卑,人有上下,卜事上,臣事君,法则天之明道,臣不事君,是反易天之明道也。"②故当从清钞本、台北藏本作"反易天明"。

2. 第93页:"以此防民,犹有尸位素餐惟利之徒,弃君如土梗弁髦莫之恤者,况人君自以爵位宠禄为己私。"

按:"徒",陆钞本同。清钞本、台北藏本作"従",当从。断句至"者",即"犹有尸位素餐惟利之従、弃君如土梗弁髦莫之恤者"。

3. 第103页:"癸亥春,尝拜起居之间,自是遵禀传业之诲,不敢失坠。"

按:"间",清钞本、陆钞本、台北藏本均作"问"。"起居之问"为书信常用语,此处当作"问"。

4. 第118页:"渠未尝忘夺大辱之积志也。"

按:"夺",陆钞本、台北藏本同,清钞本作"奋"。中华本第110页《与明应仲书》有"是以奋大辱之积志"。《汉书·苏武传》有"使得奋大辱之积志"之说。③ 此处当从清钞本作"奋"。

5. 第147页:"古者既葬而反虞,虞必作主。祔者,以上祔于庙也。"

---

① 又见于陆心源著,冯惠民整理:《仪顾堂书目题跋彙编》,北京:中华书局,2009年,第179—180页。
② 〔晋〕杜预注,〔唐〕孔颖达正义:《春秋左传正义》,北京:北京大学出版社,2000年,第1863页。
③ 《汉书》卷五十四,北京:中华书局,1962年,第2466页。

按："上"，陆钞本同，清钞本、台北藏本作"主"。祔即奉新死者的木主于祖庙与祖先的木主一起祭祀。"上"当作"主"。

6. 第 195 页："庶几哉可以息黥补劓、图全而归之于父母也。"

按："黥"，清钞本、台北藏本作"黥"，当从。此处用《庄子·大宗师》"庸讵知夫造物者之不息我黥而补我劓，使我乘成以随先生邪？"[①]即"息黥补劓"，喻改过自新。

7. 第 197 页："《论语》一书，大抵皆求仁之方也，审取其可以药己病。"

按："可"，清钞本、台北藏本作"方"，当从。前句引出"求仁之方"，后句自然为"审取其方以药己病"。

本文主要从底本选择、版本校勘角度分析了中华本《五峰集》的点校。因为没有全面掌握《五峰集》其他钞本的情况，目前只能断定四库本、清钞本不宜选作底本，陆钞本、台北藏本较四库本更适合作为点校底本。若能更换点校底本，并选择未受四库本影响的其他版本作为校本进行充分校勘，这将从根本上保证《五峰集》点校的质量。

---

① 〔清〕郭庆藩辑，王孝鱼整理：《庄子集释》，北京：中华书局，1961 年，第 280 页。

林之奇生平交游考

俞昕雯[*]

【内容提要】 林之奇是南宋初年闽中重要的理学家,弱冠师从大东莱先生吕本中,明嵩洛、关辅诸儒之源,得庆历、元祐群叟之本;里居讲学,大为闽中学者之所归,相从游者数百人,小东莱吕祖谦亦造其门。著有《尚书集解》及《周礼》《论语》《孟子》等讲义,又有《道山记闻》《拙斋文集》,今惟《尚书集解》与《拙斋文集》存。然而目前学界针对林之奇的研究非常有限,本文试对林之奇的家世、生平和交游情况进行考述。

【关键词】 林之奇 生平 交游

一、家世与生平

(一) 家世

影印文渊阁四库全书本《拙斋文集》附录《拙斋林先生行实》(以下简称《行实》)云:"先生姓林氏,名之奇,字少颖,侯官人。世以儒学闻,朝议公忻取李氏,得先生以大其家声。先生幼聪俊不凡,与外兄李和伯、迁仲如亲手足。"又,《拙斋文集》卷一九《祭迁仲文》云:"我生终鲜,孑然一身。岂无兄弟,四海三人。幼共嬉戏,长同屈伸。虽隔表里,情逾所亲。嗟我少孤,焉依叔舅,舅氏吾师,伯仲吾友。"据此,林之奇出生于福建侯官的一个儒学世家。父林忻,官至朝议大夫;母李氏。然父亲早亡,之奇为独子,自幼依附叔舅生活,与李氏外兄和伯、迁仲如亲手足。

林之奇之舅氏李家,亦为闽中儒学世家,之奇自小依附舅父,与李氏一族关系密切,求学生涯亦多受其影响,现考证其家世如下:

外祖李康,北宋哲宗绍圣四年(1097)进士,终朝散郎国子司业(宋梁克家《淳熙三山志》卷二七)。

舅父李葵,字袭明(《困学纪闻》卷二〇),侯官人,南宋高宗绍兴二十四年

---

[*] 本文作者为北京大学中文系中国古典文献学2014级博士研究生。

(1154)特奏名(《淳熙三山志》卷二八)。①

外兄李楠(1111—1147),字和伯,葵长子。受业于吕本中。屡举乡贡不第,乃谢绝世事,杜门读书,尤精《春秋》。绍兴十七年卒,年三十七。事见《拙斋文集》卷八《李和伯行状》、清黄宗羲《宋元学案》卷三六。

外兄李樗(？—1154),字迂仲②,号迂斋,葵次子。受业于吕本中。举乡贡不第。著有《毛诗解》。绍兴二十五年卒。事见《宋史翼》卷二三、《宋元学案》卷三六。

外弟李楉,字承叔③,葵三子。绍兴十二年进士,历知泉州、饶州、衡州,终朝奉大夫(《淳熙三山志》卷二八)。

外弟李樭,字常季,葵四子。绍兴十二年进士,终文林郎漳州教授(《淳熙三山志》卷二八)。

外弟李槅,字伯广,葵之侄④。孝宗乾道二年(1166)进士(《淳熙三山志》卷二九)。林之奇卒后,李槅作《哀辞》(《拙斋文集》附录)。

(二) 生平

林之奇生平资料主要见于李槅《哀辞》、吕祖谦《祭文》、姚同《行实》(以上《宋集珍本丛刊》影印旧抄本《拙斋文集》附录)以及《宋史》卷四三三、《南宋馆阁录》卷八、《宋元学案》卷三六等。另外,《拙斋文集》卷九所收书信、卷一九所收祭文,其中夹杂不少林之奇的回忆与自述,也是考察其生平的重要材料。今据以上材料,考证林之奇生平如下。

林之奇(1112—1176),字少颖,号拙斋,侯官(今福建福州)人。南宋高宗绍兴二十一年进士。孝宗淳熙三年(1176)卒,年六十五。

1. 二十四岁以前:读书求学

林之奇少孤,自幼依附叔舅生活,童年与外兄李楠、李樗为伴,相从读书。《行实》描述三人共读光景云:"先生幼聪俊不凡,与外兄李和伯、迂仲如亲手

---

① 《拙斋文集》卷一九《代舅祭迂仲文》云:"我之五男,如手五指。"知林之奇舅父有子五人。王应麟《困学纪闻》卷二〇云:"二李伯仲,盖葵之子楠、樗也。"《淳熙三山志》卷二八:"李葵,楉、槅之父。"又,吕本中《东莱先生诗集》卷一九有诗《和伯少颖迂仲将归福唐偶成数诗欲奉寄无便未果也辰叔常季南还因以奉送》。楠、樗、楉、槅四人分别字和伯、迂仲、承叔、常季,四人均为葵子,余下一子名不详。

② 《(弘治)八闽通志》卷六二作"李樗,字若林",《(乾隆)福州府志》《万姓统谱》《宋史翼》同。按:《宋元学案》卷三六云:"李樗,字迂仲……勉斋尝称之曰:'吾乡之士,以文辞行义为学者宗师,若李若林,其杰然者也。'"此处"若林"指林之奇,《八闽通志》误为李樗之字。

③ 一字辰叔,见吕本中诗《和伯少颖迂仲将归福唐偶成数诗欲奉寄无便未果也辰叔常季南还因以奉送》。

④ 《淳熙三山志》卷二九:"李槅,康之孙。"又李槅《哀辞》:"槅从兄和伯、迂仲与少颖同研席。"可知槅为康之孙,葵之侄,林之奇外弟。

足。……日夕相从,惟道艺是讲是究,名肆业之所曰'允斋'。晨兴诵读经史,各以所见结衣带而识之,逮暮相与参订是否而书之,谓之《允斋录》。"兄弟三人白天各自诵习经史,晚间共同探讨学问,以"允斋"名其肆业之所,更将读书心得录为一书,可知其读书一来日夕不怠、勤奋不辍,二来疑义共析,乐在其中。林之奇在文集中多次追忆少年读书时光,自述天资不及二李,加之性格乖僻孱弱,全因二李相携熏陶,才渐入学问之门。其《祭李和伯文》(卷一九)云:

> 嗟吾三人,相为羽翼。卯角从游,迨于今日。三十余年,未尝相失。……论其天资,莫与兄敌。……我则不然,偏于气习。或骄而浮,或吝而僻。各有所蔽,相为蟊贼。是以其学,进寸退尺。瞠若乎后,望兄奔轶。……曰师曰友,兄其兼得。我实孱弱,匹维弗克。

又《祭迁仲文》(卷一九)云:

> 我实驽材,瞠若乎后。伯仲未冠,舅为世知。懦无立志,知我者谁?自暴自弃,下流实归。不有伯仲,畴觉其非。每从纷华,此心外骛。及见二难,释然悔悟。渐渍熏陶,遂同志趣。非曰能之,伯仲之故。

对于幼年的林之奇来说,父母早亡,寄生活于叔舅篱下,也许并不是非常愉快的回忆,从《祭迁仲文》的追述来看,这样的童年经历甚至对其性格产生了一些消极影响。但幸有年齿相仿的两位外兄——二李既为兄弟,亦为师友,将林之奇引入学问之门,文集每每言及此处,兄弟深情溢于言表。三人的这段读书时光,也为后来各自的学问成就打下了基础。

绍兴四年秋,吕本中入闽,直到六年四月被召赴临安行在之前,一直居于福州①。林之奇年甫弱冠,与二李求学于吕本中门下。《行实》云:

> 西垣吕公入闽,公闻其以道学名世,乃与二李往之,一见之顷,遂定师生之分。吕亦欣然,进而语之以嵩洛、关辅诸儒之源流,庆历、元祐诸贤之本末,且欲以广大为心,陋专门之蒙昧;以践履为实,刊繁文之支离。致严乎辞受出处,欲其明白无玷;致察乎邪正是非,欲其毫发不差。先生之学,自是日以光明。

2. 二十四到三十九岁:里居讲学

绍兴五年②,林之奇赴临安参加礼部试,中途却突然改辕而返。关于其放

---

① 王兆鹏,《两宋词人年谱》,台北:文津出版社,1995年,第398页。
② 《行实》云:"绍兴丙辰,以贤书将试南宫。"按,据《宋会要辑稿·选举一》,绍兴丙辰六年未举行礼部试,林之奇应礼部试当在绍兴五年。

弃礼部试的原因，文献记载有二。一则"以不得事亲而反"①，《行实》云："及先生西上，日夕以膝下温清为念，行至北津驿，慨然作诗有'耿耿一寸心，不能去庭闱'之句，遂改辕以归。先生爱亲之心重于利禄，非学识过人畴克尔。"二则因"惜会合之难而绪业之未竟"②，"自谓未之能信，翻然复归，请俟充实"③。

细读林之奇文集，对其绍兴五年的这次弃考，似乎还能做出更多解释。首先是性格原因，林之奇在《寄遗逸先生》（卷九）一书中自我批评道：

> 中奉先生二书，皆以刚健之德为教，三复太息，始觉其学问之所病者，正在于此。盖由某器质昏罢，而加之柔懦，是以临事类多乖误，纵或有审知其是非所在之时，而其勇又不足以有守，亦往往知其非而为之。

林之奇在文集中多次提及自己性格昏懦，而以此处剖白最为深刻。正如吕祖谦《祭文》云"三岁一诏，士子莫重焉"，所谓学而优则仕，出仕是士人读书的正当出路，林之奇既已动身赴试，却又因思亲而返，一方面说明其"爱亲之心重于利禄"，一方面也表现出其性格之优柔寡断。此文之作，在绍兴十八年林之奇三十七岁时④，所谓"临事类多乖误"者，恐怕就是林之奇对自己年轻时行事的一种反省。

其次，林之奇曾在《答黄晦叔仙尉》（卷九）一文探讨科举与读书的关系：

> 谚有之曰：世无科举，人不教子；朝无利禄，士不读书。……此言疑于厚诬天下之人，然而亦非过论也。今之父兄之所以教，与夫子弟之所以学，虽不皆为科举，而其本心岂有不由科举利禄而来乎？……某弱冠而入场屋，强仕而从吏役，某之于士之趋操志愿，闻之熟矣。彼其平居暇日，怀铅提椠以从事于灯窗之习，孜孜汲汲，突不暇黔，席不暇暖，而每以为不足者，孰非为科举利禄计哉？及一旦功名成遂，……而视为无用之具矣，其弃之惟恐其不速也，由是束书于高阁而不读之矣……未历数年，而风声气习之所移，口体居处之所养，已不啻如膏粱子弟之为，而无复寒素之故态矣。

此文作于绍兴二十一年林之奇出仕以后，直言当时士人为科举而读书的功利习气，且颇有不屑为伍之意。即使是在中年入仕以后，林之奇依然称自己为"强仕而从吏役"，可见出仕为官、博取功名利禄之念，在他心中可谓相当淡薄，

---

① 《宋史》卷四三三，北京：中华书局，1985 年，第 37 册，第 12861 页。
② 《拙斋文集》附录《祭文》。
③ 《拙斋文集》附录《哀辞》。
④ 李楠卒于绍兴十七年秋，书云"昨者春夏间连辱先生赐书，适遭李表兄之丧，……因循及今，且复累月矣"，又云"某以至愚之资，加以离群索居之久"，可知此书作于林之奇出仕之前。

甚至几乎不喜仕进。故半途弃考返乡、"请俟充实"的行为,也就不足为奇了。

绍兴六年四月,其师吕本中被召赴临安行在,"居仁归浙,之奇辈无所卒业"①。适逢支离先生陆佑自湖南归,李楠《哀辞》载:"支离陆先生亦颜归自湖南宣幕,门户简峻,士鲜知向,楠先君于少颖为舅,而与支离友善,谓少颖曰:'支离、紫薇一也,盍往焉?'遂从之。"林之奇便听从舅父建议,与二李从陆佑学。

此后十五年间,林之奇里居乡间,问学、唱和于陆佑、方德顺、胡宪、刘勉之等学者之间,如吕祖谦《祭文》所称"里居之良,若方若陆;旁郡之士,若胡若刘"。林之奇与二李同以讲学为业,陆佑去世之后,"林、李二家大为闽中学者之所归"②,"长乐之士,知乡大学,知尊前辈,知宗正论,则皆先生与二李之力焉"③。林之奇自己亦云:"余里居以讲学为业,乡之士子误相从游者,盖数百人。"④

在里居的最后几年,林之奇从游之师友陆续凋落。绍兴十五年春,陆佑卒;夏,吕本中卒;绍兴十七年秋,外兄李楠亦因苦学不第早卒,年仅三十七岁。师友的相继去世对林之奇的打击非常之大,"三年之间,三为此泣。泪尽眼枯,了无可觅。师友道丧,一至斯极"⑤。尤其是"三十余年未尝相失"的外兄李楠的去世,更使林之奇哀切之极,他在《祭李和伯文》中痛云:

> 繄吾弟兄,情钟最切。相期何如,乃成永别!自兄抱疾,之奇在侧,爰从属纩,以至棺衾,皆所亲视。……每谓生身,海邦穷僻。欲求同志,久而罕获。今乃失兄,愈成孤特。……自今以往,心惟日恻。握手而游,皆兄陈迹。挟书而读,皆兄手泽。思兄之心,触事而发。兄齐之乐,安能如昔。……泪尽眼枯,了无可觅。师友道丧,一至斯极。恨无百身,可为兄赎。创巨痛甚,曷日而复。

师友兄长的相继去世,也使里居的林之奇愈发感到了孤单,此时期的唱和书信中,屡屡提到自己"离群索居""学问不进"⑥。正是此时,林之奇也开始对自己的思想性格做了反省,在《寄遗逸先生》一书的最后,林之奇决心"谨当以乾之文言、象、象朝夕诵之,以无忘先生之大德,而冀以起此昏懦之疾也。……使岁月之久,或得以稍变其气质,不至甘自弃于昏懦之归。"总之,种种交游环

---

① 〔清〕黄宗羲《宋元学案》卷三六,北京:中华书局,1986年,第1401页。
② 《拙斋文集》附录《哀辞》。
③ 《拙斋文集》附录《祭文》。
④ 《拙斋文集》卷一八《进士林君夏卿墓志铭》。
⑤ 《拙斋文集》卷一九《祭李和伯文》。
⑥ 《拙斋文集》卷九《寄遗逸先生》《上胡教授》。

境与思想上的改变,为林之奇几年后的出仕做了准备。

3. 三十九岁到四十八岁:出仕为官

《哀辞》云:"绍兴辛未,闽宪孙公端朝勉其为萱堂而仕,乃以经学中第,授莆田簿。"师友、兄长相继去世以后,林之奇自感离群索居,学问不进,正值此时,福州提点刑狱孙汝翼鼓励林之奇博取功名以慰家中老母。种种原因之下,林之奇终于决心应试出仕。文集卷一九《祭郭丈文》云:

> 孝子爱日,慕之终身。惟恐事亲之日短,不能尽吾父子之仁。是以纡朱怀金而忧,不如箪食瓢饮而乐;衣纯以紫而贵,不若衣纯以青而贫。不愿乎万钟之禄,三旌之位,惟愿堂有黄发百年之亲,戏老莱之彩衣,潚石建之群愉,不知年数之不足也。彼傥来之旧物,何足以易此乐之无垠。

从弱冠罢考,到中年仕进,一退一进,看似改节易志,实则皆由爱亲之故。《行实》褒其"爱亲之心重于利禄",在此段文字中表露无遗。

绍兴二十一年,林之奇中进士第,授莆田簿。而后丁艰,服除,调长汀尉,未上。二十六年九月,由陈诚之荐试馆职,除秘书省正字。二十七年十一月,以秘书省正字兼权国史日历所检讨官;二十九年六月,改校书郎。

4. 四十八岁到六十五岁:因病改职 祠禄家居

绍兴二十九年八月,林之奇抱病,病势凶猛,遂以疾乞去,改知大宗正丞,以就医于会稽。自云:"于死中得活,延驻及今,余毒犹未尽也。……顷得外补,渡江此来,宗司职事殊为稀简,而绍兴应接亦少,盖可以终日杜门,静以补病。……于私计则实便矣。职事既简,又无应接奔走之劳,惟是以掩门读书。"①

不久,林之奇大病初愈,乞归闽中。绍兴三十一年,提举福建市舶司②,再任福建安抚司参议官,遂以祠禄家居。晚年教导乡中子弟。《行实》云:

> 先生家居,弟之邵之子子冲,能嗣先生之学,士子会者坌集。先生时乘竹舆至群居之所,诸生列左右致敬,先生有喜色。或命诸生讲《论》《孟》,是则首肯而笑,否即令再讲,或令诵先生所编《观澜集》而听之,倦则啜茗归卧,率以为常。

> 未几病革,不浃日而逝。时孝宗淳熙三年,年六十五。葬于福州清泉山③。

---

① 《拙斋文集》卷九《答张安国舍人父子书》。
② 《东莱吕太史年谱》:"(绍兴三十一年)十二月,林先生少颖出为提举福建市舶,皆过婺来访。"见杜海军《吕祖谦年谱》,北京:中华书局,2007年,19页。
③ 〔明〕黄仲昭编《(弘治)八闽通志》卷七九,福州:福建人民出版社,2006年,第873页。

二、交游

　　林之奇交游颇广,对其交游群体的考证,既可借以更深入的了解林之奇个人思想,亦可蠡测当时闽中学者的交往情况。以下就其文集①及相关材料,将其交游对象大致分为前辈师长、同僚知己、弟子后学三大群体,分作考证。

(一) 前辈师长

　　吕本中(1084—1145),字居仁,寿州(今安徽凤台)人,《宋史》卷三七六有传。事迹甚著,从略。

　　吕本中于绍兴四年入闽,林之奇时年二十三,与二李兄弟慕名而造其门,一见意合,从此定下师生情分。"嵩洛、关辅诸儒之源流靡不讲,庆历、元祐群叟之本末靡不咨,以广大为心,而陋专门之暧昧;以践履为实,而刊繁文之枝叶。致严乎辞受出处,而欲其明白无玷;致察乎邪正是非,而欲其毫发不差。"②

　　绍兴五年,林之奇西上赴礼部试,吕本中赠诗曰:

> 我为福堂游,破屋占城市。城中几万户,所识一林子。荟然众木中,见此真杞梓。未为栋梁具,且映风日美。子之于为学,其志盖未已。上欲穷经书,下者百代史。发而为文词,一一当俊伟。夫岂效鄙夫,念彼不念此。今来赴行朝,学已优则仕。穷通决有命,所愿求诸己。圣贤有明训,不在拾青紫。丈夫出事君,邪正从此始。③

　　诗中既褒扬了林之奇好学不已、文辞俊伟,又颇有对其踏入仕途的期许与鞭策,尤其最后二联,言辞恳切,足见吕本中器重之意。师生二人,一方"躬受中原文献之传,载而之南,裴回顾瞻,未得所付"④,一方"每谓生身,海邦穷僻,欲求同志,久而罕获"⑤,是以林之奇放弃科考,不仅因回乡侍亲,更因"惜会合之难而绪业之未竟"⑥,以求在吕本中门下更俟充实。

　　绍兴六年夏,吕本中离闽,临行作《别林氏兄弟》诗云:"两年住闽岭,所阅足青紫。那知万众中,得此数君子。相从不我厌,但觉岁月驶。高论脱时俗,

---

① 《拙斋文集》卷三所收诗作均为伪作,故不参考,见王开春《林之奇诗辨伪——兼论〈拙斋文集〉的版本源流》,合肥师范学院学报,2010年1月。
② 《拙斋文集》附录《祭文》。
③ 〔宋〕吕本中《东莱先生诗集》卷一四,影印文渊阁四库全书本。
④ 《东莱先生诗集》卷八。
⑤ 《拙斋文集》卷一九《祭李和伯文》。
⑥ 《拙斋文集》附录《祭文》。

如风濯烦暑。"①以为闽中才俊诸多,而以林、李兄弟最为出众。

吕本中离闽后,依然与林之奇兄弟保持书信联系,有《和伯少颖迁仲将归福唐偶成数诗欲奉寄无便未果也辰叔常季南还因以奉送》一诗云:

> 纷纷走道途,扰扰杂泥滓。既为风俗移,又以血气使。百川灌河来,夫岂有涯涘。故人林与李,始可与语此。方子独立士,岁莫亦深居。林李从之游,欲出更踌躇。纷华晚不顾,浮湛同里间。时从陆丈人,共此一篇书。闽山固多奇,闽士亦多杰。弱水不胜舟,有此积立铁。胡刘守节意,亦岂待言说。堂堂混众流,此固不得折。经时望子来,慰我终岁病。西行道路迂,欲见复未定。②

"方子"即方德顺,"陆丈人"即陆祐,"胡刘"即胡宪、刘勉之,方、陆、胡、刘多有隐居守节之意,林、李受之影响,亦安于里居讲学的生活,吕本中寄诗加以赞赏。

陆祐(?—1145)字亦颜,侯官(今福建福州)人,学者称支离先生。徽宗宣和间进士,为莆田主簿,判湖广南路宣抚使。绍兴六年归闽,林之奇与二李从之游。十五年卒③。事见《宋元学案》卷三、《淳熙三山志》卷八。

陆祐卒后,林之奇有《祭陆丈先生文》(卷一九)云:"念夫畴昔里闬之从容抠衣函丈之间,……有琢磨切磋之诲,以开其蔽蒙。今其已矣,又将焉从。寡闻孤陋,而有疑孰质?离群索居,而有病孰攻?故临先生之丧,对遗像而酹尊酒,则情钟于此,不自觉涕泗而沾胸也。"可知二人师生情谊不浅。

胡宪,字原仲,崇安(今福建武夷山市)人,学者称籍溪先生。从胡安国学,又学《易》于谯定。后归隐故山,力田卖药以奉亲。绍兴九年,赐进士出身,授建州教授,莅教于乡校者七年,以母老归。三十年七月,除秘书省正字,辞避再三;十二月,改秩授宣教郎主管台州崇道观以归。三十二年,卒于家,年七十七。事见《宋元学案》卷四三、《南宋馆阁录》卷八。

绍兴十八年,林之奇有《上胡教授》(卷九)书,论"读书为用得者是"。胡宪卒后,林之奇为其作《秘书省正字胡宣教行状》,又有《祭胡丈先生文》(卷一九)云:"顾如某之不肖,盖尝奉谆诲以周旋,惟粪墙与朽木,每重费于雕镂。匪若瞠乎其后,常如瞻之在前。属沉疴之重痼,致踪迹之回遭。虽隔函丈之抠趋,尚辱书问之见怜。"

刘勉之(1091—1149)字致中,崇安(今福建武夷山市)人,学者称白水先

---

① 《东莱先生诗集》卷一五。
② 《东莱先生诗集》卷一九。
③ 陆祐卒年,文献不载,据《拙斋文集》卷一《祭李和伯文》"前岁之春,支离不禄"一语,其卒年当为绍兴十五年。

生。少以乡举入太学,学《易》于谯定,又尝从刘安世、杨时游。厌科举业,究心伊洛之旨,力耕自给。绍兴八年,召至临安,谢病归(《建炎以来系年要录》卷一二三)。杜门十余年,学者踵至,随才施教。十九年卒,年五十九。事见《宋元学案》卷四三。

林之奇有《答刘先生》(卷九)一书,与刘勉之探讨"为学"云:"学者之为学,不专在书册子上。要须事事是学,方为有用工夫。……正唯事无非学者,夫喜怒哀乐、贫富贵贱、从违得丧、安宴劳苦,日接于其前者,纷然万变而不穷,不知古人之学果何以至此。"

刘勉之卒后,林少颖作《祭刘丈先生文》(卷一九)曰:"嗟嗟先生,久居隐沦。采芝食菊,若将终身。短檠万卷,精义入神。气溢六合,力轻千钧。……不我鄙夷,夜语谆谆。违离依恋,卒业无因。区区问学,寄之书笥。"可知林之奇亦尝从刘勉之学,又常以书信问学,有师生之谊。

方德顺,其名未详,字德顺,莆阳(今福建莆田)人。早以文行知名,一时诸公长者皆折辈行与交,张浚、吕本中等皆深知之。绍兴间尝召对,极论讲和不便,不合而去。仕不遭而卒。事见《朱子大全集》卷八二、《宋元学案》卷四三。

林之奇《扬子讲义序》(卷二〇)载方德顺与杨时趣事:"友人方德顺问龟山先生曰:'人君有得致之位,有可致之资,其所为固甚易,何不做取尧舜?纵尧舜不可及,汉文、太宗亦易为之,何不做取文帝、太宗?'龟山先生曰:'老兄儒者,何不做取孔孟?纵孔孟圣德高风,何不做取荀扬?'"知方德顺尝与杨时游。吕本中诗云:"方子独立士,岁莫亦深居。林李从之游,欲出更踌躇。"知林之奇、二李兄弟尝从方德顺游。

(二) 同僚知己

张孝祥(1132—1170)字安国,历阳(今安徽和县)人,学者称于湖先生。绍兴二十四年(1154)进士第一。累迁起居舍人,历知抚州、平江、静江、荆南。孝宗乾道五年卒,年三十九。著有《于湖集》。《宋史》三八九有传。

绍兴二十九年,林之奇重病,改知大宗正丞。在会稽养病期间,作《答张安国舍人父子书》(卷九)云:"某三年册府,从诸彦游,知我爱我,无如舍人之厚。感著在中,未易以笔舌穷也,交情急难乃见。当某抱病濒死,喘息仅属之时,舍人以从臣之贵,日垂存问,区处医药,念虑甚勤,不啻如兄弟之亲,手足之助也。末疾得瘳,实繄舍人之赐。……每思故春瞑眩之顷,向微舍人泊诸同舍力主所投之药,岂有今日邪?此德未易忘也。"知林之奇在馆阁同僚之中与张孝祥最为亲厚,张亦曾在林之奇病中尽心照拂,可见二人关系非同一般。

张孝祥《于湖集》卷三有《赠江清卿》诗云:"吾友林少颖,读书不记屋。抄书手生茧,照书眼如烛。往时群玉府,上直对床宿。夜半闻吾伊,吾睡已再熟。

此君抱高节,雪栢映霜竹。造物乃儿戏,卧病在空谷。"亦流露出对林之奇人品才学的一片钦佩之意。

陈诚之,字景明,闽县(今福建福州)人。绍兴十二年进士第一,历正字、校书郎、秘书郎,后以礼部侍郎知泉州。秦桧既死,召为翰林学士,累官同知枢密院事。孝宗乾道五年致仕。事见《淳熙三山志》卷二八、《宰辅编年录》卷一六。

绍兴二十六年九月,陈诚之除同知枢密院事①,同月,林之奇由陈诚之荐试馆职,除秘书省正字②。陈诚之卒后,林之奇作《祭陈枢密文》(卷一九)曰:"子期甫逝,伯牙绝弦。厥初默契,岂其偶然。……公所赏识,卓然独先。云此美璞,众方弃捐。追之琢之,出其纯全。声名一旦,径达宸前。遂阶试用,蹴升群贤……抱疾里居,亦既累年。日从公游,绿野平泉。"追忆昔日从游之情谊,"示知己之恩不忘也"③。陈诚之于林之奇既为同乡,又有知遇之恩,故林之奇以伯牙自比,可知二人相知不浅。

(三) 弟子后学

吕祖谦(1137—1181)字伯恭,寿州(今安徽凤台)人,吕本中从孙,《宋史》卷四三四有传。事迹甚著,从略。

绍兴二十五年,林之奇服除,在家乡待次汀州长汀尉。时吕大器为福建提刑司干官,吕祖谦随父在福州。"闻先生得西垣之传,乃从先生游。先生尝语诸生,以为若年浸长矣,宜以古文洗濯胸次,扫其煤尘,则晶明日生。成公受教作为,主以古意而润色之,先生每读必击节赏叹,知其远且大。"④

绍兴二十六年九月,林之奇入为秘书省正字,十一月,吕祖谦如临安应试,访林之奇⑤。三十一年,林之奇出为提举福建市舶,过婺州访吕祖谦⑥。林之奇卒后两年,吕祖谦作《祭林宗丞文》云:"某未冠缀弟子之末行,期待之厚,独处于千百人之右。顾谢薄安所取? 此实唯我西垣公之故,施及其后人。培植湔袚,闵闵焉如农夫之望岁也。"⑦林之奇因吕本中授业之恩,对吕祖谦施教,并期以厚望,吕祖谦亦未负师恩,"三山之门,当时极盛,今其弟子多无可考,为吕成公其出蓝者也"⑧。

---

① 〔宋〕徐自明:《宋宰辅编年录》卷一六,北京:中华书局,1983年,第1123页。
② 〔宋〕陈骙:《南宋馆阁录》卷八,影印文渊阁四库全书本。
③ 《拙斋文集》附录《行实》。
④ 《拙斋文集》附录《行实》。
⑤ 杜海军:《吕祖谦年谱》,北京:中华书局,2007年,第14页。
⑥ 《吕祖谦年谱》,第20页。
⑦ 〔宋〕吕祖谦《吕东莱文集》卷九,北京:中华书局,1985年,第221页。
⑧ 〔清〕黄宗羲《宋元学案》卷三六,北京:中华书局,1986年,第1244页。

王宗已,字子由,长溪(今福建宁德)人,绍兴二十七年进士(《淳熙三山志》卷二九),居广东二十九县第一,孝宗书其名于御屏。授增城令,秩满调常熟县,历知广州、蕲州,终朝奉大夫。事见《(弘治)八闽通志》卷七二。

林之奇《王子由字说》(卷二〇)云:"秦溪王君宗已,晞颜徒也,故字之曰子由。"王宗已为增城令时,林之奇有《答王子由》(卷九)一书论"为政"云:"子由之为政于斯邑,诚使邑之君子能好恶人者以子由之政为是,此外虽举国之人皆非之,吾行而不顾矣,尚何尤悔之。"

李孟传(1136—1219),字文授,上虞(今属浙江)人,李光幼子。以光遗表恩累官至太府丞,因不附韩侂胄,出知江州。后以朝请大夫、直宝谟阁致仕。性嗜书,藏书万余卷。宁宗嘉定十二年卒,年八十四。《宋史》卷四〇一有传。

李孟传曾以书信问学于林之奇,"三复来音,陈义甚高,而允执谦柄,汲汲然若将有求于不肖者"①,林之奇复信与其探讨"为学",并劝诫云:"夫道不可须臾离,可离非道也。释老之学,绝灭人伦,其过大矣。……抑不知左右之意,必以读书然后为学耶?其无乃出与物接,则丧其所以学耶?吾儒之道,无所择也,无所离也,即君臣、父子、夫妇、长幼、朋友之五者,而道行乎其间矣。必将有所择,有所离弃,而人伦反而天叙,然后为道,此则流于清静寂灭之归矣,不愿左右者之为之也。"②

林子冲,字通卿,一说字詹叔(《淳熙三山志》卷三一),自号云岫居士,侯官(今福建福州)人,林之奇从弟之邵子。光宗绍熙四年(1193)进士,为南丰簿。学问德业有声乡里间,士宗之者数百人。年五十四卒。事见《(弘治)八闽通志》卷六三。

《行实》云:"先生家居,弟之邵之子子冲,能嗣先生之学。"

刘世南,字景虞,福州(今属福建)人,官至吉州司理参军。受业林之奇之门,与吕祖谦相厚善,秉礼蹈义,为乡邦所敬(《(弘治)八闽通志》卷六二)。《(乾隆)福州府志》卷一四:"林先生……闭门著述,祓辟讲坛,四方髦俊重跰及门者匪啻千百计,而吕祖谦、林子冲、刘世南辈,则最称高足。"

通过对其生平与交游的详细考述,闽中学者林之奇略显孱弱却真实的一生,逐渐浮现在文献之间:不同于我们对理学家的某些刻板印象,他自幼失怙,惶然无依,是以性格优柔,对母亲、兄弟和师友都怀着强烈的依恋之情;虽勉力求学,却不喜仕进,且行事寡断,曾在赴试时中途而返;晚年多病,里居乡中,颇以教授弟子为乐。作为南宋初年闽中地区重要的理学家之一,林之奇一生中

---

① 《拙斋文集》卷九《复李文授》。
② 同上。

与周边学者群体的关系也十分值得关注：生于闽中儒学世家，读书与二李兄弟为伴；师从大东莱吕本中，交游陆祐、方德顺、胡宪、刘勉之等闽中学者；施教吕祖谦，门下从游弟子数百。这些有关生平与交游情况的考述，有助于我们深入了解林之奇个人的学问源流与承续，知人论世，更好地把握其文章与学术思想；同时，对厘清南宋初年闽中学者的交往情况也有一定帮助。

范成大《张公挽词》为张宗元作*

任 群**

【摘 要】 孔凡礼先生《范成大年谱》(以下简称"孔谱")认为范成大《龙学侍郎清河侯张公挽词二首》为张澄作。这一说法有误,张公为张宗元,乃洪迈岳父。其人为南宋初期立场坚定的主战人士,曾多次遭到秦桧等人的迫害。他卒于绍兴二十九年,其时范成大为洪迈兄长洪适下属,因这层关系,范成大撰写了《张公挽词》。在挽诗中,范成大充分表现出对这位前辈的景仰之情。

【关键词】 范成大 张宗元 洪适 洪迈

《范石湖诗集》卷七有《龙学侍郎清河侯张公挽词二首》,于北山先生《范成大年谱》未提及,孔谱系于绍兴二十九年(1159),并认为清河侯张公为张澄。[①] 本文认为孔谱系年无误,但是张公非张澄,而是张宗元。张宗元为洪迈妻父,正史、野史均无传记,本文据洪迈《夷坚志》《容斋随笔》等补辑之。

一、清河侯张公非张澄

正如孔谱所言,范氏笔下的张公与洪适《盘洲文集》中《张龙学挽诗二首》的主人公张龙学为同一人,现将二人诗抄录,如下:

洪适:
> 今代风云会,何人善论兵。丹墀凝睿想,黄石踵家声。瑞国仪千仞,筹边妙两楹。重泉有遗恨,不见复神京。
>
> 中台双挈橐,重镇四分符。井地观佳政,林蛮铄异图。犁添长乐犊,鞭截豫章蒲。处处甘棠泪,黄童白叟俱。[②]

范成大:

---

* 本文系西藏民族大学青年学人培育计划(13myQP06)阶段性成果。
** 本文作者为西藏民族大学文学院副教授。
① 孔凡礼《范成大年谱》,济南:齐鲁书社,1985年,第89—90页。
② 北京大学古文献所《全宋诗》第37册,第23521页。北京:北京大学出版社,1998年。

白水名多士,清河最有声。人危孔北海,帝识柳宜城。蜀险谈间固,蛮讧檄到平。凌烟何处在,风雨上铭旌。

太息逢萋锦,平生付薄冰。沧溟淙赤舌,白日照青蝇。岳麓身犹健,星维驭已升。天如遗一老,人亦望三登。①

孔谱认为"张龙学其人,尝两知临安,一知豫章,一知福州,一知四川",然后结合"张澄绍兴八年、绍兴十四年两知临安,十九年知洪州,二十三年知福州(四川以宋代资料大量散失,未见)",从而得出结论:清河侯张公为张澄。实际上,孔谱对此也不是很肯定,因为据李心传《建炎以来系年要录》(以下简称《要录》)卷165记载,张澄卒于绍兴二十三年②,所以又云:"挽词可以作于被挽之人卒后数年……然终嫌时间过长。似张龙学非张澄,或《系年要录》记载有误。"

细读洪、范诗,笔者以为所挽对象除了要满足"重镇四分符"外,还需具备以下条件:

1. 长于军事,即挽诗中的"论兵""黄石"等,黄石即黄石公授予张良的《黄石公三略》之类的兵书。

2. 政治立场上为主战派。挽诗"不见复神京","神京"指北宋首都汴京开封,"复神京"为收复河山之意。

3. 曾经在尚书省两次任尚书或侍郎。挽诗云"中台双挈橐",中台即尚书省。"挈橐"出《梁书》卷五十《刘杳传》③,指尚书或侍郎例佩紫荷橐,以备顾问,如范成大诗《耶律侍郎》:"乍见华书眼似獐,低头惭愧紫荷囊。"④

4. 有保卫四川、治抚南蛮的经历,即挽诗"蜀险谈间固""蛮讧檄到平""林蛮铄异图"。

5. 屡遭谗言陷害。范成大诗中的"萋锦",出自《诗经·巷伯》"萋兮斐兮,成是贝锦;彼谮人者,亦已大甚";"赤舌"出自扬雄《太玄·干》:"赤舌烧城,吐水于瓶";"青蝇"源于《诗经·青蝇》。它们都是比喻谗言,且三个典故连用,说明张公生前曾遭莫大之怨。

只有满足了上述这六个条件,才能断定孔谱结论确否。下面来审视张澄的情况。张澄,荥阳人,事迹详见《全宋文》作家小传。⑤ 他曾是川陕宣抚处置使张浚经营川陕时期的下属,绍兴二年闰四月己未被任命为利州路转运副

---

① 〔宋〕范成大《范石湖诗集》,上海:上海古籍出版社,2006年,第87页。
② 〔宋〕李心传《建炎以来系年要录》卷165,胡坤点校,北京:中华书局,2013年,第3143页。
③ 〔唐〕姚思廉《梁书》,北京:中华书局,1973年,第716页。
④ 〔宋〕范成大《范石湖诗集》,第158页。
⑤ 曾枣庄、刘琳主编《全宋文》第185册,上海:上海辞书出版社,2006年,第244页。

使。① 这可以算是仕宦蜀中的经历,也曾经试户部侍郎、权户部尚书②,但是其它条件不符。

第一,张澄有治剧才,不以军事擅长。《全宋文》收录其文17篇,多与财赋有关,没有论兵之文。时人如张扩《张澄户部尚书落权字制》云:"调度既繁,斡旋是赖"③,李弥逊《张澄集英殿修撰知临安府》:"治剧剸烦,雍容而办;分符持节,屡试有成"④,表扬的都是他经济之能。

第二,张澄非主战派。绍兴和议前后,当大批主战派包括张浚在内都被接二连三清洗之时,他仕路亨通,比如绍兴十五年六月以修盖太师秦桧第宅有功,"诏第一等,转两官",不久拜为端明殿学士⑤;绍兴十六年正月,以修皇城及籍田办治而建节,并"诏佩鱼施狨坐,立班上殿并如旧"⑥。死后还赠检校少保,后谥"僖敏"。⑦ 宠命优渥,可见一斑。他是赵构、秦桧路线的忠实执行者,如绍兴八年十一月,胡铨因上书反对与金议和,乞斩秦桧、王伦、孙近三人以谢天下,被贬昭州,"铨妾孕临月,遂寓湖上僧舍,欲少迟行,而临安已遣人械送贬所",于是吏部侍郎晏敦复面责时任临安知府的张澄:"铨论宰相,天下共知,祖宗朝言事官被谪,开封府必不如是。"张澄愧谢云:"即追还矣。"⑧从这里可以看出,他是拥护对金求和路线的。

第三,未遭谗言陷害。时人所写制文多褒奖有加,如张嵲云:"智警而明,气和而裕。"⑨刘一止曰:"沈静有断,疏通不浮。敏以吏能,被以儒雅。"⑩范成大是一位正直的官员,是拥护主战派的,挽诗"萋锦""青蝇"等词用在张澄身上明显不合适;洪适为洪皓之子,忠良之后,屡遭秦桧迫害,断不会在挽词里贸然用上"不见复神京"的语句。

第四,与"重镇四分符"的说法不符,也没有"林蛮铄异图"的经历。张澄除了两知临安、知豫章(洪州)、知福州外,他还有绍兴十六年九月知温州、绍兴十七年十月知襄阳的经历⑪。前后累计六次出任地方行政长官(两知临安府、温州、襄阳府、洪州、福州),似乎没有与南方少数民族打交道的事迹。洪适有《贺

---

① 《要录》卷53,第1105页。
② 《要录》卷136,第2537页;卷147,第2780页。
③ 〔宋〕张扩《东窗集》卷13,影印文渊阁四库全书本。
④ 〔宋〕李弥逊《筠溪集》卷5,影印文渊阁四库全书本。
⑤ 《要录》卷153,第2900页。
⑥ 《要录》卷155,第2928页。
⑦ 《要录》卷165,第3143页。
⑧ 《要录》卷123,第2314页。
⑨ 〔宋〕张嵲《紫微集》卷16《张澄知襄阳府制》,影印文渊阁四库全书本。
⑩ 〔宋〕刘一止《苕溪集》卷39《张澄除徽猷阁直学士依旧知临安府》,影印文渊阁四库全书本。
⑪ 《要录》卷155,第2943页;同书卷156,第2970页。

张福州启》,孔谱以此张福州为张澄,是,因为文中有"襄汉上流,有赖长城之扞;豫章大府,久喧慈父之谣"之句①,提到襄阳、豫章,这是符合张澄生平的。

这四点加上孔谱已经指出的张澄卒于绍兴二十三年一条,足以证明洪、范所挽的对象并非张澄,而是另有其人。

二、清河侯张公为张宗元

笔者认为范成大、洪适所挽对象为张宗元。特别需要说明的是,南宋初期有两个张宗元,一为张俊之孙,字会卿,生于绍兴元年,为绍兴十八年进士,历大宗正丞、绍兴知府等职②;一为本文考察的对象。断定张宗元为清河侯的理由如下:

1. 有"蜀险谈间固""何人善论兵""筹边妙两椸"的往事。张宗元懂军事,他出入军间,参与戎机,是张浚经营川陕时的部属,有机会参加对金作战,绍兴二年九月受张浚之命入朝奏事。③ 到了绍兴七年四月,又赴鄂州监岳飞军。④ 同年七月,为枢密院都承旨。时逢淮西兵变,郦琼等杀害主帅吕祉,投奔伪齐,朝廷再遣张宗元以枢密都承旨前往招抚叛卒。⑤ 这是挽诗中的事实基础。"蛮讧橄到平""林蛮铄异图"则涉及他知静江府(桂林)的事迹,桂林为少数民族聚居地,他有机会处理西南民族事务。

2. "不见复神京",合乎他的政治立场。他接济过被贬海南的前宰相赵鼎,"赵鼎在吉阳三年,故吏门人皆不敢通问,广西经略使张宗元时遣使渡海,以醪米馈之"⑥。张浚被秦桧贬至永州,他又为张撰写生日贺诗,并以此获谴。⑦

3. 有"中台双挈橐"的履历。他曾两任兵部侍郎,如绍兴七年四月权兵部侍郎升都督府参议军事⑧,绍兴十年十一月试尚书兵部侍郎⑨。

4. 有"重镇四分符"的事实。他先后四次出任大郡守臣,分别是绍兴十一

---

① 〔宋〕洪适《盘洲文集》卷55,影印文渊阁四库全书本。
② 《全宋文》第242册,第337页。
③ 按:《要录》卷58,第1168页。张宗元入蜀事,还可参见《夷坚甲志》卷13《范友妻》:"张渊道,绍兴五年为右司郎官。……因张郎中入西川",第115页。
④ 《要录》卷110,第2064页。
⑤ 《要录》卷113,第2114页。
⑥ 《要录》卷156,第2965页。
⑦ 《要录》卷169,第3210页。
⑧ 《要录》卷110,第2063页。
⑨ 《要录》卷138,第2601页。

年八月知平江府(苏州)、绍兴十三年正月知静江府(桂林)①、绍兴二十年知福州②、绍兴二十三年知洪州③。洪适还有《贺张洪州启》可与挽诗相印证,他说:"公自奋功名之会,行贰卿之紫橐,承密旨于黄枢,备殚献纳之忠,欲试藩宣之寄。秔如五鼓,遂谊吴郡之谣;愿借一年,久敛桂林之惠。幕府既移于闽峤,正堂曾问于盖公。"④贰卿,即侍郎;"承密旨"谓枢密院都承旨;吴郡,即平江府(苏州);桂林,为静江府治;闽峤,指福建。

5. "萋锦"等字词用在他身上合适,他多次受到主和派的迫害。绍兴七年九月,以淮西兵变,为言者所论被罢职⑤。后来,因为不主和议的立场,又被秦桧党羽陷害,"时(绍兴二十五年)秦桧忌特进永州居住张浚尤甚,每台谏官劾疏,必使及之。殿中侍御史徐嚞即言:'今阴邪逆党,尚尔交结,簧鼓众听,撼摇国是。宗元天资阴狡,顷在川陕,与浚大误国事。今书问往来,健步络绎,无一日无之。浚之诸仆,皆寄名帅司亲兵,月置银与之。'时江西转运判官张常先亦笺注宗元与浚寿诗,右宣教郎、添差安抚司主管机宜文字徐樗又疏宗元之短,宗元遂罢。"⑥大狱在即,幸好本年秦桧病卒才获免。

6. 卒年在绍兴二十九年八月,时为龙图阁直学士、提举江州太平兴国宫。⑦ 这与孔谱诗歌系年时间一致。

以上六点符合前文《清河侯张公非张澄》所列的标准,足以证明张宗元正是洪、范二人所挽的对象。

三、张宗元事迹考补

张宗元生平零散见于史料,《全宋文》首次列入作家小传⑧,但嫌简略,下文补出数条。

1. 张宗元字渊道。《桂故》卷五云:"张宗元字渊道,方城人,事在《赵鼎传》。鼎以桧恶,徙居吉阳军三年,门生故吏无通问者。宗元知静江,常遣兵校渡海往视,馈米醪者相继。"⑨《容斋续笔》卷一《李卫公帖》也记载此事:"绍兴中,赵忠简公亦谪朱崖,士大夫畏秦氏如虎,无一人敢辄寄声。张渊道为广西

---

① 〔宋〕范成大《吴郡志》卷11,南京:江苏古籍出版社,1999年,第148页。
② 《要录》卷163,第3115页。
③ 《要录》卷164,第3119页。
④ 〔宋〕洪适《盘洲文集》卷五十五,影印文渊阁四库全书本。
⑤ 《要录》卷114,第2140页。
⑥ 《要录》卷169,第3210页。
⑦ 《要录》卷183,第3529页。
⑧ 《全宋文》第161册,第327页。
⑨ 〔宋〕张鸣凤《桂故》卷五,李文俊校注,南宁:广西人民出版社,1988年,第124页。

帅,屡遣兵校持书及药石酒面为馈。"①忠简,赵鼎谥号。张宗元援助赵鼎事在《要录》卷156也有记载,详见前文。三者相证,可知张宗元字渊道。他知静江府时间定在绍兴十三年至十八年②。

2. 方城人③,宋属唐州,今属河南。洪迈《夷坚甲志》卷十五《蛇王三》:"方城民王三……予妇家居麦陂,数呼之。"④又同书卷十六《二兔索命》"予妇叔张宗正,家方城之麦陂。"⑤洪迈为张宗元之婿,详见下文。又《要录》卷114:"殿中侍御史石公揆言:'宗元本唐之一富人,初无材能,张浚喜其便佞,奖借提挈,亟跻从班'。"⑥可知,张宗元为唐州方城人。

3. 妻刘氏。《夷坚乙志》卷十九《秦奴花精》:"刘䌖,字穆仲,予外姑之弟也。……后随外舅守姑苏。"⑦外姑即岳母,从刘䌖可推知张宗元妻为刘氏。

4. 有弟名宗一,字贯道。⑧又有弟名宗正,见上举《二兔索命》。古人名字皆有依据,兄名宗元,字渊道,二者必有联系。

5. 有女嫁洪迈,为原配,后封开国夫人。⑨洪迈《容斋随笔》卷十三《国朝会要》:"外舅张渊道"⑩,又《夷坚乙志》卷五《张女对冥事》:"妻父张渊道"⑪,又同书卷十六《海中红旗》:"时外舅张渊道为帅"。⑫或称清河公,《夷坚丙志》卷十四《锡盆冰花》:"外舅清河公",清河为张氏郡望,如张浚本四川广汉人,但是也自称"清河张浚"。⑬范成大诗题作"清河侯",想是死后追封。洪适是洪迈长兄,与张宗元为亲戚,所以在张去世之后写挽词吊丧,理所当然。

6. 宣和中,为峡州宜都令。⑭建炎元年,撰有《刘韐谥"忠显"议》,时为太常博士⑮。刘韐为张浚经营川陕助手刘子羽之父,建炎元年被金人俘获,不屈,自缢而死,朝廷谥曰"忠显",必是从宗元建议,详见《宋史》卷四百四十六《忠义传》。

---

① 〔宋〕洪迈《容斋随笔》,上海:上海古籍出版社,1996年,第225页。
② 李之亮《宋两广大郡守臣易替考》,成都:巴蜀书社,2001年,第307页。
③ 《要录》卷58,第1168页。
④ 〔宋〕洪迈《夷坚甲志》卷15,北京:中华书局,1981年,第131页。
⑤ 《夷坚志》,第141页。
⑥ 《要录》卷114,第2140页。
⑦ 《夷坚志》,第347页。
⑧ 《夷坚甲志》卷十五《犬啮张三首》,第130页。
⑨ 凌郁之《洪迈年谱》,上海:上海古籍出版社,2006年,第11页。
⑩ 《容斋随笔》,第174页。
⑪ 《夷坚志》,第224页。
⑫ 《夷坚志》,第318页。
⑬ 〔宋〕张浚《乌石寺提名》,《全宋文》第188册,第135页。
⑭ 《夷坚丙志》卷十四《宜都宋仙》,第483页。
⑮ 《全宋文》第161册,第328页。

因史料缺如,张宗元的许多事迹已经无法知晓,洪诗所云"井地观佳政,林蛮铄异图。犂添长乐犊,鞭截豫章蒲",分别概括了他在平江、桂林、福州、洪州的政绩,有可信之处,比如在福州令勿扰僧徒①;但是也有过誉之处,同样是在福州,"榷盐急,私贩者铢两亦重坐"②。

张宗元有气节,是骨鲠之士,所结交的对象除张浚、赵鼎而外,还有曾几等人③。在福建帅任上,他曾送荔枝与曾几,曾几作诗相谢。④ 这些人都是不与秦桧合作的忠义之士,他在《刘韐谥忠显议》里写道:"君子禄万钟而不为泰,家四壁而不为穷,以幸而生轻于鸿毛,以义而死重于泰山。白刃可蹈,而不可屈于威武;鼎镬在前,而不可加以非丽。"虽然写的是刘韐,但也可以一觑宗元的人生价值取向。所以范成大挽诗才以孔北海(孔融)、柳宜城(柳浑)这样的劲节之士遇之。

张宗元卒后四年,周必大也为之作《张渊道侍郎挽词二首》,如下：

> 籍甚中兴日,归欣载戢秋。周旋黄石法,邂逅赤松游。名与衡山峙,身随楚水流。若为窥智勇,家世本留侯。

> 南国频移镇,西清屡进班。衮衣元缵绪,贝锦谩斓斑。斜日逢单阏,流金□大还。惟余千字诔,传诵满人间。⑤

周诗于"斜日逢单阏"一句下注云:"公薨以己卯夏"。己卯,即绍兴二十九年,与《要录》合。比较周、洪、范三人挽诗不难发现,周诗的"籍甚中兴日"照应洪适"今代风云会","周旋黄石法"照应洪适"黄石踵家声","南国频移镇"照应洪适"林蛮铄异图、犂添长乐犊","衮衣元缵绪"照应于洪适"丹墀凝睿想"、范成大"帝识柳宜城","若为窥智勇"照应范成大"蜀险谈间固,蛮讧橄到平","贝锦谩斓斑"照应范成大"太息逢萋锦""沧溟淙赤舌,白日照青蝇"等。这进一步证明了洪适与范成大所挽的对象是张宗元。

需要进一步指出的是,周诗"斜日逢单阏"出自贾谊在长沙时所写的《鵩鸟赋》"单阏之岁兮,四月孟夏,庚子日斜兮,鹏集予舍",再结合"名与衡山峙,身随楚水流",笔者推测张宗元罢职之后可能就赋闲在湖南衡山附近。这与范成大"岳麓身犹健,星维驭已升"稍有不同,"星维驭已升"切张公之死,"岳麓身犹健"必定有所指。联系到绍兴二十九年张浚谪居永州而且还健在的事实⑥,笔

---

① 《夷坚甲志》卷第六《福州两院灯》,第 48 页。
② 《宋史》卷 459《胡宪传》,北京:中华书局,1985 年,第 13464 页。
③ 〔宋〕张宗元《临桂七星山题名》《曾公岩题名》,《全宋文》第 161 册,第 327、328 页。
④ 〔宋〕曾几《福帅张渊道送荔子》,《全宋诗》第 29 册,第 18570 页。
⑤ 《全宋诗》第 43 册,第 26699 页。按:据周必大诗自注,可知作于癸未年,即隆兴元年(1163)。
⑥ 按:《要录》卷 161,张浚贬永州在绍兴二十(1150)年八月;《宋史》卷 33《孝宗纪》一,张浚卒于隆兴二年(1164)九月。

者认为范成大是用岳麓喻张浚,或即《诗经》"崧高维岳,骏极于天"之意,充分地表现出仰慕之情。

结 论

范成大《龙学侍郎清河侯张公挽词二首》作于绍兴二十九年,乃为张宗元而作。范氏时任徽州司户参军,为徽州守臣洪适下属。洪适与张宗元为亲戚,闻张死讯,为作挽诗。范氏与洪适交情笃好,挽诗乃因洪适而作。他与张宗元的政治立场有一致之处,所以挽诗不仅是应付文字,更是表现出他对这位主战派前辈高洁人品的敬仰和屡次遭受不幸的惋惜。

江湖派诗人小集的编刊(一)

王　岚*

【论文摘要】　江湖派成员的诗歌作品流传大致可分为六种情况,本文根据《南宋群贤小集》等几种重要宋代总集的收录情况,再结合相关序跋材料、传记资料,主要考察其中 A 类——仅有小集传世的 67 家诗集的编纂刊刻流传。先作分类,再举例若干,分别加以梳析。

【关键词】　江湖派　诗人小集　编刊　《南宋群贤小集》

一

南宋后期出现的江湖诗派,不仅是一种文学现象,也是一种社会和文化现象,历来多有研究。费君清、张瑞君、胡益民、胡念贻等是用力较多的学者。1995 年中华书局出版的张宏生《江湖派研究》,可谓里程碑之作。从 2011 年开始,日本早稻田大学内山精也教授主持了日本文部省的项目《南宋江湖诗派的综合性研究》,召集了一批日本和中国的研究者共同研究,《南宋江湖の诗人たち——中国近世文学の夜明け》[①]论文集已于 2015 年问世。

本人一直对宋人文集的编刻研究感兴趣,曾持续查考过宋人三十余家。目前则将注意力集中于考察南宋江湖派诗人诗集的编纂刊刻情况。

要研究这个课题,首先要对江湖派的范畴作一界定。这个问题学界历来有争议,《江湖诗派研究》[②]考证出江湖诗派成员 138 人,但其中"永嘉四灵"——徐照、徐玑、翁卷、赵师秀似不当阑入。兹以剩余 134 人作为基本的研究对象,展开论述。若遇龃龉,再适当考证、调整。

流传至今的江湖诗人小集,主要收录于《南宋群贤小集》[③]《汲古阁影抄南

---

* 本文作者为北京大学中国古文献研究中心、北京大学中文系教授。

①　〔日〕内山精也编:《南宋江湖の诗人たち——中国近世文学の夜明け》,东京:勉成出版株式会社,2015 年。

②　张宏生:《江湖派研究》,北京:中华书局,1995 年,第 296 页。

③　〔宋〕陈起辑,〔清〕顾修重辑:《南宋群贤小集》,清嘉庆六年(1801)石门顾氏读画斋刊本。

宋六十家小集》①《两宋名贤小集》②《江湖小集》③《江湖后集》④等宋代总集中。

今将诸集去其重复，总计119家，而其中《汲古阁影抄南宋六十家小集》所收《安晚堂诗集》十二卷（原缺卷一至五）、《棠湖诗》一卷、《退庵先生遗集》二卷的作者郑清之、岳珂、吴渊⑤3家，皆非江湖诗人；《南宋群贤小集》及《汲古阁影抄南宋六十家小集》所收《苇碧轩集》一卷、《清苑斋集》一卷、《芳兰轩集》一卷、《二薇亭集》一卷的作者翁卷、赵师秀、徐照、徐玑，亦不宜视为江湖诗人。这样，将此7人除外，诸小集还剩112家，详见《附表》。此外的22家江湖诗人则不见于上述诸总集。

具体的我们可以将全部134位江湖派成员的诗歌作品流传分为六种情况⑥：

A 仅有小集传世（67家）：参见《附表》⑦。

B 除小集本外，尚有其它清抄本、刻本等传世（16家）：敖陶孙、周文璞、赵汝鐩、薛师石、周弼、严粲、李龏、许棐、释绍嵩、叶茵、施枢、俞桂、释斯植、张至龙、林同、薛嵎。

C 有全集传世（16家）：陈造、刘过、姜夔、裘万顷、戴复古、曾极、刘克庄、林希逸、方岳、宋伯仁、胡仲弓、柴望、罗椅、萧立之、乐雷发、陈允平⑧。

D 有诗集但已失传（8家）：卢祖皋（《浦江集》）、刘克逊（《西墅集》）、李泳（与兄洪、漳，弟浙、淐等合著《李氏华萼集》）、张端义（《荃翁集》）、周师成（《家藏集》）、赵与时（《甲午存稿》）、徐文卿（《萧秋诗集》）、黄简（《东浦集》）。

E 也许有诗集，今仅《江湖后集》存诗若干，未言集名，除个别人外，往往章不盈卷（17家）：葛起文、张槃、林昉、戴埴、储泳、朱复之、李时可、盛烈、史卫卿、曾由基、董杞、张绍文、章采、章粲、程垓、邓允端、释圆悟。

F 无诗集可考（10家）：史文卿、宋自逊（仅存词集《名山樵笛谱》）、来梓、陈翥、林洪（存笔记《山家清供》二卷、《山家清事》一卷）、赵汝迕、赵汝淳、赵希伋、赵善扛、郭从范。

本文为有关江湖派诗人小集编刊考察的第一部分，主要根据上述几种重要宋代总集的收录情况，再结合相关序跋材料（包括一些明清刻本）、传记资

---

① 〔宋〕陈起辑，《汲古阁影抄南宋六十家小集》，民国十年（1921）上海古书流通处据明汲古阁影抄宋本影印。
② （旧题）〔宋〕陈思编，〔元〕陈世隆补，《两宋名贤小集》，影印文渊阁四库全书本。
③ （旧题）〔宋〕陈起编，《江湖小集》，影印文渊阁四库全书本。
④ 〔宋〕陈起编，《江湖后集》，影印文渊阁四库全书本。
⑤ 按：吴渊，亦见《南宋群贤小集》。
⑥ 按：所列诗人类别归属，为此次初步考察所得，俟有新材料发现再作调整。
⑦ 《附表》中带＊的作者。
⑧ 按：其中陈造、曾极、方岳、萧立之4人无小集。

料,对第一种情况——A仅有小集传世的江湖诗人(67家)做了普查。不过这部分作者,绝大多数人除了小集中的小传、序记、诗作外,其他材料极其有限。

下面,将其中可考的诗人诗集的编纂刊刻流传情况,先作分类,再举例若干,分别加以梳析;同一类别之下,大致以作者生活时代先后为序。

另外,《南宋群贤小集》《汲古阁影抄南宋六十家小集》《两宋名贤小集》《江湖小集》《江湖后集》等书中诸种小集的收录情况不尽相同。兹以保留宋人序跋较全的《南宋群贤小集》①为主要版本依据,遇诸书有较大差异之处,则个别加以说明。

二

宋人编纂本朝人诗文集,从编纂者的角度大体上可分为:作者生前手订,请知交好友编选。由亲属编集;作者身后由亲属整理编订,由门生故吏编集,由友人编集,由其他人编集等多种形式。南宋江湖诗人小集的编刻亦遵循上述规律,基本上可分为"自编"和"他人编"两大类,但又有自己鲜明的特点,在"自编"类下尚可以作更细致地区分。

另外,要讨论江湖诗人小集的编刻,就不得不提及武林书商陈起其人。陈起(?—1256),字宗之,号芸居,南宋理宗时在临安府棚北大街睦亲坊南开书肆。他本人也是诗人,与江湖诗人交往频繁,热衷于为他们选诗刊集,《中兴江湖集》《中兴群公吟稿》《江湖前贤小集》《江湖前贤小集拾遗》《江湖集》《江湖后集》等的编刊均出自其手。宝庆元年(1225),陈起还因刊刻《江湖集》忤权相史弥远,引发一场"江湖诗祸",导致《江湖集》被劈板,他本人遭流配。陈起去世之后,其子续芸继承父业,持续刻书,《江湖续集》即出其手。故许多当时名不见经传的作者的诗作得以流传至今,陈起、续芸父子功不可没。且陈氏父子所刊之江湖诸集,亦成为这些作者"江湖诗人"身份认定的重要依凭。据清叶德辉所考,刊有"临安府棚北大街睦亲坊南陈宅(陈道人)书籍铺刊行"牌记的江湖诗人小集为陈起所刻,而署"临安府棚北大街睦亲坊南陈解元宅书籍铺刊行"的则属续芸②。下文会有涉及。

---

① 按:《南宋群贤小集》,有清嘉庆六年顾修重辑的读画斋刊本;1972年台北艺文印书馆影印台北"中央图书馆"藏南宋刻本,称《宋椠南宋群贤小集》;1997年台湾新文丰出版公司《丛书集成三编》又据艺文印书馆本再次影印。三本所收小集数量不一,一些小集的序跋位于卷首或卷末亦有差异,文字也偶有不同,今以收录小集最全的读画斋本为据,参以他本。

② 〔清〕叶德辉《书林清话》卷二《宋陈起父子刻书之不同》谓"吾据宋李龏选周弼《汶阳诗隽》序,以称'陈解元'书籍铺、经籍铺者,属之起之子续芸。因推知单称'陈道人''陈宅'书籍铺、经籍铺者属之起"。北京:中华书局,1999年,第57页。

(一) 自编

1. 自编、自名或自序

(1) 姚镛(《全宋诗》①册 59 卷 3108 页 37090)

姚镛(1191—?)(生年据集中《继周圹记》"余年将四十而鳏"推定),字希声,一字敬庵,号雪蓬,剡溪(今浙江嵊州)人。宁宗嘉定十年(1217)进士(宋高似孙《剡录》卷一)。理宗绍定元年(1228)为吉州判官。六年,以平寇功知赣州(清雍正《江西通志》卷四六),因忤帅臣贬衡阳。嘉熙元年(1237)始离贬所。景定五年(1264)掌教黄岩县学。事见宋罗大经《鹤林玉露》卷六、明万历《黄岩县志》卷四。

姚镛"自壮喜学文,而苦于拙涩"。被谪衡阳之后,稍尽力于经传,"取旧稿读之,大有愧焉,将畀烈炬,有类鸡肋者因为一编,以识予愧"。② 姚镛裒集此目为"鸡肋"之诗编,题曰《雪蓬稿》,且自为序,时为理宗端平二年(1235)。

(2) 武衍(《全宋诗》册 62 卷 3268—3269 页 38965—38980)

武衍,字朝宗,号适安。原籍汴梁(今河南开封),南渡后寓临安(今浙江杭州)。隐居不仕,工诗,宗赵师秀、戴复古,名著理宗宝庆间。所居有池亭竹木之胜,名曰适安。事见宋赵希意《藏拙余稿乙卷跋》,《两宋名贤小集》卷三三二有传。

武衍学诗三十年,有《适安藏拙馀稿》一卷,自谓"投质于宗工名胜者甚多,藏拙之馀,仅存此稿"③,故有此名。理宗淳祐元年(1241)立冬日自为序。

武衍还将此稿请他人品题,今存"龙泉张实甫充圣"《题藏拙馀稿》、"端平丙申(三年)夏五蕙岩方万里"《题藏拙馀稿》。所收诗作皆为绝句,方万里称其"多有可笔于丹青者"。④

又有《适安藏拙馀稿乙卷》一卷,所收皆为古今诗。据"浚仪赵希意君畤父"《藏拙馀稿乙卷跋》,"今味《适安乙稿》,句新意到,格律步骤多法唐人,且爱诵天乐、石屏诗,则知其源脉有自来矣"。⑤ "天乐"指赵师秀,乃赵希意叔父;"石屏"即戴复古。

以上《适安藏拙馀稿》一卷以及《适安藏拙馀稿乙卷》一卷,在《两宋名贤小集》中合为《适安藏拙馀稿》二卷:其卷三三二所收《适安藏拙馀稿一》为绝句,

---

① 《全宋诗》1—72 册,傅璇琮、孙钦善等主编,北京:北京大学出版社,1998 年。
② 以上《南宋群贤小集》本《雪蓬稿》首姚镛自序。
③ 《南宋群贤小集》本《适安藏拙馀稿》卷首武衍自序。
④ 同上书卷首张充圣、方万里《题藏拙馀稿》。
⑤ 同上书卷首赵希意《藏拙馀稿乙卷跋》。

卷三三三所收《适安藏拙馀稿二》为古今诗。《江湖小集》卷九三、九四所收《武衍藏拙馀稿》亦同。

此外，尚有《适安藏拙馀稿续卷》一卷，见《江湖后集》卷二二所收，系清乾隆四库馆臣辑自《永乐大典》，乃《适安藏拙馀稿》及《适安乙卷》集外之诗，是"世所行本不复见者也"。

合《藏拙馀稿》《乙卷》《续卷》，可得传今武衍诗作之大宗。读其《乙卷》，可知其交游情况：武衍喜戴复古诗，在戴复古去世后写过悼诗（《悼戴式之》）；还曾经将自己的诗稿送给曹豳品评题跋（《谢曹东畎跋吟卷》）；读过刘克庄《南岳稿》，赞其"远过后山诗"（《刘后村被召》）；与汤伯起、陈鸿甫泛舟（《正元二日与菊庄汤伯起归隐陈鸿甫泛舟湖上二首》）。还可考知其在宝庆三年郊禋礼成之后曾作诗称贺（《岁在丁亥郊禋礼成上登门赐赦获睹盛典恭成口号》）。

（3）朱继芳（《全宋诗》册62卷3278页39057）

朱继芳（1208？—？）（与张至龙同庚），字季实，号静佳，建安（今福建建瓯）人。理宗绍定五年进士（《江湖后集》卷二三）。历知龙寻、桃源县。与陈起、周弼、张至龙唱和。《两宋名贤小集》卷三一七有传。

朱继芳著有《静佳龙寻稿》《静佳乙稿》各一卷。其中《静佳龙寻稿》收诗百篇，仅一题，乃《和颜长官百咏》，其诗序曰："龙寻邑东有颜长官仁郁祠。长官五代时能抚循其民，使不见兵革。《龙寻志》所刻诗百篇，皆道民疾苦皇皇不给之状。余生三百年后，奉天子命宰兹邑，晋谒祠下，因次韵以寄甘棠之思，且使来者知我爱桐乡之意云。"①

此颜长官，实为唐人，名仁郁，颜芳（787—860）之子，德化（今属福建）人。抚民有政声，去世后，百姓于龙寻邑东立祠，称"长官祠"。

三百年后，朱继芳知龙寻县，拜谒长官祠，并取《龙寻志》所刻颜诗读之，次韵而作《和颜长官百咏》。其题有十，每题系以十诗，共百篇，编为一集，名之曰《静佳龙寻稿》（《两宋名贤小集》卷三一七）。

除此之外，朱继芳又将其所作自裒成一卷，另编为《静佳乙稿》（《两宋名贤小集》卷三一七）。内有《庚戌寿意一先生》一诗，则该诗当作于理宗淳祐十年。

（4）王同祖（《全宋诗》册61卷3178页38137）

王同祖（1219—？），字与之，号花洲，金华（今属浙江）人。理宗嘉熙二年弱冠入金陵制幕（《学诗初稿·夏日金陵制幕即事》自注）。淳祐九年以奉议郎为建康府通判，次年改添差沿江制置司机宜文字（宋周应合《景定建康志》卷二四）。有《学诗初稿》。《两宋名贤小集》卷三○四有传。

《学诗初稿》一卷，录七言绝句百首，皆为王同祖少作。原有杂体数百，同

---

① 《南宋群贤小集》本《静佳龙寻稿·和颜长官百咏并引》。

祖只选此百篇为初稿,目的是"录其事也"。因孔子曰"小子何莫学夫诗",又曰"非求益者也,欲速成者也",因"慕圣门学诗之训,将以求益,而非敢蹈欲速成之戒",遂以"学诗"名其篇。时为"嘉熙庚子(四年)月正元日",同祖"书于建安郡斋"①。

此集所录百首诗作,乃同祖自选,皆系编年,题下分别有自注标明创作时间。如《京城元夕》"以下系丙申作",《元日》"以下系丁酉作",《晚登层楼》"以下四首在(艺文印书馆本作往,《两宋名贤小集》同)金陵锁试作",《夏日金陵制幕即事》"以下系戊戌以后诗"。按其后序作于理宗嘉熙四年庚子推算,这百首七言绝句当创作于理宗端平丙申(三年),嘉熙丁酉(元年),嘉熙戊戌(二年)以及嘉熙庚子(四年)。

《江湖诗派研究》(页298)王同祖小传,考其生于嘉定十二年(1219),则嘉熙四年(1240),同祖方22岁。时在金陵制幕中,自选其作,自编其集,且自名、自序。序谓"书于建安郡斋",建安当为建康之误。

(5) 黄文雷(《全宋诗》册65卷3448页41078)

黄文雷,字希声,号看云,南城(今属江西)人。理宗淳祐十年进士,为临安酒官。舟归次严陵滩,溺死。有《看云小集》。事见明正德《建昌府志》卷一五。

黄文雷诗学唐体,自认为"才分既以褊迫,生世不谐,思致穷(《江湖小集》作窘)苦"。芸居陈起尝索其诗,黄文雷"倒箧出之",但数量并不多,且"自《昭君曲》而上,盖尝经先生印正云"②,即其中有一部分以前就曾经请陈起过目。此编名《看云小集》,自为序。

核《南宋群贤小集》本《看云小集》,计27题、49首。起首为《读史感兴》,第19题35首乃《昭君行》长句,这些诗作是经过陈起认可的。

清王士禛《居易录》称《看云集》,"差有骨力,长句《西域图》《昭君曲》甚佳"。③ 清乾隆四库馆臣从《永乐大典》中又补诗四十首,见《江湖后集》卷二一。

(6) 陈必复(《全宋诗》册65卷3449页41088)

陈必复,字无咎,号药房,长乐(今属福建)人。宁宗嘉定间居封禺山中,结屋为药房吟所。理宗淳祐十年进士(《江湖后集》卷二三)。十一年为林尚仁《端隐吟稿》作序,事见《南宋群贤小集·端隐吟稿》序。《两宋名贤小集》卷二六一有传。

陈必复喜晚唐诸子,师法杜甫。其诗集《山居存稿》一卷,乃其自编、自名、自序,且欲求印行。"姑衷存作,笔之是编,将以求印于运词林之斤者,非曰自

---

① 《南宋群贤小集》本《学诗初稿》卷末王同祖后序。
② 《南宋群贤小集》本《看云小集》卷首黄文雷自序。
③ 〔清〕王士禛《居易录》卷一七,影印文渊阁四库全书本。

眩云尔"。① 今《南宋群贤小集》本《山居存稿》卷首有刊记"临安府棚北大街睦亲坊南陈解元宅书籍铺刊行",则陈必复所求印之"运词林之斤者"乃陈起之子陈续芸。《山居存稿》一卷,所汇皆为五七言律诗。

与陈必复同时的江湖诗人林尚仁,亦长乐人,擅诗。陈必复非常欣赏林尚仁,并为其《端隐吟稿》撰序,"余诚惧乎世之知林君者未能众,故乐为序其诗而表出之"。② 时为理宗淳祐十一年。

2. 自编、自名、自序、他人序

(7) 高吉(《全宋诗》册61卷3176页38124)

高吉,字几伯,庐陵(今江西吉安)人。有《懒真小集》。《江湖后集》卷一五有传。

高吉自称乃唐高达夫(高适)、宋高子勉(高荷)后人。晚年"习懒成真,耽吟成癖",诗稿积多,遂"删其芜秽,姑以藉手见古人于他日云"。③ 故《懒真小集》为其手自删汰并定名。

江万里为《懒真小集》作序,谓高吉原本传鹭洲之学④,能科举之文,后归而以诗吟咏情性。江万里将"先观其诗,次观其文"⑤,则当时应有诗文一并流传。但今仅存《江湖后集》本《懒真小集》一卷,乃其诗集而已。

3. 自编、他人序跋

(8) 张弋(《全宋诗》册54卷2822页33623)

张弋,旧名奕(或作亦),字彦发,一字韩伯,号无隅翁,祖籍河阳(今河南孟县)。不喜为举子学,师法贾岛、姚合,与戴复古、赵师秀等多有酬唱。典型的北方人,"颀然而长面,带燕赵色,口中亦作北语"(《贵耳集》)。曾入许定夫幕,欲命拜官,不受,后死于建业,定夫葬之蒋山下,题曰大宋诗人张奕墓。事见宋张端义《贵耳集》卷上、《两宋名贤小集》卷三〇三。

张弋诗集,名《秋江烟草》,当系自编。今存宋人序一篇,乃宁宗"嘉定戊寅(十一年)仲冬八日古晋丁熿晦夫书",谓张弋"思甚苦,未尝苟下一字。每有所作,必镕炼数日乃定",故"所著仅成帙"⑥。显然,张弋属于苦吟派。核《秋江烟草》,仅41题,42首,数量确实不多。

(9) 黄大受(《全宋诗》册57卷3030页36087)

---

① 《南宋群贤小集》本《山居存稿》卷首陈必复自序。
② 《南宋群贤小集》本《端隐吟稿》卷首陈必复序。
③ 以上《江湖后集》卷一五《懒真小集》卷首高吉自序。
④ 江万里于理宗淳祐元年,在吉州(今江西吉安)创建白鹭洲书院。
⑤ 《江湖后集》卷一五《懒真小集》卷首江万里序。
⑥ 《南宋群贤小集》本《秋江烟草》卷首丁熿序。

黄大受,字德容,自号露香居士,南丰(今属江西)石门人。生平未仕,游士大夫间,宁宗嘉定间(1208—1224)以诗雄江西。《两宋名贤小集》卷二六六有传。

黄大受有遗著《露香拾稿》,藏于其子载(字伯厚)处,当是手稿。黄载亦能诗,理宗淳祐元年时仕于鄞(今浙江宁波)。夏五月,应繇从黄载那里得见《露香拾稿》若干卷,称其"清丽瑰特,自成一家"①,为之序。同时,黄载又将其父此编诗,请郑清之过目,郑亦为之题跋②。

《江湖诗派研究》(页310)载"黄大受,字德容,号露香居士,南丰石门人。仕于鄞,著政声"。而据《两宋名贤小集》卷二六六黄大受小传,"尝遣其子载从乌州李守约学朱子之学,后仕于鄞,著政声"。故"仕于鄞"者乃其子黄载,而非黄大受,此处《江湖诗派研究》误读。

(10) 毛珝(《全宋诗》册59卷3135页37478)

毛珝,字元白,三衢(今浙江衢州)人。理宗端平间(1234—1236)有诗名。著《吾竹小稿》一卷。《两宋名贤小集》卷三一〇、《江湖小集》卷一二有传。

李龏称毛珝为"诗人之秀者也",但其人不求闻达,以文自晦,诗作流传较罕。李龏仅见其吟稿一帙,虽然数量不到百篇,但"清深雅正,迹前事而写芳襟,深有沈千运独挺一世之作,奚只嘲弄风月而已哉"。赞其有唐代诗人沈千运之风范,故为其《吾竹诗》撰序,时为"宝祐六年戊午(1258)四月八日"。③

(11) 刘翼(《全宋诗》册60卷3173页38094)

刘翼(1198—?),字躔父,福唐(今福建福清)横塘人。不喜科举,少林希逸五岁,同师事乐轩先生陈藻,得其诗法。

据理宗景定二年林希逸所撰《刘躔父心游摘稿序》,当时刘翼六十四岁,其诗作已自编集,名《心游稿》,并从中摘取部分寄友。"《心游之稿》甚富,今乃摘取余所可知者十九首见寄"④,林希逸读而喜之,遂为此《心游摘稿》作序。

今传《南宋群贤小集》本卷末尚有"临安府大街棚北睦亲坊南陈解元书籍铺刊行"牌记,则《心游摘稿》为陈起之子续芸所刊。

(12) 林尚仁(《全宋诗》册62卷3270页38981)

林尚仁,字润叟,号端隐,长乐(今属福建)人。家贫攻诗,卜居半村半郭间,手自种竹,题曰竹所,吟啸其中。《两宋名贤小集》卷三二八有传。

尚仁平生苦吟,微不合意,则裂去,故存者无多。尝以诗谒陈必复,两人遂结交。必复请见全稿,尚仁携短编示之,必复惊叹"何其言之多美也",疑其有

---

① 《南宋群贤小集》本《露香拾稿》卷首应繇序。
② 同上书,郑清之跋。
③ 《南宋群贤小集》本《吾竹小稿》卷首李龏《吾竹诗序》。
④ 《南宋群贤小集》本《心游摘稿》卷首林希逸序。

林逋之遗风,赞其"为诗专以姚合贾岛为法,而精妙深润则过之"。① 尚仁平日不以贫贱困苦为意,但忧其诗之不行于世。必复希望世上有更多的人了解林尚仁,故为序其《端隐吟稿》而表出之,时为理宗淳祐十一年。

今本《端隐吟稿》中有《辛亥元日游闻人省庵园和陈药房韵》,辛亥即淳祐十一年,说明陈必复所见林尚仁携来"短编"中包含其新作。

(13) 薛嵎(《全宋诗》册 63 卷 3339 页 39863)

薛嵎(1212—?),字仲止,一字宾日,号云泉,永嘉(今浙江温州)廉村人。理宗宝祐四年进士,时年四十五。为长溪簿(清乾隆《福建通志》卷二六)。有《云泉诗》。事见《宝祐四年登科录》,《两宋名贤小集》卷二八七有传。

薛嵎负才不遇,以诗闻于时。所居曰渔村,题咏颇多。著《云泉诗》一卷,似是自编。理宗淳祐九年五月"东阁赵汝回"为序,称其诗"本用唐体,而物与理称,更成一家"。又有"然必有是人而后有是诗,读者当自得于言语之外云"②之语,则其诗集似是公开印行的。

(14) 邓林(《全宋诗》册 67 卷 3520 页 42034)

邓林,字性之,彝叔子。著《皇荂曲》一卷,理宗淳祐十一年友人萧𪩘作序,萧泰来作跋。

据考证,南宋名邓林者另有多人,一字楚材,福清(今属福建)人,孝宗淳熙五年(1178)进士,有《虚斋文集》(清李清馥《闽中理学渊源考》);一字楚材,新淦(今江西新干)人,理宗宝祐四年进士(清陆心源《宋诗纪事小传补正》、清雍正《江西通志》卷五一);一为崇仁(今属江西)人,景定三年进士;一为南城(今属江西)人,景定三年进士(以上《江西通志》卷五一);一号谦谷,临川(今属江西)人(宋周密《浩然斋雅谈》卷中)。而《两宋名贤小集》卷三三六、《全宋诗》卷三五二〇皆将《皇荂曲》作者邓林,与同时代这些同姓名者事迹相混③,当厘正之。

萧𪩘,字则山,号大山;萧泰来,字则阳,号小山;二人皆友邓林。今传《皇荂曲》分别保留有"淳祐十一年至朔大山萧山则(山则当为𪩘之误)序"、"淳祐辛亥(十一年)腊小山萧泰来书"两篇序、跋。萧𪩘还将邓夷仲(彝叔季父)、邓彝叔(林之父)、邓林三代比作唐代的杜氏审言、甫、荀鹤一门,但荀鹤诗品、人品俱下,邓林则与之截然不同。

"皇荂",里曲之谓。邓林认为诗作是"蓄为心曲,发为歌曲"(《皇荂曲跋》),故以之名集。所收诗数量不多,仅 50 首,但"卷若窄,笼今古之变阔;篇

---

① 以上《南宋群贤小集》本《端隐吟稿》卷首陈必复序。
② 以上《南宋群贤小集》本《云泉诗》卷首赵汝回序。
③ 参见洪亚楠《〈全宋诗·皇荂曲〉作者邓林考辨》,《广州大学学报》社会科学版第 11 卷第 10 期,2012 年 10 月。

若少,抉乾坤之缊多"(《皇荂曲序》),实乃"老坡所谓淘练银"(《皇荂曲跋》),字字珠玑。故萧泰来认为"曰曲义则美,皇荂下里,请奏曲终雅,而易名以大声",想让邓林改题书名,但"性之不应"(《皇荂曲跋》)。① 此《皇荂曲》应为邓林自己所编选。

4. 自编,请他人品题
(15) 邹登龙(《全宋诗》册 56 卷 2938 页 35015)

邹登龙,字震父,临江(今江西樟树西南)人。隐居不仕,结屋于邑之西郊,种梅绕之,自号梅屋。与魏了翁、刘克庄等多所唱和,有《梅屋吟》一卷。《两宋名贤小集》卷二七一有传。

邹登龙写诗,师法杜甫、林逋,其诗集称为《梅屋吟》,当是自编。理宗端平丙申三年,戴复古有《读邹震父诗集梅屋吟》诗作一篇,谓"邹郎雅意耽诗句,多似参禅有悟无。吟到草堂师杜甫,号为梅屋学林逋"。②

姚镛曾经读过邹登龙的诗集,认为其风格与刘克庄、戴复古接近,"句法间从南岳出,吟声元自石屏来……见说抄归湖海集,可能传到道乡台"③。这里的"湖海集",应当就是陈起编选刊刻的"江湖集"的别称,说明《梅屋吟》已经誊写交给陈起,等待被收入其中刊刻流传。"道乡台"在岳麓寺旁,乃张栻为纪念北宋直臣邹浩(号道乡)所建,朱熹刻石题额④。或许姚镛疑登龙为邹浩之后裔,故发为此言。戴复古亦有《道乡台》诗,"万里南迁直谏臣,世间无地可容身。夜冲风雨过湘水,赖有青山作主人"。⑤ 述邹浩直言遭贬,过长沙被逐,风雨夜渡湘江,留宿岳麓山寺之实。

邹登龙之诗,还得到过真德秀品题,受其赞誉:"言造理而句入律,非专于学不能到也"。⑥

刘克庄在理宗嘉熙元年罢宜春守,有诗人沈庄可在分宜县外与其饯别,并带来邹登龙诗卷送给他。刘克庄在驿站投宿后,挑灯夜读,欣赏其"语极清丽",不知不觉就读完了,⑦说明诗作引人入胜。

(二) 自编、他人编

以下几例,俱是作者曾自编,后又请他人摘编;或者去世之后,又由亲族编

---

① 《南宋群贤小集·皇荂曲》卷首萧崱《皇荂曲序》,卷末萧泰来《皇荂曲跋》。
② 《南宋群贤小集·梅屋吟》卷首戴复古《读邹震父诗集梅屋吟》。
③ 《南宋群贤小集·梅屋吟》卷首姚镛《读邹震父诗集》。
④ 事见〔明〕李贤(天顺)《明一统志》卷六三,影印文渊阁四库全书本。
⑤ 戴复古《石屏诗集》卷七,《全宋诗》册 54 卷 2819 页 33599。
⑥ 《南宋群贤小集·梅屋吟》附录真德秀题记。
⑦ 《南宋群贤小集·梅屋吟》附录刘克庄题记。

刻、他人编刻、他人序跋等。

1. 自编、请他人摘编、自序

(1) 张至龙(《全宋诗》册62卷3281页39084)

张至龙(1208？—？)(《江湖诗派研究》页303)，字季灵，号雪林，建安(今福建建瓯)人。生平嗜诗，博经史，工文章，一时江湖诗人多与倡和。与朱继芳同里、同岁(本集《登东山怀朱静佳》"借箸数同庚")，尤为投契友善。今存《雪林删余》一卷。《两宋名贤小集》卷三四二有传。

理宗宝祐三年，张至龙自为其诗集《雪林删余》作序，序中称"予自髫龀癖吟，所积稿，四十年凡删改者数四"。① 髫龀，一般指童年换牙之际，则张至龙七八岁始习诗，至宝祐三年，诗龄已满四十，其年龄当为四十七八岁，故可大致推算其生年。《江湖诗派研究》页303谓"约生于嘉定元年(1208)"，可能就是如此推测出来的。而朱继芳与之同庚，则朱继芳的生年亦当为嘉定元年前后。

至龙年近半百之时，将四十年所积稿，自己动手删改了四次。又承芸居先生陈起从中摘为小编，数量仅为十分之一，但张至龙认为此《摘稿》"其间一联之雕、一句之啄、一字之炼、一意之镕，政犹强弓率满，度不中不发，发必中的"②，十分自得。

平日至龙每当作诗之时，从不让其子耕老与闻。一天，耕老请学诗，"吾翁苦吟至此，编帙非不弘且巨矣，所以深自得者凡几篇？敢效闻诗之请"。③ 至龙遂再次恳请陈起，又就《摘稿》中选出律绝各数首，名为《删馀》，以授其子耕老，俾之识其苦吟之心，且自为《雪林删馀》作序。

核今本《雪林删馀》一卷，存诗42题，70首，律绝混排，当为经过张至龙手自删改——请陈起摘稿——请陈起再为删选之后所得，乃至龙诗作之精华。

2. 生前曾自编，去世之后又由亲族编刻，请他人作序

(2) 张良臣(《全宋诗》册46卷2461页28456)

张良臣，字武子，一字汉卿，号雪窗，祖籍拱州(今河南睢县)，父避寇，侨居四明(今浙江宁波)。孝宗隆兴元年(1163)进士，从丞相魏杞游，相与酬唱。淳熙末监左藏库，官止于此。事见《攻媿集》卷七〇《书张武子诗集后》，《两宋名贤小集》卷三〇六有传。

良臣嗜诗，其诗清刻高洁，传于江湖间，尤长于绝句。但未尝轻作，或终岁无一语，故所作必绝人。楼钥，鄞县人，与其同里，又为同年进士，颇相友善。良臣曾以其诗卷示楼钥，楼钥作跋云"与武子评诗，谓当有悟入处，非积学所能

---

① 《南宋群贤小集》本《雪林删余》卷首张至龙自序。
② 同上。
③ 同上。

到也"。① 良臣以为知音。

　　良臣去世之后,其季弟以道将其诗裒集为二编,最初请遂初尤贰卿(尤袤)为之序(按:此序今已不存)。然后以之示楼钥,请楼钥再题。楼钥赞其诗"清丽纯粹"、"寄兴高远"②。

　　据宁宗嘉泰元年(1201)十二月周必大《张良臣雪窗集序》,良臣去世十五年之后,其弟尧臣裒古赋四篇、古律诗数百首,号《雪窗集》,通过友人曾三异,请周必大为序。周必大谓良臣"自苦于吟咏,欲效陈无己(陈师道)之简古,吕居仁(吕本中)之淡泊"③。

　　以上楼钥、周必大所见张良臣诗文集,皆为良臣之弟所编。但不知所指"季弟以道""弟尧臣"是否为同一人。以道所集"二编"与尧臣所命名之《雪窗集》是否为同一集。

　　后至度宗咸淳间(1265—1274),又有张良臣诗集十卷,由其"弥甥徐直谅裒刻于广信郡"(《两宋名贤小集》卷三〇六)。弥指远房之亲,广信郡在今广西梧州。距周必大序《雪窗集》之后,过了六七十年,良臣之诗又由其弥甥徐直谅重新编集,并在梧州刊刻,再度行世。这是一个新的宋刻本,数量是十卷,但不知其集名。

　　今天所见良臣诗集仅《雪窗小稿》一卷,惜其绝大部分已经失传。

　　3. 生前曾自编、刊,去世之后又有他人选、他人序

　　(3) 周弼(《全宋诗》册60卷3146—3149页37735)

　　周弼(1194—?),字伯弜(《两宋名贤小集》卷二七七作伯强,《江湖派研究》页306,《宋人传记资料索引》皆误作伯弱),祖籍汶阳(今山东汶上),文璞子。与李龏同庚同里,往来论诗三十余年。宁宗嘉定间进士(《江湖后集》卷一)。十七年解官(本集卷二《甲申解官归故居有以书相问者》)。宦游吴楚江汉,名振江湖。理宗宝祐五年之前卒。事见李龏《汶阳端平诗隽序》。

　　周弼年十七八时,即博闻强记,侍其父晋仙(周文璞),已好吟诗。后宦游吴楚江汉四十年,所作诸体皆备。有文集名《端平集》,乃其自编、自刊,且广受欢迎,"尝手刊《端平集》十二卷行于世","江湖人皆争先求市"④。

　　但李龏觉得卷帙中有不少晚学未能晓者,恐将来不能流传,遂在《端平集》的古体歌诗、五言律、七言律、五七言绝句中,摘选"其坦然者",加上集外所得,近二百首,命名为《端平诗隽》。并交由陈起之子续芸入梓刊行,以便同好阅

---

① 《书张武子诗集后》,楼钥《攻媿集》卷七〇,影印文渊阁四库全书本。
② 同上。
③ 《张良臣雪窗集序》,周必大《周文忠集》卷五四,影印文渊阁四库全书本。
④ 《南宋群贤小集》本《端平诗隽》卷首李龏《汶阳端平诗隽序》。

读,"俾万人海中续芸陈君书塾入梓流行,庶使同好者便于看诵"①。时周弼已去世,李龏认为周弼若闻此选,必不以之为谬,于宝祐丁巳(五年)冬至日撰序一篇。

今《南宋群贤小集》本《端平诗隽》四卷,卷首李龏序后有刊记:"临安府棚北大街陈解元书籍铺印行"。各卷卷端皆署"汾阳周弼伯弜诗,菏泽李龏和父选"。果然如李龏序所言,他所选的周弼《端平诗隽》,后来由陈续芸书籍铺为之刊行。

三

前已提及,我们将134位江湖派成员的诗歌作品区分为A、B、C、D、E、F六种情况,而本文所举主要是针对第一种——A仅有小集传世的江湖诗人(67家),将其中可考的诗集编刊情况进行了梳理概括。

根据以上分析,我们得出的结论是:南宋江湖诗人小集的编刻可分作"自编"和"他人编"两大类,其中"自编"类占绝大多数,且有自为序、请他人作序跋、请他人品题等多种情形,可以作更细致地区分;而"他人编"通常先有自编的集子,然后他人以此为基础再编,且为数不多。

第二种——B类(16人),与A类相仿,卷数从一到七不等。只是在小集本之外,尚有其它清抄本、刻本流传,需进一步调查这些版本,方能知其与小集本之异同。

第三种——C有全集传世者(16人)。这些诗人流传下来的作品数量较多,还可能会有多种编集,版本情况复杂,需对各种公私目录以及现存版本展开广泛的深入调查,然后进行考证。

其他D、E类,亦可根据现有材料加以考证。

第四种——D有诗集但已失传者(8人)。比如《李氏华萼集》,乃孝宗淳熙中(1174—1189)溧水令李泳(字子永,号兰泽,江西庐陵人)与其兄洪、漳,弟浙、洤等人的合著(清厉鹗《宋诗纪事》卷五六)。

又如徐文卿(字斯远,号玉山)《萧秋诗集》一卷,四言九章章四句,光宗绍熙辛亥二年(1191)作,赵蕃等十三人和之,赵汝谈亦在其中。后三十三年,赵汝谈于宁宗嘉定癸未十六年乃序而刻之(宋陈振孙《直斋书录解题》卷一五)。等等。

第五种——E也许有诗集,但不知集名,今仅《江湖后集》存诗若干(17人)。如葛起文,"字君容,丹阳人,起耕之弟",见《江湖后集》卷八,录《游黄山

---

① 《南宋群贤小集》本《端平诗隽》卷首李龏《汶阳端平诗隽序》。

寺》《咏竹阁》《窨岭道中》《深院》诗 4 首。

至于第六种情况——F 无诗集（10 人）。除确实未编诗集外，还有可能是文献不足所致。

后面这几部分内容的查考，将持续进行。

2014 年 10 月 27 日初稿撰于日本大学文理学部
2015 年 10 月 31 日修订于北京

附　表

江湖诗人有小集传世者112家

	姓名	诗集	南宋群贤小集	汲古阁影抄南宋六十家小集	两宋名贤小集	江湖小集	江湖后集
1	危稹*	巽斋小集一卷	○	○	○	○	○
2	罗与之*	雪坡小稿二卷	○	○	○	○	
3	高翥*	菊磵小集一卷	○	○	○	○	
4	邹登龙*	梅屋吟一卷	○	○	○	○	
5	余观复*	北窗诗稿一卷	○	○	○	○	
6	赵崇鉘*	鸥渚微吟一卷	○	○	○	○	
7	朱南杰*	学吟一卷	○	○	○	○	
8	王琮*	雅林小稿一卷	○	○	○	○	
9	吴惟信*	菊潭诗集一卷	○	○	○	○（署吴仲孚）	○（署吴仲孚）
10	沈说*	庸斋小集一卷	○	○	○	○	
11	王同祖*	学诗初稿一卷	○	○	○	○	
12	陈允平	西麓诗稿一卷	○	○	○	○	
13	何应龙*	橘潭诗稿一卷	○	○	○	○	
14	毛珝*	吾竹小稿一卷	○	○	○	○	
15	邓林*	皇荂曲一卷	○	○	○	○	
16	许棐	梅屋诗稿一卷、融春小缀一卷、梅屋第三稿一卷、梅屋第四稿一卷	○	○	○	○	
17	胡仲参*	竹庄小稿一卷	○	○	○	○	○
18	陈鉴之*	东斋小集一卷	○	○	○	○	
19	施枢	芸隐横舟稿一卷、倦游稿一卷	○	○	○	○	

续表

	姓名	诗集	南宋群贤小集	汲古阁影抄南宋六十家小集	两宋名贤小集	江湖小集	江湖后集
20	徐集孙*	竹所吟稿一卷	○	○	○	○	○
21	吴汝弋*	云卧诗集一卷	○	○	○	○	
22	武衍*	适安藏拙余稿一卷、乙稿一卷	○	○	○		○
23	高似孙*	疏寮小集一卷	○	○	○	○	
24	叶绍翁*	靖逸小集一卷	○	○			
25	张弋*	秋江烟草一卷	○	○			
26	张至龙	雪林删余一卷	○	○			
27	杜旃*	癖斋小集一卷	○	○			
28	刘仙伦*	招山小集一卷	○	○			
29	黄文雷*	看云小集一卷	○	○			○
30	赵希樃*	抱拙小稿一卷	○	○			
31	葛起耕*	桧亭吟稿一卷	○	○			
32	利登*	骳稿一卷	○	○			
33	薛嵎	云泉诗一卷	○				
34	葛天民*	葛无怀小集一卷	○	○	○		
35	俞桂	渔溪诗稿二卷、乙稿一卷	○	○	○		○
36	刘翰*	小山集一卷	○	○	○		
37	张良臣	雪窗小集一卷	○	○	○		
38	张蕴*	斗野稿支卷一卷	○	○	○		○
39	黄大受*	露香拾稿一卷	○	○	○		
40	林希逸	竹溪十一稿诗选一卷	○	○	○		○
41	敖陶孙	臞翁诗集二卷	○	○	○		○
42	朱继芳*	静佳乙稿一卷、静佳龙寻稿一卷	○	○	○	○	○
43	陈必复*	山居存稿一卷	○	○	○	○	○

续表

	姓名	诗集	南宋群贤小集	汲古阁影抄南宋六十家小集	两宋名贤小集	江湖小集	江湖后集
44	林尚仁*	端隐吟稿一卷	○	○	○	○	
45	姚镛*	雪蓬稿一卷	○	○	○	○	○
46	刘翼*	心游摘稿一卷	○	○	○	○	
47	宋伯仁	雪岩吟草（一名西塍集）一卷	○	○	○	○	
48	戴复古	石屏续集四卷	○	○	○	○	○
49	叶茵	顺适堂吟稿甲集乙集丙集丁集戊集各一卷	○	○			○
50	刘过	龙洲道人诗集一卷	○	○		○	
51	姜夔	白石道人诗集附诗说一卷、诸贤酬赠诗一卷	○	○		○	
52	林同	林同孝诗一卷	○		○	○	
53	李涛*	蒙泉诗稿一卷	○	○	○	○	
54	周文璞	方泉先生诗集三卷	○	○	○	○	○
55	薛师石	瓜庐诗一卷、附录一卷	○	○	○	○	
56	赵汝鐩	野谷诗稿六卷	○	○	○		○
57	周弼	汶阳端平诗隽四卷	○	○	○		
58	李龏	梅花衲一卷、剪绡集二卷	○	○		○	○
59	释绍嵩	亚愚江浙纪行集句诗七卷	○			○	
60	释斯植	采芝集一卷、续集一卷	○	○			
61	释永颐*	云泉诗集一卷	○	○			○
62	陈起*	芸居乙稿一卷	○	○	○	○	○

续表

	姓名	诗集	南宋群贤小集	汲古阁影抄南宋六十家小集	两宋名贤小集	江湖小集	江湖后集
63	乐雷发	雪矶丛稿五卷	○		○	○	
64	郑克己*	文杏山房杂稿一卷			○		
65	巩丰*	栗斋诗集一卷			○		○
66	赵汝回*	东阁吟稿一卷			○		○
67	裘万顷	竹斋诗集三卷			○		
68	刘克庄	南岳诗稿二卷			○		
69	严粲	华谷集一卷			○	○	
70	宋庆之*	饮冰诗集一卷			○		
71	邵桂子*	慵庵小集一卷			○		
72	柴望	秋堂遗稿一卷			○		
73	刘子澄*	玉渊吟稿					○
74	林逢吉（字表民）*	天台集、玉溪吟草					○
75	周端臣*	葵窗稿					○
76	赵汝绩*	山台吟稿					○
77	赵庚夫*	山中小集					○
78	葛起文						○
79	赵崇蟠*	白云小稿					○
80	张榘						○
81	罗椅	涧谷集					○
82	林昉						○
83	戴埴						○
84	张炜*	芝田小诗					○
85	万俟绍之*	郢庄吟稿					○
86	储泳						○
87	朱复之						○
88	李时可						○
89	盛烈						○
90	史卫卿						○

续表

	姓名	诗集	南宋群贤小集	汲古阁影抄南宋六十家小集	两宋名贤小集	江湖小集	江湖后集
91	胡仲弓	苇航漫游稿					○
92	曾由基						○
93	王谌*	潜泉蛙吹集					○
94	李自中*	秋崖吟稿					○
95	董杞						○
96	陈宗远*	寒窗听雪集					○
97	黄敏求	横舟小稿					○
98	程炎子	玉塘烟水集					○
99	刘植*	渔屋集					○
100	张绍文						○
101	章采						○
102	章粲						○
103	盛世忠*	松坡摘稿					○
104	程垓						○
105	王志道*	阆风吟稿					○
106	萧㴋*	竹外蛮吟稿					○
107	萧元之*	鹤皋小稿					○
108	邓允端						○
109	徐从善*	月窗摘稿					○
110	高吉*	懒真小集					○
111	释圆悟						○
112	吴仲方*	秋潭集					○

注1:○代表该书收录此集。

注2:*代表A类仅有小集存世者67家。

注3:1—63以《南宋群贤小集》所收为序,续出者64—72以《两宋名贤小集》所收为序,73—112以《江湖后集》所收为序。

《平妖传》二十回本与四十回本关系再探
——以俗字、语法与插图为中心

林 莹[*]

【摘 要】 比对二十回本《三遂平妖传》与四十回本《新平妖传》,从后者俗字基本统一、语法特征规律分布、图像与前者高度相似等方面着手,可为二十回本在前说提供更确凿的文献依据;并可进一步推断,四十回本就是在今本二十回《三遂平妖传》的基础上增补的。

【关键词】 平妖传 版本 俗字 语法 插图

《平妖传》有二十回本[①]与四十回本[②]。二者到底孰先孰后,争论已久而众议纷纭。历来持论者大多从人物头绪[③]、情节设置[④]、韵语使用[⑤]以及所涉民间

---

[*] 本文作者为北京大学中文系古代文学专业2012级博士生。

[①] 即万历年间钱塘王慎修、金陵世德堂合刊本《三遂平妖传》,以下径称二十回本。二十回本卷一第三b页右下角、卷三第三a页左下角题"金陵刘希贤刻",卷四第十二b页右下角题"刘希贤刻"。刘希贤活动于万历年间,见张振铎:《古籍刻工名录》,上海:上海书店出版社,1996年,第173、175、191、193页。此外,世德堂发行的署有具体刊印时间的小说戏曲在万历十七(1589)至二十九年(1601)之间;撰、写"重刊平妖传引"的童昌祚、柴应楠二人也在万历时有诗文创作。本文引二十回本据北京大学图书馆藏本(原为马廉先生所藏),参考张荣起整理本《三遂平妖传》,北京:北京大学出版社,1983年。

[②] 即泰昌元年(1620)《天许斋批点北宋三遂平妖传》,以下径称四十回本。另有一个四十回本,为崇祯年间金闾嘉会堂陈氏刊本《墨憨斋批点北宋三遂平妖传》。该本据天许斋本重印而成,在题署、避讳和插图上有细微改动。为行文方便,若无特别说明,本文所称四十回本为天许斋本。引文据台湾政治大学古典小说研究中心主编的《明清善本小说丛刊初编》第四辑所收《新平妖传》影印本,台北:天一出版社,1985年。

[③] 韩国学者朴明真发现二十回本对人界人物交代相对清楚,对妖界人物缺乏交代;四十回本简单弥补了人界人物,对妖界人物缺乏交代之处做出较大增补,并且新创造了一些天界人物。见《〈平妖传〉二十回本与四十回本的先后问题》,载《明清小说研究》,2001年第4期,第192—202页。

[④] 朴明真指出,从故事情节与结构的角度来看,四十回本增补痕迹较为明显。

[⑤] 罗尔纲通过对勘二十回本与《水浒传》的赞词、叙事和对人民大众的态度,认为二书均出自罗贯中之手。见《从罗贯中〈三遂平妖传〉看〈水浒传〉著者和原本问题》,载《学术月刊》,1984年第10期,第22—32页。

信仰①等层面考察,甚有以同样材料得出相反观点者②。从语言风格、异体字等角度来着手的研究成果,主要来自程毅中、林嵩等前辈时贤③。这些研究大都指向同一结论:四十回本是在二十回本基础上增补而成的。主要异议来自欧阳健,他认为二十回本由四十回本删节而成,乃冯梦龙与书商为牟利而伪造的"古本"④。本文以俗字、语法和插图为中心再探这一问题,首先为目前通行的二十回本在前说提供更多文献依据;进而导出新的推断:四十回本《新平妖传》就是以现存二十回本为底本进行增补的。

一、从俗字的使用来看,二十回本更接近古本

张涌泉将俗字定义为:"汉字史上各个时期与正字相对而言的主要流行于民间的通俗字体。"⑤本文采用这一说法。二十回本《平妖传》中俗字较多,写法较为稳定,比如處、邊、聽,分别写作處、邉、聼⑥。这些俗字在全书中出现频次上百,且几乎用同一写法。总体而言,这些俗字可分为三类:

1. 中古俗字。敦煌文书和宋元小说戏曲中有例证,说明它们在中唐至宋初较为流通,有的直至明末俗文学文本仍在习用。

(1) 處

"處"在二十回本中是高频字。全书除三处作"處",余皆作"處"。考察这三

---

① 段春旭注意到四十回本中的"混元老祖"为明中叶白莲教支派弘阳教信仰所有。更多论据详见《〈平妖传〉散论》,载《明清小说研究》,1999年第2期,第161—174页。许军认为,二十回本对元末宗教起义做出了反思,参见《〈平妖传〉二十回本是对元末宗教起义的历史反思》,载《明清小说研究》,2010年第1期,第233—243页。

② 如徐朔方认为,罗尔纲的论据恰好可以证明四十回本"没有重新进行写作,绝大部分都是原作"。参见《〈平妖传〉的版本以及〈水浒传〉原本七十回说辩证》,载《浙江学刊》,1986年第3期,第56—59页,后收入徐朔方《小说考信编》,上海:上海古籍出版社,1997年,第142—150页。

③ 程毅中调查了"告""坐地""打一"等使用情况,见《再谈二十回本〈三遂平妖传〉——〈宋元小说研究〉订补之三》,载《文学遗产》,2004年第6期,第111—116页;《从语言风格看〈三遂平妖传〉确为旧本》,收《中华文史论丛》,第五十五辑,上海:上海古籍出版社,1996年,第291—296页。林嵩考察了"冒着风雪了走""绕着江边了走"等句式,见《〈平妖传〉版本考》,载《中国典籍与文化》,2005年第2期,第25—33页;又对"百"和"伯","裡"和"哩","教"与"交","炒"与"吵"等若干异体字做出分析,见《〈平妖传〉异体字与版本研究丛札——兼谈古籍整理中的异体字问题》,载《文献》,2012年第4期,第38—46页。

④ 见《〈三遂平妖传〉原本考辨》,收《明清小说新考》,北京:中国文联出版社,1992年,第144—165页。徐朔方受其影响,也认为二十回本是删节本,但他不完全认同"古本""作伪"等观点,并提出要注意"欢天喜地介""每日介""大碗介"这类苏州方言词尾的问题。详见《〈平妖传〉的版本以及〈水浒传〉原本七十回说辩证》。

⑤ 张涌泉:《敦煌俗字研究》,上海:上海教育出版社,1996年,上编,第2页。

⑥ 为便于对照、讨论,本文保留部分引文的繁体形式。

处"處",一例出自卷二-十二a①,两例位于卷二-十七b,易言之,三者全在卷二叶十八以前。众所周知,二十回本以卷二-十八a为分水岭,前后字体、刻图、叠字符號、存版质量、误刻情况有明显不同②,二十回本开篇至卷二-十七b的内容,向来被认为是后世补刻,时间大致在清代③。因此,这三个"處",在二十回本原版中也该作"虖"。《五代本切韵》载:"處,居、止、安息也……亦虖。"④"虖"由"虖"增笔而成,至晚在五代已作为"處"的俗字出现了。据《宋元以来俗字谱》(以下简称《俗字谱》),明宣德刊《娇红记》也使用"虖"字⑤。四十回本则统一作"處"。

(2) 聴

"聽"的减笔俗字"聴",在二十回本中频频出现,且此本中并无一处作"聽"。唐代笺注本《切韵》"青韵"和敦煌文书斯2607号《浣溪沙》词中均有"聴"字用例。宋刊《古列女传》、元刊《朝野新声太平乐府》(以下简称《太平乐府》)和明万历《岳飞破虏东窗记》(以下简称《东窗记》)均作"聴"⑥。四十回本皆为"聽"。

(3) 虗

《平妖传》叙弹子和尚从善王太尉处得三千贯钱,为了变出众人来搬运,"把那卷经去虚空中打一撒"。此"虚"字,二十回本作"虗"(11/20,卷三-五b⑦),四十回本作"虚"(29/40,四a)。另,二十回本"遠近虗實"(19/20,卷四-三九a),四十回本为"遠近虛實"(40/40,三b)。

"虗"字亦见于敦煌文书斯2204号《太子赞》,其文曰:"路远人稀烟火无,修道甚清虗"⑧。据张涌泉考证,"'虚'字下本从丘,隶定既作'虗',亦作'虚',

---

① 即卷二的十二a页,下同。
② 二十回本以卷二-十八a为界,之前字体几经更换、写刻相对粗疏,之后字体一致,写刻优美精良;前后刻图在线条描摹、人物眉目和细节处理等方面的精致程度上存在差异;叠字符号,之前"ヒ""彡"并用,之后只用"ヒ";存版质量上,后者边框附近的漫漶程度远高于前者。此外,据张荣起整理本《三遂平妖传》随页所出校注,卷二-十八a以前平均每回有6个误刻字,而其后误刻字数量骤减,平均每回不到1个,但残损难辨字的数量剧增。
③ 天理图书馆记录说明:卷二"初二图清修","全二十回。卷之一及卷之二、十七丁迄は補修にて以下明版",见《天理图书馆稀书目录・和汉书之部》第二,奈良:天理图书馆,1951年,第201页。刘世德、陈庆浩、石昌渝主编《古本小说丛刊》载:"卷一全卷及卷二第十七叶以前,亦出于清代书坊补刻",见《古本小说丛刊》(第三三辑),北京:中华书局,1991年,第一册,"前言"第3页。
④ 敦煌文书伯5531,据姜亮夫《瀛涯敦煌韵辑》影录,收《姜亮夫全集》,昆明:云南人民出版社,2002年,第九册,第241页。
⑤ 刘复、李家瑞编:《宋元以来俗字谱》,北京:文字改革出版社,1957年,第95页。
⑥ 《宋元以来俗字谱》,第91页。
⑦ 为方便查证,文例后附出处,"11/20,卷三-五b"和"29/40,四a"分别表示二十回本第十一回,卷三-五b页,和与之相对应的四十回本第二十九回四a页,下同。
⑧ 黄永武主编:《敦煌宝藏》,台北:新文丰出版公司,1986年,第17册,第248页。

而'虗'即'虚'的俗写","敦煌卷子中凡'虍'旁多写作'严'"①。元刊《古今杂剧三十种》(以下简称《古今杂剧》)、明宣德刊《娇红记》、明万历刊《东窗记》也作"虗"②。"覷"字左边部分在二十回本中亦统作"虗"。四十回本对应作"虚"、"覻"。

(4) 湏

二十回本"湏有用虏置钱米"(3/20,卷一－廿七)、"男大湏婚,女大湏嫁"(4/20,卷一－三六 b)、"必湏"(9/20,卷二－三四 b),四十回本对应处(20/40,十一 b;22/40,一 b;27/40,一 b)均为"须"。《一切经音义》载:"顾野王云:所须待之须从彡作须;从水作须(湏),音诲。今俗行已久,且依也"。③ 顾野王为南朝梁、陈间人,由是可知,"湏"在南朝之前早已作为"须"的俗字通行。敦煌文书斯 456 号《妙法莲华经》卷三、伯 2133 号《金刚般若波罗蜜经讲经文》中均有"湏"用例。四十回本统一作"须"。

(5) 私

二十回本首回"家私"(1/20,卷一－二 a)、第五回回目"胡永儿私走郑州"(5/20,卷一－四一 b)、第八回"私意"(8/20,卷二－三一 a),四十回本(16/40,三 a;19/40,一 a;26/40,十 a)都作"私"。北魏《魏高道悦墓志》,敦煌文书伯 2999 号《太子成道经》、斯 2144 号《韩擒虎话本》有"私"用例。

(6) 俻

"俻"为"備"的俗字。敦煌文书斯 6208 号《时要字样》、斯 2073 号《庐山远公话》中有"俻"字。据察,"敦煌卷子中'俻'字经见;宋元以后的刻本书籍中亦多见"④。二十回本"准俻"之"俻"(9/20,卷二－三四 a),四十回本作"備"(27/40,一 a)。

(7) 计数数字的写法,如"伍""拾""伯"等。

林嵩《〈平妖传〉异体字与版本研究丛札》一文举十余例,指出二十回本中"百""伯"并用,"全书至少出现了 37 处'伯',其出现的频率要高于'百'",其大体规律是"凡'举成数以言其多'时,倾向用'百'字……而在表示具体的数目时,无论是表示钱数、人数、年数等,都倾向于使用'伯'字"⑤。"伯"字使用规律,还可与其他计数数字合观。非但二十回本的"伯"在四十回本都作"百",二十回本的"伍拾两"(1/20,卷一－五 b、六 a)在四十回本中也作"五十两"(16/

---

① 《敦煌俗字研究》,下编,第 452、451 页。
② 《宋元以来俗字谱》,第 96 页。
③ 见《阿毗达摩大毗婆沙论》第一百三十八卷,徐时仪校注,毕慧玉、耿铭、郎晶晶、王华权、徐长颖、徐启峰助校:《一切经音义三种校本合刊》,上海:上海古籍出版社,2008 年,卷六九,第 1720 页。
④ 《敦煌俗字研究》,下编,第 43 页。
⑤ 《〈平妖传〉异体字与版本研究丛札——兼谈古籍整理中的异体字问题》,第 40 页。

40,六 a、七 a)。中古时计数多用大写,《唐尉迟恭碑》有"米粟一阡伍佰石"①之语,唐代吐鲁番出土文书也作"计青稞杂大麦陆伯陆拾硕"等②。

2. 产生时期不明,宋元小说戏曲常用的俗字

(1) 邉

在二十回本中,"邉"作为"邊"的俗字所在皆是,如"妈妈脚邉"(1/20,卷一—十 a)、"口邉"(5/20,卷一—四二 a)、"那邉"(卷二—廿四 a),四十回本对应处皆作"邊"(16/40,十 b;22/40,九 a;26/40,三 a),较二十回本多出部分中的"边"字也均为"邊"。元刊《古今杂剧》《太平乐府》,明宣德刊《娇红记》及金陵富春堂万历刊本③《薛仁贵跨海征东白袍记》《东窗记》均用"邉"字④。

(2) 薹

虽然在魏碑、敦煌文书中已有"臺"字⑤,但与之形似的"薹"始见何时尚不明确。二十回本有十个以上"薹"字,而无其正字"臺"。四十回本反之。如二十回本的"烛薹"(1/20,卷一—六 b)、"盏托归薹"(1/20,卷一—八 a),和十一回中五处"五薹山"(11/20,卷三—四 b、五 ab、六 a),四十回本均作"臺"(16/40—七 b、九 a;29/40,三 a、四 ab)。"擡"字的右边写法情况同此。元刊《古今杂剧》《三国志平话》,明刊《娇红记》《东窗记》有"薹"字⑥。

(3) 聡

二十回本的"聡"字,如"聡明智慧"(2/20,卷一—十一 b;5/20,卷一—四四 b)和"聡明伶俐"(5/20,卷一—三九 a、四一 a),在四十回本中一律作"聰"(18/40,五 a;22/40,十一 b;22/40,五 a、八 b)。据考证,"'聰''聦'为篆文隶变之异。汉碑已见'聦'字"⑦。然其减笔俗字"聡"始见时间未明。宋刊《列女传》、元刊《古今杂剧》均用"聡"字⑧。

(4) 𡌴

二十回本中"𡌴"出现十次以上,在四十回本对应处及其多出部分都作"壁"。"𡌴上挂着"(1/20,卷一—十 a)对应于"壁上挂着"(16/40,十 b),"隔𡌴"(3/20,卷一—廿四 b)对应于"隔壁"(20/40,五 b),"𡌴邉"(8/20,卷二—廿六

---

① 〔清〕邢澍:《金石文字辨异》"入声十一陌",收《续修四库全书》,"经部"第 240 册,上海:上海古籍出版社,1999 年,第 196 页。
② 见《唐神龙二年(706)白涧屯纳官仓粮帐》《高昌延昌二十七年(587)六月兵部条列买马用钱头数奏行文书》,《吐鲁番出土文书》,北京:文物出版社,1985 年,第七册,第 372—373 页。
③ 两本刊刻在万历年间,见杜信孚:《明代版刻综录》,扬州:广陵古籍印刻社,1983 年,第五卷,第三 b、四 b 页。
④ 《宋元以来俗字谱》,第 124 页。
⑤ 《敦煌俗字研究》,下编,第 450 页。
⑥ 《宋元以来俗字谱》,第 158 页。
⑦ 《敦煌俗字研究》,下编,第 446 页。
⑧ 《宋元以来俗字谱》,第 91 页。

a)对应于"壁邊"(26/40,五 b)。"𰍄"由"壁"部件易位而成,元刊《太平乐府》有"𰍄"字①。

(5) 麁

"麁"作为"麤"之俗字,在唐《干禄字书》《一切经音义》中已见,"麁"字盖其变体。据《俗字谱》,元刊《古今杂剧》《三国志平话》和《太平乐府》都有"麁"字②。二十回本"麁斋"(11/20,卷三-四 b)、"麁布衫"(14/20,卷三-五十 a),四十回本都作"麤"(29/40,三 a;32/40,二 b)。

3. 字内省文符号

"ヽ"属于省文符号的一种,表示重复上一字。此符号也可在同一字内使用,表示重复字内的某个部件,如"棗"可写作"枣"③。字内省文多见于非正式文本④。此现象在二十回本中间有出现,可与其他俗文学用字相印证;四十回本则统一作正字。

(1) 纔

二十回本"纔将下口放在你水缸里"(8/20,卷二-廿六 a)中用"纔",而"䌺饱了"(11/20,卷三-四 b)又作"䌺"。"纔"是"䌺"的俗字,二十回本两字并用,四十回本使用正字(26/40,五 b;29/40,三 a)。

(2) 叜

二十回本"叜手捧着"(5/20,卷一-四三 a)、"叜手去捞"(8/20,卷二-廿六 b),四十回本均作"雙"。《古今杂剧》和《东窗记》有"叜"的用例⑤。

尽管俗字只能反映文本产生年代的上限而非下限⑥,二十回本中存在大量中古以来流行、宋元小说戏曲广泛使用的俗字,与四十回本齐整、规范的用字情况对比鲜明,这就可以证明二十回本更接近古本样貌,四十回本则经过了统一改订。

此外,少数在二十回本中可以通用的俗字⑦,在四十回本的相应部分尚未完全统一,而这些并不统一的情形又与二十回本高度重合,这就进一步指示了

---

① 《宋元以来俗字谱》,第 45 页。
② 《宋元以来俗字谱》,第 139 页。
③ 张涌泉:《汉语俗字研究(增订本)》,北京:商务印书馆,2010 年,第 77 页。
④ 有学者统计了以宋人诗文集为内容的多达二十万字的语料,其中,"棗""纔""雙"等字并无字内省文的写法。见王宁主编、王立军著:《宋代雕版楷书构形分析总表》,上海:上海教育出版社,2003 年。
⑤ 《宋元以来俗字谱》,第 130 页。
⑥ 张涌泉:"依据俗字(包括避讳缺笔字)考察卷子的书写年代……通常只能确定卷子书写年代的上限。因为俗字几经流传,为大众所认同,便成为普通字库中的一分子而为后人所袭用。"见《敦煌俗字研究》,上编,第 154 页。比如,李家瑞《从俗字的演变上证明京本通俗小说不是影元写本》一文,即从《京本通俗小说》中的"劝""难""对""阴""阳""会""当""医"等俗字来判定其不早于明代宣德年间,此即确定上限之法。见国立北平图书馆编辑:《图书季刊》,第二卷,第二期,第 115—117 页。
⑦ 需要说明的是,以下讨论的字例,有的只在某些义项下可以通用,严格来说不属于俗字范畴。为了行文简便,兼之它们在《平妖传》文本范围内可通,此处姑且视之为俗字。

这个二十回本非但在前,而且是四十回本的底本。以下仅举数组为例。

1. 綵、采和彩

《康熙字典》释"綵"曰:"《玉篇》:五綵备。《广韵》:绫綵。《集韵》:缯也。"①其本意即彩色丝织品。又释"彩"云:"《说文》:文章也。从彡,采声。《广韵》:光彩。《集韵》:通作采。"②"采"的义项最为广泛,"又采色。《书·益稷》:以五采彰施于五色……""又物采。《左传·隐五年》:取材以章物。采谓之物。疏:取鸟兽之材以章明物色,采饰谓之为物……""又风采。《前汉·霍光金日䃅传》:政自己出,天下想闻其风采。《左思·魏都赋》:极风采之异观"。③ 在二十回本中,"綵帛"也可作"彩帛","没精没彩"和"五采"分别用"彩"和"采"字。四十回本在二十回本相应处,三字使用情况完全一致,如表所示:

綵/彩/采	二十回本			四十回本			备注
	綵	彩	采	綵	彩	采	
(1)綵帛	1/20,一 b			16/40,一 a			
(2)彩霞		1/20,卷一一十一 b			18/40,六 a		
(3)綵帛铺	4/20,卷一一廿九 b			21/40,四 a			同页有两处
(4)彩帛铺		4/20,卷一一三四 b			21/40,八 b		
(5)没精没彩		4/20,卷一一三四 b			21/40,八 b		
(6)綵帛铺	4—5/20,卷一一三七 b、三九 a、四一 b、四三 a			22/40,一 a、五 a、九 a、十 a			共四处

---

① 《康熙字典·糸部》,上海:汉语大词典出版社,2002 年,第 890 页。
② 《康熙字典·彡部》,第 308 页。
③ 《康熙字典·采部》,第 1279 页。

续表

綵/彩/采	二十回本		四十回本		备注
（7）五采妆成			12/20，卷三一二五 a	30/40，九 b	
（8）金银綵帛物件	13/20，卷三一四七 a		31/40，十五 a		

　　在表示人物神态时，"采""彩"本可通用，然而四十回本却与二十回本一致，"没精没彩"都用"彩"字，见例（5）。四十回本多出的部分中，与布帛相关全部使用"綵"字，如"紅綵"（15/40，一 a）、"綵帛"（22/40，三 a，32/40，五 b；33/40，十 a；35/40，七 a）、"綵段"（32/40，七 b）、"异綵高悬"（32/40，三 b）等，这就使例（4）的出现尤为特殊，而它又与二十回本一致，无疑显示出了承袭关系。其次，由四十回本多出部分中的"五綵花舆"（15/40，三 a）、"五采明珠"（17/40，十四 a）二词可知，四十回本在表示"彩色"时"采""綵"并用，但在例（7）中却恰好使用了与二十回本相同的"采"字。

　　三字可通用的情况下，四十回本、二十回本的用字情况完全相同，这很难以巧合视之。

2. 砂和沙

　　"沙"，"水散石也。从水、从少，水少沙见"。① "砂"为后起字，《广韵》：俗沙字。《集韵》：沙或作砂②。下表中例（1）～（3）指包子馅料，两例用"砂"，一例用"沙"，四十回本与二十回本情况全同。例（4）～（6）的"砂"均表示"砂石"，四十回本相应处也都用了"砂"字。四十回本多出部分在表示这一意思时则"沙""砂"并用，以"沙"为主。如"飞沙舞瓦"（13/40，十三 a）、"石走沙飞"（13/40，十四 b）、"黄沙扑面"（34/40，八 b）、"以备风沙"（34/40，九 a）、"风沙虎豹"（34/40，十 b）等均用"沙"字，只有三处用了"砂"字："飞砂走石"（34/40，八 b）、"刮起风砂"（36/40，七 a）和"被砂石乱打"（38/40，六 a）。四十回本在有二十回本对应处上的用字规律，显与多出部分不合，唯有其以二十回本为底本可以解释。

---

① 《康熙字典·水部》，第 559 页。
② 《康熙字典·石部》，第 786 页。

砂/沙	二十回本		四十回本		备注
	砂	沙	砂	沙	
(1)砂馅	9/20,卷二一三七a		27/40,四b		
(2)砂馅	9/20,卷二一三七b		27/40,四b		
(3)沙馅		10/20,卷二一四四a		28/40,二b	
(4)黄砂	17/20,卷四一十五b		36/40,六b		同页有两处
(5)飞砂走石	18/20,卷四一二四a、二七b		38/40,六a、八a		同页有两处
(6)砂石雨雹	18/20,卷四一二九b		38/40,十b		

3. 筭和算

"筭","《说文》:长六寸,计历数者。从竹、从弄,言常弄乃不误也……《集韵》《韵会》《正韵》:亦作算。通作笇"。[①] 二十回本中"筭"的用例较多,部分如下:

筭/算	二十回本	四十回本	
	筭	筭	算
(1)筭/算清	1/20,卷一一六b		16/40,七b
(2)許多得筭/算	1/20,卷一一八a		16/40,九b
(3)筭/算帐	1/20,卷一一九b		16/40,十a
(4)没思筭	3/20,卷一一二七b	20/40,十一b	
(5)计算	5/20,卷一一四九b	23/40,四b	
(6)计算远近	20/20,卷四一三九a	40/40,三b	

二十回本之用"筭"字,四十回本则"筭""算"并用,例(4)~(6)与二十回本相同。四十回本多出的部分中,用"筭"仅两处:"人虽有千筭,天只有一筭"(18/40,七b)、"好几年不筭"(31/40,九a),馀均为"算"字,如"算计"(31/40,一b)、"算做"(33/40,一b、2b)、"便算第一功"(34/40,四b)、"算下了"(34/40,七b)、"钱粮无算"(34/40,十五b)、"算命"(37/40,三b)、"大将算大功,小将算

---

① 《康熙字典·竹部》,第845页。

小攻"(39/40,一 b)、"算迟了"(39/40,十一 a)等。

4. 覔与魂

此二字仅上下、左右结构之别,可通用。二十回本仅用"覔"字。四十回本较现存二十回本多出的部分,除例(4)以外一律作"魂",如"忠魂"(34/40,十一 b)、"贞魂"(36/40,十二 a)、"梦魂惊"(38/40,十一 b)、"销魂"(38/40,六 a)等。而在下表中的例(1)处,四十回本使用了与二十回本对应处一致的"覔"字,显为四十回本改而未净的孑遗。

覔/魂	二十回本	四十回本		备注
	覔	覔	魂	
(1)覔不附体	5/20,卷一一五二 b	23/40,七 b		
(2)覔魄/魂魄	11/20,卷三一十一 b、十四 a;12/20,卷三一十六 a		29/40,十 a、十二 a、b;30/40,一 b	共五处
(3)丧胆亡覔	16/20,卷四一七 b			已改动,无对应
(4)屈死冤覔		40/40,十七 b		二十回本卷四一四七页起缺失此例在其中,应为原版所有

此处特别拈出例(4),因为四十回本中的此例,恰好处于现存二十回本佚失的卷二一四七 a 以后的部分。四十回本的此例不符合增补时的用字习惯,很可能是照录了二十回本。由此或可推断,编订四十回本时二十回本结尾尚在。万历二十二年朱氏与耕堂刊、钱塘散人安遇时编集的《包龙图判百家公案》第四十一回为《妖僧感摄善王钱》,所叙内容为摘自《平妖传》的包公审判弹子和尚事,结局为"后来那和尚又去帮王则谋反,被官军所捉,戮于东京市,其妖气方息矣"[①]。由于《百家公案》乃编辑而成,此或表明当时《平妖传》尚为完帙。据傅惜华说他藏有一个由同版稍早刊印的二十回本[②],若无缺页,则可验证。

---

① 详见程毅中:《再谈二十回本〈三遂平妖传〉——〈宋元小说研究〉订补之三》,第 113 页。
② 北京傅氏碧蕖馆傅惜华藏本,现或藏于中国艺术研究院图书馆。傅惜华写道:"此万历罗氏原本,世极稀观,唯北京大学图书馆藏有后印者一帙外,余皆未见。"见 Expositon d'ouvrages illustres de la dynastie Ming, Centre Franco Chinois d' Etudes Sinologiques《明代版画书籍展览会目录》,北京:北京中法汉学研究所,1944 年,第 48 页。

二、从语法特征的分布来看，四十回本多出部分为后来增补

从语法角度证明二十回本体现出宋元时期语言风格，是较为可靠的一种方法，已有成果包括关于"告""坐地""打一""冒着风雪了走"等语法特征的梳理①。以下把数个典型语法结构的文例悉数列出，着力关注其两方面的分布情况：四十回本与二十回本对应处是否存在同一语法特征，四十回本较二十回本多出部分有无这一语法特征②。

1. 终不成

张相《诗词曲语辞汇释》释"不成"为"犹云难道也"，"亦有作终不成者，义亦同"，所举之例有《张协状元》戏文"他爹爹是当朝宰执，妈妈是两国夫人，终不成不求得一个好因缘"③等。《清平山堂话本》中的《错认尸》《戒指儿记》两文，也分别有"终不成饿死了我一家罢"④"终不成到害你兄弟性命"⑤之句。

四十回本《平妖传》所有"终不成"用句均与二十回本完全重合，亦即四十回多出部分全无"终不成"的用法。全书用例如下⑥：

(1)"**终不成**我三口儿直等饿死"(2/20,卷一—十五 a；18/40,十 a)

(2)"你不出去，**终不成**我出去"(2/20,卷一—十五 a；18/40,十 b)

(3)"不交(教)爹爹出去，**终不成**我出去(饿得过日子)"(2/20,卷一—十五 b；19/40,四 a)

(4)"**终不成**只在不厮求院子里住"(3/20,卷一—廿九 b；21/40,四 a)

---

① 见第 254 页注释③。
② 已有成果多为不完全列举，亦未将关注重点放在分布情况上。程毅中在分析"打一＋动词"等语法特征时，撷取了二十回本中的五个例句。实际上，二十回本中共有十处这样的例子，观察其分布可知，它们逐一出现在了四十回本当中。而四十回本多出的部分存在三例这样的用法，一是"将两指拈起灯杖打一剔"(1/40,一 b)，属于第一回的"灯花婆婆"故事；二是同在第一回的"将慧眼打一看时"(1/40,五 b)；三是第二十二回的"只见李四嫂到了胡家门首，两头打一看"(22/40,六 a)。《述古堂藏书目录》在"宋人词话"条下首列《灯花婆婆》，云"一名《刘谏议传》，一名《龙树王斩妖》"(〔清〕钱曾：《述古堂藏书目录》卷十，收《四库全书存目丛书》"史部"第 277 册，钱氏述古堂钞本)，可见"灯花婆婆"故事宋时业已存在。而李日华《味水轩日记》记录自己阅读"灯花婆婆"的经历，李氏所述梗概，正与四十回本开篇契合，此即这一故事流传于明代的证明(〔明〕李日华：《味水轩日记》卷七，民国嘉业堂丛书本)。因而，如果四十回本为冯梦龙所增补，则他据宋元旧本内容留存这一语法特征，是合乎情理的。至于四十回本中的另外两例，不能排除是增补时受二十回本原有"打一＋动词"结构影响所致。反之，若是四十回本在前，那么作为"节本"的二十回本涵盖了这一出现频率不低的语法结构的绝大部分用例，就颇难解释了。
③ 张相：《诗词曲语辞汇释》，北京：中华书局，1977 年，第 498 页。
④ 〔明〕洪楩辑，程毅中校注：《清平山堂话本校注》，北京：中华书局，2012 年，第 354 页。
⑤ 《清平山堂话本校注》，第 395 页。
⑥ 此部分引文中以粗体字标出语法特征。引文以二十回本为准，四十回本的异文以括号标注于后。异文超过单字的，则以下划线标出二十回本相应部分。

(5)"终不成一日不见"(4/20,卷一一三五 a;21/40,八 b)
(6)"终不成只一个下去了"(7/20,卷二一十一 b;25/40,三 a)
(7)"终不成只说见只石虎来"(7/20,卷二一十四 a;25/40,五 a)
(8)"终不成杀了知州就恁地罢了"(8/20,卷二一三三 a;26/40,十一 b)
(9)"终不成罢了"(10/20,卷二一四三 b;28/40,一 b)
(10)"既到这里,终不成只恁地回去罢了"(10/20,卷二一四八 a;28/40,六 b)
(11)"终不成和尚自家来出首"(11/20,卷三一九 a;29/40,八 a)
(12)"终不成他真个要你的斋吃"(12/20,卷三一二八 b;30/40,十二 a)

2."吃"作被动标志或带双宾语

"吃",如《诗词曲语辞汇释》所揭,可以表示"被也;受也"[①]。这种用法在四十回本中只见于与二十回本重合的部分。以下为全部文例:

(1)"胡员外吃妈匕逼不过"(2/20,卷一一十五 b;18/40,十 b)
(2)"吃你连累我"(3/20,卷一一廿五 b;20/40,七 a)
(3)"永儿(女儿)自从吃了爹爹(你)打了"(3/20,卷一一廿七 b;20/40,十二 a)
(4)"如今吃别人疑忌"(3/20,卷一一三十 b;21/40,五 b)
(5)"吃人识破"(3/20,卷一一三十一 a;21/40,六 a)
(6)"昨夜两次吃你惊得我怕了"(6/20,卷二一六 a;24/40,十 a)
(7)"吃胡子打了一顿拳头"(6/20,卷二一六 b;24/40,十 b)
(8)"又吃他惊了"(6/20,卷二一六 b;24/40,十 b)
(9)"我们倒吃这妇人家耍了"(13/20,卷三一三九 b;31/40,七 a)
(10)"不知吃他苦害了多少"(13/20,卷三一四七 a,b;31/40,十五 b)
(11)"你们吃他苦的,随我入衙里来"(15/20,卷四一六 a;33/40,九 b)

此外,二十回本中的"吃"还可以带直接、间接两个宾语。此或与上述作被动标记的"吃"存在演化关系——上引的例(7),去掉动词"打了"二字即为双宾结构。值得注意的是,这种用法也不曾见于四十回本多出的内容。以下为所有"吃"带双宾之例:

(1)"交(教)他吃我一箭"(5/20,卷一一四九 a;23/40,四 a)
(2)"吃他一顿拳头"(6/20,卷二一五 a;24/40,九 a)
(3)"且教你吃我一刀"(7/20,卷二一十七 a;25/40,七 a)
(4)"倒用(要)吃他一场官事"(9/20,卷二一四十 b;27/40,六 b)
(5)"也交(教)我们吃他一惊"(10/20,卷二一五七 b;28/40,十三 b)

---

① 《诗词曲语辞汇释》,第644页。

在四十回本多出部分，"吃"仅仅构成了"吃酒""吃饭""吃茶""吃亏""吃惊""吃官司"等凝固表达。唯一一处表被动的"吃拷打不过"(33/40，三 a)，也没有如上引二十回本中表示被动的结构那样包含了施动者。

最后，"匹然"一词也值得注意。二十回本作"匹然倒地"的两处(1/20，卷一—十 a；6/20，卷二—四 b)，四十回本均为"蓦然倒地"(16/40，十 b；24/40，八 a)。实际上，"匹然"形容的是"突然倒地的状态"[①]，这个词频繁见于宋元话本，常常前接"大叫一声"，《郑节使立功神臂弓》《三现身》《碾玉观音》《西山一窟鬼》《闹樊楼多情周胜仙》之中均有例证。据察，"匹"还可作"僻"或"辟"，听觉上并无大异，这说明二十回本确与付诸口耳的说话传统有关。如二十回本"把张屠匹角儿揪住"(10/20，卷二—四三 b)、"伸只手匹角儿揪我入来"(10/20，卷二—四五 a)两处，四十回本为"把张屠劈角儿揪住"(28/40，二 a)、"伸只手劈角儿揪我入来"(28/40，三 a)。二十回本的"匹然倒地"与"匹角儿"中的同一"匹"字，在四十回本分别对应着"蓦""劈"二字：一以义同（"匹然"与"蓦然"），一以音同（"匹角儿"与"劈角儿"）。"匹然"的意义在后世不易理解，其经由两种途径分化的现象，也佐证了四十回本据二十回本增补的推断。

三、两版插图相似度和二十回本插图的唯一性说明四十回本受二十回本影响

两版《平妖传》的插图问题尚未引起学界足够的留意。二十回本图凡三十幅，图插在正文之中，双叶连幅式，无题。卷一—三 b 右下角、卷三—三 a 左下角题"金陵刘希贤刻"；卷四—十二 b 右下角题"刘希贤刻"。四十回本图凡八十幅，因四十回本共分六册，插图便分布于各册之首，半叶单幅式。每回有图两幅，分别以回目名为题，刻在图中空白处。从小说刻图发展史来看，双叶连幅式盛行于万历江南地区，刻图质量较高，而半叶单幅式多见于启祯时江南地区的小说刊印，四十回本在插图空白处题名和图像分批集中在册首的情况，也与这一时期主流的刻图风气相符。

以下试举数例加以分析，左侧为二十回本插图，右侧为四十回本插图。

1. 卜吉献鼎

两幅"卜吉献鼎"主要的区别在于场景的布置，右图知州背后的屏风和面前的几案一仍其旧。主要人物卜吉和知县的相对位置及动作神态几乎相同，右图卜吉身后的两个公吏和知州左侧的仆役的站姿也非常近似。两图仅次要人物有所增减：右图的知州右侧删却一人，画面右下方多出两人。

[①] 程毅中辑注：《宋元小说家话本集》，济南：齐鲁书社，2000 年，第 39 页。

7/20,卷二一十九 b、二十 a　　　　　　　　　　25/40

2. 山神庙双月

两版"山神庙双月"除了横、竖幅的区别,构图几乎完全一致。主要人物有张鸾、卜吉,以及押送卜吉的防送公人董超、薛霸。二图人物神情如出一辙:张鸾手指双月,其余三人围桌而坐、仰头观月。甚至连张鸾起身空出的板凳、画面右上方茅庵、左下方屋脊亦大同小异。

8/20,卷二一廿九 b、三十 a　　　　　　　　　　26/40

3. 任、吴、张试法

两图的最大不同依旧是在形式上,左图左右结构,右图上下结构。图中主要人物有两组:在屋外试法的任迁、吴三郎、张屠;在屋内观看试法的圣姑姑、瘸师、胡永儿。图中物像布置、人物站位基本相同。有趣的是,右图在一处细节上稍有不同,即屋外最右侧张屠变出的是火而不是水。这一差异也是有文本依据的,小说写瘸师传授给张屠的是既能"倒出一道水来",又能"放出一道火来"的水火葫芦,张屠试法时也如法炮制,先"水"后"火"。

10/20，卷二一四九 b、五十 a　　　　　　　　28/40

4. 七圣续头

两版"七圣续头"都遵循小说所写的"和尚走入面店楼上，靠着街窗，看着杜七圣坐了"来构图。画面右上方窗格内，和尚双手摸头，演绎的是这个瞬间："只见那和尚慌忙放下碗和箸，其上去那楼板上摸一摸，摸着了头，双手捉住两只耳朵，褪那头安在腔子上，按得端正，把手去摸一摸"。二图所绘的街上人群也几无两样，就连迎风旌旗、路边树木、杜七圣的孩儿身上盖的被子的花纹，也极为相似。

11/20，十二 b、十三 a　　　　　　　　29/40

以上讨论的插图均出自二十回本中卷二一十八 a 以后，即刘希贤原刻的内容。下面两例则是后人据刘氏之图摹刻的。在属于补刻的二十回本卷一一三 b、四 a 插图上，依旧写有原刻工落款的"金陵刘希贤刻"字样，可见摹刻者相当忠实于原图。

5. 永儿异相

"永儿异相"发生在八角镇上的一家客店的某个房间里，主要人物是胡永儿、要求与胡永儿假扮夫妻的后生、先入住的鞋匠胡子,和闻声赶来的店小二。右图因空间所限,少却随店小二赶来的两位看客,永儿倾身探头的神态,也与左图端坐床上不同。二图捕捉的人物动作以及房间布置基本一致。

6/20,卷二一三 b、四 a   **24/40**

此外,由于二十回本插图随文夹插,表现对象较为随意;四十回本如前所述,插图据回目名而订制。因此,四十回本的画工有时无法照搬二十回本的构图。然而,即便在四十回本新设计的插图里,亦有二十回本的痕迹。譬如下例,左图表现的是张院君起疑、到书房窥视胡员外的场景,右图为了符合该回的回目名"张院君怒产妖胎",不得不延迟片刻,描画张院君闯入书房焚画的瞬间。不过,右图室内几案、凳子,案上蜡烛、香炉,胡员外夫妇的衣着、发饰,及室外提灯的梅香,都与左图十分相似。左右二图前后相续,好似连环画一般。

6. "胡员外与画中女对坐说话"与"张院君怒产妖胎"

1/20,卷一一八 b、九 a   **16/40**

综上所述,四十回本插图因空间少却一半,结构更为紧凑,画面密度更大;

而且由于从横幅改成竖幅,在沿袭主要人物相对位置的情况下,往往删减了原有留白或细节,刻图质量也不能与二十回本媲美。在石印技术尚未传入的版刻时代,高质量的插图画刻需由高水平技术来支持,而木刻载体的唯一性又决定了图像的不可复制性。二十回本刻图由手艺精巧的刻工刘希贤完成,属于精刻本,这更赋予其独一无二的特质。四十回本的插图与刘希贤的作品有如此高度的契合,只能说明四十回本的刻印,参考了流传至今的这个二十回本。

结　语

本文通过比对现存二十回本与四十回本,从后者俗字使用情况、语法特征规律分布和图像因袭痕迹等等,证明了以下两个结论:四十回本是在二十回本基础上进行增补的;增补时所据底本就是现存二十回本。论证过程借鉴诸多语言、文字领域的研究,因学识所限误漏难免,还待后之来者。

论明刊《西厢记》文本体制的传奇化*

陈旭耀**

【摘　要】《西厢记》在明代刊行传播的过程中,出现了文本体制南戏化、传奇化的趋势,这种传奇化肇始于成化至弘治年间,在嘉靖朝得到进一步发展,至万历三十八年(1610)前后,《西厢记》文本体制传奇化得以基本完成。天启年间的凌濛初慨叹《西厢记》文本的失真,并着手整理,才有了我们今天看到的《西厢记》的杂剧体制文本,但由于传奇化的文本在当时深入人心,凌氏的努力似乎并未得到时人的认可。

【关键词】《西厢记》　明刊本　文本体制　南戏化　传奇化

北曲进入明代已逐渐失去了舞台优势,取而代之的是南戏、传奇。元杂剧渐渐成为案头文学,供人们阅读欣赏。明人王世贞誉为"压卷"之作的《西厢记》杂剧在明代得到广泛的刊刻传播(今天我们看不到《西厢记》的元代刊本,却有五十多种明刊本保存至今),或许因其篇幅是一般元杂剧的五倍,与长篇体制的南戏、传奇较接近,故明人就有意无意的将其与当时盛行的传奇等同。其实,为了适应时代的变化,早在嘉靖初年,崔时佩、李日华就已经尝试将《西厢记》改为南曲,以使这部"天下夺魁"的名剧能继续活在舞台,是为《南西厢记》。不过,本文将要讨论的不是这种已改编成南曲的《南西厢记》,而是明人在刊刻时,替北曲的《西厢记》文本披了一件传奇体制的外衣,我们姑且称之为《西厢记》文本体制的南戏化、传奇化。

一　早期刊本:体制传奇化初现端倪

《西厢记》杂剧文本体制的南戏化、传奇化开始于何时呢？从现有文献资料看,明刊《西厢记》文本体制的南戏化,在今存最早的《西厢记》刊本——《新编校正西厢记》残页(以下简称"残页本",学界一般认为其刊刻时间在明成化间)中,就已出现了苗头。具体表现为角色名称的南戏化,如卷一最后一套曲

---

* 本文系国家社科基金项目"明刊《西厢记》整理及研究"(项目批准号:15XZW014)阶段成果之一。
** 本文作者为井冈山大学人文学院庐陵文化研究中心副教授。

中(按,"残页本"只分卷不分折,且保存较完整的也仅有这部分),【折桂令】后有"末云小生点灯烧香"一句白。可见这里张生还是用北体的"末"角称呼;可在同套【锦上花】之【幺】及【碧玉箫】后,张生说白的科介提示分别作"生曰""生云",已经改用南戏对男性主角的称呼了。这种南北体混用的情况在后来的弘治岳刻本中亦如此,这说明早在成弘年间,《西厢记》文本体制的南戏化已在悄悄进行。

明弘治戊午年(1498)冬,金台岳家刊行《新刊大字魁本全相参增奇妙注释西厢记》五卷,这是现存《西厢记》中最早的完整刻本,学界习惯称之为弘治岳刻本。在这个本子中,我们可以看到《西厢记》文本体制南戏化的程度又加深了一层。在弘治岳刻本中,以"末"扮张生,"正旦"扮莺莺,"旦"扮红娘,"外"扮老夫人、法本、杜将军等,"净"扮法聪、孙飞虎等,"俫"扮欢郎、琴童。应该说,这还是元杂剧的体制。然而,我们在文本中还不时的发现,其角色体制也像"残页本"一样,是南北体混用的。如,张生时而作"末",又时而作"生";老夫人、红娘、法本等,只在首次上场用角色名,后一般作"夫人""法""洁"等。特别是它几乎在每支曲牌后仿南戏加了施唱提示,而张生所唱曲均作"生唱",这些施唱提示在"残页本"中没有,显系后来添加。此本还有意无意的删除了大部分的宫调名,这也是其文本体制南戏化的一个表现。在弘治岳刻本中,仅有卷之二第二、三、四折,卷之四第二折,卷之五第一折共五套曲标注了宫调,其他十六套曲及后来在凌濛初校刻本中作为"楔子"的一二支曲均未标宫调。这样大量的宫调名被删,不能说是由于校勘的粗疏所致,显然是有意的行为。而保留的五个宫调名,应是未删除干净之故,这才是其校勘不仔细处。我们知道北曲杂剧某一宫调下的曲牌联套相对来说是较为固定的,而南戏在曲牌联套方面的要求一直比较随意,不像北曲杂剧那么严谨。所以,像高明《琵琶记》等南戏作品,也就不在套曲前标明宫调,因为它一开始就没有遵循,故而《琵琶记》一开场的【水调歌头】中有"也不寻宫数调"这类告白。因此,弘治岳刻本大量删除宫调名,当是向南戏体制靠拢的结果。弘治岳刻本文本体制南戏化的最后一处表现在卷之五第四折末的"题目"上,内容如下:

题目:几谢将军成始终生　　多承老母主家翁旦
　　　夫荣妻贵今朝是夫　　愿得鸳帏百岁同外

这已经是南戏下场诗的形式了。这四句也为后出的文本体制传奇化明显的刊本,如容与堂刊本、起凤馆刊本等所吸收。

说到弘治岳刻本的文本体制,还有必要再说说它将全剧分为五卷二十一折的格局。也就是说,《西厢记》文本的分折究竟起于何时?按天启间凌濛初校刻的《西厢记》卷首之《凡例十则》,则在朱有燉所处的明初时期,《西厢记》文本已经井然有序的分成五本二十折,此言当然不可信。又有学者据《太和正音谱》在"乐府"项下的【越调】中选录了王实甫《西厢记》中的【拙鲁速】(恨不能，怨不成)、【小络丝娘】(都只为一官半职)两支曲，并分别注明为"前人《西厢记》第三折"、"王实甫《西厢记》第十七折"①，而推断《太和正音谱》所依据的《西厢记》版本是分折的，折的顺序是全剧首尾依次连续排列②。这其实也不一定尽然，因为《太和正音谱》所选曲词基本都注明为某剧某折，那就是说朱权所看到的杂剧文本基本都已分好折的，这与事实显然不符，这是其一；其二，朱权标注所选《西厢记》曲文的顺序完全可能是按套曲先后数下来的，这其实并非什么难事。看来，要弄清这个问题，我们有必要顺便在此讨论元杂剧文本的分折起于何时这一问题。

  对这一问题，学界持论甚多。廖奔先生认为，元杂剧"分折是明代中叶以后的杂剧剧本刊刻体例"③，是说很有新意，也有一定道理。愚意以为，杂剧文本在元代就已分好折的可能性较小，杂剧的分"折"与南戏的分"出"一样，都经历了一个缓慢的过程。理由是，现存元代所刊的杂剧文本——《元刊杂剧三十种》不分折，但《元刊杂剧三十种》的剧本里却出现了"折"的概念。如，《好酒赵元遇上皇》一开始就有如此舞台提示："等李老旦一折了　等外一折了"。《马丹阳三度任风子》有"等众屠户上一折下　等马一折下"，《薛仁贵衣锦还乡》有"驾上开一折了　净上一折　外末一折"，等等。这里的"折"，显然不是后来杂剧文本中以一套曲为一"折"，它只是表示一次人物的上下场。或许这才是元人最初用"折"的本意，取"折"之"回返、转折"之意④，后来渐渐发展为主要角色唱完一套曲后下场为一"折"。说到元杂剧的分"折"，学者们常常会提到，钟嗣成撰于至顺元年(1330)的《录鬼簿》，著录于李时中名下的《黄梁梦》又注明"第一折马致远，第二折李时中，第三折花李郎学士，第四折红字李二"等文献资料，来证明杂剧自元代就已分折。但笔者以为，这和朱权在《太和正音谱》中对所选曲注明"第某折"一样，并不一定表示钟氏所据文本已经分折，钟氏这样写只表示，当时"折"的概念已发展到以演唱完一套曲后的下场为一"折"，并且《黄梁梦》的第一套曲为马致远所撰，第二套曲李时中撰，第三套曲花李郎撰，第四套曲红字李二撰，如此而已。杂剧文本的分"折"当为明代才发生的事，这有文献可以证明：《脉望馆抄校本古今杂剧》所录明初作家朱有燉的杂剧作品有分折的，如《吕洞宾花月神仙会》、《东华仙三度十长生》等；也有不分折的，如《四时花月赛娇容》、《南极星度脱海棠仙》等。同一位作家的作品，且为同一藏

---

① 参见〔明〕朱权：《太和正音谱》，《中国古典戏曲论著集成》(三)，北京：中国戏剧出版社，1959年，第178、185页。按，朱氏所选【拙鲁速】实为【拙鲁速】之【幺篇】。
② 参见张人和、杨今才：《明刊本〈西厢记〉体制的演变轨迹》，《东北师大学报》1998年第6期，第59页。
③ 廖奔、刘彦君：《中国戏曲发展史》(第二卷)，太原：山西教育出版社，2000年，第60页。
④ 〔明〕王骥德《新校注古本西厢记·例》中也认为"折，取'转折'之义"。

书家所抄校,有分折又有不分折,显然原作如此①。也就是说,在朱有燉时代,杂剧文本方从不分折向分折过渡。

《西厢记》的文本也是这样,它在元代不分折的可能性极大,就是进入明代,"残页本"分卷不分折,而弘治岳刻本分卷又分折,这说明从不分折到分折也是有个过程的。事实上,弘治岳刻本分折的具体情况也说明,其分折发生的时间并不是太久,因为其卷之二各折间的起止很不合理,这显然是刚分不久才会有的现象。其实,从某种意义上甚至可以说,弘治岳刻本的分"折"是后来刊本分"出"的滥觞。

二 万历刊本:体制传奇化的基本完成

弘治岳刻本面市后,一直到万历初近九十年时间里,虽然现存的刊本较少,但从这为数不多的文献中,还是能够看出《西厢记》文本体制南戏化、传奇化的进程。

嘉靖二十二年(1543),碧筠斋古本《西厢记》刊行,尽管该书现已失传,但从明人徐渭、王骥德等人的介绍,以及清同治十年(1871)抄本《碧筠斋古本北西厢》②可知,《西厢记》文本体制依然朝着南戏化、传奇化的方向演进。

万历三十九年(1611)冬,徐渭(文长)批点的《重刻订正元本批点画意北西厢》(以下简称"批点画意本")刊行,该书"凡例"曰:"本首列总目,即杂剧家开场本色。记分五折,折分四套,如木枝分而条析也,复列套内题目于每折下,曰正名,提纲挈领,悉古意。"批点画意本的情形确实如此,它分五大折,每折有题目正名,折内又分四套,且首列总目,徐渭认为是杂剧家本色。又据批点画意本卷首徐渭自序:"余所改抹悉依碧筠斋真正古本,亦微有记忆不明处,然真者十之九矣。"也就是说,批点画意本与碧筠斋古本的重合度达到百分之九十,基本还是杂剧的体制。这一点也可以从王骥德对碧筠斋古本的描述,及王氏校注的《新校注古本西厢记》中得到佐证。然而,批点画意本中还是出现了不少非杂剧体制的元素。比如,在角色称呼上,张珙称"生",老夫人、莺莺、红娘等则分别简称"夫""莺""红";每套曲均有一四字标目(王骥德校注本则作二字标目),这已经是后来的出目了;每套曲前不标宫调名(王骥德校注本则将宫调名统一移到每大折正文前);第五折第四套正文末保留了弘治岳刻本"蒲东萧寺景荒凉"那首七律,却不见弘治岳刻本那四句类似下场诗的"题目"。徐渭创

---

① 按,国图藏有《诚斋杂剧》三十卷(一说三十一卷),为明永乐、宣德、正统间藩府自刻本,笔者未阅。

② 按,碧筠斋古本有清抄本存世,参见拙文《同治间抄本〈碧筠斋古本北西厢〉考》,《文献》2007年第2期。

作了杂剧《四声猿》，对杂剧的体制可谓谙熟，出现这些传奇体制的元素，应该是徐渭依从碧筠斋古本的结果。清同治十年抄本《碧筠斋古本北西厢》也与批点画意本一样，存在这些体制元素的变化。

嘉靖三十二年(1553)书林詹氏进贤堂重刊《风月锦囊》，是书收录了《西厢记》十一套曲文及少量科白。《风月锦囊》本卷首有【沁园春】一首：

> 【沁(心)园春】西洛张生，博陵崔氏，俱寓西厢。遭孙氏掳掠(虏凉)，夫人高叫：有能退敌，即赘东床。那时张生定策，孙彪围(违)解，夫人仍(乃)要将亲与郑郎。那郑恒惧闻，抵摅赍恨诉鸳鸯。①

这首【沁园春】介绍了《西厢记》的主要情节，类似于南戏的"副末开场"。南戏"副末开场"一般由"副末"上场先唱一曲，接着是一段与后堂子弟的问答对白，内容往往是对即将上演节目的告白，类似今天的节目预告，然后"副末"再来一段剧情介绍，以表家门大意。这里只有一首介绍剧情的【沁园春】，或许是由于《风月锦囊》本只是选录，且少科白之故。也就是说，它所依据的底本可能是一个更为完整的"副末开场"形式。此外，《风月锦囊》本中，张生的角色名一律是南戏的"生"，看来，在早期刊本中"生""末"杂有的情形，到了嘉靖中后期的文本中已统一作"生"了。

进入万历朝，明刊《西厢记》文本体制的南戏化、传奇化依然在缓慢的发展着。万历七年的胡氏少山堂刊本，其卷首的"副末开场"就更标准了：

> 【西江月】放意谈天论地，怡情博古通今。残编披览谩沉吟，试与传奇观听。编成孝义廉节，表出武烈忠贞。莫嫌闺怨与春情，犹可卫风比并。
> 〔问内云〕且问后房子弟，如今知音君子群聚于斯，以观搬演，敢问是何题目？〔内应云〕崔张旅寓西厢记。〔云〕看官听道：
> 诗曰：纯仁纯义张君瑞　　克严克勤老夫人
> 　　　全贞全烈崔氏女　　能文能武杜将军

这一形式为万历八年徐士范刊本继承并予发展，称作"末上首引"，它已是正儿八经的南戏式的"副末开场"了：

> 【西江月】放意谈天论地，怡情博古通今。残编披览谩沉吟，试与传奇观听。编成孝义廉节，表出武烈忠贞。莫嫌闺怨与春情，犹可卫风比并。
> 〔问内科〕且问后堂子弟，今日敷演谁家故事，那本传奇？〔内应科〕崔张旅寓西厢风月姻缘记。〔末〕原来是这本传奇，待小子略道几句家门，便见戏文大意。

---

① 此【沁园春】据王秋桂《善本戏曲丛刊·风月锦囊》辨识移录，括号里为原本别字，括号外为通行本字。

从头事,细端详,僧房那可寄孤孀?纵免得僧敲月下,终须个祸起萧墙。若非张杜作商量,一齐僧俗遭磨瘴。虽则是恩深义重,终难泯夫妇纲常。重酬金帛亦相当,郑家的妇岂堪作赏?翻云覆雨,忒煞无常。种成祸孽不关防,空使得蜂喧蝶攘。全不怪妖红快赸,憎嫌是士女轻狂。不思祖父尚书望,暮雨朝云只恁忙。没疤鼻的郑恒,他是枉死;无志气的张珙,你也何强?看官若是无惩创,重教话欛笑崔张!
　　诗曰:张君瑞蒲东假寓　　崔莺莺月底佳期
　　　　老夫人忘恩负约　　小红娘寄简传书

　　由于此时传奇文本体制已基本完备①,因此对《西厢记》文本的传奇化也必然产生影响。我们看到,徐士范本除增加这段"副末开场"式的"末上首引"外,还将全剧分成二十出,并且每出有一齐整的四字标目②。在角色称呼上,张生已经非常统一的作"生"了,而且,莺莺、红娘等已经没有角色名的称呼,老夫人开始虽作"外",后来也同样作"夫人"。之后的刊本对此基本如是处理,甚至连老夫人的扮演角色"外"也一并省去,这似乎与南戏、传奇又稍有不同。大致因为《西厢记》已是旨在供人阅读的文本,所以读者注意的是人物的变换。而南戏、传奇还需兼顾剧本功能,因而更需要提供角色的更换。

　　徐士范本虽存在上述改变,但全剧的"题目""正名"依然保存,每套曲的宫调也一一予以标注,这些都是杂剧文本的体例。并且弘治岳刻本卷五末那类似南戏下场诗的四句"题目"未用,却采用了弘治岳刻本四句"题目"后的那首"蒲东萧寺景荒凉"七律,这可能是文本传承的关系所致,但毕竟与南戏的下场诗相隔又远了些。

　　万历二十六年,秣陵继志斋陈邦泰覆刊万历十年龙洞山农的《重校北西厢记》,此书卷首龙洞山农(焦竑)的序文里虽称善徐士范本,但对徐本所增的"末上首引"并未采用。继志斋刊本将《西厢记》分作五卷二十出,出序则首尾相接,与弘治岳刻本每卷各为次序不同,和徐士范本则一样。每出也有一四字标目,但内容不完全同徐士范本,显然自成一套。其实,在徐士范本中就至少存

---

①　郭英德《明清传奇史》认为,传奇剧本结构体制的定型约完成于嘉靖中后期(1546—1566),至万历中期(1600年左右)则形成了规范化的严谨的传奇剧本结构体制。见郭著第58页,南京:江苏古籍出版社,1999年。这里采用郭说。
②　其实,少山堂刊本已经分成二十出,每出有四字标目。并且,徐士范刊本传奇化的其他表现可能在少山堂刊本中也存在,由于少山堂刊本是仅存日本御茶水图书馆的成篑堂文库的孤本,难于一见,故这里主要以徐士范刊本立论。

在两套标目,一为正文出目,一为卷末附录《释义大全》所录标目①。可见,《西厢记》的出目在万历初期就有多套在流行。在角色扮演上,继志斋刊本以"生"扮张生,其余一律用简名称呼,如,老夫人作"夫人",莺莺作"莺",红娘作"红"等等。

除上述情况外,继志斋刊本也仍保留了全剧的"题目""正名",只是名称上去掉"题目"二字,仅作"正名";每套曲的宫调名也予保留。但全剧末既没有弘治岳刻本的下场诗,也不像徐士范本采用了"蒲东萧寺景荒凉"那首七律。

明刊《西厢记》文本体制传奇化基本完成,是在万历三十八年前后。大约在这一年刊行的容与堂刊本、起凤馆刊本不约而同的以"传奇"式的文本体制形式推向读者。如前所述,这两种刊本均分两卷二十出,每出有一四字标目(按,标目内容与徐士范本中《释义大全》的标目基本相同,唯起凤馆刊本第五出"惠明寄书"差别大些);"题目""正名"完全不用;每套曲的宫调名也已移至卷首"目录"中。另外,在角色扮演方面,与继志斋刊本相同,并且全剧末比继志斋刊本多一下场诗,即承续了弘治岳刻本"几谢将军成始终"那首下场诗,但将弘治岳刻本的"题目"二字更为"诗曰"。因此,从形式上看,除缺少一段开场性质的介绍外,这已基本符合明传奇的文本体制模式了。

三 启祯间刊本:两个方向的发展

启祯间(1621—1644),《西厢记》承续万历竞刻之风,在二十四年中至少出现了 21 个刊本,不过版本虽众,但没有出现新的版本系统,只是产生了个别的新变化,即凌濛初、闵齐伋等人对《西厢记》文本整理所作的个人努力,使《西厢记》出现了一二种新版本。因此,从文本体制形式的角度来说,这一时期的《西厢记》刊本是朝着两个方向在发展:"元杂剧"化②与传奇化。

---

① 蒋星煜先生曾叹惜作为善本的徐士范刻本也存在出目不统一等校勘不细密处,以为美中不足(参见蒋氏《论徐士范本〈西厢记〉》,《西厢记的文献学研究》,上海:上海古籍出版社,1997年,第76—77页)。其实,这不是因为校勘疏误所致,而是这套《释义大全》来自另本,非徐士范刻本的底本所原有。这从《释义大全》与《字音大全》的卷端所题"北西厢记释义大全/字音大全"(其书口也均作"北西厢记释义/字音")就可知。徐士范刻本正文卷端题"重刻元本题评音释西厢记",没有"北"字,书口也均作"西厢记卷上/下",且题评、音、释已在正文眉批中体现。可见,刊刻者是从一书名中有"北西厢记"字样的刊本中将《释义大全》与《字音大全》移来作附录。这就能够较好的解释为什么其出目、卷端、书口与正文不一致,且内容还常与正文眉批相矛盾,因为刊刻者只是忠实的移录,自然会出现与正文不一致或相矛盾处。此《释义大全》与《字音大全》可能与起凤馆刊本的底本同源,这不仅因为《释义大全》的出目与起凤馆刊本基本相同,还因为起凤馆刊本正文后也附有《释义》《字音》,只是起凤馆刊本条目相对较少,当为刊刻者减省所致。

② 这里所谓"元杂剧"化,是指《西厢记》本该是杂剧文本,但在明代刊刻传播过程中被传奇化了,明人如凌濛初为改变这种趋势,努力将其文本体制改回为杂剧。

"元杂剧"化的代表就是天启年间的凌濛初,或许,凌氏面对当时盛行的《西厢记》文本,已经有一种深恶痛绝之感,这从其《西厢记凡例十则》最后的"识语"中可看出:

> 自赝本盛行,览之每为发指,恨不起九原而问之。及得此本,始为洒然。久欲公之同好,乃扬抠未备。兹幸而竣事,精力虽殚,管窥有限,间犹有一二未决之疑……或是元本有讹误。

"览之每为发指",可见其厌恶之深,痛恨之切。然《西厢记》的原本又到哪去找寻呢? 因此,要革除掺进文本中非《西厢记》原有的东西,凌氏只好自己勉力而为了。按照当时积累的对元人杂剧的认识,凌氏广阅众本,择善而从,其苦辛自不待言,故有"精力虽殚,管窥有限,间犹有一二未决之疑"的感叹。然而,这毕竟是前无古人的事,为让时人能够接受,不致辜负自己的一番辛劳,凌氏只好摆出得"周宪王元本"而从的幌子。所以,从客观上讲,其托古改制也是一种无奈的选择。后来闵齐伋(寓五)所言"既非经世之典,何烦义礼之讼,意者取其长而已矣",或许也是有感于凌氏的苦衷而发。

事实上,凌氏的努力无论在当时,还是在后来的清代都未得到什么认可,仅有部分刊本在体制形式上借鉴了其做法。如崇祯四年(1631)的李廷谟刊本(或称延阁本)分五卷二十折,每卷四折并各为次第,但李本并未分出"楔子"。可这也算是稍稍受了凌刻本的影响,八年后的张深之校正本亦如此。崇祯十三年的闵刻本将全剧分作五本,或许也可说是凌刻本影响的结果。在体制形式上受凌刻本影响最多的,应该是清初康熙年间毛姓刊行的《毛西河论定西厢记》,毛西河本分五本二十折,每本有"楔子",但折序则是全剧首尾相接,且分本也只体现在卷首"目录"中,正文仍作"卷"。毛西河本的内容与凌刻本大不相同,它受王骥德本影响较多,如,卷二的"楔子"是王本、凌本均删除的【仙吕·赏花时】及【幺】,而第五折则仍有两套曲。最有意思的是,毛本每卷也用【络丝娘煞尾】,但卷一的【络丝娘煞尾】,它宁肯仅刻一曲牌,并惜之已亡,也不肯从凌刻本采用徐士范刊本中的那支①。

以上所述,似乎有些偏离本文主旨,然笔者正是为了说明文本体制传奇化的影响之大,以致即使出现了如凌刻本这样较完备的北曲体制,也并未产生多大影响。

在这一时期,《西厢记》大多数刊本依然是以传奇化的面孔示人。然而,由于《西厢记》文本体制的传奇化在前期基本已完成,因此,这一时期的刊本在传

---

① 直到上世纪40年代王季思先生校注《西厢记》时,以凌濛初校刻本为底本整理《西厢记》的文本,王先生的做法得到学界的一致认可,以凌刻本为底本整理的《西厢记》如今成为通行读本,凌氏的努力可谓终得认可。

奇化的路上,主要担负的就是承续的使命。惟一的变化,也是《西厢记》文本体制化的最后一道工序,就是将容与堂刊本、起凤馆刊本等留在"目录"中的宫调名毫不留情的删除,其代表就是崇祯十三年的西陵天章阁刻本(全称"李卓吾先生批点西厢记真本"),以及崇祯末年为毛氏父子选入《六十种曲》的《北西厢记》。

汲古阁所编《六十种曲》,所选除《西厢记》外,几乎是清一色的南戏、传奇,独独选了《西厢记》一种北杂剧,这不能说没有一点特别。当然,大家会说这是由于《西厢记》自身的魅力所致,也可以说是《西厢记》的长篇体制与传奇相似,等等。但最主要的还是毛晋所选《西厢记》版本已经是文本体制完全传奇化,因而在形式上并不违背其编辑体例。也就是说,毛氏是把王实甫《西厢记》当传奇文本来收录的,不然怎么解释同为长篇体制的《西游记》杂剧却未入选《六十种曲》呢?

综上所述,明刊《西厢记》文本体制传奇化,肇始于成化至弘治年间。在嘉靖年间,随着传奇体制的基本定型,《西厢记》文本体制的传奇化也进一步加深,一直到万历三十八年前后,《西厢记》文本体制传奇化得以基本完成。或许,我们可以在某种意义上说,明代《西厢记》文本的刊刻传播过程,就是《西厢记》文本体制传奇化的过程。当然,物极必反,由于传奇化使得《西厢记》越来越远离王实甫初创的原貌,因此就有人,想使《西厢记》返归其本真,凌濛初便是其中的代表。可是,毕竟早期刊本留存下来的太少,加上传奇化的文本已逐渐深入人心,所以,启祯间的《西厢记》刊本大多数仍是传奇体制的面孔,凌氏的努力在当时似乎并未得到什么认可。